Das komplette Buch vom Laufen ist sowohl für Anfänger als auch für erfahrene Langstreckler ein unerschöpflicher Ratgeber. Von laufbegeisterten Menschen aller Altersklassen und Nationalitäten, von Männern, Frauen und Jugendlichen, Sonntagssportlern wie Spezialisten wieder und wieder gelesen, zu Rate gezogen und diskutiert, gilt James F. Fixx' Werk unbestritten als »Buch der Bücher« für Langstreckenfans.

Die deutsche Bearbeitung nahm der Moderator und Fernsehkommentator Holger Obermann vor. Als erfahrener Journalist und Sportler hat er all die Informationen in dieses Buch eingebracht, die speziell für die deutschen Läuferinnen und Läufer von Interesse sind.

Prof. em. Dr. Heinrich Hess war Chefarzt der orthopädischen Abteilung der Elisabeth-Klinik in Saarlouis und sportmedizinischer Betreuer der deutschen Fußball-Nationalmannschaft sowie zahlreicher Spitzensportler. Professor Hess hat die deutsche Ausgabe aus sportmedizinischer Sicht überprüft und kommentiert.

James J. Fixx, verstorben 1986, war Sportjournalist in den USA, Marathonläufer und Zehntausend-Meter-Champion seiner Altersklasse.

Unsere Adresse im Internet: www.fischer-tb.de

James F. Fixx

Das komplette Buch vom Laufen

Deutsche Bearbeitung:
Holger Obermann
Sportmedizinische Beratung
für die deutsche Ausgabe:
Prof. Dr. Heinrich Hess

Übersetzung aus dem Amerikanischen:
Lutz-W. Wolff

Fischer
Taschenbuch
Verlag

19. Auflage: Juli 2000

Veröffentlicht im Fischer Taschenbuch Verlag GmbH,
Frankfurt am Main, 1983

Lizenzausgabe mit Genehmigung
des Wolfgang Krüger Verlags GmbH, Frankfurt am Main
Die amerikanische Originalausgabe erschien 1977 unter dem Titel:
›The Complete Book of Running‹
im Verlag Random House, New York
Copyright © by James F. Fixx 1977
Für die deutsche Ausgabe:
Copyright © by Wolfgang Krüger Verlag GmbH, Frankfurt am Main 1979
Satz: Otto Gutfreund, Darmstadt
Druck und Bindung: Clausen & Bosse, Leck
Printed in Germany
ISBN 3-596-23326-7

Für meine Mutter

Es ist ein Vergnügen, Langstreckenläufer zu sein...

Alan Sillitoe
Die Einsamkeit des
Langstreckenläufers

Danksagung

Mein besonderer Dank gilt Bob Anderson, Thomas J. Bassler, M.D., Hal Bowser, Ted Corbitt, David L. Costill, Ph.D., Bob Glover, Joe Henderson, Nina L. Kuscsik, R.N., Kathryn Lance, John F. Moe, M.D., Jerry Nason, Stephen Richardson, Ph.D., Bill Rodgers, George A. Sheehan, M.D., und Charles Steinmetz, M.D. Alle haben mich tatkräftig unterstützt und geduldig beraten. Danken möchte ich auch den Zeitschriften *Runner's World, The Jogger* und *The Physician and Sportmedicine.* Sie haben mir in großzügiger Weise erlaubt, ihre Artikel zu zitieren. Schließlich möchte ich noch meiner Frau, Alice, für ihre unschätzbare Hilfe danken – und all jenen Läuferinnen und Läufern, die mir im Verlauf meiner Recherchen viele Anregungen und Hinweise gaben und mich durch ihren Optimismus bei meiner Arbeit ermutigten.

J.F.F.

Inhalt

Vorwort / Über die subversive Natur dieses Buches

Der Sinn dieses Buches besteht darin, Sie erstens mit der außergewöhnlichen Welt des Laufens bekanntzumachen und zweitens Ihr Leben zu ändern.

Wenn Sie bisher noch kein Läufer sind, wird Ihnen dieses Buch zeigen, wie Sie gesünder und glücklicher werden können; und zwar mehr als Sie jemals zu hoffen wagten. Und dabei kommt es nicht einmal darauf an, wie unsportlich, ungeschickt, bejahrt oder dick Sie sind, und es ist auch egal, wie oft Sie es schon erfolglos mit anderen Trainingsprogrammen versucht haben. Mit der richtigen Vorbereitung und einigen elementaren Vorsichtsmaßregeln ist eigentlich jeder, der fähig ist, auf zwei Beinen zu gehen, auch in der Lage zu laufen.

Wenn Sie, wie ich hoffe, schon seit einiger Zeit laufen (und vielleicht sogar schon sehr gut sind), wird dieses Buch Ihnen helfen, Sie ausdauernder und schneller zu machen und Ihren Wissensstand und Ihre Freude am Laufen zu steigern.

Unabhängig davon, ob Sie ein Neuling sind oder schon Erfahrungen haben, wird Ihnen dieses Buch die vielen Vorzüge des Laufens darlegen und Ihnen zeigen, wie Sie daran teilhaben können. Auf den folgenden Seiten werden Sie unter anderem darüber informiert:

▷ wie wunderbar sich der menschliche Körper an das Training anpaßt und seine Leistungsfähigkeit steigert (auch noch im Alter);

▷ wie das Laufen auf natürliche Weise beruhigt und Schlafstörungen heilt;

▷ wie das Laufen die sexuelle Erlebnisfähigkeit steigert;

▷ worin die ernährungsphysiologischen Geheimnisse bestehen, die es Läufern erlauben, Dinge zu essen, die in den meisten Diätplänen streng verboten sind, und wie sie trotzdem Gewicht verlieren;

▷ warum es Läufer gibt, die bis zu 320 Kilometer auf einmal zurücklegen können;

▷ wie es Herzinfarktopfer schaffen (mit ärztlicher Genehmigung), an

Marathonläufen teilzunehmen, und sich dabei besser zu fühlen als vor dem Infarkt.

Mit einem Wort: Sie werden entdecken, daß das Laufen sehr viele sehr profitable Wirkungen hat, von denen einige jetzt erst erforscht werden.

Es würde mich nicht überraschen, wenn Sie die obigen Behauptungen für übertrieben halten. Deshalb ist es Ihr gutes Recht zu erfahren, wer diese Behauptungen aufstellt und woher er die Legitimation dazu hat. Im einzelnen wird sich das auf den folgenden Seiten erweisen. Aber vielleicht empfiehlt es sich, über meine Person schon vorab ein paar Worte zu sagen:

Eines Tages, es muß jetzt ungefähr zehn Jahre her sein, spielte ich Tennis mit einem Freund namens Walter Guzzardi. Wie waren ungefähr gleich gute Spieler und strengten uns deshalb beide immer sehr an. Ich war damals Mitte Dreißig und arbeitete bei einer großen New Yorker Zeitschrift. Mit der angenehmste Teil meiner Aufgabe bestand darin, Autoren zum Essen auszuführen. Bei zu vielen Martinis und zu wenig körperlicher Bewegung hatte sich so mein Gewicht Gramm für Gramm von 76,5 Kilogramm auf 96,2 Kilogramm erhöht. (Diese Zahl stimmt ganz genau. Sie steht in einem ernüchternden medizinischen Untersuchungsbericht, den ich am 25. November 1968 von einer Diagnoseklinik erhielt. Er befindet sich immer noch in meinen Akten.)

Mit Hilfe alter Reflexe und einigen hinterlistigen Tricks brachte ich freilich immer noch ein ganz passables, wenn auch etwas wabbeliges Tennis zustande. Insgeheim – ich gebe es zu – bildete ich mir auf meine Spielkünste sogar etwas ein. Gerade deshalb wurde ich vermutlich so wütend, als ich an jenem Tage plötzlich einen reißenden Schmerz in meiner rechten Wade verspürte. Ich war zur linken Seite des Spielfelds gelaufen, und Guzzardi hatte den Ball auf die rechte Seite geschlagen, um mich auf dem falschen Bein zu erwischen. Seine Taktik hatte Erfolg. Ich versuchte hastig die Richtung zu ändern, und zerrte mir dabei den Muskel.

Zum Glück war die Verletzung nicht schwer, und obwohl ich eine Woche lang humpelte, ging ich nicht einmal zum Arzt, um das schmerzende Bein untersuchen zu lassen.

Verblüffend war, daß ich mich über den Schaden schrecklich aufregte. Mein Körper hatte mich im Stich gelassen, und ich war wütend. Ich hatte mich selbst – wenigstens heimlich – immer als Sportler betrachtet. Jemandem, der sein ganzen Leben lang Tennis, Football und Samstagsnachmittags-Hallenbaseball gespielt hatte, durfte so etwas eigentlich nicht passieren.

Ich war also nicht bereit, mein Schicksal zu akzeptieren. Sobald es die Schmerzen erlaubten, beschloß ich, durch Laufen[1] meine Beine zu stärken. Langstreckenlaufen hatte ich bisher lediglich bei der Grundausbildung in der Army kennengelernt, und damals hatte ich es gräßlich gefunden. Ich erinnere mich immer noch an einen großen, übellaunigen Sergeant aus Texas, der »Links-zwei-drei-vier« schnaubte, während er neben uns hertrabte, und ich spüre auch noch die quälende Sommerhitze, die mich und die anderen Rekruten peinigte, während wir Schritt zu halten versuchten. Weil nun die Erfahrungen aus der Army die einzigen waren, die ich besaß, zog ich ein paar schwere Schnürstiefel an und trabte schwerfällig auf dem Bürgersteig los.

Ich hatte keineswegs den Eindruck, daß damit ein neues Leben beginnen würde, aber genau das war der Fall. Obwohl meine Beine schmerzten und meine Lungen brannten (die zwei Päckchen Zigaretten, die ich täglich rauchte, beflügelten meine Schritte nicht gerade), hielt ich durch. Ich wollte nie wieder eine Muskelzerrung erleben, deshalb lief ich drei oder vier Mal in der Woche etwa achthundert Meter, nur gelegentlich mehr. Wenn ich beruflich im Druck war, hörte ich ganz damit auf, aber früher oder später fing ich doch wieder an.

Später zog ich von New York nach Connecticut, wo das Laufen schöner war. Hier gab es Landstraßen, Bäche und Flüsse, Wiesen, Wälder und Parks. Ich gab das Rauchen auf, weil mich die Warnungen des Gesundheitsministeriums überzeugt hatten, und ich steigerte mein wöchentliches Laufpensum. Manchmal lief ich mit einem jüngeren Nachbarn namens Ned Tuthill, der gerade von der Marineinfanterie kam und sehr fit war. Er lief schneller, als es mir lieb war, aber sein Enthusiasmus trieb mich voran, und wenn er sich nicht zu sehr anstrengte, konnte ich meistens mithalten.

Eines Tages las ich in unserer örtlichen Zeitung, daß zwei oder drei Wochen später, am Memorial Day, in unserer Stadt ein Fünf-Mei-

---

1 Vielleicht sollte man schon an dieser Stelle eine Definitionsfrage klären. Obwohl es manche Leute sicher genau wissen möchten, gibt es keine besondere Geschwindigkeitsgrenze, an der sich Joggen in Laufen verwandelt. Wenn Sie das Gefühl haben zu laufen, dann kann Ihnen das niemand verwehren, auch wenn Sie noch so gemütlich dahintraben. Auf den folgenden Seiten ist deshalb grundsätzlich nur vom Laufen die Rede.

len-Rennen stattfinden sollte. Jedermann konnte teilnehmen, auch fünfunddreißigjährige übergewichtige Greise wie ich.

Am nächsten Tag versuchte ich, fünf Meilen zu laufen. Mein Tempo war schneckengleich, insbesondere gegen Ende, aber ich schaffte die volle Distanz. Ich schickte den Veranstaltern ein ausgefülltes Anmeldeformular für das Rennen und trainierte täglich vor der Arbeit.

In der Nacht vor dem Rennen schlief ich sehr schlecht. Es war ganz so wie früher, wenn mir ein wichtiges Tennis-Match bevorstand. Als ich am nächsten Tag auf dem Startplatz vor der City Hall stand, sah ich mindestens zweihundert Läufer, von denen die meisten sehr jung und schlank waren. Man konnte bei ihnen die einzelnen Rippen zählen, und ihre Gesichter waren so hager, daß sie fast wie Hungerleider aussahen. Aber es gab auch viele Männer über vierzig, fünfzig und sechzig, sowie einige Frauen und Kinder. Mit einigem Glück würde ich vielleicht gar nicht so schlecht abschneiden. Der Bürgermeister begrüßte uns und wünschte uns Hals- und Beinbruch, und dann fiel der Startschuß.

Das Tempo erschien mir unglaublich. Die Läufer an der Spitze waren schon um die nächste Ecke, ehe ich ein Dutzend Schritte gemacht hatte. Aber wenigstens war ich nicht Letzter. Ich blieb in Bewegung. Es ging unter einer Brücke und einer Eisenbahnunterführung hindurch, dann über eine andere Brücke, die über einen Bach in einen Park führte. Obwohl meine Beine schwer wurden, machte ich weiter. Ich kurvte durch den Park und dann einen Hügel hinauf, aber mittlerweile war ich sehr langsam geworden. Frauen und Kinder drängten an mir vorbei. Bald war ich der Allerletzte, und vor mir liefen die Frauen und Kinder immer weiter davon.

Ich war entmutigt und glaubte, vor einem Rätsel zu stehen. Warum hatte ich nur so schlecht abgeschnitten? Ich hatte mich so gequält beim Trainieren, und ich war auch nicht etwa der dickste, ungeschickteste oder älteste Läufer des Rennens gewesen.

Ich ging in die Stadtbibliothek und suchte Literatur über Langstreckenläufe. Ein Freund lieh mir ein paar Ausgaben einer Zeitschrift, die *Runner's World* (etwa: Läufers Welt) hieß[2]. Auf diese Weise erfuhr ich, was Training eigentlich ist. Außerdem wurde mir klar, warum man nicht nur schneller und gesünder, sondern auch physiologisch und psychologisch jünger wird, wenn man richtig trainiert. Im-

2 Weitere Informationen über *Runner's World* und seine wichtige Rolle im Leben des Läufers finden Sie im 21. Kapitel. Einzelheiten über deutsche Lauf-Magazine finden Sie im letzten Kapitel *Laufen in Deutschland*.

mer häufiger ertappte ich mich dabei, wie ich über das Laufen nachdachte. Nicht jedem geht das so, aber bei mir war es hundertprozentig der Fall. Ich zwang mich zum Abnehmen, um besser laufen zu können, und trainierte jetzt täglich. Plötzlich teilten Freunde mir mit, ich sähe fabelhaft aus. *Das* hatte schon lange niemand mehr zu mir gesagt. Schließlich, zwei Jahre, nachdem ich angefangen hatte zu laufen, gelang es mir zum ersten Mal, einen kleinen Preis zu erringen. Beim Connecticut-Zehntausend-Meter-Rennen wurde ich Sieger meiner Altersgruppe.

Viel interessanter als diesen Rennerfolg fand ich die Veränderungen, die sich in meinem Inneren abspielten. Ich war ruhiger geworden und hatte weniger Angst. Ich konnte mich leichter und für längere Zeit konzentrieren. Ich hatte mein Leben besser im Griff. Enttäuschungen kränkten mich weniger. Ich glaubte, eine stille Kraft zu besitzen, und immer wenn ich das Gefühl hatte, diese Kraft verläßt mich, konnte ich sie zurückrufen, indem ich vor die Tür ging und lief.

Jeder Läufer kennt diesen inneren Wandel. Man hat sie mit den Ergebnissen der transzendentalen Meditation verglichen, aber sie sind weit mehr als das, weil sie durch ein außergewöhnliches Maß an körperlicher Fitneß gesteigert werden.

Ich bin grundsätzlich mißtrauisch, wenn von psychologischen Ausnahmezuständen die Rede ist. Aber trotz der mir eigenen Skepsis leugne ich nicht, daß das Laufen einige bemerkenswerte psychologische Nebeneffekte bei mir gehabt hat.[3] Als mir diese Veränderungen zuerst bewußt wurden, fragte ich mich, ob sie wohl ein völlig privates Erlebnis seien oder auch bei anderen stattfinden. Also fragte ich andere Läufer nach ihren Erfahrungen, und dabei zeigte sich, daß viele von ihnen genau dasselbe erlebten. Die Entwicklung scheint fast immer nach demselben Muster zu verlaufen: Man beginnt zu laufen, weil man fit werden will. Man möchte abnehmen, sich besser fühlen und besser aussehen. (Nur gelegentlich beginnt jemand deshalb zu laufen, weil er überschüssige Energie hat.) Nach einigen Monaten oder Jahren aber läuft man viel mehr, als im Dienste der Fitness eigentlich notwendig wäre. Und schließlich wird man sich der Tatsache

---

3 Als ich eine Bekannte fragte, wie es ihr Mann denn mit seinem methodistischen Glauben vereinbaren könne, daß fast alle Rennen, an denen er teilnimmt, an Sonntagen stattfinden, antwortete sie: »Tom war früher Methodist. Jetzt ist er Läufer.« Der Philosoph Johan Huizinga schrieb in seinem Buch *Homo ludens:* »Daß Plato das Spiel mit heiligen Ritualen gleichsetzt, entweiht die letzteren nicht, sondern hebt den Begriff des Spiels in die höchsten Regionen des Geistes.«

bewußt, daß das Laufen im hohen Maße zur geistigen und seelischen Gesundheit beiträgt.

Diese Vielschichtigkeit des Laufens macht dieses Buch zu einem solchen Sammelsurium von Hinweisen und Erfahrungen. Wer hätte je von einem Buch gehört, das sich gleichzeitig mit Fragen der Transzendenz und Suspensorien beschäftigt? Aber wenn man die physiologischen und die psychologischen Aspekte nicht gleichermaßen berücksichtigt, kann man dem Laufen eben nicht gerecht werden.

Die wichtigsten Wirkungen des Laufens auf den Körper werden seit langem wissenschaftlich erforscht, während die psychologischen Wirkungen noch nahezu unbekannt sind. Dennoch wäre es irreführend, wenn man die körperlichen Vorteile des Laufens außer acht ließe, denn sie sind außerordentlich wichtig und auch eng mit den psychologischen Veränderungen verknüpft.

Das vorliegende Buch gliedert sich daher in drei Teile:

▷ Im ersten Teil untersuchen wir, wie Sie das Laufen in körperlicher, seelischer, sozialer und geistiger Weise verändert.

▷ Im zweiten Teil untersuchen wir die verschiedenen Theorien und Methoden des Laufens, damit Sie erfahren, wie man die Vorteile erlangen kann, die alle Läufer erleben.

▷ Im dritten Teil betrachten wir schließlich die Welt des Laufens, ihre Besonderheiten und Rätsel und einige ihrer hervorragenden Persönlichkeiten.

Danach bleibt noch ein weiterer Schritt, der notwendigerweise über dieses Buch hinausführt: Das Laufen selbst. Das ist ganz Ihre Angelegenheit. Sie müssen entscheiden, wie lange und wie weit Sie laufen (wobei Sie freilich nicht außer acht lassen dürfen, daß zum Langstreckenlaufen Training gehört). Physiologen haben festgestellt, daß sich eine meßbare Wirkung schon dann einstellt, wenn man nur an drei Tagen der Woche fünfzehn bis zwanzig Minuten trainiert. (Vielleicht erscheint Ihnen das schon sehr viel, aber bereits nach kurzer Zeit werden Sie feststellen, daß Sie das leicht schaffen.) Andererseits wünsche ich Ihnen, daß es Ihnen wie mir geht: daß Sie einfach Freude am Laufen finden. Viele Läufer legen täglich zwölf bis fünfzehn Kilometer zurück und empfinden die etwa anderthalb Stunden, die sie dafür brauchen, als anregende Unterbrechung des Tageslaufs. Aber jeder von uns ist verschieden, und auch auf das Laufen reagiert jedermann anders. Vielleicht fühlen Sie sich nach zwei

Kilometern schon genauso erfrischt, wie ich mich nach zwölf. Hören Sie deshalb auf Ihren Körper, damit Sie sein Hochgefühl ebenso spüren wie seine Beschwerden. Laufen Sie soviel oder sowenig Sie mögen. In jedem Falle werden Sie sich in diesem Buche wiederfinden, denn die meisten hier dargestellten Prinzipien gelten ebenso für eine oder zwei Runden um den Block wie für einen Marathonlauf.

Riverside, Connecticut   *James F. Fixx*
Montain View, California
Sarasota, Florida
Patriot's Day, 1977

Zur deutschen Ausgabe

In den Vereinigten Staaten gibt es über zwanzig Millionen Jogger. Einer davon ist James F. Fixx, der Autor dieses Buches. Sein *Complete Book of Running* zählt seit Jahren zu den Spitzenreitern der amerikanischen Bestsellerlisten. Häufig salopp »Läuferbibel« genannt, wurde es zum wichtigsten Ratgeber für die laufbegeisterten Amerikaner.

James F. Fixx ist nicht nur ein leidenschaftlicher Läufer, sondern auch ein ungemein gewissenhaft arbeitender Journalist. Jahrelang sammelte er Erfahrungswerte über das Laufen aus nahezu allen Bevölkerungsschichten, sprach mit Medizinern, Wissenschaftlern und vor allem: mit Läufern.

Diese Erfahrungswerte allein hätten die Herausgabe eines Buches über das Laufen bereits gerechtfertigt. Fixx aber hat darüber hinaus seine eigene Philosophie über das Laufen einfließen lassen, eine Philosophie der Freude an der Leistung. Daß sie oft in Zusammenhang mit dem Boston-Marathonlauf besteht, mag zwar der Trimm-Idee des Deutschen Sportbundes *(Laufen ohne zu schnaufen)* hier und da zuwiderlaufen, andererseits ist jedoch unverkennbar, daß die meisten Menschen sich bei wachsendem Leistungsvermögen neue Ziele setzen und diese selbstgewählte Herausforderung mit Lust und Gewinn annehmen. Zu diesen Menschen zählt sich zweifelsohne James F. Fixx.

Abgesehen von geringfügigen Kürzungen und Änderungen – amerikanische Besonderheiten im technisch-organisatorischen Bereich betreffend – ist die vorliegende Ausgabe mit der neuesten amerikanischen identisch. Die Aussagekraft des Originals blieb also durch die Übersetzung ungeschmälert; auch die Begeisterung des *Läufers* Fixx für das Ausdauertraining, die mitunter über die distanzierte Objektivität des *Autors* Fixx obsiegt, ist in der deutschen Ausgabe zu spüren.

Um aus deutscher Sicht zu einem ausgewogenen Urteil zu kommen, baten wir Prof. Dr. Heinrich Hess um eine kritische Durchsicht des Buches. Es spricht für die Seriosität des Journalisten und Läufers James F. Fixx, daß seine Ausführungen durchgängig die Zustimmung des anerkannten und erfahrenen Sportmediziners und Orthopäden Professor Hess finden. Seine namentlich gekennzeichneten Anmerkungen bilden wertvolle Ergänzungen des Buches und akzentuieren Fixx' Thesen.

Deutschland-spezifische Fußnoten, Einschübe im laufenden Text sowie das Kapitel *Laufen in Deutschland,* das einen Überblick über die Entwicklung und den Organisationsstand der Laufbewegung hierzulande gibt, sorgen dafür, daß *Das komplette Buch vom Laufen* für den deutschen Leser auch wirklich *komplett* ist.

Die »Profis« unter den Läufern werden beim Studium des Buches Gelegenheit haben, ihr Wissen zu vervollständigen und zu vertiefen. Den »Newcomern« möchte ich raten, mit dem ersten Umblättern auch mit dem Laufen zu beginnen. Verteilen Sie das Studium des Buches auf etwa zehn Tage und versuchen Sie, wenn Sie gesund sind, an mindestens fünf Tagen einmal täglich zehn Minuten ganz langsam zu traben (wobei Sie von Anfang an gute Laufschuhe tragen sollten – Kapitel 12). So können Sie Ihre ersten Lauferlebnisse gleich mit in die Erfahrungspalette eines erfahrenen Läufers und Autors und eines mit deutschen Verhältnissen vertrauten Herausgeberteams einbeziehen.

Frankfurt, 1979   *Holger Obermann*

Teil 1 / Die Vorzüge des Laufens

»Nach einem guten Lauf fühle ich mich irgendwie geläutert.«

Nancy Gerstein

1 / Sich körperlich wohlfühlen

Laufen als Mittel gegen die Krankheiten unserer Zivilisation

An einem grauen Novembermorgen lief ich am Ufer eines Sees in Winchester (Massachusetts), einem nördlichen Vorort von Boston, entlang. Vor mir auf dem Weg ging ein alter Mann mit einem Spazierstock. »Guten Morgen!« sagte ich, als ich ihn überholte. Er erwiderte meinen Gruß, aber als ich vorbei war, rief er hinter mir her: »Sagen Sie, was haben Sie eigentlich von dieser Rennerei?« Ich schrie zurück: »Dabei fühlt man sich gut!«

Das war natürlich richtig, was ich gesagt hatte, aber die ganze Wahrheit war es doch nicht. Dieses Kapitel ist ein Versuch, der Frage des alten Mannes doch noch gerecht zu werden.

Der Einfachheit halber kann man die Vorzüge des Laufens in zwei Gruppen einteilen: Man hat sowohl physisch als auch psychisch etwas davon. Die Grenze zwischen beiden Bereichen ist freilich nicht sonderlich scharf. Die psychologische Wirkung des Laufens beruht z. B. darauf, daß man sich über längere Zeit, etwa eine dreiviertel Stunde lang, mit einer bestimmten Übung beschäftigt. In diesem Kapitel wollen wir genauer untersuchen, wie man körperlich davon profitiert.

Die meisten Bürger der westlichen Welt sind körperlich in ziemlich schlechter Verfassung. Wir rauchen und trinken zuviel, wir wiegen zuviel, wir verschaffen uns zuwenig Bewegung und ernähren uns falsch. Auf Grund der Autopsien, die er in seiner langjährigen Praxis durchgeführt hat, kommt z. B. der kalifornische Pathologe Thomas J. Bassler zu dem Ergebnis, daß zwei Drittel aller Amerikaner vorzeitig sterben. Als Ursachen nennt er das »Faulenzerherz«, die Raucherlunge und die Säuferleber. Thomas K. Cureton, Professor an der Klinik der Universität von Illinois, stellt fest: »Der Körper eines jungen Durchschnitts-Amerikaners ist bereits mittleren Alters. Wenn er einmal um den Block läuft oder die Treppen zu Fuß geht, gerät er schon außer Atem. Seine Leistungsfähigkeit mit Fünfundzwanzig ist nicht größer als die, die man normalerweise von einem Vierzigjährigen erwartet.«

Und wie steht es mit den Leuten, die nicht mehr so jung sind? Cureton schreibt weiter: »Der durchschnittliche Mann mittleren Alters ist seinem Tod schon sehr nahe. Von einem schweren Herzanfall trennen ihn nur noch ein emotionaler Schock oder eine plötzliche Anstrengung.« Wenn Sie der Meinung sind, das sei übertrieben, dann lesen Sie doch einmal ein paar Tage lang die Altersangaben in den Todesanzeigen.

Aber liegt hier nicht ein Widerspruch vor? Seit dem Zweiten Weltkrieg hat sich die Beteiligung an sportlichen Aktivitäten doch ständig erhöht: Die Teilnehmerzahlen haben sich zwischen 1946 und 1963 verdoppelt, und wenn man sich auf den Sport- oder Tennisplätzen umsieht, gewinnt man den Eindruck, daß diese Wachstumsrate immer noch zunimmt. Leider ist aber nur ein Bruchteil der Bevölkerung wirklich aktiv. Die meisten von uns schauen bloß zu. Weniger als die Hälfte aller Amerikaner trainieren soviel, daß dadurch eine positive Wirkung entsteht, und fünfzig Millionen erwachsene Amerikaner trainieren überhaupt nie. In der Bundesrepublik ist die Situation sogar noch ungünstiger.

Neil Carver, ein Strafverteidiger aus Philadelphia, machte folgende Erfahrung: »Eines Abends trug ich meine beiden Kinder die Treppe hinauf. Ich wollte sie zu Bett bringen, aber ich geriet so außer Atem, daß ich kaum noch Luft holen konnte. Also sagte ich mir: Du mußt etwas tun.« Carver ist groß, sehnig und solide gebaut, aber mit Dreiunddreißig war er offensichtlich nicht mehr in Form. Er begann ein Lauftraining. Heute, sieben oder acht Jahre später, hat er bereits an einem Achtmeilen-Lauf teilgenommen und unternimmt im Sommer regelmäßig Klettertouren in den Appalachen.

Sogar die meisten Kinder sind in schlechter Verfassung. In einer fünften Klasse in Massachusetts konnte man nur acht von zweiundfünfzig Schülern mit dem Sportabzeichen für Jugendliche auszeichnen. In einer Klasse in Connecticut konnten sich nur zwei von vierzig Kindern qualifizieren. Erst kürzlich zeigte eine Untersuchung, die am allgemeinen Krankenhaus des Staates Massachusetts durchgeführt wurde, daß fünfzehn Prozent von 1900 Schülern der siebten Klasse einen erhöhten Cholesterin-Spiegel[1] hatten und acht Prozent unter Bluthochdruck litten. Bei beiden Symptomen muß man davon ausgehen, daß sie Herzinfarkte und Schlaganfälle wahrscheinlicher machen.

---

1 Cholesterin ist das wichtigste Sterin und zu etwa 65 Prozent im Blut mit Fetten verbunden. Ein hoher Cholesterinspiegel (abhängig von Ernährung und körperlicher Betätigung) ist wahrscheinlich mitverantwortlich für eine frühzeitige Entstehung der Arteriosklerose.

Obwohl das Interesse für den Sport wächst, verbessert sich die körperliche Fitness unserer Kinder kaum. So wurde im Auftrag der obersten amerikanischen Schulbehörde von der Universität von Michigan in einem Zeitraum von zehn Jahren die Leistungsfähigkeit von insgesamt zwölf Millionen Jugendlichen im Alter von zehn bis siebzehn Jahren geprüft. Eine Verbesserung von Beweglichkeit, Schnelligkeit oder Kraft war in dieser Zeit nicht festzustellen. (Die einzige Ausnahme: Die Ausdauer der Mädchen nahm etwas zu.)

Auch diejenigen, von denen wir vernünftigerweise Rat und Hilfe erwarten, die Ärzte, sind keineswegs in besserer Verfassung als wir. Im südlichen Kalifornien führte man vor kurzem mit 58 Ärzten einen körperlichen Leistungstest durch. Der körperliche Zustand der meisten war schlecht. Jeder fünfte rauchte, zwei Drittel hatten Übergewicht, der Blutdruck war bei jedem vierten erhöht, bei körperlicher Belastung zeigte das Elektrokardiogramm bei jedem fünften Störungen an, bei mehr als der Hälfte war der Blutfett-Spiegel erhöht. Dieser klägliche körperliche Zustand geht möglicherweise auf Vorstellungen zurück, die ein Freund von mir, Arzt und starker Raucher zugleich, ungefähr so formulierte: »Vor Lungenkrebs habe ich keine Angst. Bevor *ich* den bekomme, gibt es bestimmt ein Mittel dagegen.«

Die Tatsache, daß viele Ärzte im Umgang mit dem eigenen Körper ziemlich schlechte Vorbilder sind, stellt ein großes Problem dar. Der Arzt John F. Moe aus Indianapolis, der zu den selbstkritischen Standesvertretern gehört, sagte es so: »Unwissenheit und Trägheit liegen beim Arzt oft dicht beieinander. Die Situation wird noch dadurch verschärft, daß von den medizinischen Ausbildungsstätten in dieser Hinsicht wenig Anregungen ausgehen. Als ich vor zehn Jahren meine Ausbildung machte, wurde der Frage der körperlichen Fitness, so wie wir sie verstehen, nahezu keinerlei Interesse entgegengebracht, und ich fürchte, daß das auch heute noch so ist. Der untrainierte Arzt, der selbst vom Herzinfarkt bedroht ist, hält sich in allen Gesundheitsfragen für die entscheidende Autorität. Er neigt dazu, anderen den eigenen Lebensstil zu empfehlen, und glaubt, daß er sie damit vernünftig berät. Weil er sich selbst als Autoritätsfigur sieht, fällt es ihm schwer, Ideen zu akzeptieren, die seinen eigenen Begriffen fremd sind, wenn sie sich radikal von dem unterscheiden, was er als erprobte Praxis betrachtet.«

Kann die Regierung dazu beitragen, uns fit zu erhalten? Das ist nicht wahrscheinlich, trotz des guten Beispiels, das in verschiedenen europäischen Ländern gegeben worden ist. Ohne Zweifel interessiert sich die Regierung in hohem Maße für unsere Gesundheit (schließlich gibt sie 1,25 Milliarden Dollar im Jahr dafür aus), aber viel Gutes kommt nicht dabei heraus. »Das Problem der Gesundheit ist heute ein Lehrbeispiel dafür, daß die Möglichkeiten der Regierung begrenzt sind«, schrieb Georg F. Will in dem Wochenmagazin *Newsweek*. »Es wäre zu hoffen (aber kaum zu erwarten), daß irgendein Politiker einmal den Schneid hat, die traurige Wahrheit zu sagen: Jeder Dollar, der zusätzlich für die medizinische Versorgung ausgegeben wird, bringt nur noch einen immer kleiner werdenden marginalen Nutzen für die Gesundheit.«

Wenn wir aber weder von unseren Ärzten noch von unserer Regierung erwarten können, daß sie unseren Gesundheitszustand verbessern, wohin sollen wir uns dann wenden? Die Antwort ist klar: Wir müssen selbst etwas tun. Zu diesem Ergebnis kam kürzlich auch Dr. John H. Knowles, der Präsident der Rockefeller-Stiftung. »Viele Amerikaner halten Trägheit, Völlerei, Alkoholexzesse, Rücksichtslosigkeit im Straßenverkehr, sexuelle Maßlosigkeit und Rauchen für verfassungsmäßige Rechte und erwarten dann, daß der Staat für die Folgen aufkommt«, stellte er fest. Diese Einstellung – und das medizinische Versorgungssystem, das sie hervorbringt – führen notwendigerweise zu immer höheren Kosten. Weder Ärzte noch Krankenhäuser oder Medikamente könnten uns auf die Dauer einen medizinischen Durchbruch bescheren, sagte Dr. Knowles voraus, sondern nur eine Änderung unserer Lebensgewohnheiten.

Laufen ist eine sehr simple Methode, Ihre Lebensgewohnheiten positiv zu verändern. Laufen gehört zu den besten körperlichen Aktivitäten, die es überhaupt gibt, und es ist mit Sicherheit die einfachste. Als zum Beispiel die Arbeiter in einer sowjetischen Fabrik mit einem Lauftraining anfingen, konnten sie die jährliche Anzahl der krankheitsbedingten Fehlschichten von 436 auf 42 senken. Verschiedene Untersuchungen haben gezeigt, daß praktisch jeder von diesem Sport profitieren kann. Dr. Merle L. Foss, Dr. Richard M. Lampman und Dr. David Schteingart vom Medizinischen Institut an der Universität von Michigan haben zum Beispiel bewiesen, daß selbst Personen mit erheblichem Übergewicht ihren körperlichen Zustand schon in drei Wochen stark verbessern können, wenn sie ein Lauftraining durchführen.

Der wichtigste Einzelfaktor für den Allgemeinzustand eines Menschen ist die' Leistungsfähigkeit seines Herz-Kreislaufsystems, die durch das Laufen am besten trainiert wird. Natürlich gibt es andere Sportarten, bei denen die Leistungsfähigkeit des Kreislaufsystems verbessert werden kann, dazu gehören Radfahren, Schwimmen, Rudern. Aber nur Laufen kann praktisch überall ohne besondere Ausrüstung und Kosten durchgeführt werden[2]. Sie können direkt vor der Haustür anfangen. Sie brauchen kein Fahrrad, keinen Swimmingpool, kein Boot und keinen Fußball-, Tennis- oder Golfplatz. Auch eine Aschenbahn brauchen Sie nicht; man kann wirklich überall laufen. Ich bin auf Wegen, Straßen und Highways gelaufen, in Wäldern, Feldern und Parks, aber auch auf den Hauptgeschäftsstraßen von New York und London, Florenz oder Wien. Sie können im Morgengrauen laufen oder um Mitternacht oder wann immer es Ihnen einfällt und in Ihren Tageslauf paßt. Ich bin bei Schneefall, Hagel, bei Wind und Wetter und auch in Floridas schlimmster Sommerhitze gelaufen und habe es immer genossen. Ich teile durchaus die Gefühle Stan Gersteins aus Melrose, Massachusetts, der mir einmal gesagt hat: »Es gibt doch nichts Schöneres als das Gefühl, daß man körperlich fit ist. Ich bin am Morgen schon munter und singe und möchte am liebsten gleich loslegen.«

Die physiologischen Vorzüge eines Lauftrainings werden auch dadurch bestätigt, daß immer mehr Ärzte diese Sportart zur medizinischen Vorbeugung empfehlen. Sie haben sich dazu entschlossen, weil sie überzeugt sind, daß es besser ist, jemanden gesund zu erhalten als ihn später zu heilen, wenn er erst einmal krank ist. Dr. George A. Sheehan ist Herzspezialist, hat zur Philosophie des Laufens schon viel beigetragen (Kapitel 22) und trainiert selbst. »Laufen«, sagt er, »ist das physiologisch ideale Bewegungstraining. Beim Laufen werden die großen Gesäß-, Oberschenkel- und Wadenmuskeln rhythmisch nach dem Maßstab der eigenen Kräfte bewegt. Das ist die ideale Voraussetzung, um die eigene Herz-Lungen-Leistung gefahrlos auf ihren Höchststand zu bringen.« In Zukunft könne man »Sport statt Medikamenten verschreiben«. Das ist keineswegs die persönliche Meinung eines Einzelgängers. Der Philosophie-Professor Paul Weiss von der Universität Yale schreibt in seinem Buch *Sport: A Philosophic Inquiry:* »Da sie uns von einem schlechten zu einem besseren Zustand des Daseins befördert, kann man die Leichtathletik als Seitenzweig der Medizin sehen, der aber erfreulicher-

---

2 Außer ein paar alten Kleidern sind Laufschuhe das einzige, was Sie brauchen. Viel mehr als ein paar Pfennige pro Kilometer kosten sie nicht.

weise Freiräume für Spontaneität, Kreativität und Urteilskraft bietet.«

Im Anhang B wird dargestellt, wie sich unser Körper beim Laufen verändert und was diese Veränderungen uns nutzen. Im Moment wollen wir uns lediglich die Frage vorlegen, inwieweit das Lauftraining einer Herzkrankheit vorbeugen kann.

Anhand verschiedener Anhaltspunkte läßt sich bestimmen, ob man von einem Herzinfarkt bedroht ist. Dr. Robert Jones, Vorbeugespezialist an der Universität von Rochester, nennt dabei fünfzehn Faktoren:

Blutdruck	Triglyzeridspiegel[3]	Harnsäurespiegel
Körperliche Bewegung	Fibrinolysinspiegel[4]	Lungenfunktion
Gewicht	Zigarettenrauchen	Glukosetoleranz
Stimmung und Stress	Ernährung	Erbanlagen
Blutzuckerspiegel	Elektrokardiogramm	Cholesterinspiegel[5]

Bis auf die Erbanlagen können alle Faktoren durch körperliche Bewegung günstig beeinflußt werden. Das Rauchen und unsere Ernährungsgewohnheiten werden zwar nicht unmittelbar durch das Training verändert, aber jeder der regelmäßig läuft, wird wahrscheinlich das Rauchen aufgeben, weniger essen und gesündere Nahrung vorziehen. Deshalb kann das Laufen das Risiko eines Herzinfarkts deutlich verringern. Da meine eigenen Erbanlagen mir kein sehr starkes Herz beschert haben, hat mich gerade diese Tatsache erheblich beeindruckt. Wie wir im Kapitel 20 darstellen werden, kann das Laufen auch Infarktopfern die alte Energie zurückgeben und sie in die Lage versetzen, Marathonläufe von mehr als vierzig Kilometern zu überstehen.

Andere körperliche Erfolge beim Lauftraining sind nicht so dramatisch, aber genauso willkommen. Der Arzt William J. Fortner aus Kaufman in Texas zum Beispiel teilte mir mit, daß beim Laufen seine chronischen Spannungskopfschmerzen verschwinden. Der Augenarzt David M. Worthen aus La Jolla in Kalifornien ist der Ansicht, daß sich die Häufigkeit von Infektionen der oberen Atemwege durch

3 Die Triglyzeride sind Verbindungen des Glyzerins mit Fettsäuren.
4 Das Fibrinolysin löst das in Gefäßen oder Körperhöhlen durch die Blutgerinnung ausgefallene Fibrin wieder auf, greift auch andere Gerinnungsfaktoren an und verhindert auf diese Weise die lebensgefährlichen Thrombosen in den Herzkranzgefäßen.
5 Neuere Forschungsergebnisse weisen darauf hin, daß das Cholesterin selbst nicht der Hauptschuldige ist. Entscheidend ist offenbar das Verhältnis von Lipoproteinen von hoher und solchen von niedriger Dichte. Die Lipoproteine sind an Proteine gebundene Lipid-Moleküle. Sie transportieren das Cholesterin.

das Lauftraining reduziert. Und die Ärztin Barbara Orr aus Loma Linda in Kalifornien erklärte begeistert: »Ich liebe das Laufen, weil man sich so gut dabei fühlt. Ich bin beim Tennisspielen besser geworden, weil ich die Bälle schneller erwische. Und meine Beine bleiben schön schlank.« Vorteile wie diese haben dieser Sportart sehr unterschiedliche Freunde gewonnen, zum Beispiel Senator William Proxmire, Erich (*Lovestory*) Segal, Joseph (*Catch-22*) Heller und Jacqueline Onassis.

Es gibt noch andere verblüffende Dinge beim Laufen. Wir leben in einer Zeit, in der es als wünschenswert gilt, jung zu sein. Wenn Sie also jung bleiben wollen, kann Ihnen das Lauftraining helfen. Dr. Fred W. Kasch, der Direktor des Physiologischen Instituts an der San Diego State Universität hat 43 Männer mittleren Alters über einen Zeitraum von bis zu zehn Jahren beobachtet und dabei in Abständen ihre maximale Herzfrequenz[6], ihre maximale Sauerstoffaufnahme[7], das Schlagvolumen des Herzens[8] und schließlich den peripheren Gefäßwiderstand[9] untersucht. Diese vier Faktoren geben nämlich entscheidende Aufschlüsse über das Altern des Körpers. Auf Grund vorhergehender Untersuchungen war bekannt, was im gleichen Zeitraum »normalerweise«, das heißt bei Männern mittleren Alters mit vorwiegend sitzender Lebensweise, geschieht. Kasch wollte wissen, ob sich andere Werte ergaben, wenn die Männer trainierten. Deshalb ließ er sie nach einem festgelegten Programm entweder laufen oder schwimmen. Nach zehn Jahren wies keiner der vier genannten Faktoren auf einen Alterungsprozeß hin, während zwei von ihnen (die Fähigkeit des Körpers Sauerstoff zu verarbeiten und das Schlagvolumen des Herzens) sogar auf sinkendes Alter hinwiesen. (Darüber hinaus stellte sich noch eine positive Nebenwirkung heraus: Der Blutdruck war niedriger als gewöhnlich geblieben und in einigen Fällen sogar noch gefallen.)

Diese wissenschaftlichen Erkenntnisse werden durch Beobachtungen im Alltag bestätigt. Sechzig- und siebzigjährige Läufer bewegen sich oft noch mit einer eleganten Leichtigkeit, die man bei zwei oder drei Jahrzehnte Jüngeren häufig vermißt. Nicht selten kamen mir

6 Unter Belastung erreichbare höchste Pulsschlagzahl pro Minute.
7 Die maximale Sauerstoffaufnahme bei körperlicher Belastung, umgerechnet auf das Körpergewicht, ist einer der wichtigsten Indikatoren für die Leistungsfähigkeit.
8 Die Menge Blut, die das Herz pro Schlag fördert.
9 Der periphere Gefäßwiderstand ist abhängig von der Elastizität der Blutgefäßwände. Im Alter nimmt die Elastizität ab. Durch Training kann dieser Alterungsvorgang verlangsamt und damit Bluthochdruck und Gefäßerkrankungen vorgebeugt werden.

beim Laufen scheinbar junge Männer oder Frauen entgegen, die ich erst beim Näherkommen als wesentlich ältere Menschen erkannte. Stephen Richardson ist einer davon. Er ist groß und schlank, Mitte Fünfzig. Wenn er für einen Marathonlauf trainiert, läuft er bis zu dreißig Kilometer am Tag und erreicht dabei Geschwindigkeiten, um die ihn viele Zwanzigjährige lebhaft beneiden. Richardson wird fast immer für ungefähr Fünfundvierzig gehalten. (Auch bei mir denken die Leute übrigens, daß ich ungefähr sieben oder acht Jahre jünger sein müsse, als ich tatsächlich bin. Jedenfalls sagen sie das. Vielleicht sehe ich aber auch nur so aus, als ob mir eine kleine Schmeichelei gut täte.) Solche Komplimente nehmen allerdings manchmal eine etwas makabre Form an. Richardson arbeitet an einer Medizinischen Hochschule (Albert Einstein College). Neulich musterte ihn der Kollege aus der Anatomie wohlgefällig von oben bis unten und sagte dazu: »Sie werden mal eine hübsche Leiche abgeben – da braucht man überhaupt kein Fett aufzuschneiden.«

Wenn man sich durch Laufen in Form bringt, wird man außerdem feststellen können, daß sich der sexuelle Appetit und die sexuelle Befriedigung sowohl bei Männern als auch bei Frauen unweigerlich steigern. Der Grund dafür ist kein Geheimnis. Eine gute körperliche Verfassung betrifft ja nicht nur Muskeln, Lunge und Herz, sondern auch die Sinne des Menschen. Läufer sind sich ihrer selbst und anderer stärker bewußt. Ihre Interesse an allen Aspekten des Lebens, einschließlich des sexuellen, nimmt zu.

Der Wissenschaft ist zwar der Nachweis gelungen, daß das Laufen die körperliche Leistungsfähigkeit steigert und der biologischen Alterung entgegenwirkt, unbewiesen ist bislang aber noch, daß es auch das Leben verlängert[10]. Wahrscheinlich gelingt aber, wie wir in Kapitel vier darstellen werden, eines Tages auch dieser Beweis. Immerhin ist jetzt schon der Nachweis erbracht, daß Ratten, die körperlich aktiv sind, 25 Prozent länger leben, als solche, die man zu einer trägen Lebensweise erzieht. Die lebensverlängernde Wirkung des Laufens – wenn man sie eines Tages nachweisen kann – brauchte gar nicht übermäßig groß zu sein, damit es sich lohnt. Nehmen wir einmal an, daß Sie als Zwanzigjähriger beginnen, täglich eine halbe Stunde zu laufen und das 48 Jahre lang durchhalten. Dann hätten Sie insgesamt ein volles Jahr nur mit Laufen verbracht. Wenn Sie als Ergebnis da-

---

10 Robert Glover, der frühere sportliche Leiter im West Side *YMCA* (Christlicher Verein junger Menschen) von New York formulierte das so: »Wir können Ihnen nicht garantieren, daß sich die Jahre Ihres Lebens mehren, aber wir können Ihre Jahre lebendiger machen.«

von auch nur ein Jahr und einen Tag länger leben, dann haben Sie nicht nur jede Minute zurückerhalten, die Sie beim Laufen zugebracht haben, sondern noch eine vierundzwanzigstündige Dividende dazugewonnen!

Im Gegensatz zu vielen anderen körperlichen Aktivitäten kann das Laufen ein Sport auf Lebenszeit sein, den man auch dann noch ausüben kann, wenn andere Sportarten längst ein Gesundheitsrisiko darstellen.

Laufen stärkt nicht nur Beine und Lungen, sondern verschafft Ihnen insgesamt ein besseres Körpergefühl. Wenn Sie regelmäßig laufen, spüren Sie, wie gelenkig, elastisch und energiegeladen Sie sind. Das Kraftgefühl, das Sie durchströmt, läßt sich aus kaum einer anderen Quelle in dieser Weise gewinnen. Ein lockerer Lauf über einige Kilometer kann körperliches Unbehagen, Kopfweh, Magenschmerzen oder einen »Kater« vertreiben. Er fühle sich nicht wohl, sagte mir neulich ein Freund. »Willst du zum Arzt gehen?« fragte ich ihn. »Ach was«, lachte er, »mein Arzt ist das Laufen.«

In dieser Bemerkung ist eine Menge Weisheit verborgen. Dale O. Nelson, der an der Utah State Universität Unterricht in Leibeserziehung erteilt, erzählte mir kürzlich von einem seiner Schüler namens Quintin Snow. Der fünfundvierzigjährige Snow war Armeeflieger, bis man ihm bei einem chirurgischen Eingriff ein Drittel seines Magens herausschneiden mußte. Er wog hundert Kilo, konnte kaum aus einem Schwimmbecken klettern und litt an zahlreichen körperlichen Störungen, die medizinischer Behandlung bedurften. Snow machte Nelsons Fitnesskurs mit, fing an zu laufen, wurde achtzehn Kilogramm leichter und erholte sich von nahezu sämtlichen Krankheiten. Als ich kürzlich von ihm hörte, konnte er ohne Unterbrechung sechs Meilen laufen.

Die Liste der Störungen, die sich durch Laufen beseitigen lassen, ist lang. Mike Levine, der an der Universität von Oklahoma studiert hat, leidet an Gehirnlähmung. Dennoch nahm er erfolgreich an einem Marathonlauf in Artesia, New Mexico, teil. In der Klasse der College- und Universitätsläufer wurde er Erster und sein Selbstbewußtsein profitierte davon erheblich. Sein Vater Jack, orthopädischer Chirurg in Brooklyn, teilte mir mit: »Das Laufen hat im Leben Mikes die entscheidende Wende gebracht. Sein verbessertes Selbstgefühl erlaubt es ihm jetzt, ein geselliges Leben zu führen, während seine sozialen Kontakte früher stark eingeschränkt waren.«

Peter D. Wood von der Stanford Universität behauptet sogar, daß das

Laufen Krebserkrankungen vorbeugen kann, zumindest indirekt, denn Läufer rauchen fast nie. »Aus Gründen, die bislang noch nicht völlig geklärt sind«, sagt Wood, »geben Raucher, die mit dem Laufen beginnen, das Rauchen nahezu ohne Ausnahme auf.«

Trotz aller dieser Vorteile, habe ich den wichtigsten bisher noch gar nicht genannt: *Laufen macht Spaß*. Während unserer Erziehung ist den meisten von uns beigebracht worden, daß körperliche Ertüchtigung vor allem aus Pflichtbewußtsein erfolgt. Von der Freude daran wird selten gesprochen. Insbesondere das Konditionstraining beim Wehrdienst wird vom Pflichtbewußtsein bestimmt. Bei der Leibeserziehung der Schulen ist es nicht anders, und selbst das bekannte aerobische Punktesystem von Kenneth Cooper[11] ist nach Ansicht vieler Leute eine freudlose Sache: Man läuft eben eine Strecke in soundsoviel Minuten, um ein paar Punkte damit zu verdienen. Aber wenn man nicht die Lust beim Laufen erlebt, dann läuft man am Wesentlichen vorbei. Stellen Sie sich einen Herbstmorgen vor. Die Luft ist klar und leicht und mit leuchtenden, wirbelnden Blättern gefüllt. Ich trete vor die Tür und laufe den Hügel hinunter, dann durch den Park und über die Straße, bis ich auf die Fußwege stoße, die zum Strand führen. Anfangs bin ich noch ungelenk und steif, aber schon nach wenigen Minuten erwärme ich mich, ich beginne etwas zu schwitzen, und meine Schritte werden geschmeidig. Mein Tritt läßt Fasanen, Kaninchen und Erdhörnchen flüchten. Bei einer alten Ziegelmauer mit einem Garten und Blumen davor habe ich die Hälfte der Strecke erreicht. Locker fliege ich am Ufer des Meeres entlang, erst durch eine sumpfige Wiese, dann über den Strand. Bald bin ich wieder zu Hause. Ich atme leicht und fühle mich erschöpft und fröhlich zugleich. (Den Läufern, die statt dessen mit Auspuffgasen, Smog und Lastwagen wetteifern müssen, geht es übrigens keineswegs anders.)

Jede Beschreibung einer solchen Stunde verblaßt natürlich vor dem, was man dabei wirklich erlebt. Aber das Erlebnis – das garantiere ich Ihnen – ist gar nicht weit entfernt. Es wartet auf Sie. Das ist wohl auch der Grund, weshalb das Laufen so populär ist. Das ist der Grund dafür, daß es heute allein in den Vereinigten Staaten 25 Millionen Läufer gibt (von denen etwa 25000 auch an Marathonläufen von über vierzig Kilometern Länge teilnehmen). Das ist der Grund, warum ei-

---

11 Dr. med. Kenneth Cooper ist Sportmediziner. Er entwickelte ein Fitness-Programm für Astronauten und leitete jahrelang das Training der amerikanischen Raumschiff-Besatzungen. Cooper ist Autor des Weltbestsellers *Bewegungstraining,* das auch in deutscher Sprache vorliegt (Fischer Taschenbuch 1104). Der Cooper-Test für Läufer wird im Kapitel *Laufen in Deutschland* erläutert.

nige Ortsgruppen des *Road Runners Club of America* ihre Mitgliederzahl in den letzten fünf Jahren vervierfachen konnten. Das ist der Grund, warum der charismatische »Guru« des Laufens, Bob Glover, allein schon dreitausend Männer und Frauen mit einem konzentrierten Trainingsprogramm zum Laufen gebracht hat.

Aber das Laufen ist nicht nur gut für den Körper. Wie wir im nächsten Kapitel sehen werden, sind die körperlichen Wirkungen gewissermaßen nur der Anfang.

2 / Was in Ihrem Bewußtsein geschieht

Auf der Suche nach dem Psyche-Körper-Phänomen

Unter den psychologischen Grenzbereichen gibt es nur wenige, die so faszinierend sind wie der Wandel, der sich beim Laufen in unserem Bewußtsein und unserer Seele vollzieht. In ihrer Breiten- und Tiefenwirkung zeigen diese Veränderungen, wie kompliziert die Beziehungen zwischen Leib und Seele sein müssen. Bei den Vorarbeiten zu diesem Buch bin ich monatelang sehr viel gereist und habe mit vielen Läufern und anderen Menschen gesprochen, von denen ich mir Auskünfte über die verschiedenen Aspekte des Laufens erhoffte.

Fast immer hatte ich zu Beginn der Unterhaltung ein bestimmtes Thema vor Augen, zum Beispiel die Rehabilitation nach einem Herzanfall, die Beanspruchung von Muskelgewebe beim Laufen oder die richtige Taktik beim Wettkampf, und eine Zeitlang gelang es mir auch, beim Thema zu bleiben. Aber irgendwann im Gespräch griffen meine Gesprächspartner stets einen Gegenstand auf, den ich gar nicht erwähnt hatte: die Psychologie des Laufens. Buchstäblich jeder, so schien es, interessierte sich dafür, was in der Seele des Läufers geschieht und wie sich Menschen durch diese Sportart verändern. Manche Gesprächspartner waren geradezu besessen von diesem Problem. Ich fand dieses Phänomen so erstaunlich, daß ich schließlich Joe Henderson, den Herausgeber der Zeitschrift *Runner's World*, nach seiner Meinung gefragt habe. Henderson gehört zu denjenigen Leuten, die sich außerordentlich gründlich mit allen Vorgängen beim Laufen auseinandergesetzt haben. »Ich bin nicht überrascht«, sagte er. »Ich bin fest überzeugt, daß die geistigen und seelischen Aspekte des Laufens für die Forschung die nächste große Aufgabe sind. In diesem Bereich werden die entscheidenden wissenschaftlichen Durchbrüche kommen.«

Dem stimme ich zu. In unserer Gesellschaft legt man zur Zeit großen Wert auf die Persönlichkeitsentwicklung und die maximale Ausschöpfung der eigenen Chancen. Zen, Transzendentale Meditation, Encounter-Gruppen und ähnliche Bewegungen sind alle darauf gerichtet, uns menschliche Erfüllung zu bringen. Wenn man ihren Anhängern glauben darf, funktionieren manche von ihnen ganz gut. Oft genug allerdings versagen sie, weil sie, wie ich persönlich vermute, auf die zwangsläufig vorhandenen Besonderheiten und Überempfindlichkeiten des individuellen Charakters nicht genügend eingehen. Obwohl auch das Laufen einen Menschen oft völlig verändert, kommen hier alle Veränderungen von innen und sind deshalb in die Gesamtpersönlichkeit voll integriert.

In diesem Kapitel will ich die seelischen Veränderungen darstellen, die das Laufen bewirkt. Zunächst wollen wir einige der Gefühle betrachten, die von Läufern beim Laufen beobachtet wurden. Dann wollen wir untersuchen, auf welche Weise die vom Laufen bewirkten seelischen Phänomene unser Leben verändern.

Die meisten Leute, mit denen ich gesprochen habe, waren der Ansicht, daß sie psychologisch vom Laufen profitiert hätten. Das überraschte mich nicht, denn ich weiß schon seit langem, daß ich selbst sehr viel davon profitiert habe. Einige Vorteile sind leicht zu beschreiben: Die Geisteskraft und Konzentrationsfähigkeit scheinen sich merklich zu steigern, und man spürt, daß sich auch der Verstand schärft. (Sie werden das nicht an jedem Tag oder nach jedem Lauf merken, aber diese Erscheinungen sind doch fast immer vorhanden.) Andere Empfindungen beim Laufen sind nicht so leicht zu beschreiben, weil sich unsere Alltagssprache selten mit solchen Phänomenen befaßt. Aber die Eigenschaften und Fähigkeiten, die man zum Laufen braucht, Willenskraft, die Fähigkeit, sich auch bei extremer Erschöpfung noch Mühe zu geben, und die Bereitschaft, zum Beispiel Schmerz zu ertragen, haben eine Strahlkraft, die unser ganzes Leben entscheidend beeinflußt.

Die Leute, mit denen ich gesprochen habe, beschrieben diese Erscheinungen mit eindringlichen, fast poetischen Worten. Die Deutlichkeit ihrer Aussage war aber offensichtlich nicht von ihrer Intelligenz oder ihrem Wortschatz abhängig. Sobald sich das Gespräch den seelischen Aspekten des Laufens zuwandte, zeigten sie alle eine erstaunliche Beredsamkeit.

Nancy Gerstein z.B. war Redakteurin der Zeitschrift *The New Yorker*, als ich mit ihr sprach. Vier- oder fünfmal die Woche läuft sie sechs Meilen. Sie sagte mir: »Das Laufen gibt mir das Gefühl, daß ich mein eigenes Leben im Griff habe. Ich spüre, daß ich etwas für mich tue und nicht darauf warte, daß jemand anderes für mich etwas tut. Ich mag die Endlichkeit meiner Läufe, es befriedigt mich, daß Anfang und Ende vorherbestimmt sind: Ich setze ein Ziel und erreiche es dann. Es befriedigt mich auch, daß das Laufen wirklich schwer ist. Wenn man sich antreiben muß, um einen Lauf zu Ende zu bringen, dann fühlt man sich wunderbar hinterher. Nach jedem guten Lauf fühlt man sich irgendwie geläutert.«

Allan Ripp ist etwas älter als zwanzig. Jahrelang hat er Asthma gehabt. (»Jeder Anfall war schrecklich«, sagte er mir. »Ich konnte an gar nichts anderes mehr denken.«) Dann begann er zu laufen. Obwohl er keineswegs behauptet, daß das Laufen sein Asthma geheilt habe, stellt er doch fest, daß er die Asthma-Anfälle jetzt sehr viel leichter erträgt. »Laufen ist die großartigste Sache, die ich jemals erlebt habe. Es ist zum Brennpunkt meiner Tage geworden, die Quelle, aus der alles andere entspringt. Es gibt meinem Leben Rhythmus. Es ist kein Sport oder Spiel, das sich außerhalb des Lebens befindet, sondern es ist Bestandteil des Lebens geworden. Das Laufen ist ein Stück von mir, eine Eigenschaft, die mich definiert.«

Ted Corbitt gehörte 1952 zum Olympischen Marathon-Team und wurde zwei Jahre später in den Vereinigten Staaten Meister im Marathonlauf. Er hat sich an fast 190 Marathonläufen beteiligt, ist häufiger über noch längere Strecken und ungezählte Male über kürzere Distanzen gegangen. Man müßte annehmen, daß er hinsichtlich des Laufens von allen romantischen Gedanken geheilt sei. Aber als ich mit ihm sprach, schien das nicht so. »Beim Laufen löst sich bei den Leuten die Spannung«, sagte er in seiner leisen, zurückhaltenden Art. »Es ist, als ob man einen eigenen Psychiater für sich hätte. Man hat die verschiedensten Gefühle. Oft ist große Freude dabei. Man profitiert sowohl an dem, was man selber bemerkt, als auch an dem, was unmerklich in einem vorgeht. Fast immer verbessert sich das Selbstwertgefühl. Man akzeptiert sich selbst mehr.«[1]

Nina Kuscsik siegte 1972 in der Frauengruppe des Bostoner Marathonlaufs. Sie sagte zu mir: »Im heutigen Leben gibt es nicht mehr viel Freiheit für uns. Das Laufen schenkt einem diese Freiheit zurück. Wenn man läuft, kann man seine eigenen Maßstäbe setzen. Man kann laufen, so schnell man will und wohin man will, und man denkt seine eigenen Gedanken dabei. Niemand kann etwas von einem verlangen.« Und Joe Henderson: »Laufen ist kindlich und primitiv. Ich glaube, das macht seinen Reiz aus. Sich wieder wie ein Kind zu bewe-

---

1 Daß die Seele ins Gleichgewicht kommt, führt der Sportwissenschaftler Alexander Weber auf die Ermüdung der Muskeln zurück, was eine Entspannung des Nervensystems zur Folge habe. Lang- und Ausdauerlauf helfe am besten, Frustrationen und Aggressionen loszuwerden.

gen. Dabei sprengt man die Ketten der Zivilisation. Wenn man läuft, kehrt man in die Frühgeschichte zurück.«

Niemand hat die Sache freilich so einfach und kurz ausgedrückt wie ein Läufer aus Millburne, New Jersey, mit dem Namen Mark Hanson. »Laufen ist Leben«, sagte er mir. »Alles andere ist Warten.«

Hanson ist nicht der einzige, der das Laufen völlig mit dem Leben gleichsetzt. Bei meinen Gesprächen überall im Land stellte ich fest, daß viele Leute die Zeit beim Laufen als glücklichste Zeit des Tages empfinden, zum Teil auch deshalb, weil das Laufen ein starkes Gegenmittel gegen Angst, Depressionen und andere negative Stimmungen ist. Monte Davies aus Brooklyn erklärte: »Mit aller Kraft lange zu laufen, ist das ideale Mittel, um sich gegen Depressionen zu wehren, denn es ist ziemlich schwer, zu laufen und sich gleichzeitig selbst leid zu tun. Außerdem hat man nach einem langen Lauf auch für längere Zeit einen klaren Kopf.« Beth Richardson aus Boston sagte: »Ich fühle mich weniger kaputt und verbittert, wenn ich laufe.« Bill Copeland, ein Kolumnist aus Florida, dessen Bonmots nicht selten von *Reader's Digest* zitiert werden, sah sich vom Barfußlaufen am Strand zu folgendem Wortspiel veranlaßt: »Die nackten Füße sinken in den wellenüberspülten Sand ein, und man spürt die Wohltat der Sohlenmassage, die abgesehen von der Seelenmassage das beste Mittel sein dürfte, um Ärger und Angst zu vertreiben.« Russel Gallop aus New Jersey erzählte: »Einige Jahre nach dem College wurde ich fast gleichzeitig von zwei schweren Schicksalsschlägen getroffen: dem Scheitern meiner Ehe und einer Verletzung am Bein. Plötzlich war ich mit den seelischen Problemen einer Scheidung und den körperlichen Beschränkungen konfrontiert, die mit einem chirurgischen Eingriff am Knie einhergehen. Ich steckte in einer körperlichen und seelischen Sackgasse. Um mein Knie wieder in Ordnung zu bringen, schien es nur eine vernünftige Lösung zu geben: Bewegung. Aber durch das Laufen erhielt ich noch einen unerwarteten Zusatzgewinn: Auch in meinem Kopf klärte sich vieles.«

Die Gefühle, die diese Läufer beschreiben, werden durch wissenschaftliche Beobachtungen bestätigt. Der Psychologe Richard Driscoll vom Eastern State Hospital für Psychiatrie in Knoxville, Tennessee, hat festgestellt, daß Laufen die Angst der Patienten vermindert, besonders, wenn sie dabei angenehme Gedanken in den Vordergrund stellen. Dr. Michael B. Mock vom Staatlichen Institut für Herz- und Kreislaufforschung erklärte mir: »Aus zahlreichen Gründen wird eine überwältigende Mehrheit unserer Bürger häufig von Depressionen befallen. Es hat sich herausgestellt, daß körperliche Bewegung Depressionen entgegenwirkt, weil sie das Selbstbewußtsein und die Selbständigkeit der Menschen erhöht.« Der Psychiater Dr. John Greist von der Universität von Wisconsin erzählte mir von einem interessanten Experiment. Er hatte eine Gruppe extrem depressiver Patienten vor die Wahl gestellt, entweder ein zehnwöchiges Lauftraining durchzuführen oder zehn Wochen lang an der traditionellen Psychotherapie teilzunehmen. Wie sich zeigte, war das Laufen wirksamer.

Das Wohlgefühl beim Laufen wird auch noch von anderer Seite bestätigt. Dr. Frederick D. Harper vom Erziehungswissenschaftlichen Institut an der Howard Universität berichtet von einem Forschungsseminar, bei dem im Laufe eines Semesters unter anderem die Veränderungen untersucht werden sollten, die bei Studentinnen auftreten, wenn sie ihre Laufstrecke allmählich erhöhen. Während des Semesters wurde die gelaufene Strecke von einer Viertelmeile auf mehrere Meilen täglich erhöht. Die Teilnehmerinnen berichteten über verringerte Angst, gesteigertes sexuelles Interesse und ein besseres Selbstwertgefühl, insbesondere über »ein positives Körpergefühl«. Dr. Harper erwähnt auch einige Nebenwirkungen des Forschungsprojekts: »Da die Läufe auf dem Sportplatz stattfanden, hatten die Teilnehmer Zuschauer, dazu gehörte unter anderem die Football-Mannschaft, die zur gleichen Zeit trainierte. Die Mädchen waren am Anfang recht schüchtern, weil die männlichen Zuschauer mit Frotzeleien nicht sparten. Gegen Ende des Lauftrainings fühlten sich die Mädchen in ihrer Selbstachtung erheblich gestärkt. Sie waren jetzt fähig und ausdauernd genug, um vier oder fünf Meilen zu laufen. Einige Football-Spieler sagten sogar, daß die Läuferinnen sie veranlaßt hätten, sich beim Training mehr Mühe zu geben.«

Von der Verminderung der Angst, die Dr. Harper und andere erwähnten, ist auch in einer Untersuchung die Rede, die Dr. Herbert A. deVries von der medizinischen Fakultät und Gene M. Adams vom gerontologischen Institut der Universität von Southern California durchgeführt haben. DeVries und Adams zogen zu ihrer Untersuchung zahlreiche Freiwillige aus einem Rentnerparadies, der »Leisure World« in Laguna Hills in Kalifornien, heran. Die Freiwilligen waren zwischen 52 und 70 Jahre alt, alle litten unter seelischen Störungen, wie nervösen Spannungszuständen, Schlaflosigkeit, Reizbarkeit, dauernden Sorgen und Panikzuständen in Alltagssituationen. Die Wissenschaftler überprüften den Seelenzustand der Versuchspersonen in drei verschiedenen Situationen: nachdem sie ihnen eine 400-Milligramm-Dosis des Beruhigungsmittels Meprobamat gegeben hatten, nach der Verabreichung eines völlig identisch aussehenden Placebos (Scheinmedikament) und nach einem mäßigen viertelstündigen Training. Wie sich zeigte, verminderte das Training die Spannungszustände der freiwilligen Versuchspersonen besser als das Beruhigungsmittel[2]. Dr. Terence Kavanagh, der medizinische Direktor des Rehabilitationzentrums in Toronto, bestätigt, daß die Mehrzahl der Herzpatienten, die an seinem Laufprogramm teilnehmen, über »eine starke Verbesserung ihrer Stimmung und Moral« berichten. Und Dr. Alan Clark vom St.-Josephs-Krankenhaus in Atlanta erklärt: »Es ist eine altbekannte Tatsache, daß körperliche Bewegung das beste Beruhigungsmittel ist. Ich weigere mich, Patienten mit einfachen neurotischen Angstsymptomen Medikamente zu geben, ehe sie sich nicht hinreichend um Heilung durch ein aerobisches Bewegungstraining bemüht haben.«

Bei einer klassischen Untersuchung an der Purdue Universität nahmen sechzig ältere Fakultätsmitglieder und Verwaltungsangestellte mit sitzender Lebensweise an einem viermonatigen Übungsprogramm teil, das vor allem aus Laufen bestand. Mit Hilfe des Cattell-Fragebogens, der sechzehn Persönlichkeitsfaktoren bestimmt, wurden ihre Persönlichkeiten vor und nach dem Programm untersucht. Es stellte sich heraus, daß alle Versuchspersonen im selben Maße ausgeglichener, unabhängiger, phantasievoller und zuversichtlicher wurden, wie sich ihr körperlicher Zustand verbesserte.

Bei meinen Untersuchungen über die geistigen Dimensionen des Laufens stellte ich fest, daß sich bereits die verschiedensten Autoren im Umkreis dieses Themas bewegt haben. Roger Bannister, der erste Mensch, der eine Meile in weniger als vier Minuten lief, hat geschrieben: »Ich erinnere mich noch genau, wie ich als Kind einmal barfuß über den festen, feuchten Sand am Strand lief. Die Luft war von be-

2 Die beruhigende Wirkung ihres Sports ist den meisten Läufern auch ohne das Wissen um die exakten Untersuchungsergebnisse seit langem bekannt. Robert Gene Fineberg aus Beaverton, Oregon, berichtet z.B.: »Ich bin Marktforscher von Beruf und stehe den ganzen Tag unter Hochdruck. Aber solange ich daran denke, daß ich abends nach der Arbeit seidenweich meine Kilometer abspulen kann, ist mir keine Arbeit zu schwer. Das Laufen verschafft der Seele mehr Auftrieb als alle Beruhigungsmittel der Welt.« Der Orthopäde Dr. Stephen D. Storey aus Salinas in Kalifornien sagte: »Ich habe festgestellt, daß mir das Laufen die Flucht aus den zahlreichen Zwängen meiner Praxis ermöglicht. Für gewöhnlich laufe ich mittags, und ich merke sehr deutlich, daß ich mich am Nachmittag längst nicht so gehetzt fühle. Ich habe es auch schon mit Transzendentaler Meditation versucht und eine Zeitlang regelmäßig meditiert. Das Laufen hat ungefähr die gleiche Wirkung bei mir wie Transzendentale Meditation.«

sonderer Art, sie schien lebendig zu sein. Die Wellen, die sich auf dem Strand brachen, übertönten jedes andere Geräusch, und ich war überrascht über die gewaltige Erregung, die bei diesen wenigen Schritten in mir entstand. Beinahe machte es mir Angst. Es war ein Augenblick intensiver Entdeckung, eine Quelle von Schönheit und Kraft, wie ich sie vorher kaum in meinen Träumen gekannt hatte. Körperliche Bewegung ist eine zusätzliche Sinneserfahrung, ein sechster Sinn sozusagen, oder vielmehr die Verbindung aller übrigen Sinne zu einem.«

Eine Läuferin sagte: »Das Laufen ist ein Symbol dafür, daß ich aktiv am Leben teilnehme.« Eine andere Läuferin, Annette McDaniels aus Bethesda, Maryland, stellte fest: »Ich erlebe eine völlige Vereinigung von Körper und Seele.«

In der New Yorker Zeitschrift *Village Voice* beschrieb David Bradley folgende Gefühle beim Laufen: »Alpha-Wellen entstehen in meinem Gehirn. Mir tut alles sehr weh. Mehr, als anderen Leuten irgend etwas je weh tut, wenn sie nicht gerade verletzt oder krank sind. Dennoch bin ich entspannt, beinahe glücklich. Ich sinke sehr tief in mich ein und bin mir meiner Umgebung doch völlig bewußt. Den Boden berühre ich nicht mehr. Ich bewege mich durch die Luft, schwebend und treibend. Die Steigung ist kein Berg oder Hügel, sondern nur Luft, die etwas dicker als sonst ist. Ich atme tief und sauge mich ohne Mühe hinauf. Mein Körper produziert Ströme von Adrenalin. Die Forschung bringt dieses Hormon mit der Euphorie in Verbindung. Zusammen mit den Alpha-Wellen und der rhythmischen Bewegung des Laufens, die eine Art Mantra (heilige Formel) darstellt, versetzt mich dies in einen Rauschzustand, den ich mir anderweitig auf legale Weise nicht verschaffen könnte.«

Natürlich treten viele der hier beschriebenen Zustände bei jedermann gelegentlich auf, ob er nun läuft oder nicht. Der entscheidende Unterschied besteht aber darin, daß sie durch das Laufen bewußt erzeugt werden können. Wenn Sie ein Läufer sind, können Sie sich diese Zustände verschaffen, wann immer Sie wollen.

Viele Läufer behaupten sogar, das Laufen erzeuge Seelenzustände, die sich so stark von unseren Alltagserfahrungen unterscheiden, daß sie sich die meisten von uns nicht einmal vorstellen können. Michael Murphy, der Gründer des psychotherapeutischen Instituts Esalen, hält viele Sportler für *heimliche Mystiker*, die im Wettkampf übernatürliche Erlebnisse haben. Und Mike Spino, der sportliche Leiter von Esalen, schreibt: »Laufen kann eine Methode sein, unser größeres

Selbst zu entdecken. Ich habe festgestellt, daß Superathleten, aber auch ganz gewöhnliche Leute plötzlich innerliche geistige Komplexe berühren, wenn sie es am wenigsten erwarten.«

Der neuseeländische Mittelstreckenläufer John Walker, der gegenwärtig den Weltrekord über eine Meile hält (3:49,4 Minuten), hat seinen Sieg bei einem olympischen 1500-Meter-Lauf mit folgenden Worten beschrieben: »Als ich an die Spitze kam, durchzuckte es mich mit zwingender Gewißheit. Ich brauchte gar nicht über die Schulter zu sehen, um zu spüren, daß mit großer Geschwindigkeit jemand an mich herankam. Ich wußte, daß es Rick Wohlhuter aus den USA war, obwohl ich nichts sah. Ich wußte es einfach. Ich lief schon auf Hochtouren. Aber dann schaltete ich in den seelischen Schnellgang. Mein Unterbewußtsein übernahm die Kontrolle. Ich habe das schon in früheren Rennen erlebt, aber ich vermag es nicht zu erklären. Ich rannte Wohlhuter einfach davon.«

Als ich vor kurzem das Buch über die *Varieties of Religious Experience* von William James noch einmal las, fiel mir auf, daß sich Läufer sehr ähnlich wie viele der Mystiker ausdrücken, deren Denken James untersucht hat. Sicher ist es kein Zufall, daß so viele läuferische Wettkämpfe am Sonntagmorgen stattfinden. Jedenfalls fällt es nicht schwer, Hinweise auf die religiösen Qualitäten des Laufens zu finden. Die dreißigjährige Läuferin Coreen Nasenbeny aus Arizona erklärte mir z. B., daß sie im Jahre 1976 zum Laufen »konvertiert« sei. Dann fügte sie hinzu: »Ich glaube, das ist eine zutreffende Beschreibung, wenn ich diese Erfahrung mit einer Konversion gleichsetze.«

Bezeichnenderweise hat bisher noch niemand eine umfassende Untersuchung der seelischen Veränderungen, die beim Laufen auftreten, vorgenommen. Während viele Autoren, insbesondere Roger Bannister, Joe Henderson, George Sheehan und der Psychiater Thaddeus Kostrubala, das Thema gestreift haben, hat noch niemand eine wissenschaftliche Darstellung versucht. Arnold R. Beisser hat in seinem Buch *The Madness in Sports* die Ursachen für dieses Versäumnis zu deuten versucht: »Das Zögern, die Bedeutung des Sports zu erforschen, ist durchaus verständlich. Wir möchten über das, was wir lieben, gar nicht allzuviel wissen.«

Einige wagemutige Köpfe haben dennoch versucht herauszufinden, was uns eigentlich zum Sport hinzieht. Wir wollen sehen, inwieweit ihre Gedanken unsere Erlebnisse beim Laufen zu erhellen vermögen.

Jede halbwegs gründliche Untersuchung über die Bedeutung des

Sports führt über kurz oder lang zu einer Quelle zurück, auf der die meisten Überlegungen von heute beruhen. Es handelt sich um die Untersuchung des holländischen Philosophen Johan Huizinga über das spielerische Element in der Kultur, die bereits 1939 unter dem Titel *Homo ludens* erschien. Huizinga behauptet, daß der Mensch weder als *Homo sapiens* (als vernunftbegabter Mensch) noch als *Homo faber* (als tätiger Handwerker) definiert werden müsse, sondern als *Homo ludens,* als spielender Mensch. Der Mensch, sagt Huizinga, hat eine Neigung, alle, auch die ernsten Elemente des Lebens, in Spiel zu verwandeln. Als Beethoven die *Fünfte Symphonie* komponierte, war das ein Spiel. Als William Faulkner seine *Yoknapatawpha-County-Romane* schrieb, spielte er ein anderes Spiel. Nicht anders ergeht es dem Aufsichtsratsvorsitzenden einer Aktiengesellschaft, dem General oder Chirurgen: Immer wenn wir arbeiten, spielen wir Spiele.

Wenn man die Vorstellung akzeptiert, daß unser Leben Spiel sei, dann bietet sich der Schluß an, daß unsere sogenannten Spiele eine sehr viel größere Bedeutung für unser Leben besitzen, als wir bisher annehmen mußten. Damit könnte man den Fanatismus der Eishockey-Fans, die mönchsgleiche Konzentration der Schachspieler und den bemühten Eifer durchschnittlicher Baseball- oder Fußball-Spieler durchaus erklären.

Warum der Sport unser Leben aber in solcher Tiefe durchdringt, erklärt das noch nicht. Hier kann uns die bereits zitierte philosophische Untersuchung von Paul Weiss über Sport weiterhelfen. Weiss ist der Ansicht, daß die Sieger im Sport mehr als sie selbst sind; sie sind das Besondere, Transzendente in menschlicher Form. Wir sehen eine Rückhand von Borg nicht nur als das an, was sie tatsächlich ist, sondern als das, was sie darstellt: reine, ideale platonische Vollendung[3]. Das gleiche gilt für das Laufen, für unser eigenes wie das der Champions. Die Helden des Sports gelten als herausragende Ausnahmemenschen, und wir selbst streben beim Laufen ebenso nach Vollendung. Wenn Sie das nächste Mal bei einem Rennen zusehen, achten Sie einmal auf den ekstatischen Gesichtsausdruck derer, die viele Minuten (oder beim Marathon-Rennen vielleicht sogar Stunden) nach dem Sieger eintreffen. Diese langsameren Läufer mußten sich ebenso wie der Sieger verausgaben, auch sie haben die Erschöpfung und die intensiven Schmerzen äußerster Anstrengung erfahren, die sie so

---

3 Deshalb sind uns auch die Moral und das soziale Verhalten der Champions meist gleichgültig. Angesichts einer herausragenden sportlichen Leistung erscheinen solche Überlegungen irrelevant.

lange aushalten mußten. Im Rahmen des Wettkampfs haben sie ihr Höchstmaß an Vollendung erreicht. Ein seltenes und wunderbares Gefühl.

Wenn wir es zulassen, schenkt uns der Sport noch andere Dinge. Er zeigt uns die menschlichen Grenzen. Er läßt uns keinen Raum, um uns zu verstecken, und lehrt uns damit Ehrlichkeit und Authentizität. Mit einem Wort, er lehrt uns persönliche Ganzheit und Integrität. Und wenn wir ihm die Aufmerksamkeit und Achtung erweisen, die er verdient, dann zeigt er uns das Wesen der Freude.

Das sind keine Lernprozesse im Sinne des Schulunterrichts. Es handelt sich um Einsichten, die wir über unsere Sinne erfahren, wie es Bannister dargestellt hat. Aber gerade weil wir sie so mühsam erringen, prägen sie sich besonders nachhaltig ein. Der Mensch mißtraut allen Belohnungen, die ihm ohne Mühe zufallen, schreibt Josef Pieper in seinem Buch *Muße und Kult*: »Mit gutem Gewissen kann der Mensch nur genießen, was er durch Arbeit und Mühe erworben hat.« Das Laufen verlangt offensichtlich hinreichend Arbeit und Mühe, um das Gewissen auch der puritanischsten Athleten zufriedenzustellen, deshalb ist der Lustgewinn beim Laufen so deutlich.

Wenn man die Strapazen beim Laufen betrachtet, versteht man diesen Sachverhalt wohl am besten. Natürlich kann man laufen, ohne sich zu quälen, aber sobald man eine höhere Leistung anstrebt, ist das sofort mit Anstrengungen und oft auch mit Unannehmlichkeiten verbunden. Nehmen wir einmal an, daß Sie gewohnt sind, täglich eine Meile zu laufen. Weil Sie Ihre Leistung steigern wollen, entschließen Sie sich eines Tages zu dem Versuch, die doppelte Strecke zu laufen. Ohne Zweifel sind Sie dazu in der Lage, aber gegen Ende werden Sie müde und spüren Ihre Beine wie Blei. Und je weiter Sie laufen, desto schlimmer fühlen Sie sich. Der Schmerz ist das Ergebnis eines Kampfes zwischen Ihrem Bewußtsein und Ihren Beinen. Lauf weiter, sagt das Bewußtsein dem Körper. Schluß, um Himmels willen aufhören, bitten die Beine.

Wie groß die Strapaze beim Laufen wird, hängt davon ab, wie intensiv der Kampf zwischen Körper und Geist ist. Wenn Sie nur die zwei Meilen hinter sich bringen wollen, können Sie langsamer werden. Dann wird das Unbehagen geringer, und Sie spüren vielleicht nur noch ein dumpfes, dauerndes Pochen. Aber wenn Sie versuchen, trotz aller Widrigkeiten energisch weiterzulaufen, als ob Sie im Wettkampf einen Rivalen einholen müßten, dann wird der Kampf zwischen Körper und Seele (und damit der Schmerz) sehr intensiv werden. Ein Arzt hat ihn einmal mit den Wehen verglichen: nicht unerträglich, aber angenehm auch nicht.

Solche oder größere Beschwerden sind aber etwas, was Läufer regelmäßig erleben. Rick Wohlhuter hat einmal gesagt: »Um ein Rennen zu gewinnen, nehme ich jeden Schmerz auf mich.« Daß Unbehagen ein angemessener Preis für den Sieg ist, stellt aber nur einen Teilaspekt des Schmerzproblems dar. Bei den meisten Wettkämpfen, auch den wichtigsten, gibt es nur unbedeutende Preise – eine billige Trophäe oder Medaille und etwas Applaus. Die Preise fürs Training muß man sich selbst setzen: ein bißchen Erholung, ein kühles Getränk oder die Befriedigung, wieder zu Hause zu sein.

Warum nehmen Läufer die Belastungen dann auf sich und streben sogar danach? Ich vermute deshalb, weil die Beziehung zwischen Schmerz und Lust so eng ist. Schon vor zweitausend Jahren stellte Seneca fest, daß es eine Lust gibt, die dem Schmerz verwandt ist. Und Sokrates sagte: »Was für eine merkwürdige Sache ist das, was wir Lust nennen und was doch dem Schmerz so verwandt ist, obwohl man annehmen könnte, daß es der Gegensatz sei... denn wer eines von beiden verfolgt, ist meist auch gezwungen, das andere zu nehmen. Sie haben zwei Körper, aber sie werden von einem Kopf zusammengehalten.« In seinem Buch *Pain: Why It Hurts, When It Hurts* erklärt Richard Stiller das Phänomen folgendermaßen: »Wir halten Lust und Schmerz für Gegensätze. Aber schon unsere Sprache verrät, wie leicht man beide verwechselt. So können wir Lust als so intensiv empfinden, daß sie als *unerträglich* erscheint, weil wir sie *nicht aushalten* können. Wir sprechen von *edlem Schmerz* usw. Aus physiologischer Sicht scheinen Agonie und Ekstase erstaunlich ähnlich zu sein.«

Die meisten Läufer kennen die Lust, die sich in der Anstrengung verbirgt. Kitty Davies bemerkte beim *Boston Marathon* im Jahre 1975, daß ein Läufer mit tränenüberströmtem Gesicht an die Ziellinie kam. Seine Züge waren wie die eines Kindes verzerrt, und seine wettergerbte Haut glänzte vor Tränen.

»Warum weinen Sie, Sir?« fragte Mrs. Davies. »Sind Sie verletzt?«
»Nein«, sagte der Läufer, »ich weine, weil ich so glücklich bin.«

Vielleicht haben wir also das Bedürfnis, Schmerz (und damit Lust) zu erleben. Abgesehen davon werden mit dem Laufen noch eine ganze Reihe anderer seelischer Bedürfnisse befriedigt:

Der Bewegungsdrang. Beobachten Sie einmal Kinder beim Spiel. Sie laufen eine Weile, ruhen sich aus und beginnen wieder zu laufen. Mal laufen sie schneller, mal langsamer, mal kürzer, mal länger. Erst wenn wir die Schule besuchen, wird das Laufen Regeln unterworfen. Man läuft auf dem Fußball-Platz einige Meter oder hastet beim Baseball über die vorgegebene Strecke. Nach der Schule wird überhaupt nur noch selten gelaufen. Unser Lebensstil treibt uns den Bewegungsdrang aus. Das Bedürfnis zu laufen verlieren wir aber nie ganz. Gegenüber *HörZu* äußerte der Verhaltensforscher Arno Plack, das Laufen gehöre zu den Trieben, die der Mensch nicht ungestraft vernachlässigen dürfe. Zurückgestauter Bewegungsdrang tobe sich sonst als Aggression im Sitzen aus – meist beim Autofahren.

Das Bedürfnis nach Selbstbestätigung. In seinem Buch *Science and Sport* weist Vaughan Thomas darauf hin, daß wir die meiste Zeit unseres Lebens fremdbestimmt handeln, weil uns andere, z. B. Unteroffiziere, Vorgesetzte oder Schwiegermütter beherrschen. Unser Bedürfnis nach Selbstbestätigung gerät dabei ständig ins Hintertreffen. Das Laufen verschafft uns eine Gelegenheit, uns selbst zu bestätigen, die von der Gesellschaft ohne weiteres akzeptiert werden kann. Hier können wir mit uns selbst oder anderen in beliebigem Maße in Wettbewerb treten. Wenn Sie sich im Berufsleben allzu offensichtlich auf Kosten anderer nach oben durchkämpfen wollen, wird man über Ihr Verhalten die Stirn runzeln. Aber wenn Sie sich beim Wettkampf auf Kosten anderer nach vorn schieben und Ihren Rang auf diese Weise verbessern, wird man Sie, solange Sie zumindest äußere Bescheidenheit zeigen, dafür bewundern.

Das Bedürfnis nach Abwechslung zwischen Stress und Entspannung. Seit vier Jahrzehnten hat Dr. Hans Selye von der Universität Montreal den Stress untersucht. Er ist der Ansicht, daß jeder von uns bei der Geburt ein bestimmtes Quantum an »Anpassungsenergie« mitbekommt. Wenn diese Energie verbraucht ist, erleben wir einen seelischen oder körperlichen Zusammenbruch. Um einen solchen Zusammenbruch zu vermeiden, kann man den Stress bewußt auf bestimmte Körpersysteme einwirken lassen. »Oft«, schreibt Dr. Selye in seinem Buch *Stress Without Distress,* »ist ein freiwilliger Wechsel der Tätigkeit genauso gut oder besser als Erholung... Wenn uns Erschöpfung oder eine erzwungene Unterbrechung daran hindern, eine Mathematikaufgabe zu lösen, dann ist es besser, schwimmen zu gehen als einfach herumzusitzen. Wenn wir die Anspannung, die wir von unserem Intellekt verlangt haben, jetzt von unseren Muskeln verlangen, dann erholt sich dabei nicht nur das Hirn, sondern wir vermeiden auch den Ärger über die frustierende Unterbrechung. Anspannung in einem System trägt zur Entspannung des anderen bei.« Dr. Clinton Weiman, der Betriebsarzt einer der größten Banken der Welt, stellte fest, daß die Angestellten weniger Krankheiten, Bluthochdruck und Übergewicht hatten, wenn ihre Belastung (und damit der Stress) optimal waren. Jedes Mehr oder Weniger war mit einer Zunahme der Krankheitserscheinungen verbunden.

Nehmen wir einmal an, Sie arbeiten in einem Büro und kommen müde nach Hause. Sie sind fix und fertig, und Ihre Energien sind völlig verbraucht. Beim bloßen Gedanken an das Laufen graut Ihnen schon. Aber sobald Sie beginnen, geht es Ihnen schon besser, und nach einer halben Stunde sind Sie völlig erholt. Vielleicht haben Sie sich müde gefühlt, aber zu Ihrer Überraschung merken Sie jetzt, daß Sie gar nicht müde gewesen sind. Eine angenehme Entdeckung.

Das Bedürfnis, sich selbst zu bezwingen. Die meisten von uns leben viel zu undiszipliniert. Das Laufen ist ein Mittel dagegen. Es stellt eine ständige Herausforderung dar, die eigene Nachlässigkeit zu besiegen. »Dieses Bedürfnis zu kämpfen ist in jedem verborgen«, schreibt Roger Bannister, »und je mehr unser Alltagsleben eingeschränkt wird, desto notwendiger wird es, für dieses Streben nach Freiheit einen Ausweg zu finden. Niemand kann sagen: ›Du darfst nicht schneller laufen als so oder höher springen als so.‹ Bewußt oder unbewußt sucht der Sportler die tiefe Befriedigung und das Gefühl persönlicher Würde, die sich einstellen, wenn Körper und Geist völlig koordiniert sind und sie Herrschaft über sich selbst erlangt haben.«

Ähnlicher Ansicht war Mao Tse-tung. »Im allgemeinen«, schrieb er 1918, »sind alle Leibesübungen, wenn sie lange genug verfolgt werden, nützlich, weil sie unsere Ausdauer schulen. Besonders das Laufen über große Entfernung ist gut.«

Das Bedürfnis, uns selbst zu verwöhnen. Wenn wir regelmäßig laufen, bleiben wir so gut in Form, daß wir uns gelegentliche Ausschweifungen erlauben können. Ein Schokoladekuchen mit fünfhundert Kalorien ersetzt zwar jedes bißchen Energie, das wir auf einer Fünf-Meilen-Strecke verbraucht haben, aber der Saldo ist wenigstens ausgeglichen, so daß wir nicht mit fünfhundert Kalorien im Soll sind. Auch die Wirkungen eines Extra-Drinks werden rasch beim Laufen am nächsten Morgen verbrannt. Der Schauspieler Jack Gianino ißt gerne Süßigkeiten beim Fernsehen. »Gut für mich ist das nicht«, stellt er fest, »aber das ist mir egal. Ich laufe genug, um die Kalorien wieder loszuwerden.« Gianino hat recht; trotz seines heimlichen Lasters ist er so dünn, wie man nur sein kann.

Das Bedürfnis, zu spielen. Obwohl viele von uns irgendwann in ihrem Leben – mehr oder weniger vollständig – aufhören zu spielen, legen wir doch das Bedürfnis zu spielen niemals völlig ab. Spielen hält nicht nur jung, sondern bewahrt uns auch unser Gefühl dafür, wie relativ wichtig oder unwichtig verschiedene Dinge eigentlich sind. Laufen ist Spielen, denn selbst wenn wir uns nach Kräften bemühen, gut dabei abzuschneiden, entlastet es doch von den alltäglichen Sorgen. Die Dinge scheinen weniger drückend zu sein. Sehen wir uns eine Gruppe Läufer bei einem Wettkampf doch einmal an. Vielleicht gehören ein Herzchirurg, ein Richter, der Vizepräsident einer Luftfahrtgesellschaft und ein Bestsellerautor dazu. Im Beruf tragen sie große Verantwortung, aber in der Freizeit sind sie so fröhlich wie Schulkinder. Wenn sie sich später wieder ihren verantwortungsvollen Aufgaben zuwenden, bleibt ihnen diese Fröhlichkeit zumindest teilweise erhalten, denn sie wissen, daß es morgen wieder eine Spielstunde gibt. Besonders scharf hat Thorstein Veblen diese Erscheinung gesehen. Er nannte sie »die besondere Jungenhaftigkeit des Temperaments bei Männern, die Sport treiben«. Diese Eigenschaft schrieb er dem *Prinzip des Als-ob* zu, »das alle sportlichen Aktivitäten heute beherrscht... Dieses *Prinzip des Als-ob* ist zwar nicht in allen Sportarten in gleichem Maße vorhanden, aber es bleibt doch in allen erkennbar.«

Mehr als dieses Gefühl zu spielen, verlangen viele Menschen gar nicht vom Laufen. Dale L. Van Meter aus Sharon, Massachusetts, freut sich zum Beispiel darüber, wie die Welt sich beim Laufen verändert. So beschreibt er einen Lauf in Manhattan, das er an einem Frühlingsmorgen besuchte, mit folgenden Worten: »Ich hatte die Schönheit der Fifth Avenue noch niemals richtig bemerkt. Die menschenleeren Straßen waren mit dem Licht der ersten Sonnenstrahlen erfüllt. Das Gebäude der New York Public Library sah frisch gewaschen und sauber aus. Die Türme der St. Patrick's Kathedrale schienen im Morgenlicht etwas gerader zu stehen. Es war ein wunderbares Erlebnis und einer der Höhepunkte meines Besuchs.« Auch Janis Taketa, eine sechsundzwanzigjährige Läuferin aus Fort Defiance, Arizona, erlebt beim Laufen eine ähnliche sinnliche Lust. Sie sagte:

»Laufen ist für mich keine Qual, sondern ein müheloses Vergnügen. Fort Defiance liegt in einer Reservation der Navajo-Indianer, mehr als zweitausend Meter über dem Meeresspiegel. Der Ort liegt in einem Canyon, umgeben von Bergen, Bäumen und Gebüsch. Hier im Winter durch den Schnee zu laufen, ist atemberaubend. Es gibt viele Wege zum Laufen, die Luft ist sauber, und es gibt keinen Verkehr. Langweilig wird es hier nie. Bei Sonnenaufgang laufe ich am liebsten. Wenn es hell wird, ist man schon warm, man hat seinen *zweiten Wind*[4] und fühlt sich am ganzen Körper okay. Es ist großartig!« Ich fragte einen Mann aus Massachusetts, der seit neun Jahren läuft, ob er glaube, daß sein Leben anders verlaufen wäre, wenn er nicht begonnen hätte zu laufen. Seine Antwort könnte eine Zusammenfassung all dessen sein, was Tausende beim Laufen empfinden: »Mein Leben ist viel aufregender geworden. Es macht mir jetzt *Spaß*. Die ersten Vögel im Frühling, der Gesang der roten Kardinalsfinken im Schnee, der erste Duft des Morgens – all diese Dinge und viele andere mehr wären mir niemals begegnet. Durch das Laufen ist mein Leben so viel reicher geworden. Das Laufen gibt mir mehr, als ich jemals gegeben habe.«

Das Bedürfnis, in etwas aufzugehen, das größer ist als man selbst. Die Anziehungskraft der Religion und vieler Massenbewegungen liegt, wie Eric Hoffer in seinem Buch *The True Believer* dargestellt hat, darin, daß sie uns erlauben, uns selbst zu vergessen und das Ich in etwas aufzulösen, was wir für größer als uns selbst halten. Etwas Ähnliches geschieht beim Laufen. Das Laufen ist sowohl körperlich als auch seelisch eine so intensive Erfahrung, daß wir alle Befangenheit ablegen und nur noch für den Augenblick leben. Der Psychologe Mihaly Csikszentmihalyi hat an der Universität Chicago Untersuchungen über Tätigkeiten angestellt, die innerlich befriedigen. Immer wenn wir diese Tätigkeiten ausüben, stellte er fest, erleben wir ein Gefühl, das er als »Fließen« bezeichnet. Bei diesem Zustand, heißt es in einem Bericht, den William Berry Furlong für die Zeitschrift *Psychology Today* schrieb, »tauchen wir in das, was wir tun, vollkommen ein… man verliert jegliche Selbstwahrnehmung und das Gefühl für die Zeit. Dagegen steigert sich das Bewußtsein der körperlichen Be-

---

4 Unter *Zweiter Wind* versteht man beim Laufen das Phänomen, daß nach zunehmender Atemnot, Schmerzen und Stechen auf dem ersten Teil der Strecke plötzlich, infolge einer Umstellung der Stoffwechselvorgänge eine Befreiung und Erleichterung eintritt, als ob man mit Rückenwind laufe. Der *Tote Punkt* ist überwunden.

teilung am eigenen Tun. Bei diesem Handlungsfluß stellt sich unter anderem eine erhebliche Steigerung der Konzentration ein, und das Feedback, das von der Handlung auf uns zurückstrahlt, verstärkt sich.« Diesen »Handlungsfluß« erlebt man beim Laufen fast immer.

Das Bedürfnis, zu meditieren. Wenn wir uns keine besondere Mühe geben, in unserem Leben Mußestunden zu schaffen, gibt uns das Alltagstreiben nur selten Gelegenheit zum ruhigen Nachdenken. Selbst Menschen, die gerade wegen ihrer Denkfähigkeit angestellt worden sind, versinken in der Regel so in Alltagsgeschäften, daß sie zum Nachdenken gar nicht mehr kommen. Beim Laufen ändert sich das. Solange wir laufen, haben wir Zeit, unseren Gedanken zu folgen. Es klingeln keine Telefone, und es stören einen keine Besucher. Selbst wenn es nur zwanzig Minuten sind, können wir diese Zeit völlig als unsere eigene betrachten. Wir können uns, wenn wir wollen, einem bestimmten Problem zuwenden. Als ich zwei Bücher über Spiele, Rätsel und die menschliche Intelligenz schrieb, löste ich eine Menge Probleme beim Laufen. Am liebsten allerdings lasse ich meine Gedanken beim Laufen frei schweifen. Das Entscheidende ist nicht, *worüber* wir nachdenken, sondern die Tatsache, daß wir überhaupt den Kopf zum Denken frei haben. Selbst Menschen, die es aus dem einen oder anderen Grunde vorziehen, sich nicht mit all ihren Gedanken auseinanderzusetzen, werden feststellen, daß es ein angenehmes und erholsames Erlebnis ist, beim Laufen zu denken.

Das Bedürfnis, nach unserem eigenen Rhythmus zu leben. Große Teile unseres Lebens werden von Schablonen bestimmt, die andere uns aufzwingen. Das Laufen bietet uns die Möglichkeit, solchem Zwang zu entkommen. Wir können laufen, wo wir wollen, wir können langsam oder schnell laufen, angestrengt oder locker. Wir können allein laufen oder mit Freunden. Wir können an sieben Tagen der Woche laufen, wir können weniger laufen. Wir können uns beim Laufen konzentrieren oder im Gehirn eine Leere eintreten lassen. Die Wahl liegt völlig bei uns, und wir können jegliche Entscheidung jederzeit wieder umstoßen, ganz wie es uns einfällt oder unserem Körper und unserer Seele nötig erscheint. »Rhythmus gehört ebenso zum Aufbau unseres Selbst wie Fleisch und Knochen«, sagt Bertram S. Brown, der Direktor des staatlichen Instituts für Psychohygiene. Das Laufen führt dazu, daß wir unser Leben unserem Rhythmus anpassen. Wenn der Pulsschlag unseres Lebens einen Tiefstand erreicht, können wir uns dadurch verwöhnen, daß wir langsam laufen und kurze Strecken wählen. Wenn wir uns stark und zielbewußt fühlen, können wir unsere Kräfte erproben, indem wir steile Hügel angehen, Wege einschlagen, bei denen wir Bäche durchwaten und über umgestürzte Bäume hinwegklettern müssen, oder rennen, bis wir nach Luft schnappen. Was immer unsere momentanen Bedürfnisse sind, beim Laufen gibt es eine Antwort dafür.

Wenn das, was ich hier als Bedürfnisse dargestellt habe, wirklich echte menschliche Bedürfnisse sind, und wenn sie tatsächlich durch Laufen befriedigt werden können, dann müßte man daraus folgern, daß Läufer irgendwie anders sind als andere Menschen. Ich habe schon erwähnt, daß Läufer ihr Verschiedensein *spüren*, aber ob es auch möglich ist zu beweisen, daß der Gewinn, den der Läufer beim Laufen zu erlangen glaubt, auch wirklich da ist?

Zwei mögliche Beweise sind denkbar: Zum ersten kann man den Nachweis versuchen, daß das Laufen das Verhalten bestimmter Menschen auf bestimmte Weise verändert hat. Zum zweiten kann man, wo sich objektive Beweise nicht erbringen lassen, davon ausgehen, daß eine Feststellung auch dann glaubwürdig ist, wenn eine größere Anzahl von Menschen über die gleichen Gefühle berichtet. Als ich an diesem Kapitel schrieb, erhielt ich zum Beispiel einen Brief von Dr. Shew K. Lee, einem Augenarzt aus Washington D.C. Der über fünfzigjährige Lee hatte vor sieben Jahren aus Gesundheitsgründen mit dem Laufen begonnen. Den eigentlichen Anstoß dazu hatte ihm ein Erlebnis bei einer Tagung gegeben, als ihm plötzlich das Herz bis zum Hals schlug. Mein Gott, dachte er, ich bin noch nicht einmal fit genug, um ruhig auf einem Sessel zu sitzen! Heute fühlt sich Dr. Lee wesentlich besser: »An manchen Tagen bin ich so energiegeladen, daß ich die Treppe zu meinem Büro im zweiten Stock hinaufrenne und dabei zwei Stufen gleichzeitig nehme. Meine Patienten spüren meine neue Lebensfreude und meine Begeisterung für die Arbeit. Sie schicken ihre Verwandten und Freunde gern zu einem Augenarzt, der so eifrig und so vital ist.«

Ähnlich wie Dr. Lee sind auch die meisten anderen Läufer der Ansicht, daß sie energischer als Nicht-Läufer sind und ihr Leben besser im Griff haben. Les Anderson, der Bürgermeister von Eugene in Oregon, drückte das so aus: »Ich fühle mich ganz allgemein besser. Ich weiß, daß ich körperlich mehr tun kann und daß ich mich schneller wieder davon erhole. Ich glaube auch, daß meine geistigen Prozesse

besser laufen.« Der Arzt Jack N. Rosenberg aus New Jersey, der häufig Vorträge hält, ist ähnlicher Ansicht: »Nach dem Laufen fällt es mir
leichter, meine Referate zu schreiben.«

Erfahrungen wie diese werden auch durch eine wissenschaftliche Untersuchung bestätigt, die vom Institut für Leibeserziehung der Firma
Esso in New York durchgeführt wurde. Dr. Albert M. Paolone, der
Leiter des Instituts, erklärte, daß praktisch alle Teilnehmer an einem
sechsmonatigen Übungsprogramm über eine verbesserte Arbeitsleistung berichtet und viele Teilnehmer ausgesagt hätten, sie seien am
Abend weniger müde gewesen. Das bestätigt auch meine eigene Erfahrung. Bevor ich anfing zu laufen, war ich nach dem Mittagessen oft
schläfrig, und ehe es mir gelang, mein Gehirn wieder in Gang zu bringen, mußte ich mich durch zwei mühselige Stunden hindurchquälen.
Jetzt ist meine Leistungsreserve den ganzen Tag über groß, und ich
kann jede Nacht hervorragend schlafen.

Die meisten Menschen, die mit dem Laufen beginnen, stellen fest,
daß ihre Moral und ihre Zuversicht steigen. In seinem Buch *Running
Scarred* berichtet Tex Maule, wie ihm das Laufen dazu verhalf, nach
einem Herzinfarkt zu einem normalen Leben zurückzufinden. Über
die psychologische Wirkung des Laufens schreibt er: »Jogging ist
zwar kein völlig ungetrübtes Vergnügen, aber es hat einen sehr angenehmen Nebeneffekt. Ich kann mir nichts vorstellen, was seelisch so
entspannt und inneren Druck besser beseitigt als ein gemütlicher
Lauf. Während man läuft, braucht man sich keine Sorgen zu machen.
Die Beschäftigung mit dem Laufen absorbiert einen völlig. Wenn man
aufhört, halten einem die angenehme Erschöpfung und das Bewußtsein der eigenen Leistung die Spannungen noch lange vom Leib.«

Ähnlich positive Ergebnisse werden auch von dem Psychiater Thaddeus Kostrubala berichtet, der schon früher erwähnt wurde. Als er
Anfang Vierzig war, wog er über zwei Zentner, schreibt er in seinem
Buch *The Joy of Running*. Dann begann er zu laufen, nahm fünfzig
Pfund ab, fühlte sich sehr viel besser und fragte sich schließlich, welche Wirkungen es wohl haben könnte, wenn seine Patienten ebenfalls
zu laufen anfingen. Wie sich herausstellte, bewirkte das Laufen, was
eine konventionelle Behandlung nicht erreicht hatte: »Zu meiner
Überraschung und Freude eröffnete sich mit dem Laufen ein völlig
neuer therapeutischer Aspekt. Das Laufen mit meinen Patienten
regte mein eigenes Unbewußtes ebenfalls an. Und als wir die Bedeu-
tungen und Anregungen sowohl beim Patienten als auch beim Arzt
explorierten, zeigte sich klar, daß ich als Therapeut nicht länger an

stereotypen Regeln festhalten konnte. .. Diese erste Gruppe bedeutet mir noch heute sehr viel.«

Kostrubala berichtet, daß in vieler Hinsicht nicht nur bei seinen Patienten, sondern auch bei ihm selbst eine Besserung eintrat: »Wir alle änderten unsere Lebensgewohnheiten... das Rauchen verminderte sich, dann hörte es ganz auf. Die Tendenz beim Alkoholgenuß war ebenfalls fallend. Mein Übergewicht schmolz dahin. Die Depressionen verschwanden. Schlechte Beziehungen besserten sich. Allzu groteske Gedankengänge wurden begradigt, ohne daß die Ausdruckskraft und Spontaneität des Betreffenden dabei zerstört wurde. Neue Freundschaften wurden geschlossen. Mit einem Wort, die Gruppe war ein großer Erfolg, und der Schlüssel dazu war offensichtlich die Kombination von Laufen und Therapie.«

Vermindertes Rauchen und Trinken gehören zu den häufigsten Nebenprodukten des Laufens. Ein Geschäftsmann namens Frank Adams, der täglich in einem Park in Connecticut vier bis sechs Meilen läuft, erzählte mir: »Wenn ich im Büro zu nervös wurde, kehrte ich auf dem Heimweg meist irgendwo ein, um ein paar Martinis zu trinken. Jetzt laufe ich statt dessen lieber.« Und Dr. Ronald M. Lawrence, der Begründer der *American Medical Joggers Association*[5] und Professor an der Amerikanischen Hochschule für Sportmedizin, sagte vor kurzem: »Wenn man lange Strecken bewältigen will, hört man einfach auf zu rauchen. Aus demselben Grunde trinkt man auch weniger Alkohol. Das Langstreckenlaufen macht einfach mehr Spaß, wenn einen das Trinken und Rauchen nicht bremst. Die Eßgewohnheiten verändern sich ebenfalls, denn eine gesunde Ernährung ist integraler Bestandteil des aerobischen Bewegungstrainings. Das ganze Befinden wird besser. Man schläft besser, braucht aber weniger Schlaf. Der sexuelle Appetit steigt. Die Ängste vermindern sich, und man wird besser fertig mit Stress. Die Arbeitsproduktivität steigt. Man kommt endlich mal vom Fernseher los und entdeckt um sich herum eine völlig neue Welt.«

Ein anderer Mediziner, Dr. William Glasser, hat ein Buch geschrieben, in dem er darstellt, wie man Suchtkrankheiten wie Drogenkonsum und Alkoholmißbrauch dadurch beseitigen kann, daß man sie

---

5 Auch in Deutschland gibt es eine durch den Langstreckenlauf entstandene Interessengemeinschaft der Ärzte. Durch die praktische Einbeziehung der Mediziner in die Laufbewegung will der *Verband langlaufender Ärzte* der Öffentlichkeit überzeugend demonstrieren, daß Ausdauertraining von hohem gesundheitlichen Wert ist. Die Zahl der im Verband registrierten Ärzte hält sich noch in Grenzen. Von den über hunderttausend in der Bundesrepublik praktizierenden Medizinern haben sich bisher erst zweihundert zu einer Mitgliedschaft entschließen können.

durch eine positive Lebensweise ersetzt. Glasser spricht in diesem Zusammenhang von einer *positiven Sucht*. »Eine positive Sucht«, schreibt er, »vermehrt Ihre Geisteskraft und ist das Gegenteil einer negativen Sucht, die Ihr ganzes Leben aushöhlt, bis nur noch der Suchtbereich bleibt… Negative Süchtige beschäftigen sich nur noch mit ihrer Sucht, sie haben es längst aufgegeben, Liebe und Anerkennung zu finden. Der positive Süchtige genießt seine Sucht, aber diese beherrscht nicht sein Leben.« Glasser ist der Ansicht, daß das Laufen der sicherste Weg zu einer positiven Sucht ist, eine nahezu unfehlbare Methode, um Gewohnheiten abzuschütteln, die einem das Leben erschweren.

Glasser ist nicht der einzige, der bemerkt hat, daß das Laufen für alle schlechten Gewohnheiten ein mächtiger Feind ist. Vor einigen Jahren stellte Kurt Freeman, der Leiter einer Trinkerheilanstalt, fest, daß die meisten Alkoholiker außer dem Trinken keinerlei Freizeitbeschäftigung hatten. Er fragte sich, ob es nicht möglich wäre, sie auch noch für etwas anderes zu interessieren. Einer seiner Patienten war zufällig während seiner Schulzeit Sprinter gewesen und zeigte Interesse daran, wieder in Form zu kommen. Freeman forderte ihn auf, an einigen örtlichen Laufwettbewerben teilzunehmen. Der Zustand des ehemaligen Sprinters verbesserte sich so rasch, daß Freeman auch andere Alkoholiker drängte zu laufen. Heute veranstaltet er in Kalifornien alljährlich »Olympische Spiele« für Alkoholiker. Im Jahre 1976 nahmen mehr als 1500 Athleten männlichen und weiblichen Geschlechts daran teil. Einer von Freemans ehemaligen Patienten sagte kürzlich: »Das Laufen hat mir mehr alles andere geholfen, ohne Alkohol auszukommen, mich selbst zu verstehen und zu entdecken, wo meine Stärken liegen.«

Von einer anderen segensreichen Nebenwirkung des Laufens berichtet der Schriftsteller und Forscher Robert Bahr. Er bestreitet, daß ein Wettkampfsport wie das Laufen zur Aggression führt. Im Gegenteil, meint er, wir lernen dabei unsere Aggressionen unter Kontrolle zu halten. »Wenn Sie das nächste Mal laufen, wenn Ihre Lunge brennt, Ihre Füße mit Blasen bedeckt sind und Sie glauben, Sie könnten nicht weiter, dann denken Sie doch einmal daran, daß jede Meile, die Sie hinter sich bringen, Sie wahrscheinlich weiter von Ihren schädlichen Neigungen entfernt.«

Die meisten Leute, die gerade eine seelische Krise durchmachen, trotten am liebsten allein vor sich hin und versuchen das Beste daraus zu machen. Dabei verstehen sie ihre Probleme möglicherweise ebenso

gut wie diejenigen, die an einem organisierten Programm teilnehmen. Im *Guide to Distance Running* zum Beispiel schrieb der Päd-
agoge Benjamin Sawyer aus Santa Cruz in Kalifornien:
»Ich glaube, daß ich in unsere Kultur überhaupt nicht hineinpasse.
Mit den vorherrschenden Werten und Meinungen habe ich noch nie
etwas anfangen können. Deshalb habe ich mich unweigerlich mit dem
Problem auseinandersetzen müssen, meine eigene Wirklichkeit und
meine eigenen Wertvorstellungen richtig einzuschätzen. Das Laufen
hat mir dabei enorm geholfen. Wenn ich in melancholische Schwärze
versank, war das Laufen das einzige Helle, dem ich mich zuwenden
konnte. Die erregende Schönheit und die künstlerische Ausdruckskraft des Laufens haben es mir ermöglicht, mit den negativen Folgen
einer technologischen Massenkultur fertigzuwerden, deren Bedingungen ich nicht zu akzeptieren vermochte.«
Edward Epstein erzählte mir, daß er schüchtern und introvertiert gewesen sei, ehe er vor zehn Jahren zu laufen begann. »Das Laufen hat
zunächst mein Selbstvertrauen gestärkt und mir dann dabei geholfen,
mit den unnötigen Beschränkungen fertigzuwerden, mit denen ich
lebte. Mein Selbstbewußtsein ist inzwischen so weit entwickelt, daß
ich mir Ziele setzen kann, die zu erreichen vorher undenkbar war.«
Es scheint kaum ein Zweifel daran zu bestehen, daß das Laufen die
geistige Gesundheit verbessert, aber warum eigentlich? Genau weiß
das niemand zu sagen, aber es gibt Theorien. Die erste geht davon
aus, daß das Gehirn beim Laufen in den Genuß einer ungewöhnlich
guten Versorgung mit Sauerstoff kommt und dadurch in die Lage versetzt wird, seine korrektiven, ausgleichenden Kräfte und Mechanismen voll zu entfalten. Eine andere Theorie geht davon aus, daß Körper und Seele so eng miteinander verknüpft sind, daß jede Verbesserung des körperlichen Zustands unweigerlich auch den seelischen
Zustand verbessert. Man lauscht in den Körper und vernimmt die
Seele[6].
Auf den Körper zu hören ist nicht nur eine Methode, um die eigene
Kondition täglich zu überwachen, sondern auch Teil des Vergnügens
beim Laufen. Unsere Gesellschaft wird von der sitzenden Lebens-

6 Daß man auf seinen Körper hören soll, ist ein Satz, der in Gesprächen mit Läufern immer wieder
  auftaucht. Nehmen wir einmal an, daß einem der Fuß wehtut. Hat es Sinn, an diesem Tag zu laufen? Wenn man die Signale des Körpers beachtet, wird er einem solche Fragen untrüglich beantworten. Wenn einen der Fuß schmerzt, sollte man also *versuchen* damit zu laufen, bis sich der
  Körper erwärmt hat. Wenn der Fuß dann immer noch oder noch schlimmer weh gut, teilt einem
  der Körper mit, daß es besser ist, an diesem Tag auf den Lauf zu verzichten. Wenn der Schmerz
  sich verringert, kann man wahrscheinlich ohne weiteres laufen.

weise bestimmt, deshalb haben die meisten von uns ein sehr distanziertes Verhältnis zu ihrem Körper. Die meisten Leute empfinden ihrem Körper gegenüber Mißtrauen oder gar Furcht, weil sie nicht wissen, wie er funktioniert und was er zu leisten vermag. Läufer hingegen lieben ihren Körper. Denn dieser Körper ist es ja schließlich, der sie dahinträgt und ihnen Meile für Meile all die angenehmen Erlebnisse bringt, die wir hier darstellen. Und weil sie ihren Körper lieben und über seine Arbeitsweise nachdenken, erfahren Läufer auch mehr über ihn als die meisten anderen Leute. »Haben Sie sich schon einmal überlegt, wie privilegiert wir Läufer eigentlich sind?« fragte mich Nina Kuscsik eines Tages beim Laufen. »Wir entdecken Dinge an unserem Körper, die andere Leute, selbst Ärzte, oft niemals erfahren. Wir haben so mit uns selbst guten Kontakt.«

Das fängt schon bei der Einstellung der Läufer zu den Körperfunktionen an. Über viele davon wird häufig gesprochen, andere hingegen werden üblicherweise selten erwähnt. Die meisten Leute denken zum Beispiel gar nicht darüber nach, wieviel Wasser wir trinken oder wann wir es trinken. Läufer hingegen *müssen* darüber nachdenken, besonders wenn sie einen langen Lauf vor sich haben oder wenn es sehr heiß ist. Sie wissen, daß ihre Leistungsfähigkeit absinkt, wenn sie sehr viel weniger Flüssigkeit zu sich nehmen, als sie verlieren. Anstatt nur deshalb zu trinken, weil sie durstig sind (oder nicht zu trinken, weil sie nicht durstig sind), trinken sie sehr bewußt, weil sie wissen, daß ihr Körper die Flüssigkeit braucht. Aus Erfahrung kennen sie die Bedürfnisse ihres Körpers und wissen, wie oft sie etwas trinken müssen. Was zuvor nur eine gedankenlose Gewohnheit war, ist zu einer Kunst geworden.

Unter der körperlichen Belastung des Laufens treten auch jene Körperfunktionen ungehemmt auf, über die man gewöhnlich nicht spricht: Aufstoßen, Spucken und Wind lassen. Sie sind kaum zu vermeiden, und wenn sie in Gegenwart anderer Läufer auftreten, wird davon niemand Notiz nehmen. Läufer gewöhnen sich schnell daran, die Körperfunktionen zu akzeptieren.

Beim *Boston Marathon* des Jahres 1972 zum Beispiel war Nina Kuscsik nach 13 Meilen auf dem besten Wege, in der Frauengruppe den Sieg zu erringen, als sie plötzlich Durchfall bekam. »Es war mir ziemlich peinlich«, sagte sie mir bei einer Party nach dem Wettkampf, »und ich überlegte, ob ich aufhören sollte. Aber ich fühlte mich keineswegs so übel, wie ich aussah. Deshalb dachte ich mir, es wäre besser, weiterzumachen, solange ich konnte. Ich hatte lange trainiert, und ich wollte nicht aufgeben, wenn es nicht unbedingt notwendig war.« Also lief sie weiter und kam als Siegerin mit einem Abstand von neun Minuten vor der nächstbesten Konkurrentin ins Ziel.

In der Umkleidekabine eines Football-Teams habe ich einmal ein Schild mit der Aufschrift gesehen: »Eine Niederlage ist schlimmer als der Tod, aber ihr müßt lernen, mit Niederlagen zu leben.« Diese Worte geben ungefähr unsere eigenen Ansichten über Sieg und Niederlage wieder. Obwohl es so aussieht, als ob es hier zu einer allmählichen Änderung kommt (wir sind heute nicht mehr ganz so fanatisch auf den Sieg versessen wie früher), glauben die meisten Leute noch immer, daß es besser sei zu gewinnen als zu verlieren; was *während* eines Wettkampfs geschieht, wird demgegenüber relativ wenig beachtet. Aber natürlich ist es nicht immer möglich zu siegen. Wenn wir uns das Ziel gesetzt haben, immer zu siegen, dann werden wir immer wieder einmal versagen, ganz unabhängig davon, wie leistungsfähig wir sind. Wenn das geschieht, sind wir darüber meist sehr unglücklich. Wir haben nicht gelernt zu verlieren oder nicht zu gewinnen und sind deshalb nicht in der Lage, damit richtig fertigzuwerden.

Das Laufen verändert unsere Einstellung gegenüber Niederlagen. Wenn wir laufen, messen wir uns auch im Wettkampf weniger mit den anderen als mit uns selbst. »Selbst Letzter zu werden, kann ein Erfolg sein«, sagte Joe Henderson einmal zu mir, als wir im Büro der Zeitschrift *Runner's World* in Kalifornien über das Laufen philosophierten. »Vielleicht ist das auch der Grund, weshalb es so viele Läufer von kleiner Statur gibt. Sie haben bei allen Sportarten schlecht abgeschnitten. Dann entdecken sie eines Tages das Laufen. Dabei können auch kleine Menschen ihre Sache gut machen. Zum ersten Mal haben sie ein Erfolgserlebnis beim Sport. Selbst wenn ich nicht das Rennen gewinne, sagen sie sich, habe ich doch von der Sache einen Gewinn.«

Wenn man einmal begriffen hat, was es bedeutet, beim Laufen nicht zu gewinnen, versteht man auch, worin der Sinn liegt, wenn man im übrigen Leben einmal nicht den Sieg davonträgt. Denn was man beim Laufen lernt, strahlt auch in die entferntesten Winkel unserer Tätigkeiten hinein, so daß uns auch die alltäglichen Niederlagen nicht mehr das Leben vergiften. Vielleicht wird diese Lehre des Laufens sich eines Tages auch auf die anderen Sportarten auswirken. Mike Spino sagt zum Beispiel voraus, daß wir uns in Zukunft möglicherweise bei sportlichen Anlässen völlig anders verhalten: »Der Sport wird durchaus eine ernste Sache bleiben, aber er wird auch mehr Spaß machen. Begriffe, die mit Überlegenheit und Herrschaft zu tun haben, werden zurücktreten. Die einzelnen Teilnehmer, die sich darauf vorbereitet haben, werden die Veranstaltung als ein Ereignis betrachten, bei dem man etwas Besonderes gemeinsam erlebt. Das Training wird sich zur rituellen Vorbereitung auf eine Reise in die Welt des Körpers und Geistes entwickeln. Wir werden verstehen, daß unsere Körper uns zwar gehören, zugleich aber Teil einer gewaltigen Einheit sind, und daß uns jedes Fest der Körperkultur, an dem wir teilnehmen, näher an unsere Vollendung heranführt.«

Spino unterschätzt vermutlich, wieviel Freude es macht, sich bei einem hart umkämpften Football-Match im Schlamm zu wälzen und mit dem Gegner zu ringen. Seine Zukunftsvision setzt sich vor allem aus Elementen zusammen, die man heute schon im Bewußtsein vieler Läufer vorfindet. Ich kenne keine größere Gemeinsamkeit zwischen Athleten als die von Marathonläufern, die nach ungefähr 25 Meilen gleichauf liegen. Beide wissen, daß einer von ihnen später das Ziel als Erster erreichen und daher als Sieger in die Annalen eingehen wird, aber beide wissen zugleich, daß ihre eigene Erschöpfung und der Schmerz, den sie spüren, untrennbar mit dem Schmerz und der Erschöpfung des anderen verbunden sind. Dieses gemeinsame Erlebnis führt sie näher zusammen, als das Konkurrenzverhältnis sie trennt.

Roger Bannister leugnet diese Anziehungskraft des Laufens ebensowenig wie andere Lauf-Besessene. Bei einer Umfrage über das Laufen schrieb er mir mit typisch britischem Understatement: »Bis vor einem Jahr lief ich regelmäßig fünfmal die Woche. Dann hatte ich einen Autounfall und erlitt eine Knöchelverletzung, die mir gegenwärtig jedes Laufen unmöglich macht... Ich vermisse es sehr.«

Jede Aufzählung der psychologischen Freuden des Laufens wäre unvollständig, wenn sie nicht erwähnte, wie es andere Aktivitäten bereichert. Meine Frau zum Beispiel geht gern auf Reisen; ein Jahr ohne Auslandsreise ist ihrer Ansicht nach ein verlorenes Jahr. Durch das Laufen wird das Reisen interessanter, denn es gibt keine bessere Methode, um eine Gegend kennenzulernen. Einige meiner schönsten Lauferlebnisse habe ich am Donauufer in Wien, in den Hügeln oberhalb von Florenz, in den Flußauen von Stratford-on-Avon, auf den Gebirgspfaden Jamaicas und den walisischen Schafweiden gehabt[7].

---

7 Die Darstellung des psychischen Elements beim Laufen wäre freilich ebenso unvollständig, wenn nicht auch die Probleme erwähnt würden, die es ans Licht bringt oder erzeugt. Es gibt zumindest einen Arzt, der die Ansicht vertritt, daß bei einer übermäßigen Belastung durch Laufen seelische Probleme verschärft werden können. Insbesondere während der intensiven Trainingsperioden vor einem Marathonlauf fühlen sich die Ehepartner von Läufern oft vernachlässigt.

Die tieferen Freuden des Laufens erlebt man selten alle auf einmal, und sie begegnen auch dem nicht, der nur gelegentlich läuft. Um die tiefen Veränderungen zu erleben, die beim Laufen auftreten können, muß man an vier Tagen der Woche mindestens 45 Minuten oder eine Stunde lang laufen. Das ist notwendig, damit der beharrliche, hypnotische Rhythmus jenen Trancezustand herbeiführen kann, von dem verschiedene Läufer berichten, daß er sie auf rätselhafte wunderbare Weise reinigt und in Einklang mit der Welt und dem eigenen Selbst bringt.

Trotz meiner Begeisterung für das Laufen muß ich allerdings zugeben, daß es einige wenige Menschen gibt, die für das Laufen einfach nicht geschaffen sind. Mit dem Körperbau hat das wenig zu tun, denn es gibt viele Menschen, die zwar große Knochen (und damit für das Laufen einen ungünstigen Körperbau) haben, aber trotzdem gut dabei abschneiden. Für das Laufen scheinen vielmehr jene Menschen wenig geeignet zu sein, die sich mit der zum Laufen gehörenden geistigen Einstellung, vor allem mit der erzwungenen Meditation, nicht abfinden können. (Wenn Sie Ihren eigenen Laufquotienten feststellen wollen, können Sie den nebenstehenden Eignungstest machen.) Dr. Moe, den ich im ersten Kapitel zitiert habe, fordert seine Patienten häufig auf, ein Bewegungstraining zu machen. Obwohl er selbst ein begeisterter Läufer ist, hat er damit allerdings wenig Erfolg. »Ich habe die verschiedensten Ansatzpunkte versucht«, erklärte er mir, »aber meine Ergebnisse sind bisher noch ziemlich dürftig geblieben.«

Ein übergewichtiger Nachbar bat mich einmal, ein Laufprogramm mit ihm zu beginnen. Wir trotteten also am Samstagnachmittag gemütlich eine Viertelmeile zur Probe. Da er nicht einmal außer Atem geriet, hoffte ich, daß ihm die Sache Spaß gemacht hätte und daß er dabeibleiben würde. Wie sich zeigte, war das überhaupt nicht der

(»Die Ehefrau eines Athleten zu sein«, sagte die Frau des olympischen Rekordmannes George Young, »ist nicht leicht. Die Saison ist offenbar niemals zu Ende.«) Menschen, bei denen das Laufen zur Sucht geworden ist, vernachlässigen manchmal ihre Familie, ihre Freunde und ihren Beruf. Ein Student namens Daniel Glickenhaus vom Lafayette College sagte zu mir: »Ich frage mich manchmal, ob nicht mein Ehrgeiz darunter leidet, wenn ich jeden Tag zehn bis dreizehn Meilen laufe. Meine Mutter macht sich jedenfalls Sorgen, wenn ich ihr sage, daß ich im Leben eigentlich nur eines anstrebe: Langstreckenläufer in Kalifornien zu werden, mit einem Job, der mir zum Laufen viel Zeit läßt.« Ein Läufer mittleren Alters erzählte mir nicht ohne Stolz, daß ihm seine Frau wegen des Laufens ein Ultimatum gestellt habe. Sie war es leid, dauernd ihre Pläne nach dem Training ihres Mannes richten zu müssen, und setzte ihm schließlich die Pistole auf die Brust: »Du mußt dich entscheiden, entweder du hörst auf zu laufen oder ich gehe.« »Da fällt mir die Wahl gar nicht schwer«, sagte er und zog seine Laufschuhe an.

Fall. »Nie wieder«, erklärte er mir am nächsten Tag. »Ich bin so steif, daß ich kaum gehen kann, und außerdem ist Laufen entsetzlich *langweilig*.«

Wenn Sie das Laufen versucht haben und dabei zu der Überzeugung gelangt sind, es sei schlimmer als ein Zahnarztbesuch, dann gehören Sie vielleicht zu den Leuten, bei denen die Natur das Laufen nicht eingeplant hat. Dennoch will ich nicht verschweigen, daß viele Läufer erst nach einigen Wochen oder sogar Monaten Freude an der Sache gewinnen. Geben Sie also nicht gleich nach dem ersten Mal auf. Wenn Sie dem Laufen keine richtige Chance geben, versäumen Sie vielleicht eine wichtige Erfahrung, die ihr Leben hätte bereichern können.

Es ist, wie gesagt, noch nicht völlig erforscht, warum das Laufen ein so tiefes Erlebnis darstellt. Im Gegensatz zu den physiologischen sind die psychologischen Aspekte bislang noch kaum untersucht worden. In den kommenden Jahren werden Läufer, welche die seelischen Vorgänge genauer beachten, mit Sicherheit noch einiges Neue entdecken. Das ist die Ursache dafür, weshalb das Laufen, obwohl es als Sport schon so alt ist, immer noch ein Abenteuer darstellt. Es bietet Neuland für jeden von uns.

Test: Ist Laufen das Richtige für Sie? Die Körpergröße, das Alter und die Fähigkeiten von Läufern sind sehr verschieden. Bestimmte Eigenschaften aber haben die meisten von ihnen gemeinsam, besonders diejenigen, die alle körperlichen und seelischen Vorteile des Laufens schon seit Jahren genießen. Wenn Sie noch nicht laufen, gibt Ihnen dieser grobe Test einen ersten Eindruck davon, ob Ihnen das Laufen langfristig Spaß machen wird.

	JA	NEIN
1. Haben Sie fünf oder mehr Kilo Übergewicht?	——	——
2. Rauchen Sie?	——	——
3. Würden Sie Ihr Übergewicht gern für immer loswerden? Würden Sie gern das Rauchen für immer aufgeben? Oder beides?	——	——
4. Haben Sie Angst davor, eines Tages einen Herzinfarkt zu erleiden?	——	——
5. Würden Sie das Infarktrisiko gern vermindern?	——	——
6. Haben Sie den Eindruck, daß Sie nicht mehr so gut in Form sind wie früher?	——	——

7. Würden Sie die alte Form gern wieder-
   erlangen?   ____ ____
8. Wäre es Ihnen lieber, wenn Sie das Ge-
   fühl haben könnten, daß Sie sich genügend
   körperliche Bewegung verschaffen?   ____ ____
9. Würden Sie gern besser schlafen?   ____ ____
10. Würden Sie gern weniger schlafen, ohne
    sich deswegen müde zu fühlen?   ____ ____
11. Wäre es Ihnen lieber, wenn Sie nicht
    so nervös wären?   ____ ____
12. Würden Sie den Abend lieber allein
    (bzw. mit einem Freund oder einer
    Freundin) verbringen oder lieber
    zu einem Fest gehen?   ____ ____
13. Haben Sie manchmal das Gefühl, bei
    einer Versammlung oder Gesellschaft
    ein Außenseiter zu sein?   ____ ____
14. Sind Sie im allgemeinen zufrieden,
    wenn Sie mit sich allein sind?   ____ ____
15. Besitzen Sie soviel Selbstbewußt-
    sein, daß es Ihnen nichts ausmacht,
    etwas anderes als andere Leute zu sein?   ____ ____

Wenn Sie zwölf oder mehr Fragen mit einem *Ja* beantwortet haben,
ist Laufen genau das Richtige für Sie; acht- bis elfmal *Ja* bedeutet,
daß es Ihnen vielleicht Spaß machen wird; bei fünf- bis achtmal *Ja*
würde ich keine Garantie übernehmen, aber einen Versuch sollten
Sie machen; bei vier oder weniger positiven Antworten sind die Aussichten gering, daß Sie sich zum passionierten Läufer entwickeln.

3 / Warum gerade Laufen?

*Es ist nicht der einzige Sport,
aber vielleicht der beste für Sie*

Vor Jahren arbeitete ich in einem Büro in Manhattan. Eines Tages lud mich ein Freund ein, in der Mittagspause in seinen Sportclub zu kommen. Der Club besaß einen Pingpongtisch, eine Reckstange für Klimmzüge, ein stationäres Fahrrad, eine Sauna mit Swimmingpool, verschiedene Kraftsportgeräte und Hanteln. Er wurde vor allem von Geschäftsleuten aus der City besucht, und während der Stunde, die ich dort war, kamen viele von ihnen um zu trainieren. Es gab ein vorgeschriebenes Programm. Der Trainer, ein muskulöser junger Mann namens Dan, ließ eine Gruppe von Clubmitgliedern jeweils zehn Minuten lang verschiedene gymnastische Übungen, wie zum Beispiel Liegestütze, machen. Wenn sie dieses Programm geschafft hatten, durften sie den weiteren Ablauf selbst gestalten – mit Gewichtheben, Radfahren, Tischtennisspielen, Schwimmen oder Schwitzen im Dampfbad, um ein paar Pfunde loszuwerden.

In den Vereinigten Staaten gibt es gegenwärtig Tausende solcher Studios und Clubs. Männer und Frauen aller Altersgruppen geben alljährlich Millionen Dollar für die Mitgliedschaft aus. (Anfang 1977 kostete die Mitgliedschaft in einem der Jack LaLanne-Clubs, wie ich ihn aufsuchte, immerhin 195 Dollar im Jahr.) Das wäre natürlich eine glänzende Geldanlage, wenn diese Fitness-Studios wirklich zur Verbesserung der Gesundheit beitragen würden. Aber gerade das tun sie nicht oder nur geringfügig. Sie bewirken vielleicht, daß Sie muskulöser werden und Ihr Kreuz breiter wird, daß Sie noch mehr Liegestütze machen können und in der Lage sind, schwere Gewichte zu stemmen. Aber der Gesundheit förderlich sind sie im allgemeinen nicht, weil sie die Symptome, aber nicht die eigentlichen Probleme angehen. Die meisten Teilnehmer erreichen nämlich keinerlei dauerhaften Trainingseffekt für Kreislauf und Herz, weil sie keine der angebotenen Übungen wie zum Beispiel Schwimmen oder Fahrradfahren über einen längeren Zeitraum betreiben.

Im Fachorgan der amerikanischen Sportmediziner *The Physician and*

Sportsmedicine schrieb der Chefredakteur des Blattes, Allan J. Ryan: »Die Manager und Trainer dieses Fitness-Studios hatten mit wenigen Ausnahmen keinerlei Ausbildung in Leibeserziehung und Physiologie. Sie waren Geschäftsleute, deren Hauptaufgabe darin bestand, Mitglieder zu werben und dafür zu sorgen, daß sie nicht wegblieben. Es wurden nahezu keinerlei Vorsichtsmaßregeln ergriffen, um körperlich ungeeignete Personen oder solche, die völlig untrainiert waren, durch gezielte Übungen auf eine allmähliche Leistungssteigerung vorzubereiten.«

Dennoch kehren die Leute immer wieder in die Studios zurück. Allzu verlockend erscheint der Gedanke, eines Tages wie Herkules oder wie ein kalifornisches Strandhäschen auszusehen. Bei einem sehr instruktiven Vortrag über die Ästhetik des Sports zeigte Dr. Ernst Jokl von der medizinischen Fakultät der Universität Kentucky ein Foto von Mister Universum, der beim Posieren seine Muskeln spielen ließ. »Sehen Sie sich diese Muskeln an«, sagte Dr. Jokl. »Sind sie nicht fantastisch? Aber fragen Sie nicht, wofür sie gut sind. Man kann sie zu überhaupt nichts gebrauchen. Man kann damit keine Kugel stoßen und keinen Speer werfen. Sie sind einfach nur schön.«

Offensichtlich genügt es nicht, bei einem Fitness-Studio Mitglied zu sein. Man muß schon etwas mehr tun. Aber die Vorstellung, etwas umsonst zu bekommen, ist eben sehr attraktiv. Fitness-Programme, bei denen man in der Woche nur dreißig Minuten trainiert, körperliches Training, bei dem man nicht schwitzt, und Diätpläne für Alkoholiker, die das Trinken nicht aufgeben wollen, üben auf das Publikum einen hypnotischen Reiz aus. Ein Bekannter von mir, der früher in Harvard ein erfolgreicher Hochspringer war, hat in seiner Wohnung Berge von Hanteln, Expandern und ähnlichen Sportgeräten, die er sich im Laufe der Jahre angeschafft hat. Immer wenn ihn das Bedürfnis überkam, wieder in Form zu kommen, hatte er sich etwas Neues gekauft. Verlegen gibt er allerdings zu, daß er keines dieser Geräte mehr als ein- oder zweimal benutzt hat. Als ich ihn das letzte Mal sah, sparte er gerade für ein 325-Dollar-Laufband.

Das Bedürfnis, Gesundheit ohne Mühe zu erlangen, ist so weit verbreitet, daß das Fitness-Komitee der Ärztevereinigung *American Medical Association* kürzlich eine öffentliche Warnung aussprach: »Heimsportgeräte, die keine körperliche Anstrengung erfordern, besitzen auch keinerlei Wert. Ihr wesentlichster Mangel ist darin zu sehen, daß sie die Leistungsfähigkeit von Herz und Lunge kaum zu steigern vermögen, obwohl diese Organe das Training am meisten benötigen. Echte Fitness kann man nur dadurch erreichen, daß man sich regelmäßig durch körperliche Aktivität sowohl der Intensität als auch der Dauer nach stark belastet.«

Es fehlt nicht an Informationen darüber, in welchem Maße die verschiedenen Sportarten und körperlichen Aktivitäten unserer Gesundheit guttun. Vor kurzem wurden sieben Experten der Präsidialbehörde für Gesundheit und Sport in Washington aufgefordert, verschiedene Sportarten danach zu beurteilen, inwieweit sie den Kreislauf und die Sauerstoffversorgung des Körpers verbessern, die Muskelausdauer, die Muskelkraft, die Beweglichkeit und das Gleichgewichtsgefühl steigern und den Allgemeinzustand heben. Jedes Mitglied der Jury durfte die jeweilige Qualität der betreffenden Sportart mit null bis drei Punkten bewerten, wobei null bedeutete, daß die betreffende Sportart keinerlei positive Entwicklung bewirkte, während drei Punkte die optimale Wertung darstellten. Die höchste erreichbare Punktzahl war demnach 21. Auf der folgenden Tabelle finden Sie das Ergebnis (s. S. 68).

Die Intensität einer Sportart läßt sich auch am Energieverbrauch messen. Die folgende Tabelle zeigt, wieviel Kalorien man verbraucht, wenn man die genannten Sportarten eine Stunde lang ausübt:

Laufen	800–1 000
Fahrradfahren (mit 20 km/h)	660
Schwimmen	300– 650
Handball oder Squash	600
Tennis	400– 500
Rasches Gehen (mit 6 km/h)	300
Kegeln oder Bowling	270
Golf	250
Gemütliches Gehen (mit 3 km/h)	200

Ganz offensichtlich ist Laufen nicht die einzige Sportart, welche die Gesundheit verbessert. Auch Fahrradfahren, Schwimmen, Handball oder Squash sind gesund und mögen vielen Leuten angenehmer und interessanter erscheinen. In seinem Buch *Sports in America* schreibt James A. Michener: »Als jemand, der selbst viele anstrengende Mei-

Acht Sportarten: Ihr Nutzen für den menschlichen Körper

	Laufen	Radfahren	Schwimmen	Handball/Squash	Tennis	Gehen	Golf	Bowling/Kegeln
Fitness								
Herz-Lungen-Ausdauer	21	19	21	19	16	13	8	5
Muskelausdauer	20	18	20	18	16	14	8	5
Muskelkraft	17	16	14	15	14	11	9	5
Beweglichkeit	9	9	15	16	14	7	8	7
Balance	17	18	12	17	16	8	8	6
Allgemeinzustand								
Gewichtskontrolle	21	20	15	19	16	13	6	5
Muskelentwicklung	14	15	14	11	13	11	6	5
Verdauung	13	12	13	13	12	11	7	7
Schlaf	16	15	16	12	11	14	6	6
Summe	148	142	140	140	128	102	66	51

len hinter sich hat, gebe ich ohne weiteres zu, daß das Laufen eine der langweiligsten Vergnügungen auf der Welt ist.« Und William F. Buckley Jr. kam zu dem Ergebnis: »Viel gelaufen bin ich nicht. Und wenn, dann habe ich eigentlich nur darüber nachgedacht, was für eine kümmerliche Form der Selbstbestrafung es ist, wenn man läuft.«

Für diejenigen, welche die subtilen und einzigartigen Freuden des Laufens zu genießen verstehen, gibt es dennoch keine schönere Sportart. Aber lassen wir den Spaß für einen Augenblick noch beiseite und betrachten wir noch einmal den hervorragenden Beitrag des Laufens zur körperlichen Gesundheit.

Im ersten Kapitel habe ich dargelegt, daß das Laufen ein Gegenmittel gegen die Zivilisationskrankheiten des 20. Jahrhunderts sein kann. Darüber hinaus leistet das Laufen aber noch weitere Beiträge zu unserer Gesundheit, die zum Teil noch erforscht werden. Nathan Pritikin, der Direktor des Longevity Research Instituts in Santa Barbara in Kalifornien, das sich mit der Erforschung der menschlichen Lebenserwartung und -dauer beschäftigt, hat zum Beispiel das Verzeichnis amerikanischer Spitzensportler *Who's Who in American Sports* ausgewertet und dabei festgestellt, daß die durchschnittliche Lebenserwartung früherer Football-Spieler 57 Jahre, die Lebenserwartung von Boxern und Baseball-Spielern 61 Jahre, aber die Lebenserwartung von Läufern und Langläufern 71 Jahre beträgt. (Die Lebenserwartung des männlichen Durchschnittsamerikaners beträgt z. Z. 67,6 Jahre; die des männlichen Durchschnittsdeutschen 67,4 Jahre.) Und Dr. Paul S. Fardy, der Rehabilitations-Spezialist für Herzpatienten am St. Catherine Hospital in East Chicago, Indiana, berichtet, daß bei einer Untersuchung von mehr als fünfhundert Personen festgestellt wurde, daß die Herzen ehemaliger Sportler, insbesondere der Läufer, besser funktionierten als die von Nichtsportlern[1].

Fardy ist einer von vielen Wissenschaftlern, die gegenwärtig zu der Erkenntnis gelangen, daß das Laufen gegenüber anderen Sportarten entscheidende Vorteile bietet. In einem Aufsatz für das *American Physical Therapy Journal* schrieb er vor kurzem: »Gehen und/oder Laufen sind die einfachsten und vielleicht auch populärsten aerobischen Aktivitäten.« Der bereits mehrfach erwähnte Dr. Moe schrieb

---

1 Dr. Fardy erwähnt allerdings auch, daß Personen, die ein Ausdauer-Training aufnahmen, ihre Herzleistung erheblich zu steigern vermochten und in vielen Fällen ebenso gute Leistungen erzielten wie langjährige Sportler.

in einem Leserbrief an eine medizinische Zeitschrift: »Es ist schwer zu verstehen, warum etwas so Vortreffliches von der Schulmedizin weitestgehend ignoriert wird. Wir beteuern doch immer, wie wichtig die medizinische Vorsorge und Vorbeugung ist, und wir sind uns auch durchaus bewußt, daß die Arteriosklerose, insbesondere die der Herzkranzgefäße, bei fünfzig Prozent der Todesfälle die Ursache ist. Bei Untersuchungen an Tieren und Menschen hat man auch feststellen können, daß das Ausdauer-Training die Durchblutung des Herzens und die Herz-Lungen-Leistung steigert und den Pulsschlag in Ruhe und den Blutfett-Gehalt des Blutes verringert. Warum, so fragt man sich, haben dann noch nicht alle Ärzte begriffen, daß sie selbst ein Ausdauer-Training brauchen und daß sie auch ihre Patienten dazu anhalten müßten?«

Dr. Moe ist ganz offensichtlich – und nicht zu Unrecht – frustriert, was vielleicht der Preis dafür ist, daß er seiner Zeit so weit voraus ist.

Selbst wenn man davon ausgeht, daß andere Sportarten ebenso gesund sind wie Laufen, gibt es immer noch hinreichend Gründe, dem Laufen den Vorzug zu geben. So nimmt es zum Beispiel weniger Zeit in Anspruch. Als ich noch Tennis spielte, war ich Mitglied eines regelmäßigen Doppels, das jeden Samstag und Sonntag von neun bis elf Uhr stattfand. Wenn man den Anmarschweg, die Umkleidezeit und das Duschen hinzurechnet, brachte ich an jedem Wochenende mindestens sechs Stunden mit Tennis und den unvermeidlichen Vorbereitungen zu. Dabei verbrauchte ich höchstens zweitausend Kalorien. Heute laufe ich etwa fünfzehn Kilometer am Tag, wenn ich mich nicht gerade auf einen Marathonlauf vorbereite. Am Wochenende brauche ich dafür ungefähr zweieinhalb Stunden, und selbst wenn ich noch solange dusche, werden es nicht mehr als drei. In der Hälfte der Zeit, die ich früher gebraucht habe, erreiche ich dabei die gleichen zweitausend Kalorien mit körperlicher Bewegung.

Das Laufen braucht auch den Ehepartner nicht zur Witwe oder zum Witwer zu machen. Selbst ein längerer Lauf läßt sich leicht in den freien Stunden des Tages unterbringen, am frühen Morgen zum Beispiel oder wenn die übrigen Familienmitglieder kochen, Hausarbeiten verrichten oder ihren eigenen Hobbies nachgehen. Dazu ist nur ein bißchen Planung und Rücksichtnahme notwendig.

Auch die innere Einstellung ist beim Laufen anders als bei anderen Sportarten. Man kann es als Wettkampf betreiben oder auf das Konkurrenzelement völlig verzichten. Beim Football ist das unmöglich, dabei muß man sich einfach rücksichtslos ins Zeug legen. Beim Tennis kommt es darauf an, den Ball so zu schlagen, daß der Gegner nicht mehr herankommt. Selbst Golfspieler geraten oft so in Harnisch, daß sogar ein gemütliches Nachmittagsspielchen sich zu einem erbitterten Wettkampf entwickelt. Läufer können demgegenüber so friedlich oder aggressiv laufen, wie sie gerade möchten. Man kann versuchen, eine Strecke schneller zu laufen als jemals zuvor. Man kann versuchen, seine Freunde im Spurt abzuhängen, aber man kann einen Lauf auch wie eine Landpartie gestalten, indem man gerade so gemütlich dahintrottet, daß die Körpersäfte ein wenig in Wallung geraten. Selbst bei einem Wettkampf brauchen Sie nicht auf vollen Touren zu laufen, wenn Sie nicht wollen. Sie erreichen auch dann einen guten Trainingseffekt, wenn Sie nicht mit Höchstgeschwindigkeit laufen.

Viele, darunter einige sehr gute Läufer, nehmen niemals an Wettkämpfen teil. Die Fitness und das angenehme Körpergefühl, die sich beim täglichen Laufen entwickeln, genügen ihnen völlig. Jack Gianino ist auch dafür ein Beispiel. Er läuft jeden Tag im Central Park anderthalb Stunden und versäumt sein Pensum selbst dann nicht, wenn er wegen Dreharbeiten verreisen muß. An Wettkämpfen hingegen nimmt er nie teil. »Ich habe es einmal versucht«, sagt er, »aber das Keuchen und Schnaufen gefiel mir ganz und gar nicht.«

Gerade weil es vom Konkurrenzdenken nicht übermäßig beherrscht wird und eine direkte körperliche Auseinandersetzung nicht stattfindet, ist das Laufen die ideale Sportart für die ganze Familie. Wenn ein Mann sich vorgenommen hat, zehn Meilen zu laufen, läuft er die ersten zwei Meilen vielleicht mit seiner Frau und den Kindern gemeinsam. Dann bleiben die Kinder zurück und das Ehepaar dreht die zweite Runde allein. Und wenn *sie* nach vier Meilen keine Lust mehr hat, kann *er* sich noch zu einem längeren Querfeldein-Lauf ins freie Gelände aufmachen[2].

2 Ob das Laufen wohl auch in Zukunft vom Konkurrenzdenken freibleiben wird? Ich weiß nicht. Einer der Gründe, warum es derzeit beim Laufen noch so entspannt und friedlich zugeht, ist vielleicht darin zu suchen, daß es trotz der beträchtlichen Publizität, die es in den letzten Jahren erlangt hat, immer noch ein relativ unbekannter Sport ist. Außerdem gibt es für die Zuschauer so gut wie nichts her. Das zeigt sich beim Boston Marathon im April jeden Jahres sehr deutlich. Wenn man einen bestimmten Läufer nicht nur einmal, sondern mehrmals laufen sehen will, muß man nicht nur einen sehr genauen Zeitplan entwickeln, sondern auch noch mit halsbrecherischer Geschwindigkeit durch die Stadt rasen, um ihn auf einem anderen Streckenabschnitt nochmals beobachten zu können. In dieser Hinsicht ähnelt das Laufen den Frauensportarten, die bis vor kurzem von der Öffentlichkeit nahezu ebenso ignoriert wurden. In seinem Buch über Sport schreibt Paul Weiss: »Die Frauen sind in der glücklichen Lage, daß ihre sportlichen Aktivitäten

Bei keiner Sportart der Welt geht es übrigens demokratischer zu. Die Diskriminierung von Rassen, Altersgruppen, Klassen oder anderen Minoritäten gibt es hier nicht, und Läufer beiderlei Geschlechts sind gleich gern gesehen. Bei einem Wettkampf in New York traf ich neulich einen Herzspezialisten, einen orthopädischen Chirurgen, den Betriebsarzt eines großen Wirtschaftsunternehmens, einen Gießereiarbeiter, einen Drucker, einen pensionierten Postbeamten und einen Schuhverkäufer, einen Richter, einen Schriftsteller, einen Filmemacher und einen Manager der Rockefeller-Stiftung, einen Arbeitslosen und eine Fülle von Büroangestellten, Hausfrauen, Studenten und Rentnern. Ich glaube, wenn man sie alle zu einer großen Party einladen würde, gäbe es nicht viel Gesprächsstoff, aber hier beim Laufen entwickelte sich kaum eine soziale Rangordnung. Laufen ist ein egalitärer Sport, der Snobs wenig bietet, dafür aber von bestem demokratischen Geist durchströmt ist.

Ist Laufen gefährlich? Natürlich wäre es irreführend, wenn ich Sie mit aller Gewalt davon zu überzeugen versuchte, daß es beim Laufen überhaupt keine negativen Erfahrungen und Nachteile gibt. Die gibt es durchaus. Ein vorbeifahrendes Auto kann Sie zum Beispiel dazu zwingen, in den Straßengraben zu springen. Man kann sich eine Achillessehnenentzündung oder eine Muskelzerrung zuziehen (siehe Kap. 16). Und vielleicht stehen Sie auch einmal an einem Januartag um fünf Uhr morgens frierend an der Haustür und verfluchen den Tag, an dem Sie zum ersten Mal ans Laufen gedacht haben. (Keine Bange, sobald Sie loslegen, werden Sie sich großartig fühlen.)
Aber es gibt jemanden, der noch viel schwerwiegendere und umfassendere Anklagen gegen das Laufen erhoben hat. Ein Arzt namens J. E. Schmidt, der in Charlestown, Indiana, praktiziert, hat behauptet, das Laufen sei schädlich und gefährde die Gesundheit weit mehr, als es ihr nutzt. Im Jahre 1976 enthielt das Märzheft des *Playboy* einen Artikel von Schmidt, der die reißerische Überschrift trug: »Laufen ist

bisher nur in sehr geringem Maße die Aufmerksamkeit des Publikums erregt haben. Dadurch wurden viele Mißverständnisse vermieden, von denen männliche Athleten heimgesucht werden.« Wahrscheinlich wird das Laufen auch in Zukunft all denen einen Freiraum belassen, die diesen Sport lediglich gern ausüben, ohne sich dabei mit anderen messen zu wollen. Vielleicht tritt auch das Gegenteil ein. Wenn sich das Laufen jemals zu einer schicken Modesportart (wie seit einigen Jahren Tennis) entwickelt, könnte es durchaus zum Jahrmarkt der Eitelkeit und des Machismo werden. Ich hoffe, daß das nicht eintritt, aber in jedem Falle sind es Zukunftsprobleme. Zum gegenwärtigen Zeitpunkt jedenfalls wird das Laufen noch kaum vom irrationalen, lähmenden Konkurrenzdenken beherrscht. Aber solange das Interesse am Laufen immer noch zunimmt, kann man nicht wissen, was kommt.

lebensgefährlich!« (Ob das Ausrufungszeichen von Schmidt stammt oder von der Redaktion, ist ungeklärt.) Im Sinne des Fairplay beginnt Dr. Schmidt mit dem Hinweis, daß das Laufen gut für Beine und Herz ist und einem auch »das sonnengebräunte Freiluft-Aussehen« gibt. Aber damit endet seine Begeisterung schon. »Es ist eine Tatsache«, schreibt er, »daß das Laufen oder Jogging für Männer und Frauen eine der überflüssigsten, anstrengendsten und gefährlichsten Sportarten darstellt. Das Jogging nimmt dem Körper weit mehr, als es ihm gibt. Niemand kann es sich leisten, für seine Oberschenkel- und Wadenmuskeln oder die trügerische Sonnenbräune einen so hohen gesundheitlichen Preis zu bezahlen, wie ihn das Laufen verlangt.« Im einzelnen, erklärt Dr. Schmidt, kann das Laufen die Verbindung zwischen dem Kreuzbein und den Hüftknochen lösen, Bandscheibenschäden hervorrufen, zur Entstehung von Krampfadern beitragen, den Uterus aus seinem »Nest« heben, den Busen absacken lassen und bei Männern Leistenbrüche auslösen. Das Laufen, behauptet er weiter, kann sogar zu Herzschäden führen, weil es angeblich das Herz veranlaßt, »an den Herzkranzgefäßen zu ziehen« und dabei verkrustetes Material in Bewegung zu setzen, was zum Herzinfarkt führt. Außerdem könne das Laufen solche strukturellen Anomalien erzeugen wie einen Senkmagen, Milzbewegungen, Wandernieren und Plattfüße.

Als Dr. Schmidts Artikel erschien, gab es einigen Wirbel. Ich habe zwar niemanden gefunden, der deswegen das Laufen aufgegeben hätte, aber man fürchtete, daß er einige Anfänger abschrecken könnte. Ich persönlich war einfach sehr überrascht. Ich hatte die gesamte medizinische Literatur über das Laufen ziemlich gründlich verfolgt und glaubte recht genau zu wissen, worin die Gefahren beim Laufen bestehen. Von den Schäden, die Dr. Schmidt genannt hatte, war nirgends die Rede gewesen, aber es bestand natürlich die Möglichkeit, daß ich einen wichtigen Aufsatz oder einen entscheidenden Vortrag verpaßt hatte.

Deshalb sprach ich eines Tages mit Dr. George Sheehan über den Artikel von Schmidt. Dr. Sheehan hat sich seit Jahren mit den sportlichen und medizinischen Problemen des Laufens beschäftigt, so daß er heute zu den meistkonsultierten Ärzten gehört, wenn es um die Frage der Auswirkungen des Laufens auf den menschlichen Körper geht. Wenn jemand eine besonders hartnäckige oder rätselhafte Verletzung hat, wird er am Ende stets Dr. Sheehan aufsuchen. Als ich ihm meine Frage vorlegte, zuckte er mit den Schultern und sagte, daß ihm keine Untersuchung bekannt sei, welche die Ansicht von Schmidt unterstütze. »Er hat sich wohl von dem leiten lassen, was man den ›gesunden Menschenverstand‹ nennt«, sagte Sheehan. »Aber wenn man sich bei Fragen, die den menschlichen Körper betreffen, auf sogenannte Binsenwahrheiten verläßt, liegt man oft falsch. Der Körper funktioniert keineswegs immer so, wie man sich das gemeinhin vorstellt. Diese Vorwürfe gegen das Joggen beruhen auf Hypothesen, und das ist nicht korrekt. Ich werde immer sehr mißtrauisch, wenn die Leute sagen: ›Das klingt sehr vernünftig.‹ Ich bin der Ansicht, daß man korrekterweise feststellen muß, ob es irgendwo konkrete Fälle dieser Art gibt.« (Sheehan, der nicht nur seinen Körper, sondern auch seinen Witz zu gebrauchen versteht, erzählte mir später, wie er reagiert habe, als noch ein weiterer, ähnlicher Artikel Schmidts in einer Zeitung erschien. In dem Artikel wurde unter anderem erwähnt, daß Schmidt gern Gartenarbeit verrichte. Daraufhin schrieb Sheehan einen Leserbrief, in dem er Schmidt darauf hinwies, daß Gartenarbeit ein sehr gefährliches Steckenpferd sei. »Ich sagte ihm«, grinste Sheehan, »daß er sich aus Versehen eine Heugabel in den Fuß stoßen und vor Schreck Maulsperre kriegen könnte.«)

Dennoch war ich über die Vorwürfe, die Dr. Schmidt gegen das Laufen erhoben hatte, immer noch beunruhigt. Wenn sie auch nur das geringste Körnchen Wahrheit enthielten, wäre es fahrlässig gewesen, sie einfach zu ignorieren. Deshalb schrieb ich Dr. Schmidt einen Brief, in dem es unter anderem hieß: »Ihr Artikel im Märzheft des *Playboy* hat, wie Sie zweifellos wissen, bei vielen Läufern großes Interesse erregt. Von dieser Aufregung bekomme ich besonders viel zu spüren, weil ich über das Laufen gerade ein Buch schreibe und mich deshalb auf die eine oder andere Weise mit den Fragen beschäftigen muß, die Ihr Artikel aufwirft.

Insbesondere verblüfft mich die Tatsache, daß keiner der Ärzte, die von Ihnen mit dem Laufen in Zusammenhang gebracht werden, Ihre Angaben, die Sie in dem *Playboy*-Artikel gemacht haben, bestätigen wollte, während einige öffentlich erklärt haben, daß es keinerlei Untersuchungen gäbe, die Ihre Vorwürfe unterstützen oder beweisen. … Ich wäre Ihnen sehr dankbar, wenn Sie mir Belege und Quellen angeben könnten…«

Schmidt schrieb zurück: »… Ich möchte zunächst einmal feststellen, daß ich für den *Playboy* keinen Artikel schreiben würde, in dem ich altbekannte medizinische Tatsachen wiederkäue. Das wäre wohl sehr langweilig. Unsere Kenntnisse über die Beziehungen zwischen dem

Laufen und den von mir beschriebenen (und einigen weiteren!) Traumata sind noch im Entstehen begriffen, aber ich habe sie auf Grund glücklicher medizinischer Umstände schon vor mehr als zwanzig Jahren entdeckt.

Jahrhundertelang haben die Wissenschaftler geglaubt, daß die Erde flach sei und daß sich die Sonne um die Erde bewegt. Sicher ist Ihnen bewußt, wie diejenigen verleumdet wurden, die als erste die These vertraten, daß dies nicht so ist! Die Ärzte, von denen Sie sprechen, nehmen die Gefahren des Laufens deshalb nicht wahr, weil sie das Laufen nicht im Verdacht haben. Der liebevolle Ehemann erfährt von der Untreue seiner Frau stets als letzter. Gegen das Laufen einen Verdacht zu erheben, wird ja schlicht als *beleidigend* empfunden.

Leider kann ich Ihnen zur Zeit nur diese allgemeinen Hinweise geben, weil ich über dieses Thema selbst ein Buch schreiben will. Dort werde ich auch meine Beweise vorlegen.«

Einige Monate nach dem Erscheinen des Artikels von Schmidt besuchte ich eine Konferenz über die physiologischen, medizinischen, epidemiologischen und psychologischen Wirkungen des Laufens, die von der New Yorker Akademie der Wissenschaften durchgeführt wurde. Auf dieser Konferenz trafen etwa siebzig Kapazitäten zusammen und diskutierten vier Tage lang vom frühen Morgen bis spät in die Nacht über ihre Untersuchungen auf diesem Gebiet. Die meisten dieser Fachleute wiesen auf die Vorteile des Laufens hin, vier oder fünf erwähnten bestimmte negative Nebenwirkungen, die gelegentlich auftreten. Die von Schmidt genannten Schäden waren nicht darunter. Solange keine überzeugenden Beweise gegen das Laufen genannt werden (was ja in dem von Dr. Schmidt versprochenen Buch vielleicht noch geschieht), muß man das Laufen wohl nicht nur als absolut ungefährlich, sondern auch als eine gute Sache betrachten.

Anmerkung von Prof. Dr. Heinrich Hess: Die Diskussion über die Gefährlichkeit einzelner Sportarten wird nie verstummen; auch werden in Presse, Rundfunk und Fernsehen immer wieder bewiesene Tatsachen und unbewiesene Behauptungen mit angeblich streng wissenschaftlichen Beweisen vermengt und verbreitet werden.

Sicher gibt es sogar tödliche Zusammenbrüche bei vielen sportlichen Disziplinen, auch beim Laufen und manchmal auch beim gemütlichen Trimm-Trab. Die wenigsten dieser Todesfälle allerdings sind sportartspezifisch, das heißt durch den Sport selbst hervorgerufen, sondern rein zufällig während der sportlichen Betätigung entstanden;

etwa so wie die Leute nicht sterben, *weil* sie im Bett liegen, sondern *während* sie im Bett liegen.

Wenn man sich als Anfänger erst einmal von einem erfahrenen Arzt untersuchen läßt, beim Laufen seinem gesunden Menschenverstand vertraut und *es langsam angehen läßt* und wenigstens einmal jährlich zum *Gesundheits-TÜV* (bestehend aus Herztest auf dem Fahrradergometer mit EKG, Puls- und Blutdruckmessung, Blut- und Urinuntersuchung) geht, kann eigentlich nicht viel passieren. Auf jeden Fall ist der Gewinn durch das Laufen dann ungleich größer als die zu vernachlässigenden Risiken.

Natürlich kann man auch andere Ausdauersportarten betreiben, die kaum etwas kosten und keine Umstände bereiten, wie zum Beispiel Radfahren oder Schwimmen. Dies gilt insbesondere für solche Menschen, die wegen eines Gelenkleidens nicht laufen können. Fast alle Arthrosen der Beingelenke reagieren ausgesprochen günstig auf Bewegung (Radfahren, Schwimmen), aber ungünstig auf Belastung durch Laufen vorwiegend auf harten Böden. Daher bleibt für diese Menschen gar nichts anderes übrig, als auf nichtgelenkbelastende Sportarten auszuweichen. Beim Radfahren ist es bezüglich des Gesundheitswerts eigentlich egal, ob man sich auf einen Heimtrainer schwingt oder mit einem normalen Fahrrad ins Grüne fährt; beide Möglichkeiten haben ihre begeisterten Anhänger.

Wichtig ist immer nur, daß man regelmäßig mehrmals wöchentlich mindestens fünfzehn Minuten lang trainiert. Als Faustregel kann gelten, daß die Trainingszeit erst um ist, wenn man richtig ins Schwitzen geraten ist, was bei entsprechender Belastung etwa nach zwölf bis fünfzehn Minuten der Fall sein dürfte. Allerdings stimmt das, was James Fixx über Trainingsgeräte geschrieben hat, leider nur zu oft: Sie werden für teures Geld gekauft, einmal ausprobiert und verstauben dann im Keller. Mit ein bißchen Verstand kann man sich diesen *D-Zug-Zuschlag* für die Gesundheit sparen.

4 / *Der Langlebigkeits-Faktor*

Leben Läufer wirklich länger?

Am 11. Juni 1958 starb im Alter von siebzig Jahren einer der außergewöhnlichsten Läufer, die es je gab. Sein Name war Clarence De-Mar. Er war fast seit einem halben Jahrhundert gelaufen. Im Jahre 1909 hatte er bei einem Querfeldein-Lauf an der Universität von Vermont den vierten Platz belegt, und noch im Jahre 1957 hatte er an einem Fünfzehn-Kilometer-Lauf in Bath, Maine, teilgenommen. Bei seinem ersten Wettkampf war er 21 Jahre alt, und als er das Laufen aufgab, war er 69. In seinen 49 Wettkampf-Jahren hat er möglicherweise mehr Meilen zurückgelegt als jeder andere Athlet. Er nahm an 34 *Boston Marathons* teil und gewann sieben Mal, während er fünfzehn Mal unter den ersten Zehn war. Er nahm insgesamt an über tausend Rennen teil, von denen mehr als hundert über die volle Marathon-Strecke gingen. Selbst das nüchterne *New England Journal of Medicine* nannte ihn in einem Nachruf »Mr. Marathon«.

Abgesehen von seinem Laufen gibt es wenig Bemerkenswertes in DeMars Biographie. Er wurde auf einer Farm in Ohio geboren. Als er acht Jahre alt war, starb sein Vater, und zwei Jahre später ging die Familie nach Massachusetts. Im Jahre 1915 bestand DeMar die Prüfung für angewandte Kunst in Harvard und erhielt später das Master's Degree für Pädagogik von der Boston Universität. Er war nebenamtliche Lehrkraft in einem Erziehungsheim, arbeitete als Nachtkorrektor einer Zeitung, verwaltete in seinen späteren Jahren eine kleine Farm und lief praktisch jeden Tag. An dem Morgen, an dem das *Boston Marathon* stattfand, kam er meist gerade vom Korrekturlesen nach Hause, kümmerte sich um die Kühe und Hühner, schlief ein Weilchen und machte sich dann auf den Weg zum Startplatz.

Auf seinen Körper hatte das Laufen eine interessante Wirkung[1].

---

1 Wenn man streng logisch vorgeht, ist es natürlich möglich, daß das Laufen überhaupt keine Wirkung auf DeMar hatte, sondern daß er nur deshalb ein hervorragender Läufer war, weil er eine hervorragende Anlage dafür besaß. Die meisten Ärzte sind allerdings nicht der Ansicht, daß dies der Fall war.

Nach seinem Tod, er starb an Krebs, wurde eine Autopsie durchgeführt. Man fand ein großes Herz, dessen Ausmaße allerdings noch völlig normal waren. Er hatte unter einer leichten Arteriosklerose gelitten, die angesichts seines hohen Alters allerdings sehr geringfügig war. Seine Herzkranzgefäße aber waren zwei- bis dreimal so groß wie gewöhnlich. In seinem Artikel über die Autopsie im *New England Journal of Medicine* schrieb Paul Dudley White, der ein großer Läufer und ärztlicher Berater von Präsident Eisenhower war: »Soweit wir wissen, wirkt sich körperliche Anstrengung auf das Herz nicht nachteilig aus. Wenige Sportler haben in ihrem Leben so langfristig körperliche Belastungen auf sich genommen, wie Clarence DeMar.« Ein anderer Arzt, mit dem ich den Autopsie-Bericht diskutierte, sagte: »DeMar konnte gar nicht an einem Herzanfall sterben. Es mußte einfach etwas anderes sein.«

Wenn man von den üblichen Anzeichen des Alters ausgeht, war DeMar biologisch jünger als ein Siebzigjähriger. Seine ungewöhnliche Energie erlaubte es ihm, auch dann noch an Wettkämpfen teilzunehmen, als man seine Krebserkrankung bereits diagnostiziert hatte. Seine großen Herzkranzgefäße bewirkten eine ausgezeichnete Blutversorgung des Herzens. Auch als er schon über Sechzig war, konnte er sportliche Leistungen erbringen, welche die Fähigkeiten vieler Leute übertrafen, die Jahrzehnte jünger als er waren. In verschiedener Hinsicht war DeMar noch ein junger Mann. Und er ist auch nicht der einzige Läufer, bei dem sich der Alterungsprozeß deutlich sichtbar verlangsamt.

Aber leben Läufer tatsächlich länger als andere Leute? Diese Frage ist nicht leicht zu beantworten. Wenn man sie täglich zu körperlicher Bewegung veranlaßt, haben Ratten eine um 25 Prozent höhere Lebenserwartung als ihre Geschwister, die man zum Stillsitzen zwingt. Aber Menschen sind keine Ratten, und verantwortungsbewußte Wissenschaftler sind keineswegs bereit, solche Erkenntnisse ohne weiteres auf Menschen zu übertragen. Außerdem gibt es statistische Probleme. Dr. Paul Milvy, Biophysiker und Epidemiologe an der Mount Sinai Hochschule für Medizin, weist darauf hin, daß es sehr schwer ist nachzuweisen, daß zwischen körperlicher Anstrengung und Langlebigkeit ein direkter Zusammenhang im Sinne von Ursache und Wirkung besteht. »Die Maßstäbe, die an den Nachweis eines ursächlichen Zusammenhanges angelegt werden, müssen sehr streng gehandhabt werden und sind nur schwer zu erfüllen.«

Die Geschichte des Problems ist lehrreich. Hippokrates war der Ansicht, daß Sport zum frühen Tod führe, und der Respekt vor ihm war so groß, daß die Mehrzahl aller Leute seine Ansicht jahrhundertelang teilten. Erst im Jahre 1873 trat ein Rebell auf. Der englische Arzt John E. Morgan verglich die durchschnittliche Lebensdauer der Engländer mit der Lebensdauer ehemaliger Studenten von Oxford und Cambridge, die an den berühmten Bootsrennen teilgenommen hatten und zwischen 1829 und 1869 gestorben waren. Er stellte fest, daß die ehemaligen Ruderer durchschnittlich zwei Jahre länger gelebt hatten, als die Versicherungstabellen prophezeit hatten.

Damit schien die Frage entschieden, insbesondere als mehrere spätere Untersuchungen über akademische Sportler ähnliche Ergebnisse zeigten. Dann allerdings wurde den Wissenschaftlern bewußt, daß es vielleicht nicht ganz korrekt sei, die allgemeine Bevölkerung mit Leuten zu vergleichen, die in den Genuß einer akademischen Ausbildung gelangt waren. Um diese mögliche Fehlerquelle auszuschalten, verglichen im Jahre 1926 J. C. Greenway und I. V. Hiscock die Lebensdauer von Yale-Absolventen, die während ihrer Studienzeit Sportler gewesen waren, mit der Lebensdauer der Studienabgänger, die sich sportlich nicht profiliert hatten. Diesmal stellte sich erstaunlicherweise heraus, daß die Nicht-Sportler etwas länger gelebt hatten.

Die Ergebnisse waren verblüffend, ließen aber noch keinen endgültigen Schluß zu, weil die Gesamtzahl der untersuchten Personen nicht groß und möglicherweise nicht repräsentativ war. Sechs Jahre später benutzte daher L. I. Dublin die Akten der Jahrgänge 1870 bis 1905 an acht Colleges der amerikanischen Ostküste, um die Lebensdauer von 4976 akademischen Sportlern und 38269 anderen Studienabgängern zu vergleichen. Er fand einen Unterschied von drei Monaten in der Lebenserwartung – wieder zugunsten der Nicht-Sportler.

Was können wir daraus schließen? Natürlich könnte es sein, daß Leibesübungen einfach ungesund sind, obwohl die meisten Wissenschaftler diese Ansicht nicht teilen. Wahrscheinlicher ist es, daß Sportler eher dazu neigen, sich gefährliche Berufe zu suchen[2]. Die meisten Untersuchungen weisen auch darauf hin, daß eine mehr oder weniger kurze Periode sportlicher Aktivitäten noch keineswegs einen dauerhaften Schutz bietet. Wenn er langfristig etwas ausrichten soll, muß man schon bei seinem Sport bleiben.

---

2 Eine ganze Reihe von Untersuchungen weist darauf hin, daß bei Sportlern und ehemaligen Sportlern eine überdurchschnittliche Zahl von gewaltsamen Todesfällen auftritt. Über die Ursache dieser Erscheinung ist schon viel spekuliert worden, eine schlüssige Erklärung liegt noch nicht vor.

Die zentrale Frage aber ist immer noch unbeantwortet: Verlängert das Laufen das Leben?

Verschiedene neuere Studien werfen Licht auf die Frage. Dr. Arthur S. Leon und Dr. Henry W. Blackburn von der Universität von Minnesota legten kürzlich einen Bericht vor, wonach Ausdauerübungen von dreißig bis sechzig Minuten, die drei- oder viermal in der Woche durchgeführt werden, »ohne Zweifel die Gesundheit und Lebensqualität der meisten Menschen verbessern können... und vielleicht auch die Lebensdauer verlängern«[3]. Das ist gewiß eine vorsichtige Einschätzung, aber typisch für die derzeitige Richtung der Forschung.

Dr. Thomas Bassler, dessen Ansichten über das »Faulenzerherz« und andere Krankheitserscheinungen wir im ersten Kapitel kennengelernt haben, ist weniger vorsichtig. Der kalifornische Pathologe wurde durch seinen Ausspruch berühmt, daß jeder, der einen Marathonlauf in weniger als vier Stunden beenden könne, jahrelang gegen Herzanfälle immun sei. Obwohl keineswegs alle Mediziner mit ihm übereinstimmen, hat er doch eine große Anhängerschaft. Bassler hebt natürlich hervor, daß es nicht die bloße Teilnahme am Marathonlauf sei, was diese Immunität bewirkt, sondern 1. das täglich notwendige Training und 2. die Lebensweise des Marathonläufers, zu der es unter anderem gehört, nicht zu rauchen und Nahrung zu sich zu nehmen, die wenig gefährliche Fette von der Art des Cholesterins enthält. In Ecuador, Pakistan und der UdSSR sind Untersuchungen über Personen angestellt worden, die mehr als hundert Jahre alt wurden. Dabei ergaben sich als wichtige Gemeinsamkeiten: ein hohes Maß an körperlicher Aktivität und eine fettarme Ernährung.

Im Jahre 1975 fanden in Toronto die *World Masters Championships* statt, ein internationaler Bahnwettlauf, an dem Läufer zwischen dreißig und mehr als neunzig Jahren teilnehmen. Dabei ergab sich eine ungewöhnliche Gelegenheit, die Zusammenhänge zwischen fortdauernder körperlicher Ertüchtigung und hohem Lebensalter zu erforschen. Dr. Terence Kavanagh vom Toronto Rehabilitationszentrum

---

3 Der Heidelberger Professor Dr. Otto Neumann urteilt ähnlich. Er ist davon überzeugt, daß nachlassende Leistungsfähigkeit bei älteren Menschen nicht hauptsächlich altersbedingt ist, sondern durch mangelnde körperliche Aktivität verursacht wird.
Mit einem achtmonatigen Trainingsprogramm mit vierhundert Männern und Frauen zwischen fünfzig und siebzig Jahren erreicht er außerordentliche Verbesserungen der Leistungsfähigkeit – auch, und gerade, bei vorher scheinbar aussichtslos leistungsschwachen Fällen. Mit dem körperlichen Wohlbefinden wuchs auch der Lebensmut der Testpersonen, so daß von einer deutlichen Steigerung der Lebensqualität durch Ausdauertraining gesprochen werden kann.

und Dr. Roy J. Shephard von der Abteilung für Gesundheitsvorsorge und Biostatistik der Universität Toronto untersuchten 128 männliche und sieben weibliche Teilnehmer. Sie stellten unter anderem fest, daß die Fähigkeit der alternden Sportler, Sauerstoff zu verarbeiten, langsamer abfiel, als dies bei der sonstigen Bevölkerung der Fall ist, und daß Herzanomalien seltener auftraten. Puristen können natürlich darauf verweisen, daß diese Beobachtungen keineswegs ausschließen, daß sich bei einem Sportwettkampf für Senioren eben Menschen versammelt haben könnten, die von Natur aus ein besonders leistungsfähiges Kreislaufsystem mitbringen. Dennoch sind die Ergebnisse dieser Untersuchung eindrucksvoll.

Eine weitere relevante Untersuchung wurde von Dr. Fred Kasch vom Physiologischen Versuchslabor der San Diego State Universität durchgeführt. Kasch setzte voraus, daß die Arbeitsfähigkeit eines Menschen ein wesentliches Indiz für seinen Alterungsprozeß darstellt. Es ist bekannt, daß die Arbeitsfähigkeit zwischen dem dreißigsten und dem siebzigsten Lebensjahr um 35 bis 40 Prozent abnimmt. Wenn es durch Bewegungstraining gelänge, die Arbeitsfähigkeit länger als durchschnittlich üblich zu erhalten, dann könnte man sagen, daß der Alterungsprozeß verzögert worden ist. Kasch verpflichtete daraufhin dreiundvierzig Männer im Alter von 45 bis 48 Jahren zu einem zehnjährigen Trainingsprogramm, das vor allem Laufen und Schwimmen umfaßte. Die Ergebnisse, die sich im Laufe der Jahre ergaben, waren erstaunlich. Die maximale Pulsfrequenz reduzierte sich bei den Versuchspersonen sehr viel langsamer, als aus den vorliegenden Daten über »normale« Männer vorhersehbar war. Ihre Pulsfrequenz bei ruhendem Körper ging demgegenüber zurück, weil sich das Schlagvolumen des Herzens erhöht hatte. Bei den Versuchspersonen, die vor Beginn des Programms eine sitzende Tätigkeit ausgeübt hatten, verbesserte sich die Fähigkeit zur Sauerstoffaufnahme, bei den übrigen, die schon vor Beginn des Programms ein körperlich aktives Leben geführt hatten, blieb sie 36 Prozent über dem Durchschnitt der Alters- und Geschlechtsgenossen[4]. Das Programm hatte praktisch als eine Art Zeitmaschine gewirkt, in der die Versuchspersonen langsamer alterten als ihre untrainierten Zeitgenossen.

Eine der ehrgeizigsten Untersuchungen zum Thema Sport und Langlebigkeit wurde im Jahre 1965 von Dr. Charles L. Rose und anderen durchgeführt. Die Wissenschaftler befragten die Angehörigen von

4 Sowohl die Pulsfrequenz als auch die Sauerstoffverarbeitung hängen eng mit dem Alter zusammen. Die Beziehung zwischen Pulsschlag und Laufen wird im nächsten Kapitel erörtert.

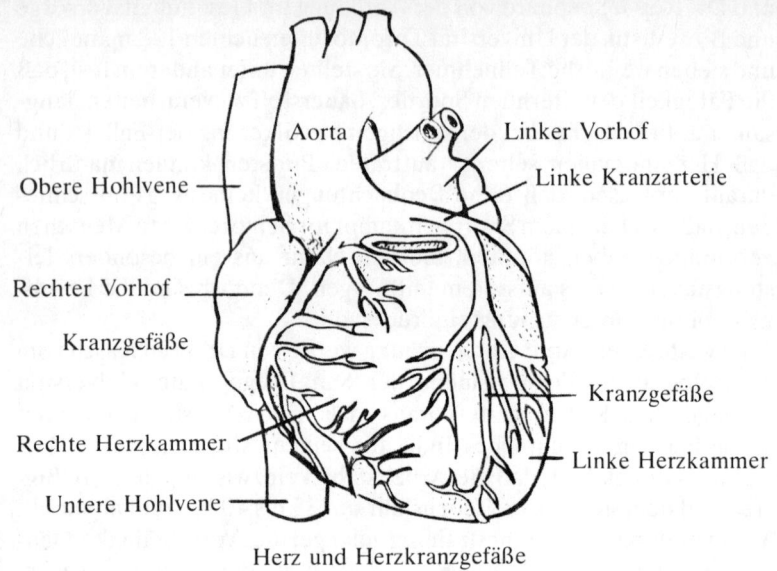

Herz und Herzkranzgefäße

fünfhundert Männern, die im Jahre 1965 in Boston gestorben waren, nach den Lebensgewohnheiten der Toten. In Hunderten von Fragen wurden ihre berufliche Tätigkeit, ihre Freizeitbeschäftigungen und das Ausmaß ihrer körperlichen Belastung ermittelt. Insgesamt wurden etwa zweihundert Faktoren in Betracht gezogen. Anschließend bemühten sich die Wissenschaftler mit Hilfe komplizierter statistischer Methoden festzustellen, welche dieser Faktoren am engsten mit einer hohen Lebenserwartung verknüpft waren. Eines der Ergebnisse war besonders auffällig: Von körperlicher Anstrengung in der Freizeit profitiert man offenbar mehr, als wenn man sich bei der Arbeit körperlich anstrengt. Außerdem erwies sich körperliche Anstrengung in der Freizeit insbesondere im Alter von 40 bis 49 als eines der besten Indizien für Langlebigkeit. Eine neuere Untersuchung, die Anfang 1977 von Drs. Ralph S. Paffenbarger Jr., Wayne E. Hale, Richard J. Brand und Robert T. Hyde veröffentlicht wurde, zeigt allerdings, daß schwerarbeitende Dockarbeiter in San Francisco seltener Herzanfälle erleiden als solche, die nur leichte Arbeit verrichten. Es ergibt sich der Schluß: Wer in der Freizeit oder bei der Arbeit körperlich aktiv ist, lebt wahrscheinlich länger. Obwohl die Wissenschaftler zu dieser These neigen, zögern sie doch, irgendwelche Behauptungen aufzustellen, die sich nicht völlig beweisen lassen. Solange niemand eine Untersuchung vorlegt, die sich nicht nur mit der Frage beschäftigt, ob sich beim Laufen die Indizien des Alterungsprozesses verändern, sondern eindeutig klärt, wie lange Läufer tatsächlich leben, besteht keine wissenschaftliche Rechtfertigung für die Behauptung, daß jemand, der läuft, tatsächlich länger lebt. Dennoch sind viele Kenner der Materie jetzt schon überzeugt, daß dem so ist.

Bisher gibt es aber noch kein geordnetes Beweismaterial, um diese Ansicht abzusichern. Statt dessen gibt es Hunderte verlockender Hinweise. Betrachten wir zum Beispiel ein Projekt, das vom Longevity Research Institute (LRI) in Santa Barbara durchgeführt wird: Manche Leute, darunter viele Ärzte, sind der Ansicht, daß die Projekte dieses Instituts, das mit seiner wissenschaftlichen Arbeit auf eine Verlängerung der Lebensdauer des Menschen zielt, ziemlich fragwürdig seien. In einem langen Leserbrief an die örtliche *Santa Barbara News-Press* behauptete zum Beispiel ein Arzt, daß der Ansatz des LRI am wahren Problem vorbeiginge, daß seine Ergebnisse recht kurzlebig seien und (in seinen Worten) »lediglich ein Trostpflaster« darstellten.

Dennoch lohnt es sich, die Ergebnisse der LRI-Projekte genauer zu untersuchen. Normalerweise kommen die Patienten zum LRI, um eine Operation der Herzkranzgefäße durchführen zu lassen. Mit dieser komplizierten und teuren[5] Behandlung soll auch im Falle einer Koronarthrombose die Durchblutung des Herzmuskels sichergestellt werden. Dabei werden Arterien, die von Cholesterin und anderen Ablagerungen verengt oder blockiert sind, ersetzt. Obwohl diese Operation in manchen Fällen gute Erfolge erbringt, kann der Heilerfolg nicht garantiert werden. Nach einem Jahr sind bei etwa zwanzig Prozent der Patienten die Arterien wieder verstopft. Als Alternative zur Operation bietet das LRI seinen Patienten ein Trainingsprogramm an, das aus Gehen und Laufen und einer streng fettarmen Diät besteht. Die Vertreter des LRI behaupten, daß dieses Programm in der Lage ist, verstopfte Arterien wieder zu öffnen, so daß die Operation unnötig wird.

Einem fünfundfünfzigjährigen Patienten wurde mitgeteilt, daß eine Operation der Herzkranzgefäße notwendig sei, nachdem er in einem

5 Eine Operation kostet zwischen 15 000 und 20 000 Dollar.

Zeitraum von sechs Jahren immer wieder an Brustschmerzen litt. Die Angiographie (die Röntgenuntersuchung des Herzens nach intraarterieller Injektion von Kontrastmitteln) zeigte, daß alle drei Koronararterien ziemlich verstopft waren. Daraufhin begann der Patient mit dem Trainingsprogramm des LRI; nach dreißig Tagen konnte er täglich vier Meilen gehen und brauchte die Medizin, die man ihm wegen der Schmerzen in seiner Brust verschrieben hatte, nicht mehr. Bezeichnenderweise bestätigte der Kardiologe, daß die Krankheit zurückging und der Patient jetzt befähigt sei, »an einem hochintensiven Trainingsprogramm teilzunehmen«.

Solche Fälle sind deshalb so relevant für das Problem der Langlebigkeit, weil solche degenerativen Krankheiten wie die Verkalkung der Herzkranzgefäße mit dem Altern des Körpers Hand in Hand gehen. Wenn diese Krankheit gestoppt und die Verkalkung sogar reduziert werden kann, dann wird damit praktisch der Alterungsprozeß gestoppt oder zurückgedrängt.

Vom LRI wird auch der Fall eines dreiundachtzigjährigen Mannes berichtet, der unter zunehmender Senilität litt (die auf degenerative Veränderungen der Blutgefäße im Gehirn zurückzuführen war) und deshalb nicht mehr ohne Hilfe zu laufen vermochte. Im Verlauf der Diät und des Trainingsprogramms kehrten seine geistigen Fähigkeiten zurück, und er war auch wieder fähig zu laufen.

Der Lieblingsfall der Ärzte am LRI ist die einundachtzigjährige Großmutter Eula Weaver aus Santa Monica. Sie begann mit dem Trainingsprogramm, weil sie unter Bluthochdruck und degenerativen Veränderungen des Herzens und der Gelenke litt. Sie vermochte kaum mehr als 100 Meter zu laufen, und ihr Kreislauf war so schwach, daß sie selbst im Sommer Handschuhe anziehen mußte. Vier Jahre später, im Alter von 85, nahm sie am Halbmeilen- und Meilenlauf der Senioren-Wettkämpfe, *Senior Olympics,* in Irvine in Kalifornien teil und gewann bei beiden Rennen die Goldmedaille. (Die vorhandene Literatur schweigt darüber, wie gut die Konkurrenz war, oder ob es überhaupt eine gab, aber das ist wohl von sekundärer Bedeutung.) Im folgenden Jahr, 1976, errang sie zwei weitere Goldmedaillen und lief jeden Morgen eine Meile. Außerdem fuhr sie täglich zehn oder fünfzehn weitere Meilen auf einem stationären Fahrrad und ging zweimal in der Woche zum Turnen. Nach letzten Berichten hat sie inzwischen das Alter von 88 Jahren erreicht und läuft, und läuft, und läuft.

Obwohl die Beweisaufnahme trotz dieser Fälle aus dem LRI keine schlüssigen Ergebnisse bringt, weisen doch alle Anzeichen darauf hin, daß das Laufen die Lebensdauer nicht verkürzt, sondern eher verlängert. Immer weniger Leute behaupten heutzutage, daß das Laufen das Leben verkürzt, während immer mehr Leute erklären, daß es vielleicht das Leben verlängert. Solange uns weitere Anhaltspunkte fehlen, scheinen die Argumente zugunsten des Laufens zu überwiegen. Es gibt keinen absoluten Beweis, aber viele Indizien.

Anmerkung von Prof. Dr. Heinrich Hess: Die Frage, ob *Läufer länger leben,* ist so einfach nicht zu beantworten, da sehr viele Einzelfaktoren in derartigen Aussagen berücksichtigt werden müssen. Die meisten der wirklich ernsthaften Untersuchungen sprechen jedoch eindeutig dafür, daß die Lebenserwartung steigt und – wegen des gesteigerten Lebensgefühls – auch die Lebensqualität verbessert wird.
Vielleicht ist das kein Argument für Menschen, die sagen, eine gute Zigarre und eine Flasche Wein sind mir mehr wert und schmecken auch besser als frische Waldluft; aber auch diese Zeitgenossen sollten nicht übersehen, daß derartige Genüsse durch Ausdauertraining besser verkraftet werden.

Teil 2 / *Die Kunst des Laufens*

Ich hatte Tag für Tag das Gefühl, meinen Körper bis an die Grenzen der menschlichen Leistungsfähigkeit zu belasten. Aber dann setzte eine erstaunliche Entwicklung ein...

David T. Burhans, Jr.
Pasadena, Kalifornien

5 / *Mit Laufen anfangen*

Was Sie wissen müssen, wenn Sie die ersten
Schritte tun

Das Laufen könnte sich durchaus zur wichtigsten Erfahrung Ihres Lebens entwickeln. Aber beim ersten Versuch macht es nicht immer Spaß. Zum ersten sind Sie vermutlich nicht mehr in Form. Das ist durchaus reparabel; wenn Sie jedoch die Teenager-Jahre hinter sich haben, dürften Sie wohl kaum olympiareif sein. Ihre Muskeln sind weich. Ihre Gelenke sind steif. Ihr Herz und Ihre Lungen sind an Schwerarbeit nicht gewöhnt. Dementsprechend werden Sie sich beim Laufen ungeschickt vorkommen und den Eindruck haben, daß Sie nur sehr langsam vorwärtskommen. Danach wird Ihnen einiges weh tun. Aber selbst wenn Sie schon erheblich außer Form sind, bedeutet das nur, daß Sie etwas mehr Zeit brauchen, bis Sie wieder in Schwung sind.

Ich muß Sie bitten, mir das zu glauben. Das Ziel lohnt die Mühe, das verspreche ich Ihnen. In wenigen Wochen werden Sie schon zwei oder drei Kilometer am Stück laufen können, und nach dem Laufen werden Sie sich erfrischt fühlen. Sie werden mehr Energie und Elan haben. Sowohl die Arbeit als auch Ihre Freizeit werden Ihnen mehr Spaß machen. Sie werden besser schlafen, Gewicht verlieren (wenn das notwendig ist) und sich fühlen wie seit Jahren nicht mehr.

Natürlich kommt das nicht alles am ersten Tag, aber es besteht kein Grund zur Eile. Laufen ist kein Saisonsport, den man vielleicht im Frühling ausübt, damit man im Sommer im Schwimmbad eine gute Figur macht. Am besten ist es, wenn es fest mit ihrem Alltagsleben verknüpft und zum unverzichtbaren Bestandteil des Tagesablaufs geworden ist. Fangen Sie also langsam an. Wenn Sie öfter einmal etwas über das Laufen lesen, wird Ihnen sicher schon der Leitsatz aufgefallen sein: »*Trainieren, nicht strapazieren.*« Das ist vielleicht der wichtigste Rat, den dieses Buch enthält. *Wenn Sie es sachte angehen lassen, wird sich Ihr Gesundheitszustand genauso rasch bessern, als wenn Sie sich ständig dazu antreiben, schneller und schneller zu laufen. Außerdem verringert sich die Verletzungsgefahr. Das ist deshalb so wichtig, weil es um so einfacher ist, in Form zu bleiben, je weniger Trainingstage Sie auslassen müssen.*

Bevor Sie laufen. Zunächst sollten Sie ein paar Minuten darüber nachdenken, in welcher Verfassung Sie sind. Anfänger, die völlig außer Form sind oder zu schnell zu viel laufen wollen, geraten fast immer in Schwierigkeiten. Lassen Sie sich nicht vom Wunschdenken, sondern von Ihrem Körpergefühl leiten. Dr. Leroy H. Getchell von der Ball State Universität leitet in Muncie, Indiana, ein beliebtes Trainingsprogramm für Erwachsene. Dem Anfänger gibt er folgenden Rat: »Wenn Sie Übergewicht haben, zu hohem Blutdruck neigen oder in Ihrer Familie häufig Herzkrankheiten auftreten, bitten Sie einen Arzt um eine Generaluntersuchung. Aber wenn Sie in der Lage sind, zwei oder drei Kilometer ohne Unbehagen oder Schwindelgefühle zu gehen (oder abwechselnd dreißig Sekunden lang etwas zu traben und eine Minute zu gehen), und dabei keine Probleme auftreten, sind Sie wahrscheinlich okay. Wenn Sie aber auch nur im geringsten daran zweifeln, ob Sie gesund sind, empfehle ich Ihnen einen Belastungstest für das Herz. Bei meinen Programmen lasse ich niemanden teilnehmen, der keinen Belastungstest gemacht hat. Aber wenn jeder einen Test machen müßte, bevor er trainiert, würden wohl viele gar nicht erst anfangen. Wer unter 35 ist, braucht im allgemeinen nur die übliche alljährliche Untersuchung oder die Zustimmung des Hausarztes.

Bei vielen Leuten empfiehlt es sich, mit ein bißchen Bewegung anzufangen und die Leistung allmählich zu steigern. Wenn tatsächlich ein medizinisches Problem vorliegen sollte, werden Sie rasch die Symptome erkennen: Brustschmerzen, Schwindelgefühle oder sonst etwas[1]. In keinem Falle sollte man sich eine Stunde nach dem Training noch erschöpft fühlen. Sollte ein derartiger Erschöpfungszustand eintreten, dann ist dies ein sicheres Zeichen dafür, daß das Training für Ihren Zustand zu strapaziös war und daß Sie sich am nächsten Tag weniger vornehmen sollten.«

Einige Ärzte sind vorsichtiger als Dr. Getchell. Sie verlangen, daß jeder, der über Vierzig ist, einen Belastungstest machen soll, ehe er mit

---

1 Unter bestimmten Umständen ist körperliche Belastung, zumindest zeitweise, nicht zu empfehlen. Dazu gehören: Infektionskrankheiten, noch nicht völlig ausgeheilte Operationen, Nierenkrankheiten, Knochenbrüche, bestimmte Anomalien im Elektrokardiogramm und extrem hoher Blutdruck. – Grundsätzlich sollte man stärkere Schmerzen, die während des Laufens an inneren Organen oder am Bewegungsapparat auftreten, als Warnsymptom betrachten und die Belastung reduzieren oder ganz einstellen.

einem Lauftraining anfängt. Fast jeder kennt wohl das Elektrokardiogramm oder EKG (wie es im allgemeinen genannt wird). Dabei handelt es sich um die Aufzeichnung der elektrischen Vorgänge, die sich bei jedem Herzschlag abspielen. Diese Aufzeichnung gibt Informationen darüber, wie das Herz arbeitet. Wenn ein EKG gemacht wird, solange sich der Patient in Ruhe befindet, zeigt es natürlich nicht alle Veränderungen der Herzfunktion, die auftreten können, wenn man trainiert. Der Belastungstest besteht deshalb darin, daß der Arzt ein EKG macht und den Blutdruck mißt, während man sich körperlich anstrengt. Dabei beobachtet der Arzt das EKG. Er achtet insbesondere darauf, ob bei den Zeigerausschlägen spezifische Veränderungen stattfinden, die auf mögliche Gefahrenquellen hinweisen.

Ein Belastungstest kostet hundert bis zweihundert DM. Wenn Sie ein vorsichtiger Mensch sind, wird es Sie beruhigen, einen zu machen. (Die Kosten der Untersuchung werden durchweg von den Krankenkassen übernommen.) Vor kurzem ließ ein älterer Bekannter von mir seine EKG-Werte überprüfen. Obwohl er schon seit drei Jahren lief und an verschiedenen Marathons teilgenommen hatte, hatte er nie einen Belastungstest gemacht. Er lief unter Aufsicht eines Kardiologen auf einem leicht ansteigenden Laufband und wurde anschließend von anderen Ärzten untersucht. Eine Stunde später konnten die Ärzte ihm mitteilen, daß er sehr gut in Form sei und keinerlei Herzprobleme befürchten müsse. Seitdem macht ihm das Laufen noch mehr Spaß.

Wenn auf Grund Ihrer medizinischen Vorgeschichte kein Anlaß zur Sorge besteht und Sie auch gegenwärtig keine besorgniserregenden Symptome an sich bemerken, brauchen Sie wahrscheinlich keine Bedenken zu haben, mit einem leichten Training sofort zu beginnen. Dabei sollten Sie allerdings die oben zitierten Hinweise von Dr. Getchell beachten.

Auch wenn sie keinen Belastungstest machen, möchten viele Anfänger trotzdem gern wissen, in welcher Verfassung sie sind, ehe sie mit einem Training beginnen. Die einfachste Methode festzustellen, wie fit Sie noch sind, ist der Harvard Step Test[2], den ich nachfolgend dargestellt habe.

2 *Der Harvard Step Test.* Der Harvard Step Test ist eine der einfachsten Methoden, um die kardiovaskuläre Fitness zu prüfen. Er besteht darin, daß man einige Minuten lang das Herz belastet, indem man auf eine Bank und wieder herunter steigt, und anschließend feststellt, wie schnell sich das Herz von dieser Belastung erholt. Die hier beschriebene Form des Tests wurde vom American Medical Association's Committee on Exercise and Physical Fitness entwickelt.
1. Zunächst brauchen Sie eine solide Bank (bzw. einen Hocker). Diese Bank sollte mindestens

Wie schnell Sie laufen sollten, hängt besonders zu Anfang ganz von Ihrer Kondition ab. Wenn Sie beim Harvard Step Test nicht gut abschneiden, sollten Sie Ihr Training am Anfang etwas einschränken. Wechseln Sie ab zwischen Gehen und langsamem Laufen, und trainieren Sie nur ein paar Minuten lang. Wenn Sie zwei oder drei Wochen später den Test wiederholen, hat sich Ihr Ergebnis höchstwahrscheinlich verbessert. Dann dürfen Sie sich beim Training etwas mehr anstrengen. Wenn Sie Übergewicht haben, werden Sie vermutlich beim Test schlechter abschneiden, als Sie gern möchten. Ein Bericht, den Dr. Merle Foss und drei seiner Kollegen kürzlich vorgelegt haben, weist darauf hin, daß Übergewichtige manchmal bis zu acht Wochen Training brauchen, um in der Lage zu sein, anderthalb Kilometer zu laufen. Sie werden vermutlich nicht so viele Schwierigkeiten haben, aber Sie sollten daran denken, daß zusätzliches Gewicht Ihre Fortschritte hemmt.

Aufwärmen. Sie haben die Sachen angezogen, in denen Sie laufen wollen[3], und Sie sind fertig. Fangen Sie aber noch nicht an. Ihr Geist mag sich zwar schon in Aufbruchstimmung befinden, aber Ihr Körper noch nicht. Deshalb sollten Sie, bevor Sie zu laufen beginnen, Ihren Körper vorbereiten. Dazu ist das Aufwärmen da.
Manche Leute denken, das Aufwärmen wäre nicht wichtig. (Je mehr

30 cm hoch sein, wenn Sie weniger als 152 cm groß sind. Wenn Sie größer als 152 cm, aber kleiner als 160 cm sind, sollte die Bank 35 cm hoch sein. Wenn Sie größer als 160 cm, aber kleiner als 175 cm sind, sollte sie 40 cm hoch sein. Wenn Sie größer als 175 cm, aber kleiner als 180 cm sind, sollte sie 45 cm hoch sein. Wenn Sie größer als 180 cm sind, sollte die Bank mindestens 50 cm hoch sein. Steigen Sie nun vier Minuten lang dreißig Mal pro Minute auf die Bank und wieder hinunter. Um das Tempo abzumessen, können Sie ein Metronom benutzen, sonst muß Ihnen eine zweite Person helfen, die mit dem Sekundenzeiger Ihre Zeit stoppt. (Wenn Ihnen die Übung zu anstrengend wird, können Sie vorzeitig aufhören, aber dadurch verschlechtert sich Ihr Ergebnis.)

2. Sobald Sie fertig sind, sollten Sie sich ruhig hinsetzen und Ihren Puls messen (Sie können natürlich auch eine zweite Person darum bitten). Das erste Mal soll der Puls eine Minute nach Beendigung der Übung gemessen werden, dann zwei Minuten und schließlich drei Minuten nach dem Ende der Übung. Jede der drei Messungen sollte 30 Sekunden dauern.

3. Die Leistungsfähigkeit Ihres Herz-Kreislauf-Systems läßt sich an Ihrem »Erholungsindex« ablesen. Diesen können Sie nach folgender Formel ermitteln:

$$\text{Erholungsindex} = \frac{\text{Dauer der Übung in Sekunden x 100}}{\text{Summe aller gezählten Pulsschläge x 2}}$$

Beträgt ihr Erholungsindex weniger als 60, muß Ihre kardiovaskuläre Fitness gering eingestuft werden, 61 bis 70 sind mäßig, 71 bis 80 gut, 81 bis 90 sehr gut, alles was über 91 liegt, ist hervorragend. Wenn man völlig außer Form ist, kann der Test selbst schon sehr anstrengend sein, deshalb sollten Sie Vorsicht walten lassen und sofort aufhören, wenn negative Symptome wie Brustschmerzen oder extreme Atemnot auftreten.

3 Genaueres über die Kleidung beim Laufen und über die Schuhe findet sich im zwölften Kapitel.

Sie sich mit dem Laufen beschäftigen, desto häufiger werden Sie feststellen, daß es praktisch zu jedem Aspekt des Trainings völlig konträre Ansichten gibt.) Vaughan Thomas schreibt in der Zeitschrift *Science and Sport,* daß im Aufwärmen auch »ein Element von Hexenkunst« steckt. Es sei zwar nützlich, meint er, aber keineswegs so unbedingt nötig, wie man im allgemeinen annehme. »Rein physiologisch gesehen geht ein Rennen eher dadurch verloren, daß man beim Aufwärmen zuviel Energie verbraucht, als daß man durch die Steigerung der Organfunktionen den Wettkampf gewinnt.« Vielleicht hat er recht. Aber das Aufwärmen ist doch in mancher Beziehung so nützlich, daß man es nie vernachlässigen sollte.

Dr. Paul Fardy, der Herzspezialist, den wir im dritten Kapitel kennengelernt haben, ist der Ansicht, daß das Aufwärmen den Kreislauf anregt und die Körpertemperatur erhöht und auf diese Weise die Wirksamkeit der Muskelanspannung steigert. »Besonders wichtig ist es«, schreibt er im *American Physical Therapy Journal,* »bei älteren Läufern, die Durchblutung der Herzkranzgefäße zu steigern; denn bei diesen Personen ist zu Beginn besonders anstrengender Tätigkeiten immer wieder myokardiale Ischämie (das heißt Blutleere des Herzmuskels) beobachtet worden, wenn sie sich vorher nicht aufgewärmt hatten.« Untersuchungen von Dr. R. James Barnard von der medizinischen Fakultät der Universität Los Angeles (UCLA) bestätigen die Aussage Fardys. Er ließ 44 gesunde Männer im Alter von 21 bis 52 Jahren ohne Aufwärmen auf einem schnellen Laufband antreten. Bei zwei Dritteln von ihnen zeigten sich EKG-Anomalien. Wenn den Testläufen aber ein zweiminütiges Aufwärmen vorausging, verschwanden die EKG-Anomalien in den meisten Fällen oder verringerten sich.

Beweglichkeitsübungen. Wie wir im dritten Kapitel gesehen haben, fördert das Laufen die Beweglichkeit nur in relativ geringem Umfang. Schwimmen, Handball und Tennis werden hier sehr viel höher bewertet, während Gehen, Golf und Kegeln oder Bowling kaum geringer eingestuft werden. Fast alle Läufer entwickeln stramme Beinmuskeln, vor allem an der Rückseite des Oberschenkels und in den Waden. Der Grund dafür ist darin zu suchen, daß man beim Laufen in erster Linie ganz bestimmte Muskeln benutzt und diese ziemlich gleichförmige Bewegungen ausführen. Man kann den Bewegungsbereich variieren, indem man verschiedene Arten des Laufens trainiert – schnell und langsam zum Beispiel, oder bergauf und bergab –, aber außerdem sind noch Beweglichkeitsübungen notwendig.

Wenn Sie genügend Zeit dazu haben, wäre es wünschenswert, jedesmal, wenn Sie laufen, eine halbe Stunde lang Beweglichkeitsübungen zu machen. Aber wer von uns hat schon soviel Zeit? (Ich gebe zu, daß ich oft darauf verzichte, mich richtig zu strecken, wenn ich in Eile bin, und statt dessen lieber laufe. Ich hoffe, Sie werden da vernünftiger sein als ich.) Glücklicherweise braucht man zum abgekürzten Aufwärmen nur etwa zehn Minuten, ein Zeitaufwand, der sich lohnt.

Sie sollten mit einigen Aufsitzübungen aus der Rückenlage beginnen, um Ihre Bauchmuskeln zu üben. Dabei sollten Sie die Knie leicht anwinkeln, damit nicht die Hüftmuskeln zuviel von der Arbeit verrichten. Sie brauchen diese Aufsitzübungen nicht sehr rasch durchzuführen, und fünfzehn sind auch genug, aber wenn Sie möchten, sollten Sie ruhig mehr machen (zu Anfang ist es vielleicht leichter für Sie, wenn Sie bei den Aufsitzübungen die Arme gestreckt über dem Kopf halten. Später, wenn Ihre Bauchmuskeln schon kräftiger sind, sollten Sie sich etwas mehr anstrengen und die Hände beim Aufsitzen im Nacken verschränken).

Die nächste Übung soll Ihre Waden und die Muskeln an der Oberschenkelrückseite strecken. Dazu legen Sie sich mit dem Rücken auf den Boden und winkeln das rechte Bein an, bis die Fußsohle flach auf dem Boden aufliegt. Ihr linkes Bein bleibt gerade gestreckt. Dann heben Sie Ihr linkes Bein in gestreckter Haltung, bis es senkrecht zum Fußboden steht und Ihre Zehen nach oben weisen. Senken Sie das Bein langsam, und wiederholen Sie die Übung mit dem rechten Bein. Strecken Sie beide Beine auf diese Weise drei- oder viermal.

Wenden Sie sich mit dem Gesicht einer Wand, einer Mauer oder einem Baum zu, und stützen Sie sich mit beiden Handflächen daran ab. Dann schieben Sie Ihre Versen in kleinen Schritten allmählich nach hinten, wobei die Fußsohlen flach auf dem Boden bleiben. Gehen Sie so weit wie möglich hinunter, bis Sie spüren, wie die Muskeln auf der Rückseite Ihrer Beine gestreckt werden. Verharren Sie zwanzig bis dreißig Sekunden in dieser Haltung, ohne die Muskeln zu spannen. Wiederholen Sie die Übung zwei- bis dreimal.

Zum Abschluß legen Sie sich noch einmal auf den Rücken. Halten Sie die Beine zusammen, und ziehen Sie sie langsam über den Kopf, dann halten Sie sie mit gestreckten Knien zwanzig bis dreißig Sekunden lang parallel zum Boden in der Schwebe. Dabei sollte man spüren, wie die Muskeln an der Oberschenkelrückseite gestreckt werden.

»Ein beweglicher und flüssiger Körper«, erklärt der Sportmediziner Bob Glover, »ist leistungsfähiger und spannungsfrei. Die richtigen Dehnungsübungen vor und nach einem anstrengenden Training beseitigen Steifheit und Müdigkeit und wirken vorbeugend gegen Verletzungen. Außerdem steigern sie Ihre sportliche Leistungsfähigkeit. Die Läufer werden flüssiger laufen und größere Schritte machen. Auf diese Weise sind die Muskeln weniger verspannt, und es treten seltener Krämpfe auf.«

Wenn Sie über Dreißig sind, sind die Dehnungsübungen besonders wichtig. In diesem Alter beginnen die Muskeln erheblich härter zu werden, und wenn sie nicht oft genug gestreckt werden, treten häufiger Verletzungen auf. Jim Nolan, ein Marathonläufer Mitte Fünfzig, sagte mir: »Als meine Tochter in den Collegeferien nach Hause kam, machten wir einen Lauf, ohne daß ich mich vorher aufgewärmt hatte. Daraufhin tat mir alles weh. Vielleicht kommen jüngere Leute ohne Vorbereitungen aus, aber wir alten Herren brauchen sie schon.« Nolan ist Schriftsteller, und sein Tagesablauf ist so flexibel, wie er selbst ist. Er macht manchmal bis zu zehn kurze Pausen am Tag, um sich mit kleinen Übungen beweglich zu halten.

Sie sollten sich übrigens nicht ruckartig Strecken. Wenn ein Muskel sehr abrupt gedehnt wird, wehrt er sich dagegen und zieht sich zusammen. Nur wenn er langsam gedehnt wird, verlängert er sich und bleibt auch gestreckt[4]. (Weitere Übungen: Kapitel 15.)

Aufwärmen beim Laufen. Wenn das Wetter im Winter sehr kalt ist, laufe ich gelegentlich auf dem Sportplatz des Westside YMCA in New York. Auf diesem gut besuchten Platz kann man nicht selten unerfahrene Läufer beobachten, die unruhig neben der Aschenbahn warten, bis sie sich in eine Lücke zwischen den anderen Läufern einfädeln können. Dann laufen sie, so schnell sie können, zwei bis drei Runden und hören dann auf. Auf diese Weise sollte man nicht laufen. Erstens ist es nicht genug, um einen Trainingseffekt zu erzielen, und zweitens sollte man vorher beim Aufwärmen die Körpertemperatur heben und den Kreislauf anregen. Diese Veränderungen treten aber nicht innerhalb von ein oder zwei Minuten auf. Ich habe einmal John Vitale, einen der besten amerikanischen Langstreckenläufer, vor ei-

---

4 Anmerkung der Redaktion: Wir empfehlen Ihnen nachdrücklich das preiswerte Büchlein von Kareen Zebroff, Yoga für Jeden (Fischer Taschenbuch 1640; 4,80 DM). Hier finden Sie zahlreiche Streck- und Beweglichkeitsübungen, die langsam ausgeführt werden. Der Trainingseffekt dieser Übungen ist hervorragend, und Verletzungsgefahren sind so gut wie ausgeschlossen.

nem Zehntausend-Meter-Lauf in Darien, Connecticut, beim Aufwärmen beobachtet. Er bewegte sich so langsam, daß selbst ein
Kleinkind keine Schwierigkeiten gehabt hätte, mit ihm Schritt zu halten, aber später brauchte er auf der hügeligen, kurvenreichen Strecke
kaum mehr als drei Minuten pro Kilometer.

Nach ein paar Minuten lockeren Laufens beginnen Sie etwas zu
schwitzen. Das ist ein Zeichen dafür, daß Sie sich mit Erfolg aufgewärmt haben und sich jetzt schneller bewegen können.

Wo soll man laufen? Jetzt sind Sie tatsächlich zum Laufen bereit. Es
kommt nun darauf an, daß Sie hinausgehen und tatsächlich anfangen.
Viele Leute sind der Ansicht, daß sie eine besondere Bahn brauchen,
aber im Grunde genommen kann man jeden Weg nehmen, dessen
Oberfläche einigermaßen glatt ist und wo der Verkehr nicht zu dicht
ist. Irgendwelche Vorschriften gibt es nicht, deshalb will ich Ihnen nur
einige allgemeine Überlegungen mitteilen:

Von der Aschenbahn würde ich lieber fern bleiben, weil eine Vierhundert-Meter-Bahn so ungefähr das langweiligste ist, was es überhaupt gibt. Sehr leicht kommt man sich wie in einer Tretmühle vor.
Wenn man eine Meile laufen will, kommt man viermal an derselben
Stelle vorbei, und auf diese Weise wird selbst der kürzeste Lauf geradezu endlos.

Im Wald, auf Feldwegen und Landstraßen oder in einem Park zu laufen, macht sehr viel mehr Spaß. Nicht weit von meinem Haus gibt es
einen hübschen Park mit großen Rasenflächen, einem Bach und einem Teich, zwei kleinen Pavillons und einer Herde Gänse. Wenn ich
nur so dahintrotte, brauche ich für einen Umlauf ungefähr acht Minuten; ich nenne das eine Meile. Ich laufe nie sehr lange im Park (wieder
wegen der Tretmühlenwirkung), aber gelegentlich drehe ich hier der
Abwechslung halber einige Runden.

Häufiger laufe ich auf die Straßen hinaus, entweder nach Norden in
die unerschlossenen Hügel oder nach Süden zum Long Island Sound
mit seinen waldbestandenen Stränden. Das hängt ganz davon ab, was
ich gerade sehen möchte. Wenn Sie die Straßen und Wege in Ihrer
Gegend nicht hinreichend kennen, kann Ihnen vielleicht eine gute
Wanderkarte oder ein Meßtischblatt helfen[5].

5 Wenn Sie, aus welchen Gründen auch immer, nicht unmittelbar vor Ihrer Haustür mit dem Training beginnen wollen oder können, sollten Sie sich mit dem Leiter des Lauf-Treffs an Ihrem
Wohnort in Verbindung setzen. Er kann Ihnen Auskunft über geeignete Trainingsstrecken geben, die größtenteils auch exakt vermessen sind. Näheres finden Sie im Kapitel *Laufen in
Deutschland*, Abschnitt *Trimm-Trab und Lauf-Treffs*.

Sehr bald werden Sie feststellen, daß jede Strecke ihre besondere Eigenart hat. Nicht weit von meinem Haus gibt es eine gepflasterte Straße von ungefähr anderthalb Kilometern. Sie heißt Laddins Rock Road, und wenn ich dort laufe, komme ich mir vor wie ein Wanderer in der Sahara. Ich schleppe mich mühsam über das Pflaster, aber sobald ich es hinter mir habe, geht es mir blendend. Dann gibt es ein anderes Stück Straße, auf dem ich mich immer sehr wohl fühle. Obwohl es streckenweise bergauf geht, bin ich ganz sicher, daß ich dort ein gutes Gefühl habe. Zu erklären vermag ich weder das eine noch das andere.

Und wenn man einfach zu Hause bleibt und auf der Stelle läuft? Wenn Ihnen das aus irgendeinem Grunde am meisten zusagt, ist das völlig in Ordnung. Solange Ihr Herz schnell genug dabei schlägt (siehe unten), tritt auch hier ein meßbarer Trainingseffekt auf, unabhängig davon, ob man sich fortbewegt oder nicht. Allerdings geht Ihnen der Spaß des Laufens weitestgehend verloren: Sie erleben nicht den Wechsel der Landschaft und der Jahreszeiten, Sie spüren Sonne und Wind nicht, und es entgeht Ihnen auch das Vergnügen, mit Freunden zu laufen. Vielleicht halten Sie das Laufen auf der Stelle für die ideale Form der Ertüchtigung, aber mich könnten Sie weder mit Geld noch mit guten Worten dazu bringen.

Sich nicht wie ein Trottel vorkommen. Viele Leute finden, daß sie sehr auffällig aussehen, wenn sie zum ersten Mal öffentlich in ihrer Laufkleidung auftreten und fürchten, sich zum Narren zu machen. Mir ging es jedenfalls so. Ich wartete, bis ich niemanden sah, lief dann rasch durchs Hintertürchen hinaus und suchte Gegenden auf, wo ich sicher sein konnte, keine Bekannten zu treffen.

Inzwischen habe ich festgestellt, daß solche Geheimhaltung beim Laufen unnötig ist. Erstens werden die meisten Leute Sie wegen Ihrer sportlichen Leistung bewundern, und zweitens sind die meisten Leute so mit sich selbst beschäftigt, daß sie der Anblick eines Läufers gar nicht besonders interessiert. Sie gehören einfach zur Landschaft. Und je häufiger Sie laufen, desto mehr verschmelzen Sie mit Ihrer Umgebung. Wo ich wohne, bin ich eben einer der Nachbarn. Die Kinder freuen sich bei meinem Anblick; die Erwachsenen winken, und wenn ich einmal nicht zur gewohnten Zeit laufe, heißt es gleich: »He, Sie sind heute aber früh dran.« Ich lächle, winke zurück, und wir kommen alle bestens miteinander aus. Ihnen wird es nicht anders ergehen.

Die vergnügliche Kunst des Laufens. Erinnern Sie sich noch, wie Sie das erste Mal Tennis oder Golf gespielt haben? Kam es Ihnen nicht sehr ungeschickt vor, den Schläger so zu halten, wie es Ihnen der Lehrer vorschrieb? Laufen ist anders. Jeder kann laufen. Und je häufiger Sie laufen, desto eleganter wird auch Ihr Stil.

Das Geheimnis besteht darin, natürlich zu laufen. Ihr Körper ist ein einzigartiges biomechanisches System. Er ist anders als der jedes anderen Menschen. Er hat seine eigenen Schwerpunkte und Ausdrucksformen. Deshalb wäre es ein Fehler, den Laufstil eines anderen Menschen kopieren zu wollen. Halten Sie einfach den Körper gerade und den Kopf hoch, und beugen Sie sich etwas nach vorne. Machen Sie keine übertriebenen Armbewegungen. Winkeln Sie die Arme an, aber drücken Sie sie nicht krampfhaft gegen die Brust. Ihre Hände sollten entspannt und nicht zu Fäusten geballt sein. (Wenn man einen Teil des Körpers verspannt, führt das auch in anderen Teilen des Körpers zu Spannungen.) Denken Sie nicht darüber nach, wie lang Ihre Schritte sind, während Sie laufen; tun Sie nichts, was Ihnen unnatürlich vorkommt. Bleiben Sie auch in den Hüften, Knien und Knöcheln entspannt. Der Fuß sollte den Boden zuerst mit der Ferse berühren, dann abrollen und sich schließlich mit den Zehen abstoßen. Wenn Ihnen das unnatürlich erscheint, setzen Sie den ganzen Fuß flach auf. Versuchen Sie nicht, auf den Zehen und Ballen zu laufen, damit werden Sie sich nur Wadenschmerzen einhandeln und die Achillessehne überanstrengen.

Atmen Sie natürlich. Wenn Sie langsam laufen, brauchen Sie Ihren Mund wahrscheinlich nicht sehr weit zu öffnen, aber wenn Sie sich schneller bewegen, zögern Sie nicht, soviel Luft wie möglich in die Lunge rasseln zu lassen. (Aus unerfindlichen Gründen glauben viele Anfänger, Sie müßten mit geschlossenem Mund laufen.)

Behalten Sie diese Richtlinien in Erinnerung, wenn Sie laufen, aber machen Sie sich damit das Leben nicht schwer. Lassen Sie sich die Sache nicht durch irgendwelche Regeln vermiesen, sondern denken Sie immer daran, daß Sie nicht nur um der Gesundheit willen laufen, sondern auch weil es Spaß macht. Das Laufen ist eine Erholung von den Alltagsgeschäften, eine Belohnung für Seele und Körper. Wenn Sie sich auf den Spaß konzentrieren, kommen Stil und Gesundheit von selbst.

Wie schnell? Wenn Sie gerade erst anfangen, sollten Sie sich über die Geschwindigkeit keine Sorgen machen. Bewegen Sie sich locker, der

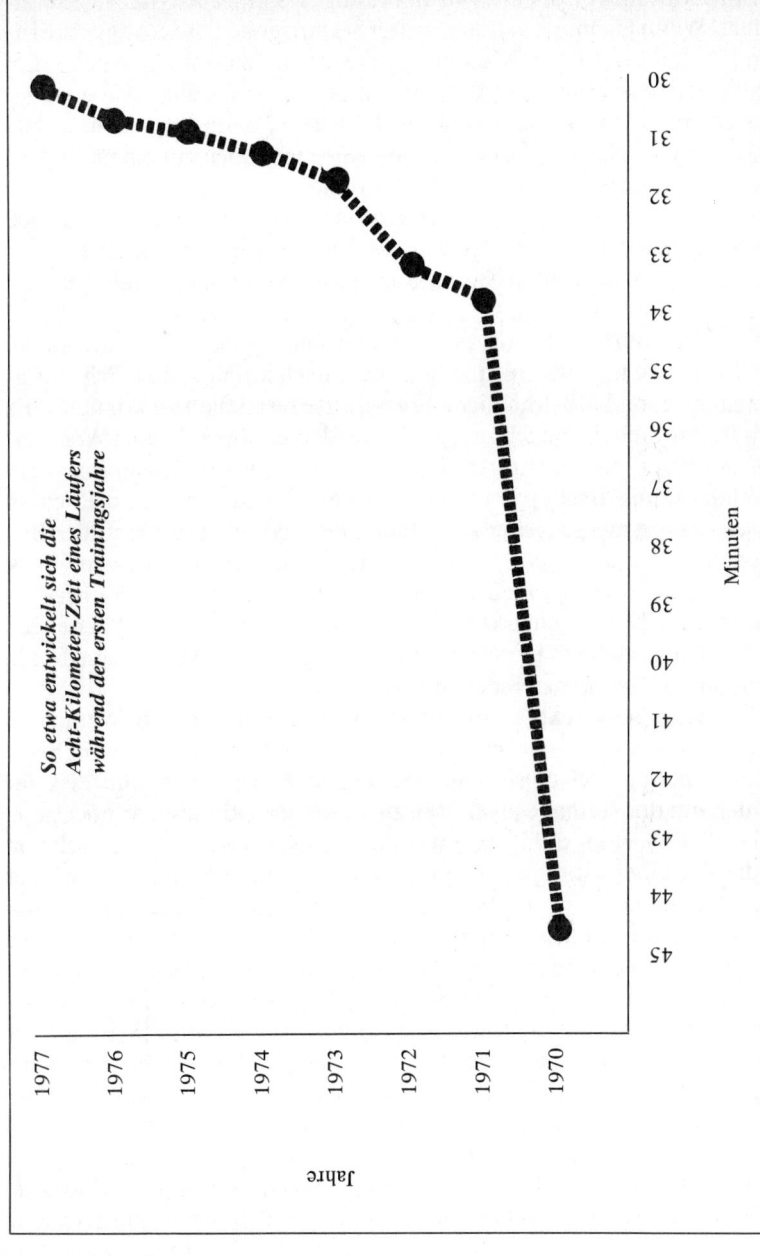

So etwa entwickelt sich die Acht-Kilometer-Zeit eines Läufers während der ersten Trainingsjahre

Jahre

Minuten

Körper braucht Zeit, um sich an die ungewohnte Aktivität zu gewöhnen. Wenn Sie müde werden, hören Sie auf, gehen Sie ein paar Schritte, laufen Sie weiter. Machen Sie die Sache nicht zur Strapaze. Ein gewaltsames Trainingsprogramm ist genauso schädlich wie eine gewaltsame Diät. Sie sollten in der Lage sein, beim Laufen zu reden. Rennen Sie also nicht so schnell, daß Sie nicht noch mit einem Freund ein gemütliches Gespräch führen können.

Wenn Sie einen höheren Fitnessgrad erreicht haben, werden Sie auch schneller laufen und ein gegebenes Tempo länger durchhalten können. Erst dann sollten Sie darüber nachdenken, wie schnell Sie eigentlich laufen.

David T. Burhans Jr. aus Pasadena begann im Jahre 1970 zu laufen. Er erzählte mir, wie zufrieden er war, nach anfänglichen Schwierigkeiten schon bald erhebliche Fortschritte feststellen zu können: »Es wäre mir lieb, wenn ich sagen könnte, daß es ein einfacher Weg war. Aber das stimmt nicht. Am Ende meines täglichen Pensums war ich immer völlig erschöpft. Ich war jedesmal fest überzeugt, daß ich an der Grenze menschlicher Ausdauer angelangt sei, und daß weder Bitten noch Betteln und auch die schönsten Versprechungen von Glück und Gesundheit meinen Körper nicht mehr schneller vorantreiben könnten. Dann bemerkte ich allmählich eine seltsame Sache. Ich stellte fest, daß ich immer weniger Energie brauchte, um eine Meile zu laufen. Ich kam wieder in Form!«

Der Trainingseffekt beruht auf dem Überlastungsprinzip. Wenn man von seinem Körper verlangt, daß er mehr tun soll, als er mühelos kann, paßt er sich dieser Anforderung an. Er wird nicht nur stark genug, um die Aufgabe ausführen zu können, sondern sogar noch stärker. Um leistungsfähiger zu werden, müssen Sie deshalb einfach von diesem Überlastungsprinzip Gebrauch machen. Es ist nicht schwer festzustellen, wieviel Überlastung Sie brauchen. Jeder von uns hat eine maximale Pulsfrequenz: So schnell kann Ihr Herz schlagen, aber nicht schneller. Die maximale Pulsfrequenz ist bei jedem verschieden, aber sie läßt sich nach folgender Faustformel berechnen: Sie beträgt ungefähr 220 Schläge in der Minute minus das Lebensalter der betreffenden Person. Wenn Sie vierzig Jahre alt sind, beträgt sie ungefähr 180; wenn Sie Dreißig sind 190 usw. Die meisten Leute sollten mit einer Pulsfrequenz trainieren, die sich folgendermaßen errechnet: Pulsfrequenz in Ruhe +75 Prozent des Unterschieds zwischen der Pulsfrequenz in Ruhe und der maximalen Pulsfrequenz. *Beispiel:* Ruhepuls gleich 80; Alter 40, also beträgt die maximale Pulsfrequenz

180; Differenz zwischen maximaler Pulsfrequenz und Ruhepuls: 180 minus 80 gleich 100, davon 75 Prozent gleich 75; erwünschte Trainings-Pulsfrequenz: 80 plus 75 gleich 155.

Um den gewünschten Trainingseffekt zu erreichen, sollten Sie mit einer Geschwindigkeit laufen, bei der Ihr Herzschlag die auf diese Weise errechnete Pulsfrequenz pro Minute erreicht[6]. Um sich das Rechnen zu sparen, können Sie auch die Tabelle auf Seite 102 benutzen. Die Tabelle entspricht der Formel, berücksichtigt aber nicht die individuellen Unterschiede bei der Pulsfrequenz in Ruhe. Die Zahlen mit der Bezeichnung »Optimum« werden empfohlen, aber jede Pulsfrequenz zwischen »Minimum« und »Maximum« ist in Ordnung.

Um Ihren Puls zu messen, können Sie eine Uhr mit Sekundenzeiger benutzen. Halten Sie beim Laufen kurz inne, und messen Sie Ihren Pulsschlag entweder am Handgelenk oder besser noch am Hals direkt unter dem Unterkiefer. Zählen Sie die Schläge sorgfältig sechs Sekunden lang, und hängen Sie an das Ergebnis eine Null an. Manche Fachleute empfehlen, durch eine längere Messung die Genauigkeit zu erhöhen, aber der Herzschlag verlangsamt sich so rasch, wenn die körperliche Anstrengung aufhört, daß sechs Sekunden optimal sind.

Die einfachste Methode, den Herzschlag zu messen, bietet freilich die Uhrenfirma Pulsar an. Sie hat eine Armbanduhr entwickelt, die nicht nur die Zeit mißt, sondern durch Messung des Blutdrucks in den Kapillargefäßen per Digitalanzeige auch Auskunft über die Arbeit des Herzens gibt. Der einzige Nachteil besteht darin, daß Sie sekundenlang anhalten müssen, um den angezeigten Wert richtig ablesen zu können.

Sie brauchen nicht jedesmal, wenn Sie laufen, den Puls zu messen. Mit ein bißchen Übung werden Sie sehr schnell merken, wie schnell Sie laufen müssen, um die 75prozentige Pulsfrequenz zu erreichen. Sie sollten den Herzschlag allerdings nach einigen Wochen erneut prüfen, weil Sie schneller laufen müssen, um dieselbe Pulsfrequenz zu erreichen, da sich Ihre Kondition inzwischen verbessert hat.

Die 75 Prozent sind ein Anhaltspunkt. Die maximale Pulsfrequenz, die man errechnet, wenn man sein Alter von 220 abzieht, ist nur ein Schätzwert. Wenn Ihre tatsächliche maximale Pulsfrequenz niedriger sein sollte, werden Sie rasch ermüden, wenn Sie versuchen, 75 Prozent eines hypothetischen Maximums zu erreichen. In diesem Falle

6 Wenn Sie Raucher sind oder mehr als neun Kilo Übergewicht haben, wenn Sie kürzlich operiert worden sind oder schwer krank waren, sollten Sie nicht mit 0,75, sondern mit 0,65 multiplizieren.

| | Frauen | | |
Alter	Minimum	Optimum	Maximum
25	130	157	185
30	126	153	180
35	123	149	175
40	119	145	170
45	116	140	165
50	112	136	160
55	109	132	155
60	105	128	150
65	102	123	145

| | Männer | | |
Alter	Minimum	Optimum	Maximum
25	137	166	195
30	133	162	190
35	130	157	185
40	126	153	180
45	123	149	175
50	119	145	170
55	116	140	165
60	112	136	160
65	109	132	155

Quelle: *The Jogger*

laufen Sie unbesorgt langsamer. Wir sind alle verschieden und können uns nur Mühe geben, das beste aus dem, was wir haben, zu machen.

Auf die 75-Prozent-Regel ist man deshalb gekommen, weil die kardiovaskuläre Fitness davon abhängt, wieviel Sauerstoff der Körper aufnehmen kann. Die Pulsfrequenz ist unmittelbar davon abhängig, wieviel Sauerstoff verbraucht wird. Wenn wir das Herz veranlassen, schneller zu schlagen, bringen wir die Sauerstoffverarbeitungs-Mechanismen in Gang und stärken sie damit.

Über die 75 Prozent hinauszugehen, lohnt sich übrigens nicht. Wenn Sie sich bemühen, 85 oder 90 Prozent zu erreichen, erzielen Sie das gewünschte Ergebnis nicht schneller.

Wie weit? Nehmen Sie sich nicht zuviel vor, wenn Sie das erste Mal laufen. Versuchen Sie es erst einmal mit ein paar hundert Metern. Wenn Sie müde werden oder keine Luft mehr bekommen, gehen Sie ein paar Schritte. Wenn Sie sich erholt haben, laufen Sie noch ein paar hundert Meter. Wenn Sie einen Kilometer gelaufen sind und keine Lust mehr haben, hören Sie ruhig auf. Entscheidend ist, daß Sie mindestens viermal in der Woche trainieren. Die Leistungssteigerung wird durch die Wiederholung erreicht.

Vielleicht wird es einige Monate dauern, bis Sie soweit sind, drei, vier oder sechs Kilometer auf einmal zu laufen. Eine allmähliche Steigerung ist am besten. Wenn Sie versuchen, zuviel zu schnell zu erreichen, können Sie sich zu leicht verletzen. Als ich mit dem Laufen anfing, bekam ich alle möglichen Beschwerden. Ich hatte mich übernommen. Und obwohl ich jetzt sehr viel laufe, überanstrenge ich mich fast nie.

Wenn Sie feststellen, daß die Leistungssteigerung beim Training Schmerzen oder Müdigkeit hervorruft, verlangsamen Sie Ihr Trainingsprogramm. Es ist überhaupt besser, wenn Sie Ihre Planungen nicht für zuviele Tage im voraus festlegen. Sollten Sie so zwanghaft leistungsbewußt wie ich sein, fällt es Ihnen dann vielleicht schwer, Ihre Pläne wieder zu ändern. Versuchen Sie sich statt dessen lieber nach den Reaktionen Ihres Körpers zu richten. Es ist wichtig, auf die Körperreaktionen zu achten. Nach einiger Zeit werden Sie in der Lage sein, Ihr Training sehr genau zu dosieren.

Ohne Stoppuhr auskommen. Inzwischen haben Sie sicher gemerkt, daß ich der Frage, wie schnell und wie weit ich laufe, kein übermäßiges Gewicht beimesse. Auf diese Weise macht das Laufen mehr Spaß, und ich glaube, daß sich meine Leistungsfähigkeit dabei fast ebenso steigert, wie durch ein mit spartanischer Härte betriebenes Training. Selbst wenn Sie gern wissen möchten, wie schnell Sie eigentlich laufen, sollten Sie trotzdem darauf verzichten, eine Stoppuhr zu kaufen – jedenfalls vorläufig. Stoppuhr-Läufer sind meist verbohrte, gehetzte Gemüter. Was zählt, ist aber das, was ein Fachmann einmal die *subjektive Anstrengung* genannt hat. Es kommt also darauf an, wie anstrengend der Lauf Ihnen vorkommt. Wenn Sie das Gefühl haben, daß Ihr Training gerade richtig war, nicht lächerlich einfach, aber auch keine Strapaze, dann ist das am besten. Der Reiz des Prinzips von der *subjektiven Anstrengung* besteht darin, daß Faktoren wie Hitze, Feuchtigkeit, Schwierigkeit des Geländes und Wind automatisch berücksichtigt werden. Manchmal schweben Sie eben einfach dahin, und manchmal fällt es Ihnen schwer, die Füße zu heben. Das ist nicht wichtig. Worauf es ankommt, ist, wie Sie sich dabei fühlen.

Auf den zweiten Wind achten. Sind Sie ein paar Minuten gelaufen, dann passiert (besonders wenn Sie allmählich wieder in Form kommen) etwas Nettes: Sie spüren den *zweiten Wind.* Er kommt, wenn Sie eine Zeitlang außer Atem gewesen sind. Plötzlich bekommen Sie wieder Luft und fühlen sich leicht, stark und schnell.
Seit Jahren wird darüber gestritten, ob es diesen zweiten Wind wirklich gibt. Es gibt ihn. Dr. Roy Shephard berichtet über ein Experiment, bei dem zwanzig Studenten bei einem anstrengenden Zwanzig-Minuten-Test auf dem Laufband jede Minute einmal nach ihrem Befinden gefragt wurden. Achtzehn erklärten nach einigen Minuten, das Atmen fiele ihnen jetzt leichter, und vierzehn erklärten, ihre Beine seien nicht mehr so schwer. Auch Sie werden erleben, daß der zweite Wind Ihnen hilft. Achten Sie darauf.

Wetter. Im dreizehnten Kapitel können Sie sich darüber informieren, wie man laufen soll, wenn es besonders heiß oder kalt ist, wenn es schneit oder regnet. Aber wenn Sie gerade erst anfangen, müssen Sie eigentlich nur zwei Faktoren beachten: Wärme und Feuchtigkeit. Beide werden Sie langsamer machen. Versuchen Sie deshalb nicht, an einem heißen Augusttag so schnell zu laufen wie im April. Hitze und Feuchtigkeit können Ihren Körper sehr in Unordnung bringen. Wenn Sie am Mittag Temperaturen von über 25 Grad Celsius im Schatten erwarten, sollten Sie frühmorgens laufen oder bis nach Sonnenuntergang damit warten. Wenn Sie schon seit einiger Zeit laufen, stellt die Hitze kein so großes Problem mehr dar, weil der Körper bereits trainiert ist. Es dauert ungefähr eine Woche, bis sich der Körper an das Laufen bei großer Hitze voll angepaßt hat.
Regen, Schnee und Kälte müssen überhaupt kein Hinderungsgrund sein, wenn Sie die Vorschläge im dreizehnten Kapitel beachten.

Nach dem Laufen. Wenn Sie die geplante Strecke gelaufen sind, bleiben Sie nach Beendigung Ihres Laufs nicht abrupt stehen. Nehmen Sie sich etwas Zeit zum allmählichen Abkühlen. Dazu gehen Sie entspannt auf und ab und machen ähnliche Streckübungen wie beim Aufwärmen. Nach dem Laufen sind sie besonders nützlich. Die Muskeln sind warm und biegsam und dehnen sich leicht. Nehmen Sie sich nach Möglichkeit acht bis zehn Minuten Zeit beim Abkühlen. Wenn Sie mit dem Abkühlen aufhören, sollte Ihre Pulsfrequenz nicht mehr als zwanzig Schläge über dem Ruhepuls liegen.

Was man gegen den Muskelkater tun kann. Wenn Sie mit dem Training beginnen, werden Sie vermutlich in den Beinen Muskelkater bekommen. Das ist praktisch nicht zu vermeiden. Wenn die Schmerzen sehr stark sind, dann laufen Sie zu schnell oder zu weit. Der Muskelkater sollte nicht mehr als ein angenehmes Ziehen sein. Damit teilt der Körper Ihnen mit, daß die Muskelfasern aus ihrem Dornröschenschlaf erwacht sind. Ein heißes Bad und eine Massage schaffen Erleichterung. Wenn der Muskelkater nicht schlimm ist, brauchen Sie Ihr Laufpensum nicht einzuschränken. Ein langsamer Lauf am nächsten Tag, am besten auf weichem Rasen, wird Ihren Muskeln guttun. Absolvieren Sie ein umfangreicheres Laufprogramm, so werden Sie gelegentlich Schmerzen verspüren, die scheinbar von den Gelenken und Knochen herrühren. Ein typisches Beispiel dafür sind die Schienbeinschmerzen, die häufig bei Anfängern auftreten. Diese Schmerzen sind jedoch keine Knochenschmerzen, sondern Überlastungserscheinungen in der Muskulatur. Die Beschwerden treten deshalb dort auf, wo die Sehnen im Knochen verankert sind; zum Beispiel an der Schienbeinkante. Es handelt sich um eine absolut natürliche Erscheinung. Beim Laufen verlangen Sie von Ihrem Körper Leistungen, die er so noch nie vollbracht hat (oder zumindest seit langer Zeit nicht mehr); er reagiert darauf, indem er sich in der gewünschten Weise auf die neuen Belastungen einstellt. Es ist unvermeidlich, daß bei dieser Anpassung gelegentlich kleinere und größere Schmerzen auftreten. Die meisten werden ohne Behandlung wieder verschwinden, und nur sehr wenige machen es notwendig, daß Sie mit Laufen aussetzen. Die Faustregel lautet: Wenn die Schmerzen beim Laufen abnehmen, weiterlaufen; wenn sie stärker werden, aufhören und pausieren.

Eine Gewohnheit daraus machen. Das Laufen bringt, wie wir gesehen haben, nicht nur körperlichen Nutzen, sondern sorgt auch für psychisches Wohlbefinden. Man erreicht aber weder die eine noch die andere Wirkung, wenn man nicht regelmäßig läuft. Deshalb sollten Sie sich das Laufen von Anfang an zur Gewohnheit machen. Nehmen Sie sich ganz bewußt dafür Zeit, und zwar genügend Zeit, um sich umzuziehen, aufzuwärmen, zu laufen, abzukühlen, in aller

Ruhe zu duschen und sich wieder anzuziehen. Das Laufen macht mehr Spaß, wenn Sie sich dabei nicht abhetzen müssen.

Rückschläge überwinden. Wenn Sie aus dem einen oder anderen Grunde eine Zeitlang nicht laufen, sagen Sie nicht: »Ach ja, nun war das ganze Training für die Katz'.« War die Unterbrechung nicht zu lang, können Sie damit rechnen, daß der erreichte Trainingseffekt zumindest teilweise erhalten geblieben ist. Völlig aus der Übung zu kommen, dauert ungefähr genauso lange, wie man gebraucht hat, um in Form zu kommen. Kehren Sie so schnell wie möglich zum Laufen zurück. Probieren Sie mit ein paar leichten Übungsläufen, wie weit Sie die Unterbrechung zurückgeworfen hat. Es wird – sobald Sie wieder regelmäßig laufen – nicht lange dauern, bis Sie den alten Leistungsstand wieder erreicht haben.

Je mehr Sie laufen, desto seltener werden Sie sich vor dem täglichen Training zu drücken versuchen. Am Anfang werden Sie sicher häufig mal ein paar Tage lang aussetzen. Später werden Sie kaum einen Tag vorübergehen lassen, ohne zu laufen. Vor kurzem ging bei mir eine Zweijahres-Periode zu Ende, in der ich buchstäblich jeden Tag trainiert habe – mit Ausnahme von fünf Tagen, die ich in den White Mountains zubrachte. Wenn ich dort auf den schmalen Felspfaden trainiert hätte, wäre ich nämlich allzu leicht in irgendeinem Abgrund gelandet und hätte meine Karriere als Läufer vorzeitig abbrechen müssen.

Lassen Sie sich also durch Rückschläge nicht entmutigen. Kehren Sie nur so rasch wie möglich zu Ihren guten Gewohnheiten zurück. (Der Trainingseffekt bleibt übrigens besser erhalten, wenn Sie sich während einer Unterbrechung nicht gleich übermäßig gehenlassen und womöglich kräftig an Gewicht zunehmen.)

Tagebuch führen. Die meisten Läufer führen ein Tagebuch, in dem sie ihre Lauferlebnisse notieren. Joe Henderson, der Redakteur der Zeitschrift *Runner's World,* hat jahrelang Eintragungen gemacht. Er notierte nicht nur die tägliche Meilenzahl, sondern auch seine Gedanken, die ihn während des Laufs beschäftigten. Mein Laufkalender ist simpler. Eine typische Eintragung lautet zum Beispiel: »Mittwoch, 11. Nov. – 10. Hügel.« Die Zehn bedeutet, daß ich an diesem Tag zehn Meilen gelaufen bin und »Hügel« bedeutet, daß ich in das hügelige Gelände nach Norden gelaufen bin und mich dabei auf den Steigungsstrecken besonders angestrengt habe. Manche Läufer machen auch Aufzeichnungen über ihre Ernährung, ihr Gewicht, ihr Allgemeinbefinden und ähnliche Dinge. Gestalten Sie Ihr Tagebuch ganz nach Ihrem persönlichen Geschmack, aber versuchen Sie unbedingt, eines zu führen, und verzeichnen Sie von Zeit zu Zeit Ihre Pulsfrequenz bei ruhendem Körper. Auf diese Weise können Sie Ihre Fortschritte prüfen. Mit Sicherheit wird es Ihnen Spaß machen, nach einem Jahr feststellen zu können: »Was, voriges Jahr um diese Zeit bin ich nur eine halbe Meile gelaufen, und jetzt schaffe ich fünf! Und meine Pulsfrequenz hat sich um zwanzig Schläge vermindert!«

Anmerkung von Prof. Dr. Heinrich Hess: Dieses Kapitel ist so wichtig, daß es von allen, insbesondere aber von den Anfängern mindestens zweimal gelesen werden sollte!
Drei Ratschläge sind hervorzuheben:
1. Gehen Sie zunächst zu einem guten Arzt, und lassen Sie einen gründlichen Leistungstest durchführen. (Notfalls gibt Ihnen der Deutsche Sportbund die Adresse eines Untersuchungszentrums in der Nähe Ihres Wohnorts.)
2. Übertreiben Sie niemals, insbesondere nicht, wenn Sie anfangen.
3. Reduzieren Sie unbedingt Ihr Trainingsprogramm, wenn anhaltende Beschwerden auftreten. Der Rat eines erfahrenen Sportarztes ist in solchen Fällen Gold wert und unbedingt einzuholen.

6 / Dünn werden

Das mathematische Geheimnis der Läuferfigur

An dieser Stelle kann ich Ihnen eine äußerst erfreuliche Mitteilung machen: Wenn Sie laufen, werden Sie mit ziemlicher Sicherheit abnehmen, und zwar unabhängig davon, wieviel Sie essen. Sie werden sogar dann abnehmen, wenn sich Ihr Gewicht zur Zeit in einer Aufwärtsbewegung befindet. Da Läufer erheblich mehr Kalorien verbrauchen als Nicht-Läufer, nehmen Frauen im ersten Jahr ihres Lauftrainings in der Regel vier bis fünf Kilo ab, während Männer zehn oder sogar noch mehr verlieren. Die Läuferin Kathryn Lance berichtet: »Als ich anfing zu laufen, veränderte sich mein ganzer Körper. Meine Freundinnen gehörten zu den Frauen, die gut aussehen, auch wenn sie keinerlei Sport treiben. Bei mir schaute das ganz anders aus. Ich war mein ganzes Leben lang schlaff und kraftlos gewesen, auch schon als Teenager. Dann fing ich an zu laufen, und plötzlich war ich überhaupt nicht mehr schlaff. Mir kam das alles unheimlich vor. Ich berührte meinen Körper, und er fühlte sich nicht mehr wie sonst an. Auch meine Haltung wurde viel besser. Im ersten Jahr nahm ich ungefähr fünf Kilo ab, aber mein Taillenumfang ging noch viel schneller zurück. Ich sah fast sofort dünner aus. Meine Kleidergröße schrumpfte von 40 auf 36.«

Die Sache hat allerdings einen Haken: Wenn Sie nicht ohnehin schon ziemlich schlank sind, genügt der Gewichtsverlust nicht, um wirklich einen guten Läufer aus Ihnen zu machen. Gute Läufer sind unglaublich dünn. Bei einem Treffen von Marathonläufern stellte ein Beobachter mißbilligend fest: »Manche von euch sehen wirklich wie Hühnchen aus, die man gerade noch in der Suppe auskochen kann.« Der Mann hatte recht. Ein Läufer in guter Kondition wiegt nicht mehr als 360 Gramm pro Zentimeter Körpergröße. Beim Mann findet man nicht mehr als fünf bis zehn Prozent Fett, bei Frauen nicht mehr als fünfzehn bis zwanzig Prozent. (Beim durchschnittlichen untrainierten Mann beträgt der Fettanteil fünfzehn Prozent, bei durchschnittlichen untrainierten Frauen 22 bis 35 Prozent.) Der frühere olympische Marathonläufer Ted Corbitt, den wir im zweiten Kapitel kennengelernt haben, formulierte es so: »Wenn Ihnen jemand sagt, Sie sähen gut aus, dann können Sie sicher sein, daß Sie nicht fit sind. Wenn Sie nicht regelrecht hager aussehen, sind Sie schon außer Form.« Dr. Alan Clark, der, wie ich im zweiten Kapitel erwähnt habe, seinen Patienten statt Beruhigungstabletten lieber ein aerobisches Training empfiehlt, erzählte mir: »Nachdem ich sechs Monate gelaufen war, kam es gelegentlich vor, daß Bekannte meine Frau beiseite nahmen und sie wegen meines hageren Aussehens in besorgtem Tonfall fragten, wie lange ich denn schon krank sei. Als sie erklärte, ich sei deshalb so dünn, weil ich Langstreckenläufer sei, kratzten sie sich verlegen am Kopf.«

Nehmen wir einmal an, daß Sie nach der Lebensversicherungstabelle fünf Kilogramm Übergewicht haben. Solange Sie angezogen sind, wirken Sie ziemlich schlank. Wenn Sie sich jedoch ausziehen, sehen Sie um die Hüften herum ziemlich mollig aus. Müssen Sie sich wegen dieser fünf Kilo wirklich Sorgen machen? Leider ja. Bei Fünfundvierzigjährigen vermindert sich die Lebenserwartung bei fünf Kilo Übergewicht um acht Prozent. Bei zehn Kilo Übergewicht um achtzehn Prozent, bei fünfzehn Kilogramm Übergewicht um 28 Prozent und bei zwanzig Kilogramm Übergewicht um 56 Prozent. Schon vor zehn Jahren wurde bei einer Untersuchung in Alameda County, Kalifornien, die enge Beziehung zwischen Gewicht und Gesundheit nachgewiesen. Wissenschaftler fragten 6928 Erwachsene nach ihrem gegenwärtigen und früheren Gesundheitszustand und nach ihren Lebensgewohnheiten. (Unter anderem wurden die Eß-, Schlaf- und Freizeitgewohnheiten untersucht und der Tabak- und Alkoholkonsum ermittelt.) Beim Vergleich kamen die Wissenschaftler zu folgendem Ergebnis: »Zwischen Übergewicht, insbesondere erheblichem Übergewicht, und einem schlechten Gesundheitszustand besteht ganz offensichtlich eine Beziehung. Den besten Gesundheitszustand fand man bei Männern mit weniger als fünf Prozent Untergewicht bzw. weniger als zwanzig Prozent Übergewicht. Bei den Frauen waren diejenigen mit Untergewicht oder weniger als zehn Prozent Übergewicht etwas gesünder als der Durchschnitt.«

So kompliziert der Körper auch wirkt, in einer Hinsicht funktioniert er rücksichtslos einfach: Er ist ein unfehlbar genauer Kalorienzähler. Er speichert die Kalorienzufuhr und den Kalorienverbrauch genauso exakt, wie der Computer Ihrer Bank die Bewegungen auf Ihrem Konto verfolgt. Wenn Sie mehr Kalorien zu sich nehmen, als Sie verbrauchen, steigt Ihr Gewicht. Wenn Sie mehr verbrauchen, als Sie dem Körper zuführen, verlieren Sie Körpergewicht. Wenn Sie also abnehmen wollen, müssen Sie entweder weniger essen oder sich mehr Bewegung verschaffen oder beides gleichzeitig tun.

Merkwürdigerweise ist die erste Alternative weniger wirksam als die beiden anderen. Dr. Grant Gwinup von der California Universität in Irvine hat kürzlich festgestellt, daß es nicht sehr zweckmäßig ist, Übergewicht nur mit einer Diät zu behandeln. Versuchsweise setzte er deshalb körperliche Anstrengung zur Gewichtsverminderung ein.

Als Versuchspersonen wählte er elf übergewichtige Frauen, die zwischen sechzig und hundert Kilogramm wogen; einige von ihnen waren von klein auf übergewichtig gewesen. Alle elf hatten es mit Reduktionsdiäten versucht, damit aber bestenfalls vorübergehende Erfolge erzielt. Gwinup wies die Teilnehmerinnen an, ihre Eßgewohnheiten und ihre Diät nicht zu verändern, aber zusätzlich zu ihren normalen Aktivitäten täglich mindestens dreißig Minuten flott spazierenzugehen. Nach einem Jahr hatten die Teilnehmerinnen ihr Gewicht im Durchschnitt um zehn Kilogramm reduziert.

An einem anderen Experiment, das von Dr. W. B. Zuti und Dr. L. H. Golding durchgeführt wurde, nahmen 25 Frauen im Alter zwischen 25 und 45 Jahren teil, die bis zu 20 Kilogramm Übergewicht hatten. Die beiden Ärzte teilten die Frauen in drei Gruppen ein. Alle Versuchspersonen sollten ein tägliches Defizit von 500 Kalorien erreichen, aber auf verschiedene Weise. Die erste Gruppe erhielt eine Reduktionsdiät, der zweiten wurde körperliche Bewegung verordnet, die dritte Gruppe sollte es mit einer Kombination von Diät und Bewegung versuchen. Nach sechzehn Wochen hatten die Teilnehmerinnen der ersten Gruppe durchschnittlich 5,3 Kilogramm verloren, die der zweiten 4,8 Kilogramm und die der dritten 5,4 Kilogramm. Obwohl die Teilnehmerinnen an dem kombinierten Programm am meisten abnahmen, ist der Unterschied statistisch kaum von Bedeutung. Wichtig ist es hingegen, daß die Teilnehmerinnen am kombinierten Programm mehr Fett abgebaut und mehr Muskelgewebe aufgebaut hatten als die Mitglieder der beiden anderen Gruppen. »Auf Grund dieser Daten«, erklärten Zuti und Golding, »empfehlen wir jedem, der abnehmen möchte, eine verminderte Kalorienaufnahme mit einem Fitness-Programm zu verbinden.«

Die Gewichtsverminderung durch körperliche Bewegung scheint in vieler Hinsicht kurios und sogar unlogisch. So steigert das Laufen zum

Beispiel keineswegs die Eßlust. Im Gegenteil, gewöhnlich verringert es sogar noch den Appetit. So stellte ein Wissenschaftler fest: »Vermutlich unterdrückt die körperliche Bewegung den Hunger, anstatt ihn zu stimulieren.« Diese Beobachtung wird durch Tierversuche bestätigt, bei denen Versuchstiere, die täglich eine Stunde bewegt wurden, weniger fraßen als andere, die gar nicht bewegt wurden.

Merkwürdig ist auch, wie wenig der Kalorienverbrauch davon beeinflußt wird, ob man langsam oder schnell läuft. Ein Mann mit siebzig Kilogramm Gewicht, der eine Meile (1,6 km) im Acht-Minuten-Tempo läuft, verbraucht dabei 102 Kalorien, läuft er im Zwölf-Minuten-Tempo, verbraucht er immer noch 98 Kalorien[1]. Untersuchungen haben weiter gezeigt, daß der Kalorienverbrauch sich auch dann kaum verändert, wenn man längere Beine hat oder größere Schritte macht. Es ist auch nicht wichtig, ob Sie ein Weltklasse-Läufer oder ein krasser Anfänger sind: Die mechanische Effizienz von Spitzenläufern ist nur unwesentlich größer als die von Novizen.

Sie können sehr leicht feststellen, wieviel und wie rasch Sie beim Laufen abnehmen werden. Nehmen wir einmal an, Sie wiegen jetzt 82 Kilogramm und laufen nach einer gewissen Anlaufzeit regelmäßig fünf Meilen (acht Kilometer) am Tag. Bei Ihrem Gewicht verbrauchen Sie pro Acht-Minuten-Meile 124 Kalorien, so daß Sie täglich bei Ihrem Fünf-Meilen-Lauf 620 Kalorien verbrauchen. Ihr Körper braucht (wie der jedes anderen Menschen) 7725 Kalorien, um ein Kilogramm zuzunehmen, und er muß 7725 Kalorien verbrauchen, um ein Kilogramm zu verlieren. Wenn Sie Ihre Kalorienzufuhr nicht ändern, werden Sie also bei der angenommenen täglichen Laufleistung von fünf Acht-Minuten-Meilen alle zwölfeinhalb Tage ein Kilo abnehmen, im Monat also ungefähr viereinhalb Pfund. (Sie werden das Rechenexempel allerdings von Zeit zu Zeit den tatsächlichen Gegebenheiten anpassen müssen; denn je mehr Sie abnehmen, desto weniger Kalorien werden Sie pro Meile verbrauchen.)

Über kurz oder lang allerdings wird sich Ihr Gewicht stabilisieren. Wann das geschieht, hängt davon ab, wieviel Sie essen und wie weit Sie laufen. Als ich anfing zu laufen, verlor ich sehr rasch an Gewicht.

---

1 Sehr viel wichtiger als das Tempo ist das Körpergewicht des Läufers. Wer hundert Kilogramm wiegt, verbraucht 150 Kalorien, wenn er eine Meile im Acht-Minuten-Tempo zurücklegt, aber wer nur 55 Kilogramm wiegt, verbraucht bei gleichem Tempo und gleicher Strecke nur 82 Kalorien. Die Kalorienangaben für andere Gewichtsklassen lauten folgendermaßen: sechzig Kilogramm – 90 Kalorien; 64 Kilogramm – 98 Kalorien; 72,5 Kilogramm – 110 Kalorien; 77 Kilogramm – 116 Kalorien; 82 Kilogramm – 124 Kalorien; 86 Kilogramm – 130 Kalorien; neunzig Kilogramm – 136 Kalorien; 95 Kilogramm – 144 Kalorien.

Bald mußte ich meine Sachen zum Schneider bringen, um sie ändern zu lassen. Es war phantastisch! Ich konnte essen und trinken, soviel ich wollte, und nahm immer noch ab. In meiner Einfalt erwartete ich, daß das so weitergehen würde, bis ich so dünn wie ein Zwirnsfaden wäre. Sehr bald allerdings verlangsamte sich der Gewichtsverlust, und schließlich pendelte sich mein Gewicht auf etwa 77 Kilogramm ein. Das war erheblich weniger, als ich ursprünglich wog, aber immer noch sehr viel mehr als mein Idealgewicht, das bei 65 Kilogramm liegt.

Ihnen wird es nicht viel anders ergehen. Eine Zeitlang werden Sie mühelos abnehmen, aber bedauerlicherweise wird der Gewichtsverlust dann irgendwann aufhören. Dann müssen Sie wirklich sehr clever vorgehen – und vor allem sehr konsequent sein. Natürlich können Sie laufen und sogar an Wettkämpfen teilnehmen, obwohl Sie noch keineswegs Ihr Idealgewicht erreicht haben, aber Sie werden dabei Ihr läuferisches Potential nie ganz ausschöpfen können. Vor kurzem veröffentlichte die Zeitschrift *Runner's World* einen Artikel, in dem untersucht wurde, wie zusätzliches Körpergewicht die Leistungen von Läufern vermindert. Als Beispiel wurde ein 73 Kilogramm schwerer Läufer genannt, der bei einem Marathonlauf eine Zeit von 3:13:01 Stunden erreicht hatte, später aber sein Gewicht auf 67 Kilogramm reduzierte. Ohne daß er sein Trainingsprogramm gesteigert oder umgestellt hätte, gelangte er beim nächsten Marathonlauf in der Zeit von 3:04:26 Stunden ans Ziel. Mit anderen Worten: Jedes zusätzliche Pfund kostet etwa vierzig Sekunden. Auf den ersten Blick ist das vielleicht nicht sehr viel, aber es addiert sich.

Es gibt mehrere Gründe dafür, daß zusätzliche Pfunde Sie langsamer machen. So befördert Sie zum Beispiel eine gegebene Energiemenge weniger weit. Nehmen wir einmal an, jeder Schritt verkürzt sich um drei Millimeter. Wenn Ihre Füße pro Meile achthundertmal den Boden berühren, dann summiert sich das zu 2,40 Metern. Bei einem Zehn-Meilen-Rennen hinken Sie dann schon 24 Meter hinter einem gleich gut trainierten Läufer her, der keinen zusätzlichen Ballast mit sich herumschleppt.

Da unser Körper den von Newton entdeckten Gravitationsgesetzen gehorcht, bedeutet zusätzliches Gewicht auch, daß wir bei allen Bewegungen, die wir von unten nach oben ausführen, mehr Zeit brauchen. Beobachten Sie einmal einen dicken Menschen beim Laufen. Einer der Gründe, warum er so ungeschickt aussieht, besteht darin, daß sich seine Fettpolster noch in vollem Abschwung befinden, wenn er sich bereits wieder zum nächsten Schritt hochstreckt. Das Fett gehorcht dem Trägheitsgesetz, und um seine Richtung zu ändern, muß man wertvolle Energie aufwenden. Damit wirkt es wie ein Schleppanker, der jeden Schritt bremst.

Das überschüssige Fett sammelt sich auch nicht nur an der Außenseite des Körpers. Ein Teil des Fettes wird auch in die Muskeln eingelagert, wo es die Arbeit der Muskelfasern behindert. Das gilt übrigens auch, wenn Ihr Übergewicht nur auf einer zeitweiligen Vermehrung des Wasserhaushalts im Körper beruht. Aus diesem Grunde empfehlen Mediziner, vor wichtigen Wettkämpfen drei Tage lang auf bestimmte Nahrungsmittel ganz zu verzichten. Im *Journal of the American Medical Association* werden folgende Nahrungsmittel genannt:

Salz	Salzgebäck
Glutamat-Suppenwürze	Worcestershire-Sauce
alle stark gesalzenen Speisen	Wurst
Sauerkraut	Anchovis
salzbestreute Brötchen	Heringe
Kartoffelchips	Sardinen
Salzbrezeln	Käse
geräucherter Fisch, Salzfisch	Erdnußbutter
gepökeltes oder	
geräuchertes Fleisch	gesalzene Mandeln und Nüsse
Schinken und Speck	Oliven
Wurstaufschnitt	Fleischbrühe aus Würfeln
Ketchup	Selleriesalz
Corned Beef	Zwiebelsalz
Frankfurter Würstchen	Knoblauchsalz
»gekoschertes« Fleisch	Chili-Sauce
	Meerrettich
Dosensuppen	Fleischzartmacher
gesalzener Quark	Senf
Getreideflocken	Fertigsaucen
Instant Kakao	Mixed Pickles und
Soja-Sauce	Gewürzgurken

Was soll man nun unternehmen, um auch dann noch abzunehmen, wenn sich das Gewicht stabilisiert hat? Wie Sie sich erinnern, müssen Sie mehr Kalorien verbrauchen, als Sie zu sich nehmen, um Gewicht zu verlieren. Das heißt also: weniger essen, mehr laufen oder von beidem ein bißchen. Auf der nebenstehenden Tafel können Sie ablesen, wie das funktioniert.

Dazu ein Beispiel: Sie möchten 68 Kilogramm wiegen. Da Sie täglich zur Erhaltung jedes Kilogramms, das Sie wiegen, 33 Kalorien zu sich nehmen müssen, hätten Sie, wenn Sie kein Läufer wären, einen Ta-

Wie man die Gewichtsabnahme errechnet

Ein mathematisch-physiologischer Exkurs

1. Täglicher Kalorienbedarf
   Wunschgewicht _____ x 33 = _____
   　　　　　　　　　in kg
   + gelaufene km _____ x 62 = _____
   　　　　　　　　　　Summe$_1$ = _____

2. Täglicher Kalorienplan
   Kalorienbedarf zur Erhaltung
   des Wunschgewichts 　　　　　= _____
   + »Läuferprämie« (geringer als
   der tatsächliche Verbrauch
   beim Laufen) 　　　　　　　= _____
   　　　　　　　　　　Summe$_2$ = _____

3. Tägliches Kaloriendefizit
   　　　　　　　　　　Summe$_1$ = _____
   　　　　　　　　　 − Summe$_2$ = _____
   　　　　　　　　　　Summe$_3$ = _____

4. Tempo des Gewichtsverlusts
   　7725 : Summe$_3$ 　　　　= Tage, die Sie brauchen,
   　　　　　　　　　　　　　　um ein kg abzunehmen

5. Zeit, die Sie brauchen, um Ihr Wunschgewicht zu erreichen
   Tage, die Sie brauchen, 　　　　angestrebter
   um ein kg abzunehmen _____ x Gewichtsverlust _____ =
   　　　　(s. o.)

   　　　　　　　　　　　　　　　_____
   　　　　　　　　　　　　　　　Gesamtzahl der Tage

gesbedarf von 2244 Kalorien. Nehmen wir an, daß Sie jeden Tag zehn Kilometer laufen. Um einen Kilometer zu laufen, brauchen Sie ungefähr 62 Kalorien; um den täglichen Kalorienverbrauch beim Laufen zu ermitteln, müssen Sie Ihre tägliche Kilometerzahl mit 62 multiplizieren. (Wenn Ihr Körpergewicht überdurchschnittlich hoch oder niedrig ist, können Sie Ihren Kalorienverbrauch pro Kilometer nach den Angaben auf dieser Seite ermitteln.) Dies sind die Kalorien, die Sie mehr verbrauchen als ein Mensch mit sitzender Lebensweise.

Jetzt kommen wir zu dem Teil der Gleichung, der sich mit der Ernährung beschäftigt. Setzen Sie in die Spalte »Kalorienbedarf zur Erhaltung des Wunschgewichts« jene Zahl ein, die sich aus der Spalte »Wunschgewicht x 33« ergibt (in diesem Falle 2244). Setzen Sie in die nächste Zeile eine freigewählte »Läuferprämie« ein, die aber geringer sein muß als der tatsächliche Kalorienverbrauch beim Laufen. Nehmen wir einmal an, diese Zahl wäre 120. Wenn Sie beide Zahlen addieren, erhalten Sie die Summe der Kalorien, die Sie täglich zu sich nehmen dürfen. Obwohl es weniger Kalorien sind, als Sie verbrauchen, ist es immer noch genug, um Sie ausreichend und sättigend zu ernähren, und wenn Sie Ihren Saldo sorgfältig ausbalancieren, bleibt auch noch Raum für ein gelegentliches Stück Kuchen, ein Glas Bier oder einen Cocktail.

Damit könnten wir aufhören, denn so lange Sie beim Essen und Trinken weniger Kalorien zu sich nehmen, als Sie verbrauchen, nehmen Sie ab. Aber lassen Sie uns noch untersuchen, wie *schnell* Sie abnehmen. Bei dem gegebenen Beispiel zeigt Gleichung drei, daß Sie täglich auf ein Defizit von fünfhundert Kalorien kommen. Diese Zahl müssen Sie in Gleichung vier einsetzen, um festzustellen, wieviele Tage Sie brauchen, um ein Kilogramm zu verlieren. In unserem Falle sind es 15 $1/2$ Tage. Wie lange werden Sie also brauchen, um auf das angestrebte Gewicht von 68 Kilogramm zu kommen? Das hängt natürlich davon ab, wieviel Sie jetzt wiegen. Nehmen wir einmal an, Sie sind schon eine Weile gelaufen und wiegen jetzt nicht mehr 85 Kilogramm, sondern nur noch 78 Kilogramm. Sie wollen aber immer noch zehn Kilogramm abnehmen. Demnach werden Sie 15 $1/2$ x 10 oder 155 Tage brauchen – etwa fünf Monate.

Sie haben sicher bemerkt, daß ich keinen sehr raschen Gewichtsverlust angesetzt habe. Aber genau das ist es, wozu auch Ärzte ihren Patienten raten, die unter Übergewicht leiden. Ein tägliches Defizit von fünfhundert Kalorien entspricht ungefähr einem einzigen Fruchtjoghurt und zwei Scheiben Toast mit einem bißchen Marmelade. Wenn Sie rascher abnehmen wollen, würde Ihnen der Verzicht darauf sicher ohne Mühe gelingen.

Außerdem habe ich nur eine Methode erwähnt, um das Defizit zu erreichen: Die Verminderung der Kalorienzufuhr beim Essen. Sie können aber auch den Verbrauch steigern, indem Sie mehr laufen. Wenn Sie zum Beispiel jeden Tag vier Kilometer mehr laufen, wozu Sie nicht mehr als zwanzig Minuten brauchen, dann verbrauchen Sie im Monat zusätzlich ungefähr 7500 Kalorien, was fast einem Kilo Körpergewicht entspricht. Auch wenn Sie täglich weiterhin genausoviele Kalorien beim Essen und Trinken zu sich nehmen wie jetzt, nehmen Sie mit der gleichen Sicherheit ab wie bei der ersten Methode. (Vorschlag: beide Methoden gleichzeitig anwenden, also weniger essen *und* mehr laufen, dann reduziert sich Ihr Gewicht um so schneller.)

Wenn Sie wirklich gut laufen wollen, dürfen Sie sich mit Ihrem Normalgewicht nicht zufriedengeben. Frank Shorter, der 1972 beim Marathonlauf eine olympische Goldmedaille gewann, ist 1,79 Meter groß und wiegt nur 60 Kilogramm. Bill Rodgers ist 1,74 Meter groß und wiegt 56,5 Kilogramm. Der Spitzenläufer Jeff Galloway meint: »Je dünner man ist, desto besser läuft man. Davon bin ich fest überzeugt.«

Anmerkung von Prof. Dr. Heinrich Hess: Es gibt nur zwei Möglichkeiten der Gewichtsabnahme:
1. Entweder weniger Kalorien zuführen, also weniger essen und trinken, oder
2. mehr Kalorien ausgeben, also mehr körperlich arbeiten.

Am besten ist es freilich, beide Methoden miteinander zu verbinden, das heißt vernünftiger essen *und* sich sportlich betätigen. Allerdings genügt es nicht, nur einen Spaziergang von zwei bis drei Kilometern oder ein paar Liegestütze zu machen; das beansprucht kaum mehr Kalorien als das Löffelchen Zucker im Kaffee ausmacht. Bei einem normalgroßen und normalschweren Mann kann man erwarten, daß er durch entsprechend anstrengenden Sport nach fünfzehn Minuten – der Schweiß muß dann schon kräftig rinnen – etwa 200–250 Kalorien verbraucht hat. Das ist jedoch nicht mehr als ein Zehntel der täglichen Kalorienzufuhr durch Essen und Trinken. Man muß also, um in einer Woche das Äquivalent für einen Fasttag herauszuholen, immerhin zweieinhalb bis drei Stunden laufen. Es hat aber auch hier keinen Sinn, um jeden Preis auf Gewicht zu machen; viel vernünftiger ist es, das Laufpensum langsam zu steigern und gleichzeitig die Eßgewohnheiten zu verbessern.

Beachten Sie bitte die Richtwerte auf der nachfolgenden Gewichtstabelle.

Frauen			Männer		
Körper-größe	Gewicht/kg ideal	maximal	Körper-größe	Gewicht/kg ideal	maximal
145	45,6	49,6	155	54,2	58,2
147	46,7	50,6	157	55,8	60,1
149	47,7	51,7	159	57,5	62,0
151	48,8	52,7	161	59,1	63,9
153	49,8	53,8	163	60,7	65,8
155	50,9	54,9	165	62,4	67,6
157	51,9	55,9	167	64,0	69,5
159	53,1	57,2	169	65,6	71,4
161	54,4	58,5	171	67,2	73,3
163	55,7	59,9	173	68,8	75,1
165	56,9	61,2	175	70,2	76,6
167	58,2	63,2	177	71,6	78,1
169	59,4	63,9	179	73,1	79,6
171	60,7	65,2	181	74,5	81,0
173	62,0	66,5	183	75,9	82,8
175	63,4	68,1	185	77,3	84,0
177	64,8	69,7	187	78,8	85,0
179	66,2	71,3	189	80,2	87,0
181	67,2	72,9	191	81,6	88,4
183	69,1	74,5	193	83,0	89,9
185	70,5	76,1	195	84,4	91,3

7 / Jetzt werde ich schneller

Die richtige Technik für das Geschwindigkeits- und Ausdauertraining

Wenn Sie einige Wochen den Empfehlungen des fünften Kapitels gefolgt sind, dann können Sie mittlerweile vermutlich schon ein paar Kilometer laufen, ohne müde zu werden. Nach dem Lauf sind Sie munter und frisch. Die Arbeit fällt Ihnen leichter, und die Freizeit macht Ihnen mehr Spaß. Möglicherweise sind Sie damit völlig zufrieden und haben gar kein Interesse daran, weiter oder schneller zu laufen. Das wäre völlig in Ordnung. Solange Sie vier- oder fünfmal in der Woche in mäßigem Tempo zweieinhalb Kilometer laufen, werden Sie einigermaßen in Form bleiben. Nur steigern werden Sie sich nicht. In den ersten Monaten des Laufens nimmt Ihre Fitness rasch zu. Aber wenn sich Ihr Herz, Ihre Lungen und Muskeln der ungewohnten Belastung angepaßt haben und stärker und leistungsfähiger geworden sind, dann verlangsamt sich die Veränderung. Schließlich erreichen Sie einen Zustand des Gleichgewichts; Ihr Körper ist in der Lage, die gestellte Aufgabe relativ leicht zu erfüllen, aber eine Steigerung der Leistungsfähigkeit läßt sich nicht mehr feststellen.

Den ersten Wettkampf, an dem ich teilgenommen habe, erwähnte ich schon: Es war ein Fünf-Meilen-Lauf, bei dem ich den letzten Platz belegte, obwohl ich mehr oder weniger regelmäßig trainiert hatte. Erst nachdem ich mich in der Fachliteratur ein bißchen umgesehen hatte, entdeckte ich, daß mein langsamer Trainingstrott nicht ausreichte. Um bei meinem Körper die gewünschten Reaktionen hervorzurufen, mußte ich von Zeit zu Zeit schneller laufen. Wenn man immer langsam läuft, lernt man nicht, schneller zu laufen. Wenn man schnell läuft, aber nicht weit, baut man nicht genügend Ausdauer auf. Wenn man auf ebenem Grund läuft, lernt man nicht, Steigungen und Hügel zu bewältigen. »Man lernt nur das, was man ausübt, man erreicht nur die Geschwindigkeit, die man trainiert hat«, schreibt J. Kenneth Doherty in seinem Buch *Modern Track and Field*.

Beim Training finden in unserem Körper eine ganze Reihe von Veränderungen statt. Dazu gehören folgende Vorgänge:

1. Wir steigern unsere Fähigkeit zur Sauerstoffaufnahme.
2. Unser Herz wird befähigt, mit niedrigerer Pulsfrequenz und geringerem Blutdruck mehr Blut zu befördern.
3. Unsere Lungenkapazität steigt.
4. Unsere Fähigkeit, Wärme abzugeben, steigt.
5. Nach dem Ende einer körperlichen Belastung kehren unsere Pulsfrequenz und der Blutdruck rascher auf den Normalstand zurück.
6. Unsere Muskelkraft wächst.
7. Bei gleicher Arbeitsleistung erzeugen wir weniger (leistungshemmende) Milchsäure[1].
8. Die mechanische Effizienz unseres Körpers nimmt zu, so daß wir pro Arbeitseinheit weniger Sauerstoff brauchen.
9. Wir entwickeln größere Ausdauer.

In begrenztem Ausmaß treten diese Veränderungen auch dann auf, wenn wir sehr wenig laufen. Um eine dauerhafte Anpassung zu erzielen, müssen wir aber langfristig und konsequent trainieren. Die wirkungsvollste Methode besteht wahrscheinlich darin, unter den Augen eines geschulten Trainers zu laufen. Er sieht sofort, ob wir zu gemütlich laufen oder ob wir bereits erschöpft sind. Er kann uns ein Laufpensum aufgeben, das uns erfrischt oder wenigstens nur angemessen ermüdet, ohne uns zu erschöpfen. Aber die meisten von uns haben keinen Trainer, auch ich nicht. Vielleicht wird ein erfahrener Läufer seinen Freunden gelegentlich einen Tip geben, aber meistens gestalten wir unser Training selbst mit Hilfe dessen, was wir hier und da aufgeschnappt haben. »Das Training zu gestalten, ist eine schöpferische Leistung für mich«, sagte mir Edward Epstein. »Ich würde gar keinen Trainer wollen. Spaß macht es doch eigentlich nur, wenn man alles selbst herausfindet.« Ich bin ganz seiner Meinung. Zur Zeit trainiere ich gerade das Bergauf-Laufen. Damit will ich meinen Quadriceps stärken, den großen Muskel auf der Vorderseite des Ober-

---

1 Milchsäure ist ein saures Stoffwechselprodukt, das beim Laufen ab einer bestimmten Geschwindigkeit anfällt und von einer gewissen Konzentration ab leistungshemmend wirkt. Je besser ein Körper trainiert ist, desto weniger Milchsäure setzt er frei und desto mehr Möglichkeiten hat er, die entstandene Milchsäure *abzupuffern,* das heißt zunächst einmal zu neutralisieren und »auf die Seite zu legen«. Nach der Belastung kann der Körper die Milchsäure dann in Ruhe dem Stoffwechsel wieder zuführen und bis zu den Endstufen H_2O (Wasser) und CO_2 (Kohlendioxyd) weiterverbrennen. Die Milchsäure ist wahrscheinlich hauptsächlich für die Müdigkeit der Muskulatur und den nach ungewohnten Belastungen entstehenden Muskelkater verantwortlich (Prof. Dr. H. Hess).

schenkels. Ich glaube, daß ich längere und schnellere Schritte machen kann, wenn diese Muskeln kräftiger werden. Falls diese These sich nicht bewahrheiten sollte, werde ich etwas anderes versuchen.

Bei den weiteren Ausführungen in diesem Kapitel setze ich voraus, daß Sie schon eine Weile gelaufen sind und jetzt an einer Leistungssteigerung ernsthaft interessiert sind. Wie weit Sie Ihre Leistung steigern wollen, bleibt Ihnen überlassen. Sie können versuchen, sich nur ein wenig zu steigern, Sie können sich aber auch vornehmen, ganz gewaltig vorwärtszukommen. Wie Sie trainieren, hängt von Ihrem Ziel ab, aber in jedem Falle gelten die folgenden vier Grundsätze:

1. Machen Sie das Laufen zum Sport auf Lebenszeit. Sich nur auf einen Wettkampf vorzubereiten und danach die mühsam erworbene Kondition wieder verfallen zu lassen, ist glatte Verschwendung. Sie sollten sich daher vornehmen, täglich zu laufen oder höchstens zwei oder drei Tage der Woche auszulassen. Davon profitieren Sie sowohl körperlich als auch seelisch.

2. Erwarten Sie keine Erfolge von heute auf morgen. Wenn Sie zu rasch zuviel erreichen wollen, holen Sie sich nur eine Muskelzerrung oder leiden unter schrecklichen Erschöpfungszuständen. Das beste ist eine allmähliche Leistungssteigerung.

3. Wechseln Sie ab zwischen harten Trainingsstunden und Lockerungsperioden. Anfänger kaufen sich oft eine Stoppuhr und versuchen, jedesmal schneller zu laufen als das letzte Mal. »In meinem ersten Jahr habe ich viele Fehler gemacht«, schreibt Tex Maule in seinem Buch *Running Scarred,* »das schlimmste war, daß ich die erste Meile immer zu schnell lief. Ich fing damit an, nachdem ich mir eine Stoppuhr gekauft hatte. Jedesmal wenn ich lief, versuchte ich, meinen persönlichen Rekord zu brechen, was offensichtlich unmöglich ist.« Das Prinzip der Abwechslung zwischen »hart« und »locker« gilt sowohl für das tägliche Training als auch für das wöchentliche und monatliche Training und kann sogar auf ganze Jahre angewandt werden. Unmittelbar nach Neujahr beginne ich stets härter zu trainieren, um mich auf den *Boston Marathon* im April vorzubereiten. Drei Monate lang steigere ich die tägliche Strecke. Dabei werde ich gelegentlich müde, und wenn der Marathonlauf vorbei ist, brauche ich eine Pause. In den folgenden Monaten, vor allem in der Sommerhitze, laufe ich ganz nach Lust und Laune, ohne mich besonders anzustrengen. Einige Läufe sind fast wie Wanderungen. Während dieses sehr entspannten Programms kehrt mein Ehrgeiz rasch zurück, und ehe ich es recht bemerke,

Wie schnell wollen Sie sein?

Zum Leistungsvergleich haben die amerikanischen und britischen Road Runners Clubs Tabellen aufgestellt, die in Stunden, Minuten und Sekunden einen Maßstab für die Leistungsfähigkeit darstellen.

Männer	Weltklasse	Meisterklasse	Erste Klasse	Zweite Klasse	Altersklasse über 40	Altersklasse über 50
10 Meilen (16 km)	0:49:10	0:50:30	0:53:00	1:01:00	1:03:00	1:10:00
15 Meilen (24 km)	1:14:25	1:17:30	1:23:00	1:37:00	1:40:00	1:50:00
20 Meilen (32 km)	1:41:40	1:47:00	1:54:00	2:16:00	2:20:00	2:30:00
Marathon (42,2 km)	2:15:00	2:23:00	2:35:00	3:04:00	3:10:00	3:25:00

Frauen	Weltklasse	Meisterklasse	Klasse A	Klasse B	Klasse C	
10 Meilen (16 km)	0:56:16	1:00:25	1:05:14	1:10:54	1:17:37	
13,1 Meilen (21 km)	1:14:51	1:20:25	1:26:52	1:34:26	1:43:05	
20 Meilen (32 km)	1:57:38	2:06:27	2:16:41	2:28:44	2:43:06	
Marathon (42,2 km)	2:37:57	2:49:53	3:03:45	3:20:04	3:39:35	

laufe ich schon wieder gelegentlich 25 bis 30 Kilometer am Tag. Wenn das geschieht, weiß ich, daß meine Reserven wieder aufgefüllt sind.

4. Steigern Sie Ihr wöchentliches Laufpensum nur sehr allmählich, damit Ihr Körper Zeit zur Anpassung hat. Eine zu rasche Steigerung der Anforderungen erzeugt Müdigkeit und erhöht das Risiko von Sportschäden.

Das Thema Training kann man so kompliziert machen, daß es jedermann abschreckt. Wenn Läufer im schönsten Jargon über ihre »Intervalle« oder ihr »Fartlek« daherreden, möchte man als unbeteiligter Zuhörer am liebsten mit dem Laufen aufhören und Tennis spielen gehen. Doch das Training braucht keineswegs kompliziert zu sein. Sie müssen sich nur klarmachen, daß es vier Grundprinzipien gibt.

Intervalle. Das Intervall-Training ist die wissenschaftlichste Trainingsmethode. Im allgemeinen werden die beiden Deutschen Woldemar Gerschler und Hans Reindell als seine Erfinder bezeichnet. Die beiden Physiologen hatten in den dreißiger Jahren eine Methode entwickelt, bei der schnelles Laufen über eine vorgegebene Distanz mit Erholungspausen (Intervallen) abwechselt, in denen nur locker getrabt wird. Das Intervall-Training ist besonders vielseitig. Je nach dem gewünschten Ergebnis können folgende Faktoren variiert werden: die schnell gelaufene Gesamtstrecke, die Länge der einzelnen schnell gelaufenen Strecke, die Zahl der schnell gelaufenen Strecken, die Zeit zwischen den schnell gelaufenen Strecken und schließlich die Bewegungsart während der Intervalle (Gehen oder langsames Laufen). Ein Champion wie der olympische Marathonläufer Bill Rodgers läuft vielleicht nacheinander achthundert Meter, 1200 Meter, 1600 Meter und schließlich 3200 Meter im Zwanzig-Stundenkilometer-Tempo und gönnt sich dazwischen nur jeweils kurze Intervalle von vier Minuten, in denen er langsamer läuft. Dann wiederholt er vielleicht das Ganze von vorn. Weniger austrainierte Läufer werden sich natürlich beim Training weniger belasten. Nach einigem Experimentieren werden Sie rasch feststellen, was am besten für Sie ist. Sie sollten allerdings daran denken, daß Sie beim Intervall-Training alle schnellen Strecken mit der gleichen Geschwindigkeit laufen müssen. Deshalb sollten Sie sich nicht gleich bei den ersten schnellen Strecken völlig verausgaben.

Wenn Sie zum Beispiel sechs *schnelle Strecken* laufen wollen, dann sollten nur die zwei oder drei letzten Strecken wirklich schwer sein. Sinkt Ihr Puls nicht innerhalb von neunzig Sekunden wieder auf 120, laufen Sie zu schnell.

Das Intervall-Training ist sehr effektiv, aber Sie müssen auch dafür bezahlen. Normalerweise läßt es sich nur auf der Aschenbahn durchführen, wo die Landschaft eintönig ist und die Läufe sich wiederholen. »Das Intervall-Training«, schreibt J. Kenneth Doherty, »läßt einem keine Zeit, auf das Singen der Vögel zu hören oder die Schönheiten des Landes, des Meeres, des Waldes oder des Himmels zu sehen.« Vor allem, wenn man alleine trainiert, ist die Versuchung groß nachzulassen. Man verliert leicht das Interesse.

Versuchen Sie übrigens kein Intervall-Training, wenn Sie noch nicht lange genug das langsame Langstreckenlaufen geübt haben. Das Intervall-Training ist Schwerstarbeit, und wenn Sie nicht gut in Form sind, führt es leicht zu Schäden. Auch sollten Sie das Intervall-Training nicht ohne Aufwärmen beginnen. 1600 Meter langsames Laufen ist das Minimum, die doppelte Strecke ist besser. Führen Sie das Intervall-Training nicht häufiger als zweimal in der Woche durch, und achten Sie darauf, daß Sie insgesamt nicht mehr als fünf Prozent Ihres Laufpensums mit dem Intervall-Training bestreiten.

Weil das Intervall-Training so vielseitig ist und so stark variiert werden kann, habe ich absichtlich kein besonderes Übungsprogramm vorgeschlagen. Ich kenne einen Marathonläufer mittleren Alters, der in der Woche zwanzigmal zweihundert Meter in jeweils 35 Sekunden läuft. Rodgers läuft, wie wir gesehen haben, wesentlich längere Strecken. Sie werden sich vielleicht irgendwo in der Mitte einpendeln wollen. Aber was immer Sie wählen, bringen Sie Geduld mit. Es dauert mindestens drei Monate, bis sich die Wirkung einstellt.

Fartlek. Fartlek ist ein schwedisches Wort und bedeutet »Schnelligkeitsspiel«. Und im Spiel mit der Geschwindigkeit besteht auch die Fartlek-Methode. Bekannt gemacht wurde sie von Gösta Holmer, dem Cheftrainer der schwedischen Olympiamannschaft von 1948. Fartlek ist ein Waldlauf in schnellem Tempo ohne Stoppuhr über verschiedene Strecken und verschiedenes Gelände. Obwohl der Wechsel zwischen schnellem und langsamem Laufen von Läufer zu Läufer verschieden ist, zielt Fartlek doch stets auf dasselbe: Man rackert sich ordentlich ab, und Spaß macht es auch noch. In *How They Train* gibt Raoul Mollett folgende Beschreibung: »Fartlek war vielleicht die reizvollste Trainingsentdeckung seit Beginn des Jahrhunderts… Das

Tor des Waldes wurde geöffnet, und gleichzeitig entstand ein Trainingsbegriff, den man ›fröhlich‹ nennen könnte. Mit seinem Gehen, seinem langsamen Laufen im Wald und seinen kurzen Sprints revolutionierte Fartlek die Trainingsmethoden der leichtathletischen Welt... Sicher gibt es kaum einen hartnäckigen Stubenhocker, der nicht zumindest eine Spur von Wehmut empfindet, wenn er sich einen Menschen vorstellt, der vor dem Hintergrund des Waldes und eines stillen Gewässers, in dem der Himmel sich spiegelt, barfuß über federndes Moos läuft. Mit diesem Bild vor Augen fühlten sich die Läufer der Welt unwiderstehlich zu neuen, schöneren Gefühlen erhoben.«

Fartlek ist keine Methode, mit der man sich um ein hartes Training herumdrücken könnte, sondern eine Methode, Wiederholung und Monotonie zu vermeiden. Wirksam ist es allerdings nur, wenn Sie die Selbstdisziplin haben, hart zu trainieren. Einmal bin ich mit der Querfeldein-Mannschaft des Oberlin-College zu einem Zehn-Meilen-Fartlek gestartet. Dabei nahmen die Läufer einige Tennisbälle mit auf den Weg. Einer lief ein paar Schritte voraus, wie ein Fußballspieler, der auf einen Paß wartet, und ein anderer warf ihm den Ball zu. Es gab Konversation und Gelächter. Dann kamen wir zu einer ausgefahrenen, mit tiefem Schlamm bedeckten Straße. Matsch und Wasser spritzten zur Seite, als wir hindurchliefen. Wir überquerten eine blumenbedeckte Wiese und einen hüfttiefen Bach, sprangen über einige Zäune und liefen schließlich noch eine schnelle Meile auf einer Landstraße. Das Training war hart, aber es machte die ganze Zeit über Spaß – ein gutes Beispiel dafür, was beim Fartlek Freude bereitet: Der Läufer nimmt die Dinge so, wie sie kommen. Ein Bach, eine schlammige Straße oder knöcheltiefer Schnee sind kein Grund zum Jammern, sondern eine willkommene Herausforderung.

LSD. LSD ist keine Rauschdroge, sondern eine Trainingsmethode; die Initialen stehen für »Long, Slow Distance« (Langsame Langstrecke). Diese Erfindung wird Ernst van Aaken zugeschrieben, einem angesehenen deutschen Sportarzt. In Amerika ist sie vor allem von Joe Henderson, dem Herausgeber der Zeitschrift *Runner's World,* bekannt gemacht worden. »LSD ist nicht bloß eine Trainingsmethode«, schreibt Henderson. »Es ist eine sportliche Weltanschauung. Wer diese Methode benutzt, stellt über kurz oder lang fest, daß Laufen Spaß macht – jegliches Laufen, nicht nur der Wettlauf. Das Training ist kein Mittel zum Zweck mehr, das man kaum aushalten

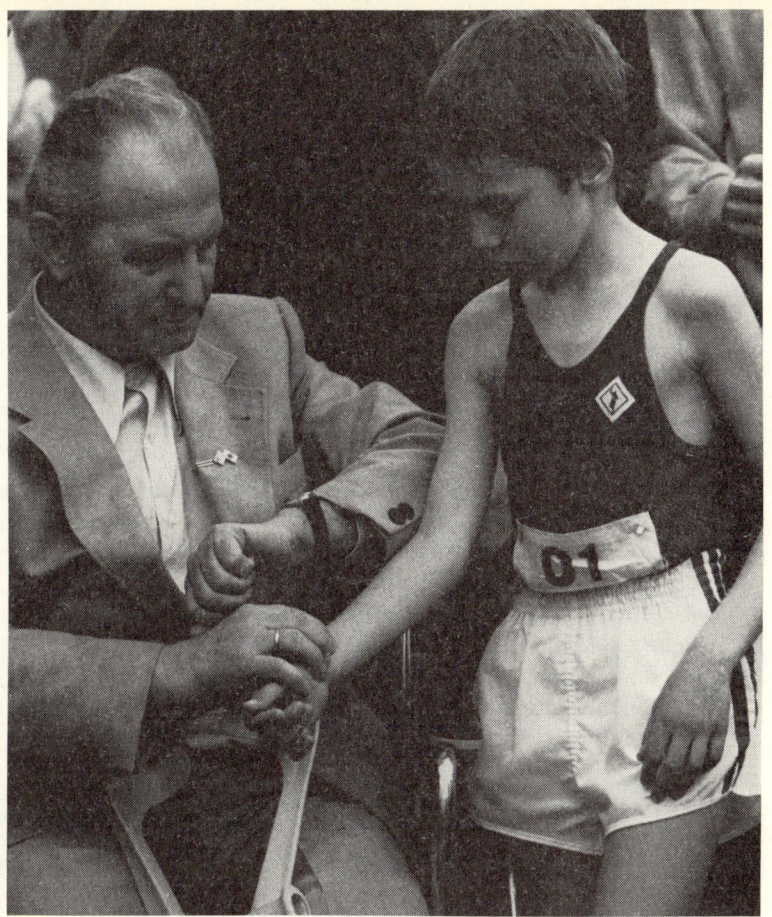

*Der deutsche Sportmediziner Dr. Ernst van Aaken gilt als Erfinder des Dauerlaufs. Seine
bereits zu Beginn der fünfziger Jahre geäußerte Prognose, daß der langsame Dauerlauf
(in den USA als LSD – long slow distance – bekanntgeworden) dazu beitragen werde, die
Leistungsfähigkeit von Spitzen- und Breitensportlern positiv zu beeinflussen, findet immer mehr Bestätigung. Dr. Ernst van Aaken führte unter anderem den deutschen Langstreckenläufer Harald Norpoth zu vielen Meisterschaften und internationalen Erfolgen.
Besondere Verdienste erwarb sich Dr. van Aaken in der mit viel Engagement geführten
Auseinandersetzung um die Leistungsfähigkeit von Frauen und Kindern im Bereich des
Langstreckenlaufs. Auch hier muß van Aaken als bahnbrechender Pionier angesehen
werden.*

kann, vielmehr machen die einfachen, gemächlichen, sorglosen, fast völlig schmerzlosen täglichen Ausflüge auf ihre Art genausoviel Spaß, wie der Wettkampf selbst.« Auf diese Art zu laufen, ist ähnlich reizvoll wie Wandern, nur daß man eben zehn oder zwölf Kilometer in der Stunde zurücklegt anstatt fünf oder sechs.

Obwohl es widersinnig erscheint, benutzen doch zahlreiche sehr schnelle Läufer beim gesamten Training die LSD-Methode. Der junge New Yorker Rechtsanwalt Frank Handelman kann zehn Kilometer in dreißig Minuten zurücklegen, aber beim Training läuft er den Kilometer selten schneller als in fünf Minuten. Ich habe allerdings den Verdacht, daß er so häufig an Wettkämpfen teilnimmt, und so sein Schnellauftraining erhält. Die meisten Läufer und Trainer sind der Ansicht, daß man nur fünf Prozent der Gesamtzeit schnell laufen muß – also von zwanzig Kilometern nur einen.

Schneller Langstreckenlauf. Ich erwähne diese Methode nur deshalb, weil manche Leute, die nicht recht wissen, wie der Körper arbeitet, auf diese Weise zu trainieren versuchen. Es gibt zwei Gründe, warum es nicht funktioniert:

1. Früher oder später wird der Körper rebellieren, und es kommt zum Zusammenbruch. Wenn Sie Glück haben, nimmt der Zusammenbruch die Form einer kalten, andauernden Müdigkeit an, aber es könnte auch schlimmer kommen: Eine schmerzhafte Knieverletzung oder ein Bruch durch Überbelastung.

2. Schneller Langstreckenlauf steht im Gegensatz zu den physiologischen Prinzipien der athletischen Leistungssteigerung. Beim Training überfordern wir uns bewußt, damit der Körper in der folgenden Ruhepause seine Müdigkeit überwindet und stärker als zuvor wird. Wie wissenschaftliche Untersuchungen gezeigt haben, kann sich der Körper aber nur in sehr geringem Maße regenerieren, wenn keine Erholungspausen eingelegt werden.[2]

Welche Trainingsmethode ist nun die beste für Sie? Das können Sie mit Sicherheit durch ein Experiment feststellen. Wenn Sie sehr diszipliniert sind und immer alles erreichen, was Sie sich vornehmen, dann

---

2 Das Laufen ist in den letzten Jahren immer stärker nach wissenschaftlichen Prinzipien organisiert worden. Heute schon gibt es von Computern errechnete Trainingssysteme. Ein Läufer namens Jim Gardner zum Beispiel hat (zusammen mit J. Gary Purdy) ein Buch mit dem Titel *Computerized Running Training Programs* geschrieben. Darin wird verlangt, daß das Training täglich auf die exakte Kondition des Läufers abgestimmt wird.

ist vielleicht das Intervall-Training richtig für Sie. Wenn Sie eher spontan sind, gefällt Ihnen Fartlek oder LSD vielleicht besser. Viele Läufer trainieren einen Teil des Jahres nach dieser und die übrigen Monate nach einer anderen Methode. Nach einiger Zeit, wenn Sie Ihren Körper besser verstehen und seine Signale deuten können, wissen Sie von selbst, was Ihnen guttut.

Es sollte keineswegs jeder nach derselben Methode trainieren. Wieviel Sie trainieren und welche Methode Sie dabei verwenden, sollte daran orientiert sein, wofür Sie trainieren. Wenn Sie sich auf einen Fünf-Meilen-Lauf vorbereiten, wird sich Ihr Training natürlich von dem eines Marathonläufers unterscheiden. Der Grund dafür ist, daß Ihre Wettkampfleistung vom richtigen Training abhängig ist. Nehmen Sie zwei Extreme: den Vierhundertmeter-Lauf und den Marathonlauf. Die chemischen Reaktionen, mit denen Ihr Körper Energie produziert, brauchen Sauerstoff. Bei einem schnellen Vierhundertmeter-Lauf erreichen Sie eine so große Geschwindigkeit, daß Sie während des Rennens nur maximal 25 Prozent des nötigen Sauerstoffs aufnehmen können. Für die übrigen 75 Prozent muß Ihr Körper eine sogenannte *Sauerstoffschuld* eingehen; das heißt Sie nehmen diesen Sauerstoff erst auf, nachdem die Ziellinie bereits überschritten ist. Der Vierhundertmeter-Läufer benötigt deshalb vor allem anaerobes Training, das heißt rasches Laufen ohne hinreichende Sauerstoffaufnahme. Der Marathonläufer jedoch nimmt 98 oder 99 Prozent seines Sauerstoffbedarfs während des Rennens selbst auf. Er läuft weitestgehend aerob, und dementsprechend trainiert er auch so[3].

Wenn Sie für den Wettkampftag besonders warmes Wetter erwarten, sollten Sie schon frühzeitig bei einiger Wärme trainieren. Wenn es in der Vorbereitungszeit kalt ist, können Sie mit einem warmen Trainingsanzug (oder gar zwei übereinander gezogenen Trainingsanzügen), Handschuhen und einer Wollmütze für Ihren Körper die richtige Treibhausatmosphäre erzeugen. Da der Körper nur eine Woche braucht, um sich zu akklimatisieren, müssen Sie sich gar nicht übermäßig lange mit den vielen Sachen herumquälen. Es lohnt sich aber, die kleine Unbequemlichkeit auf sich zu nehmen. Beim Start des *Boston Marathon* im Jahre 1976 stand das Thermometer auf mehr als 45 Grad Celsius in der Sonne. Niemand hatte gedacht, daß es Mitte April in Massachusetts so warm werden könnte, deshalb hatte kaum

3 Bei Zwischenstrecken ergeben sich unterschiedliche Verhältniszahlen für das aerobe und anaerobe Laufen: Bei der Meile (1600 Meter) sind es 70/30; bei zwei Meilen 80/15; bei drei Meilen 90/10 usw.

Junge Bergmänner beim Dauerlauf

Volkslauf

einer der Läufer richtig trainiert, und es wurden sehr schlechte Zeiten gelaufen.

Auch das Geländetraining ist sehr spezifisch. Wer auf einer Strecke mit vielen Steigungen gut abschneiden möchte, muß schon vorher in hügeligem Gelände trainiert haben. Es macht einen großen Unterschied, ob Sie in der Ebene laufen oder bergauf und bergab. Zum Bergauflaufen brauchen Sie starke Quadriceps-Muskeln; eine Gefällstrecke ist eine Strapaze für Fußgelenke und Knie. Wenn man auf einer hügeligen Strecke erfolgreich sein will, muß man sich gut darauf vorbereiten.

Wie weit soll man beim Training laufen? Mein Vorschlag: Laufen Sie einfach so weit, wie Sie wollen. Noch vor einigen Jahren war ich der Ansicht, zehn Kilometer seien eine angenehme Distanz – anstrengend, aber nicht bis zur totalen Erschöpfung. Jetzt bin ich erst mit sechzehn Kilometern zufrieden. (Ich habe keine Ahnung, wo das aufhören wird; ich mag auch gar nicht darüber nachdenken.) Wenn Sie sich auf ein Rennen vorbereiten, sollten Sie daran denken, daß Sie eine Trainingsstrecke wählen müssen, die lang genug ist, um hinreichende Kraftreserven zu schaffen. Reichen Ihre Kraftreserven nämlich nicht aus, dann erleiden Sie womöglich mitten im Rennen einen Kollaps und können sich allenfalls noch mit müden Schritten durchs Ziel schleppen. An welcher Stelle Sie vom Kollaps bedroht sind, läßt sich zumindest theoretisch leicht ausrechnen. Wenn Sie täglich trainieren, können Sie die tägliche Strecke mit drei multiplizieren, um Ihre Leistungsgrenze zu ermitteln. Wenn Sie aber gelegentlich Tage auslassen, sollten Sie lieber Ihre Gesamtleistung des letzten Monats durch zehn dividieren.

Diese Formel zur Ermittlung der Leistungsgrenze ist selbstverständlich nur eine Faustregel. Es gibt Läufer, die weiter laufen können, als es die Theorie vermuten ließe; bei einigen muß man die Leistungsgrenze aber auch niedriger ansetzen. Spitzenläufer denken freilich nicht darüber nach, wann sie vom Kollaps bedroht sind, sondern überlegen statt dessen, wie sie ihre Möglichkeiten voll ausschöpfen können; deshalb laufen einige von ihnen täglich dreißig oder mehr Kilometer. Außerdem berücksichtigen die oben genannten Formeln für die Leistungsgrenze die Geschwindigkeit nicht. Sie sagen lediglich aus, daß man eine Chance hat, das Ziel zu erreichen, wenn man genügend trainiert. In welchem Zustand man dann ist, wird nicht gesagt. Um das herauszufinden, müssen Sie schon selbst einen Versuch unternehmen.

Um festzustellen, wie weit Sie laufen, können Sie zwischen verschiedenen Methoden wählen. Sie können die gelaufene Strecke mit dem Auto abfahren und anschließend den Kilometerstand ablesen. Die meisten Kilometerzähler sind nicht sehr genau, aber die Abweichungen sind erträglich.

Sie können auch die Vierhundert-Meter-Bahn mit Ihrer üblichen Geschwindigkeit viermal umrunden und sehen, wie lange Sie brauchen. Nehmen wir einmal an, daß Sie neun Minuten benötigt haben. Dann können Sie davon ausgehen, daß Sie auch im freien Gelände alle neun Minuten eine Meile (oder alle fünfeinhalb Minuten einen Kilometer) zurücklegen werden. Da Sie beim Training Ihre Leistung verbessern, müssen Sie diesen Maßstab natürlich von Zeit zu Zeit überprüfen.

Ein genaues Ergebnis läßt sich mit dem Drehzahlmesser eines Fahrrades erzielen. Um das Gerät zu eichen, sollten Sie zunächst fünfhundert Meter mit einem stählernen Maßband abmessen und diese Strecke dann mit einem Fahrrad abfahren, an dessen Vorderrad Sie den Drehzahlmesser angebracht haben. Nachdem Sie festgestellt haben, wieviele Umdrehungen notwendig sind, um fünfhundert Meter (bzw. einen Kilometer) zurückzulegen, können Sie die geplante Strecke abfahren. (Dabei dürfen Sie aber nicht etwa den Reifen aufpumpen, das würde den Umfang des Rades verändern.) Um während des Laufens Ihre Zwischenzeiten ermitteln zu können, empfiehlt es sich, die Kilometerabstände mit einem Farbklecks zu markieren[4].

Wenn Sie an einigen Wettkämpfen teilgenommen haben, werden Sie feststellen, daß Sie auf einigen Strecken besser als auf anderen abschneiden. Dabei spielen die verschiedensten Faktoren eine Rolle, wie zum Beispiel das Alter, der Körperbau und die verschiedenen Arten von Muskelfasern, die in Ihrem Körper vorherrschend sind[5]. Vielleicht möchten Sie sich daraufhin auf die Strecken spezialisieren, bei denen Sie am besten abschneiden. Sie können sich damit Ihr Training erheblich erleichtern. Aber die meisten Leute nehmen gern an den verschiedensten Wettkämpfen teil, wobei sie Sieg oder Niederlage ähnlich wie Rudyard Kipling als Frage von nebensächlicher Bedeutung ansehen. Wenn Sie richtig trainiert haben, ist es sinnlos, sich über schlechte Leistungen beim Wettkampf zu ärgern. Alle For-

4 Der Anfänger sollte sich zunächst vor vermessenen Strecken hüten. Er sollte sein Pensum zunächst nur nach dem Wohlbefinden seines Körpers ausrichten und möglichst unter Anleitung eines erfahrenen Läufers mit dem Lauftraining beginnen (Prof. Dr. H. Hess).
5 Weitere Informationen über diese physiologischen Grundlagen finden Sie im 23. Kapitel.

schungsergebnisse deuten daraufhin, daß die Geschwindigkeit beim Laufen kaum trainiert werden kann, sondern weitestgehend eine Sache der Veranlagung ist. Entweder Sie sind schnell, oder Sie sind es nicht. Beim Training können Sie vor allem die Ausdauer steigern – die Fähigkeit, mit einer gegebenen Geschwindigkeit immer weiter zu laufen.

Die Ausdauer kommt, wenn man sehr viel läuft. Spitzenläufer trainieren oft zweimal oder sogar dreimal am Tag. Das hat für Sie keinen Sinn, es sei denn, Sie finden es besonders schön und haben sehr viel Zeit. Wahrscheinlich nutzt es Ihnen auch gar nichts. Bei einer Untersuchung von Edward W. Watt, B. A. Plotnicki und Elsworth R. Buskirk wurden College-Langstreckenläufer in zwei Gruppen geteilt. Neun Wochen lang trainierten beide Gruppen jeden Nachmittag zusammen. Die eine Gruppe aber lief zusätzlich noch jeden Morgen sechs Meilen in raschem Tempo. Dennoch ergab sich nach dem Abschluß des Experiments bei ihren Meilenzeiten kein Unterschied. (Möglicherweise gab es aber Unterschiede bei längeren Strecken.)

Viel wichtiger als die Zahl der täglichen Trainingszeiten scheint das gleichmäßige Training in Langzeiträumen (also Monaten, Jahren und Jahrzehnten) zu sein. Kenneth J. Doherty untersuchte, wie lange zwanzig Weltmeister sich vorbereiten mußten, um ihre Spitzenleistungen zu erreichen. Zwischen ihrem ersten Wettkampf und ihrer Höchstleistung lagen im Schnitt zehn Jahre und drei Monate. Dabei hatten sie durchschnittlich in 10,2 Monaten des Jahres an 5,8 Tagen der Woche trainiert.

Manche Läufer und Trainer sind der Ansicht, daß Gewichtheben zu Spitzenleistungen beitragen könne. Emil Zatopek, der tschechische Rekordläufer der fünfziger Jahre, pflegte Kniebeugen zu machen und dabei seine Frau Dana auf den Schultern zu tragen[6]. Wenn man sich auf die Olympiade vorbereitet, kann einem das Gewichtheben vielleicht zusätzliche Kräfte verschaffen, aber die meisten Läufer geben sich damit nicht ab. Sie benutzen ihre Zeit lieber zum Laufen.

Unabhängig davon, welche Trainingsmethode Sie wählen, sollten Sie lange genug dabei bleiben, um sie tatsächlich zur Wirkung kommen zu lassen. Manche Läufer wechseln ihre Trainingsmethode so häufig, daß sie gar nicht feststellen können, mit welcher Methode sie etwas

---

6 Kniebeugen sind für den Normalmenschen sicher keine gute Methode, die Fitness zu steigern. Der Anpreßdruck des Kniescheibenknorpels ist bei diesen Übungen sehr hoch und kann zu Verschleißerscheinungen führen, zumindest aber unangenehme Schmerzen hervorrufen (Prof. Dr. H. Hess).

erreichen. Der Körper braucht Zeit zur Anpassung; manche Veränderungen machen sich innerhalb von Tagen und Wochen bemerkbar, bei anderen dauert es Jahre. Wenn Sie Ihrem Körper genügend Zeit lassen, erleben Sie wahrscheinlich viele angenehme Überraschungen. Die Erfahrung läßt sich nicht abkürzen.

Beim Training schulen wir auch unseren Geist. Der unermüdliche Ted Corbitt erzählte mir, daß er zur Vorbereitung auf ein Fünfzig-Meilen-Rennen oft zwölf Stunden ohne Unterbrechung lief. Er versuchte damit, sowohl seinen Geist als auch seinen Körper zu stärken, sagte er mir. Selbst wenn Sie nicht vorhaben, fünfzig Meilen zu laufen, gilt dasselbe Prinzip. Sie müssen Ihrem Gehirn zeigen, daß bestimmte Dinge von ihm verlangt werden – unter anderem eine gewisse Zähigkeit, die auch unter Druck oder bei Erschöpfung nicht nachläßt. Zatopek hielt zu diesem Zweck manchmal so lange die Luft an, bis es weh tat. Er wollte damit seinem Geist zeigen, daß er nicht in Panik ausbrechen durfte, wenn der Körper nicht genug Sauerstoff erhielt.

Beim Wettkampf gehen merkwürdige Dinge in unserem Geist vor. Aus Erschöpfung vergessen wir manchmal, warum wir überhaupt laufen. Bei einem meiner ersten Marathonläufe war ich nach einigen Kilometern nicht mehr in der Lage, einen Sinn im Weiterlaufen zu sehen. Körperlich und geistig erschöpft gab ich auf. Heute nehme ich an keinem Marathonlauf mehr teil, wenn ich nicht sicher bin, daß ich ihn wirklich durchhalten kann und will. Wenn ich mich beim Laufen nicht mehr erinnern kann, warum ich teilnehmen wollte, sage ich mir: »Vielleicht kann ich mich jetzt nicht mehr daran erinnern, aber als ich an den Start ging, hatte ich gute Gründe dafür.« Ich habe mich mittlerweile zu wehren gelernt, wenn mein Verstand mit defätistischen Argumenten aufwartet.

Im Verlauf eines Rennens findet man leicht auch Gründe, langsamer zu werden: Man kann die Schmerzen nicht mehr ertragen, sagt man sich etwa, oder eine alte Verletzung macht sich bemerkbar; sicher hat man schon Blasen, und ein wichtiges Rennen ist es auch nicht. Im Stress des Laufens sind solche Argumente eine große Verführung. Erst später, wenn man ihrer trügerischen Logik nachgegeben hat, schämt man sich seiner Schwäche. Wenn Sie überhaupt an Wettkämpfen teilnehmen, dann ist es nur vernünftig, auch die maximale Leistung zu bringen.

Dazu ist das geistige Training notwendig. Es gibt verschiedene Methoden, Ihre Motivation beim Laufen zu stärken. Eine besteht darin, stets die Strecke zu Ende zu bringen, die man sich vorgenommen hat. Haben Sie sich einmal entschlossen, zwei Meilen zu laufen, dann sollten Sie nicht vorzeitig aufgeben, auch wenn Sie vielleicht einen Teil der Strecke im Schritt gehen müssen. Auf diese Weise lernen Sie, auch einen schlechten Lauf zu ertragen, und stählen sich für die Unbequemlichkeiten des Laufens. Geben Sie vorzeitig auf, lernen Sie nur, wie leicht es ist, Unannehmlichkeiten aus dem Wege zu gehen. War mein Training schlecht, trage ich gewöhnlich ein großes »Uff« in mein Tagebuch ein. Merkwürdigerweise kommt dann meist ein oder zwei Tage später ein Training, bei dem alles unerwartet gut geht. Der Grund ist möglicherweise darin zu suchen, daß ich an den »Uff«-Tagen immer langsamer laufe als sonst. Dabei erhole ich mich und laufe das nächste Mal schneller und leichter.

Eine andere gute Methode, den Geist zu schulen, besteht darin, immer genau das Training durchzuführen, das Sie geplant haben, ohne Rücksicht darauf, wie schwer es Ihnen vorkommt oder wie schlecht Sie laufen. Es bleibt gar nicht aus, daß Sie Tage haben, an denen sich alles nur mühsam dahinschleppt und Sie überhaupt keine Lust haben. Das ist die beste Gelegenheit, um besonders konsequent zu trainieren. Wie schon erwähnt, kommt die »subjektive Anstrengung« des Athleten der tatsächlichen Belastung sehr nahe, wie man anhand von Kriterien wie Pulsfrequenz und Sauerstoffverbrauch feststellen kann. Deshalb kann man davon ausgehen, daß Sie auch dann einen erheblichen Trainingseffekt erzielen, wenn alles sehr viel schleppender geht, als Sie möchten.

Eine dritte Methode, den Geist zu schulen, besteht darin, gelegentlich eine überdurchschnittlich lange Strecke zu laufen. Anstatt an zwei Tagen hintereinander jeweils drei Meilen zu laufen, können Sie vielleicht am ersten eine und am nächsten fünf Meilen laufen, um sich an die längere Belastung zu gewöhnen. Wenn Sie auf diese Weise trainieren, scheinen nach einiger Zeit auch Marathonläufe nicht mehr so unerträglich lang zu sein.

Der Geist läßt sich auch dadurch schulen, daß man die angestrebte Leistung vor dem inneren Auge ablaufen läßt. Der Psychologie-Professor Richard M. Suinn von der Colorado State Universität hat diese Methode bei olympischen Abfahrtsläufern erprobt. Suinn stellte fest, daß sich die Leistung der Skiläufer verbesserte, wenn sie das Rennen vor dem Start in ihrer Phantasie ablaufen ließen. Dabei wurden offensichtlich nicht nur Geist und Psyche, sondern auch die Muskeln geschult: »Ich zeichnete mit Hilfe einer Elektromyographie die Aktionsströme in der Muskulatur eines alpinen Rennläufers auf, während er sich die Momentaufnahmen eines rasanten Abfahrtlaufes vorstellte. Die Nadeln zeigten sofort lebhafte Ausschläge. Als der Läufer über zwei schwierige Buckel hinwegsprang, zeigte das Gerät die kraftvolle Muskelanspannung an. Auf schwierigen Streckenabschnitten zeigten sich weitere starke Muskelreflexe; die Nadeln kamen nur auf den leichteren Streckenabschnitten zur Ruhe. Als der Läufer den psychischen Durchgang des Abfahrtlaufes hinter sich hatte, schien die Elektromyographie geradezu ein Abbild der Strecke zu sein. Warum es auch hinter der Ziellinie noch zu einer heftigen Muskelanspannung kam, war zunächst ein Rätsel für mich, bis mir einfiel, wie schwer es ist, die Skier zum Halten zu bringen, wenn man eine längere Abfahrt im Achtzig-Stundenkilometer-Tempo hinuntergerast ist.«

Andere Sportwissenschaftler bestätigen die Ansicht Suinns, daß das geistige Training ebenso wichtig wie das körperliche ist. Der Psychologe Robert M. Nideffer von der Universität Rochester gelangte zu dem Ergebnis, daß geistiges Training die Leistungsfähigkeit in beinahe allen Sportarten erheblich verbessert. Thomas Tutko und Umberto Tosi schreiben in ihrem Buch *Sports Psyching:* »Die psychischen sind die wichtigsten und zugleich die unbekanntesten Faktoren beim Sport... Die meisten großen Sportler bezeichnen den Seelenzustand als den eigentlichen Schlüssel zum Erfolg.«

Die psychologische Einstimmung ist besonders bei der Entspannung sehr nützlich, die einen wichtigen Aspekt des Laufens darstellt. Wenn Sie nicht entspannt sind, können Sie nicht laufen. Der Grund ist darin zu suchen, daß zu jedem Muskel, den man beim Laufen benutzt, ein Muskel mit der entgegengesetzten Wirkung gehört; wenn beide gleichzeitig angespannt werden, wird notwendigerweise die Bewegung gehemmt. Der Quadriceps wird zum Beispiel benutzt, um den Schenkel zu strecken. Wenn sein Gegenspieler (auf der Rückseite des Oberschenkels) entspannt ist, bewegt sich das Bein mühelos und leicht nach vorn. Wenn der Gegenmuskel aber gespannt ist, wird der Quadriceps bei seiner Arbeit behindert. Wenn man psychisch den richtigen Laufstil trainiert, ist es leichter, sich zu entspannen, wenn man müde wird und sich die Muskeln in den Beinen zu verspannen beginnen[7].

7 Der Läufer John Hale, der sich intensiv mit Transzendentaler Meditation beschäftigt hat, benutzt eine ähnliche Technik. In der Schlußphase eines Rennens, wenn es immer schwieriger wird sich zu entspannen, hakt er eine innere Checkliste ab und fordert jedes einzelne Körperteil auf,

Wenn man die ganze Zeit über Erschöpfung, Krämpfe, Blasen und Schmerz spricht, könnte man fast den Eindruck gewinnen, daß das Training eine einzige Quälerei sei. Das muß nicht so sein. Es ist mitunter sehr anstrengend, aber da Sie ein lohnendes Ziel vor Augen haben, ist es nicht nur erträglich, sondern macht sogar Spaß. Sollten Sie den Eindruck haben, daß die Sache in Arbeit ausartet, nehmen Sie sich einfach eine Zeitlang weniger vor. Wir laufen schließlich, weil es Freude macht, und nicht, weil wir gern leiden.

Zur Freude beim Training trägt es sicherlich bei, gelegentlich mit einem Freund zu laufen. Die Zeit geht dann rascher vorbei, und in Gesellschaft denkt man auch nicht soviel an die Unannehmlichkeiten. Abwechslung hilft. Deshalb sollten Sie gelegentlich einen anderen Weg einschlagen oder einmal nicht die Strecke, sondern die Zeit messen. Manchmal laufe ich einfach mit der Uhr los und kundschafte neue Gegenden aus. Wenn ich das Gefühl habe, daß ich mit dem Fünf-Minuten-Kilometer-Schritt laufe, dann gehe ich davon aus, daß ich jede Stunde ungefähr zwölf Kilometer zurücklege. Vielleicht irre ich mich dabei um ein paar hundert Meter, aber das ist nicht so wichtig.

Es gibt Zeitgenossen, die sich beim Laufen langweilen (bei mir passiert das eigentlich nie). Solche Läufer tragen Transistorradios mit sich herum oder setzen sich diese drolligen Kopfhörer auf, mit denen sie wie Mickymäuse aussehen. Dagegen ist nichts einzuwenden. Nehmen Sie ruhig ein Radio mit, wenn Sie Bach oder Udo Lindenberg brauchen, um das Training zu überstehen. Ich habe sogar schon bei Marathonläufen Athleten mit Radios gesehen. Die meisten Leute merken allerdings bald, daß das Laufen allein schon genug Unterhaltung darstellt.

Wenn Sie einige Monate lang gewissenhaft trainiert haben, werden Sie feststellen, daß Sie leichter laufen, dieselben Strecken in kürzerer Zeit zurücklegen und beim Wettlauf Konkurrenten zu schlagen vermögen, die Sie früher nie einholen konnten. Vielleicht geben Ihnen die Erfolge soviel Auftrieb, daß Sie in Versuchung geraten, noch mehr zu trainieren. Dabei ist allerdings Vorsicht geboten. Denn genauso wie man zuwenig trainieren kann, besteht auch die Gefahr, sich zu übernehmen. Ihr Körper braucht nach jedem harten Training Zeit zur Erholung. Diese Ruhepausen sind ein wesentlicher Bestandteil des Trainings.

sich zu entspannen. »Entspannt euch, Ohren«, sagt er zum Beispiel. »Entspanne dich, Mund... Kopf... Hals...« und so weiter. Als ich mit Hale lief, habe ich es ebenfalls versucht und festgestellt, daß es funktioniert.

8 / *Die Mythologie der laufenden Frauen*

Warum sie meistens mehr davon haben,
als sie erwarten

Es war ein kühler, heller Tag Anfang September, gerade richtig zum Laufen, und ich befand mich auf den ersten Kilometern eines Zehneinhalb-Meilen-Rennens (ca. sechzehn Kilometer). Die Strecke war offensichtlich von einem Sadisten ausgesucht worden und mit steilen, erschöpfenden Hügeln gespickt. Aber ich fühlte mich noch sehr frisch und elastisch; trotz der Steigungen würde das ein guter Lauf werden.

Direkt vor mir lief Peggy Mimno, eine Lehrerin aus Mount Kisco, New York. Sie bewegte sich ebenfalls leicht und mühelos vorwärts. Ihr Tempo sagte mir zu, deshalb beschloß ich zu bleiben, wo ich war. Warum sollte ich mir über das Tempo Sorgen machen, wenn sie das richtige angab? Ich würde sie später schon überholen.

Ich setzte mich also hinter sie. Die Strecke ging ungefähr acht Kilometer nach Norden, bog dann für anderthalb Kilometer nach Westen durch hügeliges Gelände und schließlich wieder auf einer gewundenen Straße nach Süden zurück. Allmählich wurde es anstrengend. Wir hatten noch etwa sechs Kilometer zu laufen, und ich mußte schon kämpfen. Ich atmete schwer, und meine Beine schienen aus Gummi zu sein. Mittlerweile überholte Peggy einen jüngeren Läufer. Sie schien ihn zu kennen, dann als sie vorbeizog, riefen sie sich ein paar Scherzworte zu. Das beunruhigte mich. Bei einem Rennen plaudert man nicht, wenn man sich nicht gerade in ausgezeichneter Form fühlt. Der Lauf schien Peggy offensichtlich überhaupt keine Mühe zu machen. Ihre Schritte waren noch immer elastisch, während sich die Schnellkraft meiner Beine in Nichts aufgelöst hatte.

Ich war allerdings immer noch nahe genug, um sie überholen zu können, falls sie müde werden sollte. Ich gab die Hoffnung also keineswegs auf. Dann wurden wir auf die Probe gestellt: Anderthalb Kilometer vor dem Ziel mußten wir eine lange, qualvolle Steigung hinauf. Hier mußte es sich entscheiden.

Als ich mich schwer arbeitend den Hügel hinaufkämpfte, ließ meine

Aufmerksamkeit ein paar Minuten lang nach. Als ich aufsah, lief Peggy davon – erst fünf, dann zehn Meter, dann noch mehr. Schließlich war mir klar, daß ich sie nicht mehr einholen konnte. Sie schlug mich mit großem Abstand.

Es war ein lehrreiches Rennen.

Bei allem, was man über das Laufen liest, wird meist eine scharfe Trennungslinie zwischen den Geschlechtern gezogen. Die meisten Autoren nehmen offenbar an, Frauen seien schwächer, langsamer und sportlich unerfahren. (So wird Frauen zum Beispiel immer wieder höchst pedantisch erklärt, wie sie die Füße setzen und die Arme anwinkeln sollen, während bei Männern offenbar vorausgesetzt wird, daß sie solche Kenntnisse von Natur aus besitzen oder daß sie ihnen durch eine Art männlicher Osmose mitgeteilt werden.) In Wirklichkeit gibt es, wie Peggy Mimno deutlich zeigte, mehr Gemeinsamkeiten als Unterschiede zwischen Läuferinnen und Läufern. Ich bin sowohl beim Training als auch beim Wettkampf oft gegen Frauen angetreten, und ich kann bestätigen, daß ich dabei meistens hart arbeiten mußte. Als ich das Material für dieses Buch zusammenstellte, machte ich einen Sieben-Meilen-Lauf im Central Park mit Nina Kuscsik, die 1972 in der Frauengruppe des *Boston Marathon* gesiegt hatte. Ich hatte mir vorgenommen, sie beim Laufen zu interviewen, aber schon bald geriet ich so außer Atem, daß ich die Befragung aufschieben mußte, bis wir wieder zurück waren.

Im allgemeinen sind Männer schneller als Frauen, aber das ist nur die halbe Wahrheit. Mir liegen die Ergebnisse des jährlichen Labor-Day-Rennens in Westport, Connecticut, vor. Weil dieser Volkslauf gut organisiert ist und über eine malerisch gelegene Strecke führt, ist er ein Anziehungspunkt für Läufer aus der gesamten Umgebung. Bei dem fraglichen Rennen erreichten 127 Läufer das Ziel. Die ersten 51 waren Männer. Dann kam Frances Goulart, eine Läuferin aus Wilton, Connecticut, und hinter ihr liefen viele andere Frauen über die Ziellinie. Mit anderen Worten: Für 51 Läufer war das Rennen ein reiner Wettkampf für Männer, aber für die restlichen 76 war es eine sehr gemischte Veranstaltung.

Frauen sind keineswegs schlechtere Läufer als Männer, in verschiedener Hinsicht sind sie Männern sogar überlegen. Ihr Laufstil ist meist sauberer und ökonomischer. »Frauen scheinen leichter zu laufen als Männer«, schreibt Thaddeus Kostrubala in seinem Buch *The Joy of Running*. »Ihr Stil ist entspannt. Bei den meisten zwölf- bis vierzehnjährigen Mädchen findet man einen nahezu vollkommenen

Stil... Die Füße rollen ab, und das Becken bewegt sich. Man sieht, daß sie sich wohl fühlen und daß es ihnen Spaß macht; es ist für sie tatsächlich ein Spiel. Liegt das vielleicht daran, daß man sie noch nicht unter den Wettbewerbszwang der männlichen Leistungsgesellschaft gestellt hat?«

Diese Beobachtungen über den Laufstil der Frauen werden von einer Untersuchung bestätigt, die Dr. Richard C. Nelson und Christine M. Brooks von der Penn State Universität durchgeführt haben. Die beiden Wissenschaftler verglichen 42 Spitzenläuferinnen und -läufer und kamen dabei zu dem Ergebnis, daß die Schritte der Frauen im Verhältnis zur Körpergröße länger waren, daß sie mehr Schritte pro Minute machten und den Boden weniger lange berührten. Die logische Schlußfolgerung: Frauen sollten den Laufstil der Männer nicht nachzuahmen versuchen; denn ihr eigener ist genausogut oder gar besser.

Es gibt allerdings eine wichtige Ausnahme. Frauen, die nie zuvor trainiert haben, machen sich manchmal falsche Vorstellungen über das Laufen. Eine erfahrene Läuferin sagte mir: »Ich behaupte, daß Frauen ohne Trainingsanleitung nicht so gut laufen wie die meisten Männer. Wenn der sportliche Hintergrund bei Männern und Frauen gleich wäre, hätten die Frauen vielleicht ein paar Vorteile, weil ihr Becken anders gebaut ist usw. Aber bei fast allen Anfängerinnen (und sogar bei manchen erfahrenen Läuferinnen) fallen mir immer wieder dieselben Fehler auf. Die meisten dieser Fehler habe ich selbst gemacht und mußte sie korrigieren. Der häufigste: Das gezierte Laufen auf den Zehen. Ich glaube, es kommt daher, daß die Frauen diesen Stil bei Sprintern beobachtet haben und selbst durch das häufige Tragen hoher Absätze stark verkürzte Achillessehnen haben. Ein anderer Fehler, den man bei Frauen häufig antrifft, besteht darin, daß Sie die Füße nicht heben. Oft halten sie auch die Arme zu hoch, nicht selten fast in Höhe der Schultern. Andere schwenken das Becken zu sehr oder schleudern die Unterschenkel heftig zur Seite. Ich glaube, diese Fehler sind deshalb so verbreitet, weil die meisten Frauen bisher kaum an Sportarten teilnehmen konnten, bei denen viel gelaufen wird. Deshalb hatten sie nicht wie die Männer Gelegenheit, richtiges Laufen zu beobachten oder sich korrigieren zu lassen.«

Frauen scheinen weniger rasch zu ermüden und werden bei längeren Rennen auch weniger steif als die Männer. Nach dreißig oder fünfunddreißig Kilometern geht vielen Männern die Kraft aus. Die Reserven in ihren Muskeln sind erschöpft, und sie können das Rennen (wenn überhaupt) nur noch durch extreme Willensanstrengung beenden. Jeder Fernsehzuschauer, der erlebt hat, wie schwerfällig und unregelmäßig Frank Shorters Schritt wurde, als er gegen Ende des olympischen Marathonlaufes von 1976 sein Tempo zu halten versuchte, kennt dieses Phänomen.

Andererseits enthält der weibliche Körper von Natur aus mehr Fett, etwa zehn Prozent mehr als der eines Mannes im gleichen Trainingszustand. Bei jeder Arbeit, die große Ausdauer verlangt, ist Fett ein nützlicher Treibstoff (Zugvögel ernähren sich auf ihren großen Wanderungen fast auschließlich vom eigenen Fett). Deshalb erleben auch Frauen fast niemals den qualvollen Augenblick, wo der Treibstofftank plötzlich leer ist, und die Beine nur noch langsame, ängstliche Schritte erlauben. »Bei 35 Marathonläufen«, erzählte mir Nina Kuscsik, »bin ich nie am Ende gewesen. Ich werde müde, aber ich kann immer noch laufen.«[1]

Frauen sind auch keineswegs anfälliger für Verletzungen als Männer. Auf Grund einer Untersuchung, bei der Daten von 361 Schulen und mehr als 125 Sportlehrern und die gesamte vorliegende Literatur benutzt wurden, kamen Dr. Christine E. Haycock von der Medizinischen Hochschule New Jersey und Joan V. Gillette von der Universität von Nevada zu dem Ergebnis, daß für gut trainierte Frauen beim Sport kein größeres Schadensrisiko besteht als bei gut trainierten Männern. Die einzige Ausnahme besteht darin, daß Frauen etwas häufiger Knieverletzungen erleiden, weil ihre Gelenke weniger fest sind.

Frauen profitieren vom Training genauso wie Männer. Bei einem sorgfältig überwachten Versuchsprogramm, dessen Ergebnisse Leroy Getchell und J. C. Moore in den *Archives of Physical Medicine and Rehabilitation* veröffentlicht haben, wurde festgestellt, daß sich die Kondition der Frauen genauso verbesserte wie die der Männer. Es ist einfach ein Mythos, daß nur Männer körperliche Bewegung brauchen und davon profitieren. (Diese Vorstellung ist besonders nach den Wechseljahren gefährlich; denn dann verschwindet die partielle Immunität der Frauen gegen Herzinfarkte, und sie sind genauso gefährdet wie Männer.)

Warum werden Frauen dann immer wie Bürger zweiter Klasse behandelt, wenn es um Sport geht?

Der Hauptgrund ist wohl in kulturellen Vorurteilen zu suchen. In ih-

---

1 Ein höherer Prozentsatz an Fett bedeutet zugegebenermaßen einen geringeren Muskelanteil. Aber wenn man die Muskeln Kilo für Kilo vergleicht, sind Frauen genauso stark wie Männer.

rem Buch *Running for Health and Beauty* hat Kathryn Lance interessante Gedanken zu diesem Thema geäußert. Bei einem Gespräch erläuterte sie mir, daß es in unserer Gesellschaft geradezu eine Verschwörung gibt, um den Frauen den Genuß des Sports vorzuenthalten. »Die Frauen wissen, daß es ihnen an Bewegung fehlt«, sagte sie. »Aber niemand fordert sie auf, hinauszugehen und Sport zu treiben, wie das bei Männern geschieht. Den Frauen legt man vielmehr nahe, sich dadurch körperliche Bewegung zu verschaffen, daß sie sich bei der Hausarbeit zierlich bücken und strecken. Wenn man eine Frau ist, soll man immer irgendwelche albernen Übungen machen, die angeblich zu Hause, im Büro oder auf dem Weg zum Supermarkt durchgeführt werden können. Darin spiegelt sich nichts als die kulturelle Benachteiligung der Frauen.«

Sehr anschaulich hat die Ärztin und Marathonläuferin Joan Ullyot aus San Francisco beschrieben, wie sie vor einigen Jahren mit einer Freundin im Golden Gate Park saß und ihrem Mann beim Laufen zuschaute. Dabei sei ihr plötzlich der Gedanke gekommen: »Vielleicht kann ich das auch.« Später schrieb sie: »Es war eine revolutionäre Idee. Ich hatte noch nie eine Frau beim Langstreckentraining gesehen. Die ganze Vorstellung war mir vollkommen fremd.«

Verständlicherweise sind viele Frauen sehr wütend über diese Situation. Nina Kuscsik erzählte mir, sie habe immer das Gefühl, man hätte sie um etwas betrogen, weil man ihr die Vorteile des Laufens nicht nahegebracht habe, als sie heranwuchs. In ihrem Buch *Gegen unseren Willen*[2] erhebt Susan Brownmiller eine leidenschaftliche Anklage: »Es hängt mit der neuen Erkenntnis der Frauen (etwas, was Männer immer gewußt haben) zusammen, daß in sportlichen Wettkämpfen viel zu lernen ist, unter anderem, daß Gewinnen das Ergebnis harten, ausdauernden und ernsthaften Trainings ist, einer überlegten, klugen Strategie, die auch mit Haken und Ösen arbeitet, und einer positiven Geisteshaltung, die das gesamte Reflexsystem auf ›Start‹ stellt. Diese Erkenntnis und die Chance, sie in die Praxis umzusetzen, ist genau das, was Frauen bislang aufgrund ihrer Konditionierung nicht gewollt haben.«

In ihrer sehr ausgewogenen Aufsatzsammlung *Sports and Society* haben John T. Talamini und Charles H. Page die gegenwärtige Situation auf eine bündige Formel gebracht: »Die Beobachtung, daß der Sport allmählich zu einer Einrichtung für beide Geschlechter wird, darf den

2 Deutsche Ausgabe: 1978, S. Fischer, Frankfurt am Main.

Blick nicht dafür verstellen, daß männliche Vorherrschaft, männliches Vorurteil und Diskriminierung gegen Frauen und Mädchen immer noch fortbestehen.«

Aber eine schlechte Situation muß nicht unbedingt hoffnungslos sein. Obwohl gegenwärtig nur etwa fünf Prozent der Teilnehmer an Laufwettbewerben in den USA Frauen sind, wächst ihre Zahl rasch. Auch der Psychologe Bruce Ogilvie von der San José State Universität wies kürzlich bei einem Seminar in Seattle darauf hin, daß es den Frauen keineswegs an natürlichen Fähigkeiten mangelt und daß sie vor allem durch kulturelle Vorurteile in ihrer Entfaltung gehemmt werden. »Der kulturelle Druck«, sagte er, »wird dadurch erzeugt, daß die Leute eine bestimmte Vorstellung davon haben, wie eine Frau sich verhalten sollte. Denken Sie zum Beispiel an die alte Redensart, wonach Pferde schwitzen, Männer transpirieren und Frauen allenfalls leicht erhitzt sind.« Eine Frau, die sich dem Sport zuwenden will, muß deshalb »einen psychologischen Sprung machen. Sie muß den Mut haben, sich als menschliches Wesen neu zu definieren«. Wenn sie bis zur Spitze vorstoßen will, muß sie noch weitergehen: »Sie muß ungeheuer selbständig sein. Das kann sogar so weit gehen, daß sie ihrem Trainer sagt: ›Rutsch mir den Buckel herunter!‹«

Auch die Frauen sind der Ansicht, daß man viel Mut und Entschlossenheit braucht. »Als ich anfing zu laufen, fand ich es ungeheuer aufregend, daß ich mich so gut fühlte«, sagte eine Läuferin. »Mädchen können in unserer Gesellschaft diese Erfahrung im Gegensatz zu Jungen fast nie machen. Ich brauchte viel Mut.« Eine andere sagte: »Meine Jogger-Schwestern sollten alle schon dafür einen Orden kriegen, daß sie es gewagt haben, das gußeiserne Rollenklischee zu durchbrechen.«

Immer mehr Frauen wagen den Ausbruch. Meine Schwester läuft regelmäßig. Meine Frau Alice ist schon bis zu zwölf Kilometer gelaufen. Im Binney Park, in dessen Nähe ich wohne, laufen täglich Frauen, und im Central Park sind immer Frauen auf dem Weg um den See.

Die meisten Läuferinnen entdecken den Sport, weil sie Fitness anstreben. Dr. Ullyot erinnert sich, wie sie sich mit 29 Jahren gefühlt hat: »Vom zwölften Lebensjahr an geht es mit dem Körper bergab. Bei mir war es genauso, denn ich hielt mich nicht fit. Meine Ausdauer, wenn ich jemals welche gehabt hatte, war verschwunden. Die Liste meiner körperlichen Wehwehchen war lang. Es fehlte mir nicht nur an Gesundheit, sondern ich litt unter ganz konkreten körperlichen Beschwerden: Schlaflosigkeit, Verstopfung und schwerer Migräne, die mich mit der Regelmäßigkeit eines Uhrwerks zweimal im Monat überfiel und tagelang anhielt. Ich war schlecht gelaunt und nervös. Im Rückblick kommt es mir vor, als hätte ich damals gar nicht richtig gelebt.«

Kathryn Lance begann aus einem anderen Grunde zu laufen: »Bei der Arbeit litt ich sehr unter Stress. Ich rauchte zuviel und hatte Übergewicht. Dann kam noch erhöhter Blutdruck dazu. Da bekam ich es mit der Angst zu tun. Ich hatte diesen idiotischen Arzt, der mir sagte: ›Machen Sie sich keine Sorgen. Essen Sie kein Salz mehr, und wenn Ihr Blutdruck in einigen Monaten immer noch so hoch ist, verschreibe ich Ihnen Tabletten.‹ Ich hatte einen Artikel über diese Blutdrucktabletten gelesen und wußte, daß man Depressionen davon bekommt, und daß sie auch sonst sehr merkwürdige Nebenwirkungen haben. Außerdem kann es sein, daß man sie sein Leben lang einnehmen muß, wenn man erst einmal damit anfängt. Ich wollte sie deshalb nicht nehmen. Ich hatte gehört, daß Jogging dazu beitragen kann, den Blutdruck zu senken, deshalb ging ich in eine Buchhandlung und kaufte Dr. Coopers *Bewegungstraining*. Ich las es und fing an zu laufen.« Heute ist Kathryn Lances Blutdruck normal, und wie die meisten Läuferinnen nannte sie noch eine ganze Reihe positiver Nebeneffekte. (Darüber gibt es später noch mehr zu berichten.)

Wie soll eine Frau mit dem Laufen beginnen? Wie ich zu Beginn dieses Kapitels schon angedeutet habe, gibt es beim Laufen keine großen Unterschiede zwischen Männern und Frauen, deshalb lassen sich die in diesem Buch beschriebenen Grundsätze größtenteils auf beide Geschlechter anwenden. Die wenigen durch die weibliche Anatomie und Physiologie bedingten Unterschiede sowie einige besondere Risiken, die Frauen stärker als Männer betreffen, will ich im folgenden darstellen.

Für Frauen ist es schwieriger als für Männer, die richtige Kleidung für das Laufen zu finden. Die kurzen Sporthosen der Männer passen ihnen oft nicht, aber es gibt fast nirgends Sonderanfertigungen für Frauen. Shorts, die ähnlich geschnitten sind, gibt es in Tennisgeschäften, aber sie sind teurer. Viele Frauen lösen das Problem, indem sie wenigstens im Sommer das Unterteil eines Badeanzugs anziehen. Wenn es kühler wird, empfehlen sich Trainingsanzüge. Die meisten, aber keineswegs alle Firmen stellen Laufschuhe für Frauen her. Wenn Sie einen ziemlich breiten Fuß haben, ist das kein Problem; in diesem Fall können Sie auch auf Männerschuhe zurückgreifen. Schwieriger ist es, wenn Sie einen schmalen Fuß haben. Eine Frau beklagte sich bei mir, daß sie zwei Paar Wollsocken anziehen muß, damit ihr die Laufschuhe passen. Allerdings haben sich die meisten Laufschuh-Produzenten mittlerweile auf diese Besonderheiten eingestellt. Versuchen Sie es zunächst einmal mit Adidas-Schuhen, deren Modelle zum Teil ziemlich schmal geschnitten sind.

Aus dem großen Büstenhalter-Krieg sollte man sich als Mann wohl besser heraushalten. Dennoch würde ich es als Nachlässigkeit ansehen, wenn ich nicht erwähnte, daß viele Frauen darauf bestehen, daß man zum Laufen einen BH tragen muß, daß andere dies für unnötig halten, während manche sogar bestimmte Arten oder Marken empfehlen. Für Nina Kuscsik gibt es in dieser Frage überhaupt nichts zu diskutieren: »Frauen brauchen beim Laufen einen festen BH, keinen von diesen dünnen Elastic-BH's. Das gilt besonders, wenn man volle Brüste hat. Ohne richtigen BH fangen die Brüste an zu hüpfen, und man wartet immer, daß sie wieder unten ankommen, ehe man den nächsten Schritt macht. Außerdem schürft sich leicht die Haut ab, wenn sie sich an der Kleidung oder anderen Hautstellen reibt.« Andere Frauen sind allerdings der Ansicht, daß ein leichter Büstenhalter hinreichend vor Verletzungen schützt oder daß man auch ganz ohne einen Büstenhalter auskommen kann. Das beste ist also vermutlich, einfach auszuprobieren, welche Lösung für Sie die richtige ist[3].

Viele Frauen zögern zu laufen, weil sie vor Spott, Räubern, Vergewaltigung und Belästigungen Angst haben. Betrachten wir diese Probleme der Reihe nach: An den Spott von anderen werden Sie sich sehr rasch gewöhnen, vor allem wenn Sie wissen, daß er in der Regel nur versteckter Neid ist. Nehmen Sie es einfach hin, daß einige Menschen ein Bedürfnis haben, Sie mit Frotzeleien zu ärgern wie: »Hallo, Mäuschen, darf ich dich behalten, wenn ich dich fange?« Manche Frauen ziehen es vor, solche Vertraulichkeiten zu überhören, andere antworten mit schauerlichen Flüchen, wobei sie offenbar von der Theorie ausgehen, daß Männer nichts mit ihnen zu tun haben wollen, wenn sie so grob sind. Es ist alles eine Frage des Stils.

Die Angst vor einem Raubüberfall ist weitgehend unbegründet. Jeder Räuber, der diesen Namen verdient, dürfte wohl von selbst darauf kommen, daß Läufer oder Läuferinnen keine Wertgegenstände

---

3 Das Handelsblatt vom 30. 6. 1979 berichtet von einem wahren Boom bei der amerikanischen Sport-BH-Industrie. Die Formfit Rogers Inc., eine von zehn Wettbewerbern auf diesem Markt, verkaufte innerhalb von sechs Monaten 1,2 Millionen Jogging-BH's. Die Firma: »Einfach phänomenal! Gegenwärtig gibt es über sechs Millionen Fitness-Läuferinnen, und bis 1982 rechnen wir mit sechzehn Millionen.«

mit sich herumschleppen. Warum sollte er sich also die Mühe machen, ein Opfer zu überfallen, das so wenig Beute verspricht, wenn es doch genügend andere Leute gibt, die fette Brieftaschen mitführen und teuren Schmuck tragen? Und warum sollte er ein Opfer angreifen, das offensichtlich gut zu Fuß ist und ihm vielleicht sogar davonlaufen kann, wenn er genügend Leute finden kann, die auf Parkbänken sitzen oder einfach herumschlendern? Dennoch ist es vielleicht besser, das Schicksal nicht herauszufordern und nicht gerade bei Dunkelheit allein oder an besonders einsamen Plätzen zu laufen.

Es gibt allerdings Leute, die einfach Böses im Sinn haben. Solche Zeitgenossen wollen Sie sich natürlich vom Leibe halten. Viele Frauen haben Trillerpfeifen oder Tränengas-Spray bei sich. Besser ist es sicher noch, zu mehreren zu laufen oder einen schönen großen Hund mitzunehmen.

Manche Frauen haben Angst, ihrem Körper zu schaden. Wie ich im dritten Kapitel erwähnt habe, schrieb vor einiger Zeit ein Arzt im *Playboy*, das Laufen sei eine der gefährlichsten Sportarten. Bei Frauen, behauptete er, könne es dazu führen, daß sich die Gebärmutter verlagert und der Busen absackt.

Jeder der zahlreichen Ärzte, mit denen ich über diese angeblichen Risiken gesprochen habe, zeigte sein Erstaunen. Es gibt offensichtlich keinerlei Hinweise in der medizinischen Literatur, die solche Behauptungen rechtfertigen würden. Im Gegenteil, viele Frauen berichten, daß ihr Busen durch das Laufen fester geworden sei, vermutlich weil die Armbewegungen die Brustmuskeln stärken. Keine der Läuferinnen, mit denen ich gesprochen habe, klagte über irgendwelche Probleme mit ihrer Gebärmutter.

Viele Frauen haben Angst, sie könnten zu muskulös werden und wie Modelle einer Bodybuilding-Zeitschrift aussehen. In Wirklichkeit werden Läuferinnen nicht muskulöser als Läufer. Wenn Sie das nächste Mal eine Frau laufen sehen, achten Sie einmal auf die Beine; Sie werden lange, geschmeidige, wohlgeformte und keineswegs klobige Muskelpartien entdecken. Und so bleiben sie auch, egal wie anstrengend, lang oder schnell das Trainingsprogramm ist.

Manche Frauen heben sogar Gewichte, um ihre Leistung beim Laufen zu steigern. Jack H. Wilmore vom Staatlichen Institut für Sportmedizin weist darauf hin, daß starke Muskeln keineswegs besonders groß sein müssen. »Im Gegensatz zu den falschen Vorstellungen, die uns die Comic-Hefte vermitteln, ist das magere Bürschchen am Strand möglicherweise genauso stark oder noch stärker als der stiernackige Kraftmeier, der ihm Sand ins Gesicht wirft.« Wilmore, der dafür bekannt ist, daß er schon zahlreiche Sportlerinnen trainiert hat, berichtet, daß einige Frauen ihre Muskelkraft um bis zu 44 Prozent steigern konnten, ohne daß der Umfang der Muskeln wesentlich zunahm.

Als Läuferin werden Sie wahrscheinlich sowohl abnehmen als auch Ihren Taillenumfang vermindern, wenn Sie an Ihren Eßgewohnheiten nichts ändern. Wie im sechsten Kapitel bereits erwähnt, berichten die meisten Frauen, daß sie im ersten Jahr fünf Kilo oder noch mehr abnehmen, und zwar ohne große Probleme und ohne sich ausschließlich auf ihre Willenskraft verlassen zu müssen, denn durch das Laufen wird man nicht hungriger als gewöhnlich. »Nachdem ich ein paar Monate gelaufen war«, schreibt Kathryn Lance in *Running for Health and Beauty,* »hatte ich das unheimliche Gefühl, daß ich plötzlich den Körper von jemand anderem hätte.«

Die meisten Frauen berichten, daß das Laufen keinerlei neue Probleme geschaffen, sondern das Leben angenehmer und leichter gemacht habe. Ein Beispiel für viele ist folgende Aussage von Frau Dr. Ullyot: »Seit ich laufe, sind all meine körperlichen Probleme verschwunden. Meine Kleidergröße hat sich von Größe 40 auf Größe 36 verringert. Mein Puls ist von 70 bis 75 auf 45 bis 50 herunter, und ich habe seit fünf Jahren keine Migräne mehr gehabt... Verstopfung kenne ich nicht mehr; ganz im Gegenteil. Schlaflosigkeit gibt es nicht mehr; sobald mein Kopf das Kissen berührt, schlafe ich schon wie ein Klotz.«

Dr. Kenneth Cooper, einer der Begründer des Lauftrainings, scheint die Vorteile des Laufens für Frauen ein wenig zu unterschätzen. »Frauen, die unter Monatsschmerzen leiden, scheuen wegen der damit verbundenen Unbequemlichkeit die körperliche Bewegung«, schreibt er in *The New Aerobics.* »Schon der gesunde Menschenverstand rät ihnen, an den kritischen Tagen nicht zu trainieren.« Keineswegs alle Frauen sind dieser Ansicht. Nathalie Browne schreibt in *The Jogger:* »Ich habe festgestellt, daß das Laufen während meiner Periode mir aus zwei Gründen gut tut: Erstens vermindert sich (vermutlich weil ich besser in Form bin) die Heftigkeit der Krämpfe; zweitens verschwinden die Schmerzen, wenn ich bei den Gelegenheiten laufe, wo die Krämpfe besonders stark sind.«

Marge Albohm, die Cheftrainerin der Universität Indiana, behauptet, daß die meisten Frauen weniger Probleme mit ihrer Periode haben, wenn sie laufen. Weiter schreibt sie: »Die körperliche Leistungsfähigkeit verändert sich durch den Menstruationszyklus nicht sehr. Manche Phasen des Zyklus setzen die Frauen möglicherweise instand, größere Leistungen als sonst zu vollbringen[4], aber die Unterschiede in der täglichen Durchschnittsleistung sind so gering, daß sie fast unbemerkt bleiben… Die volle Beteiligung an allen sportlichen Aktivitäten sollte deshalb während des gesamten monatlichen Zyklus erlaubt sein.«

Andere Forscher berichten, daß körperliche Bewegung nicht nur bei Krämpfen Abhilfe schafft. Dr. G. J. Erdelyi aus Cleveland weist darauf hin, daß »bei Sportlerinnen die Symptome für prämenstruelle Spannungszustände, insbesondere Kopfschmerzen und Dysmenorrhoe (schmerzhafte Regelblutung) am seltensten auftreten«.

Dr. Evalyn S. Gendel geht sogar noch weiter. Sie berichtet, daß Frauen in besonders guter körperlicher Verfassung nicht nur weniger Probleme mit der Regel haben, sondern auch seltener von Rückenschmerzen, Verdauungsbeschwerden, Erkältungen, Allergien und Erschöpfungszuständen heimgesucht werden. Die meisten Frauen sind angenehm davon überrascht, wie schnell ihre Widerstandskraft und Ausdauer zunehmen, wenn sie erst einmal mit dem Laufen anfangen. Eine Läuferin namens June Cheek erzählt, sie habe nachts dreimal aufstehen müssen, um ihr neugeborenes Baby zu füttern. Das Ergebnis: »Nachmittags wurde ich müde. Um sechs hätte ich mich lieber hinlegen mögen, anstatt das Abendessen zu machen. Mit dem Laufen hat sich das alles geändert. Es war unglaublich, wie wohl ich mich plötzlich gefühlt habe.«

Die Moral von der Geschichte scheint ungefähr folgende zu sein: Laufen Sie während Ihrer Periode auch dann ruhig weiter, wenn Ihnen nicht danach ist. Die Ergebnisse werden Sie möglicherweise angenehm überraschen. Wenn nicht, können Sie immer noch aufhören.

Wie sieht es mit dem Laufen während der Schwangerschaft aus? Die meisten Ärzte sagen, die Schwangerschaft sei nicht die richtige Zeit, um ein Laufprogramm zu beginnen. Wenn Sie aber schon laufen, dann gibt es keinerlei Grund, damit nicht weiterzumachen, es sei denn, Ihr Arzt rät Ihnen ab. Sie werden sich nicht nur wohl dabei fühlen, sondern nach der Entbindung auch schneller zur gewohnten Form zurückfinden. Carol Dilfer berichtet über ihre Erfahrungen nach der Geburt ihres zweiten Kindes, Erin: »Ich lief, bis Erin geboren wurde,

---

4 Die Leistungsfähigkeit ist grundsätzlich in der unmittelbar auf die Menstruation folgende Phase am größten, weil dann der Wasserhaushalt (und damit das Gewicht) einen Tiefstand erreicht.

denn ich spürte irgendwie, daß das Laufen während der Schwangerschaft einen inneren Wert hat. Nach der Entbindung *wußte* ich, daß
mir die körperliche Bewegung während der Schwangerschaft sehr
geholfen hatte. Ich hatte sehr lange Wehen, die morgens um ein Uhr
begannen, nachdem ich schon wochenlang an einer Grippe gelitten
hatte. Ich erwartete, daß ich völlig erschöpft sein würde. Statt dessen
fühlte ich mich großartig. Schon eine Stunde nach der Entbindung
duschte ich lange und plauderte mit meinen Freundinnen. Die
schreckliche Erschöpfung, die so oft auf eine Geburt folgt, blieb vollkommen aus. Ich erholte mich rasch, meine Widerstandskraft schien
unerschöpflich zu sein, und ich fühlte mich rundherum wohl. Das
größte Erlebnis war aber wohl, daß ich am selben Tag, als ich Erin
nach Hause brachte, bereits wieder Kleider anziehen konnte, in die
ich nach der Geburt meines ersten Kindes ein halbes Jahr lang nicht
mehr hineinpaßte.«

Sandra Davies erreichte sowohl nach vier Wochen Schwangerschaft
als auch nach acht Wochen Schwangerschaft bei Marathonläufen das
Ziel. Trina Hosmer kam zwei Stunden vor der Geburt ihres ersten
Kindes von einem Sechs-Kilometer-Lauf zurück. (Sie hatte den zu
erwartenden Geburtstermin falsch berechnet und war sich nicht darüber im klaren, daß ihr leichtes Unbehagen daher rührte, daß die
Wehen schon eingesetzt hatten.)

Die Leistungsfähigkeit beim Laufen braucht übrigens nach der Geburt eines Kindes nicht geringer zu werden. »Es gibt viele Beispiele
dafür, daß Frauen nach einer Schwangerschaft und der Entbindung
ebenso gut laufen wie vorher«, erklärte Dr. Erdelyi kürzlich. »Manche Spitzensportlerinnen sind als Mütter Olympiasiegerinnen geworden. Das einzige Problem besteht darin, daß die Kinder eine Sportle-
rin vom Training abhalten und ihre Leistung unter mangelnder Vorbereitung leidet.«

Das Laufen ist auch für Frauen jenseits des gebärfähigen Alters sehr
nützlich. Erinnern wir uns an den Fall der achtzigjährigen Eula Weaver, die im vierten Kapitel erwähnt wurde. Sogar die idiopathische
Osteoporose, die dazu führt, daß bei älteren Menschen die Knochen
mürbe werden, weil sie zuviel Kalzium verlieren, kann, wie eine Untersuchung der Universität von Wisconsin belegt, durch körperliche
Bewegung verhindert werden. Körperliche Bewegung führt über die
Verbesserung der Muskeldurchblutung auch zu einer vermehrten
Durchblutung der Knochen und damit zu einer gesteigerten Zufuhr
von Nährstoffen.

Die spektakulärsten Veränderungen ergeben sich aber (gleichermaßen bei Frauen wie Männern) im psychologischen Bereich. Das wurde im zweiten Kapitel ausführlich behandelt. »Zum ersten Mal im Leben«, erzählt Nina Kuscsik, »hatte ich Vertrauen zu mir selbst. Ich wußte, daß ich mir Selbstdisziplin auferlegt hatte, daß ich aus eigenem Antrieb lief und niemand mich dazu gedrängt hatte. Ich wußte, daß ich etwas leisten konnte, weil ich daran gearbeitet hatte. Es war eine klare Sache.«

Eine Frau erzählte mir, wie ihr das Laufen bei ihrer Scheidung geholfen habe. »Trotz des emotionalen Traumas lief ich besser und besser. Wie kommt das? fragte ich mich. Mein Inneres war in solchem Aufruhr, daß ich dachte: Früher oder später mußt du dafür bezahlen. Vier Tage vor meiner Scheidung machte ich einen Marathonlauf mit. Ich weiß nicht, wie ich es geschafft habe, denn ich stand unter dem Einfluß von Beruhigungsmitteln. Aber ich wußte, daß das Laufen körperlich für mich gut war und daß ich schließlich auch emotional davon profitieren würde. Mit Hilfe des Laufens habe ich diese ganze Zeit gesund überstanden.«

Im Gegensatz zu den Männern fangen die Frauen mit dem Laufen gerade erst an. Vor wenig mehr als einem Jahrzehnt war man allgemein fest überzeugt, daß Frauen unmöglich an einem Marathon teilnehmen könnten. Frauen, die mitmachen wollten, wurden mit der Begründung zurückgewiesen, »sie können nicht so weit laufen«. Im Jahre 1966 wurde schließlich das Reglement des *Boston Marathon* von Roberta Gibb aus Winchester, Massachusetts, geknackt, die sich in den Büschen versteckte, bis die Startpistole abgefeuert wurde, und sich dann unbemerkt unter die Läuferschar mischte. Sie beendete das Rennen erfolgreich, und ein Jahr später erhielt Kathy Switzer als erste Frau auch eine offizielle Teilnehmernummer (achtzehntes Kapitel). Offiziell durften Frauen allerdings erst ab 1972 am Wettbewerb teilnehmen.

Der Weltrekord der Frauen beim Marathonlauf spiegelt die veränderte Haltung: Er verbessert sich von Jahr zu Jahr. Im Jahre 1967 stand er noch bei drei Stunden und sieben Minuten. 1975 waren es nur noch zwei Stunden und achtunddreißig Minuten – viel schneller als die meisten Männer auf dieser Strecke je sein werden. Vor kurzem wurde auf Grund wissenschaftlicher Analysen ermittelt, daß eines Tages eine Frau die Marathonstrecke in zwei Stunden und dreiundzwanzig Minuten zurücklegen wird. Auch auf den übrigen Strecken verkürzen sich die Rekordzeiten rasch. Zweifellos vergrößern sich dadurch, daß immer mehr Frauen ein Lauftraining aufnehmen, die Chancen, daß Begabungen früher entdeckt und Spitzenleistungen erzielt werden. Nie war das Laufen für Frauen interessanter und schöner als heute.

Anmerkung von Prof. Dr. Heinrich Hess: Über die Schädlichkeit des Frauensports sind schon viele unsinnige Dinge geschrieben worden. Wir erleben natürlich heute mitunter im weiblichen Spitzensport häßliche Auswüchse der *Vermännlichung,* die Anlaß zum Nachdenken über die Ästhetik und den Gesundheitswert des Sports geben. Ein gut aufgebautes Dauerlauftraining schadet jedoch mit Sicherheit dem weiblichen Organismus überhaupt nicht. Auch die früher weit verbreitete Befürchtung, es käme zu einer Verhärtung der Beckenbodenmuskulatur und dadurch zu Geburtsschwierigkeiten, ist unbegründet. Heute wird in der Geburtshilfe sogar eine spezielle Gymnastik zur Kräftigung der Becken- und Bauchmuskulatur betrieben. Ob Frauen Laufen als Trimm-Trab oder als Leistungssport betreiben, muß jede für sich entscheiden. Im letzteren Fall ist auf die Dauer eine Verringerung der weiblich-runden Fettpolster nicht zu vermeiden, was zum Beispiel auch herbere Gesichtszüge zur Folge hat. Das sind allerdings mehr persönlich-kosmetische als medizinische Probleme.

9 / *Wenn Sie über 40 sind*

Sie werden sich auf Ihre Geburtstage freuen

Vor ein oder zwei Jahren ging ich nach dem *Boston Marathon* auf eine Party, die in der Hotelsuite einiger Teilnehmer stattfand. Als Läufer fühlt man sich nirgends so wohl, wie in der Gesellschaft anderer Läufer nach einem schweren Rennen. Es war also eine gesellige und fröhliche Versammlung. Jedermann gab einen ausgedehnten – und vermutlich stark geschönten – Rückblick auf die eigene Leistung, sofern sich jemand als Zuhörer fand. Ich kam mit einem weißhaarigen Herrn namens Norman Bright ins Gespräch. Er war fast 65 Jahre alt, hatte das Rennen aber in der erstaunlichen Zeit von 2:59:59 Stunden beendet. Er hatte den 615. Platz belegt und damit zwei Drittel des Feldes geschlagen. Viele jüngere Läufer waren vom Laufen erschöpft und fühlten sich so steif, daß sie sich während der Party hinsetzten oder gar auf dem Teppich ausstreckten, aber Bright stand aufrecht und plauderte angeregt. Er wolle bald nach Europa fahren, um dort an einigen Läufen teilzunehmen, erklärte er mir. Er freue sich schon sehr darauf, neue Landschaften kennenzulernen. Er öffnete einen orangefarbenen Rucksack, den er in einer Ecke des Zimmers verstaut hatte, und begann mir die Landkarten, Broschüren und Teilnahmeformulare zu zeigen, die er zur Vorbereitung seiner Tour gesammelt hatte. Er war enthusiastischer als mancher Teenager.

Norman Bright ist deshalb eine Ausnahme, weil er Amerikaner ist. In den Vereinigten Staaten haben wir ziemlich merkwürdige Vorstellungen darüber, wie sich ältere Leute, selbst wenn sie kaum mehr als vierzig Jahre alt sind, verhalten sollten. Sie sollten nicht Bob Dylan, sondern Bing Crosby lieben; man erwartet, daß sie lieber Porridge als Pizza essen; und vor allem sollen sie gemütlich auf einem Plüschsofa sitzen, anstatt schwitzend die Straße von Hopkinton nach Boston hinunterzurennen. Die Europäer leiden weniger unter solchen Klischeevorstellungen. In der Bundesrepublik gibt es den Deutschen Sportbund[1], dem über 45 000 Sportvereine angehören, von denen viele auch Seniorenabteilungen haben. In Italien gehörten zu den

33 000 Teilnehmern des letzten Stramilano (einem Fünfzehn-Meilen-Rennen, das in jedem Frühjahr in Mailand stattfindet) auch ungefähr viertausend Rentner, und an einem Siebzig-Kilometer-Skilangstreckenlauf nahmen 150 über sechzigjährige Italiener teil. Der Sport wird zwar das Weintrinken als Frankreichs Freizeitbeschäftigung Nummer eins nicht verdrängen, aber jede Woche treffen sich Tausende von Franzosen, die älter als Sechzig sind, zum Training. In der Sowjetunion werden von der staatlich inspirierten Bewegung *Bereit für Arbeit und Verteidigung* Querfeldein-Läufe und Volksskiläufe veranstaltet. Im Winter kommt noch das Schwimmen in vereisten Flüssen hinzu, das nach Angaben der Veranstalter die Nerven und die Willenskraft stärkt und den Stoffwechsel anregt.

All dies steht im Gegensatz zu dem, was man in den Vereinigten Staaten von älteren Menschen erwartet. »Wir neigen dazu, ältere Menschen in Watte zu packen«, sagt Dr. Theodore G. Klumpp, ein New Yorker Herzspezialist, der gerne ein überregionales Trainingsprogramm für Senioren einrichten möchte. »Aus lauter Fürsorglichkeit fordert man die älteren Mitbürger auf, sich körperlicher Aktivitäten zu enthalten. Durch diesen sanften Zwang erreichen sie einen Punkt, wo die Inaktivitätsatrophie einsetzt. Die Ergebnisse sind schädlich, wenn nicht gar katastrophal.« Noch vor einer Generation wurde ernsthaft darüber gestritten, ob Menschen mittleren Alters überhaupt Sport treiben sollten. Im Jahre 1950 schrieb ein gewisser P. J. Steincrohn in seinem Buch *How to Stop Killing Yourself:* »Die Notwendigkeit körperlicher Bewegung ist reine Einbildungssache. Wir folgen dem Leithammel wie Schafe. Man hat uns gesagt, daß Sport gesund für uns sei. Wir haben diese Behauptung kritiklos akzeptiert und unsere knarrenden Gelenke und protestierenden Muskeln unnötig strapaziert, weil wir fest überzeugt waren, daß Sport zur richtigen Lebensweise gehört. Aber denken Sie immer daran: *Sie brauchen keine körperliche Bewegung.*«

Inzwischen gibt es glücklicherweise Vorboten eines Umdenkens. Da

1 *DSB: Zwei Millionen Mark für die Trimm-Aktion.* Der Deutsche Sport-Bund (DSB) ist die Dachorganisation aller Sportvereine der Bundesrepublik Deutschland einschließlich Berlin (West). Im DSB sind zur Zeit 48 380 Vereine mit insgesamt 12,8 Millionen Mitgliedern registriert. Im Jahr 1969 stellte der DSB erstmals sein Trimm-Programm vor, das bald weltweite Anerkennung und Nachahmung fand. Das Bielefelder Emnid-Institut ermittelte im Mai 1979, daß bereits 94 Prozent der Bevölkerung in der Bundesrepublik Deutschland die Trimm-Aktionen – und hier in erster Linie das Laufen – kennen. Die Zahl der Jogger wird inzwischen auf zwei Millionen geschätzt. Der DSB-Jahresetat betrug 1978 rund 10,5 Millionen DM, der projektgebundene Etat wurde mit 6,7 Millionen DM angegeben. Zwei Millionen DM investierte der Deutsche Sport-Bund in die Organisation und Werbung der Trimm-Aktion.

ist zum ersten die zunehmende Zahl von Männern und Frauen, die über vierzig Jahre alt sind und sich mit dem Laufen befassen. In einem Bericht des National Running Data Center wurde festgestellt, daß von den 18 466 Läufern, die 1975 an offiziellen Wettkämpfen teilnahmen, etwa 2250 älter als vierzig Jahre waren. Viele dieser älteren Läuferinnen und Läufer trainieren ebenso hart und laufen ebenso gut, wie Läufer, die Jahrzehnte jünger sind. Bei Wettkämpfen, bei denen die Teilnehmer in Fünfjahres-Gruppen eingeteilt werden, kommt es oft genug vor, daß zum Beispiel der Sieger der 50–54-Jahre-Kategorie die Strecke schneller zurücklegt als der Sieger der nächstjüngeren Gruppe. Vor kurzem traf ich bei einem Rennen in Succasunna, New Jersey, Percy L. Perry, einen zweiundsiebzigjährigen Läufer, der als über Sechzigjähriger begonnen hatte zu laufen, weil ihm sein Arzt gesagt hatte, er müsse sich mehr Bewegung verschaffen. Heute ist er Mitglied des Old Guard Club beim örtlichen YMCA (Christlicher Verein junger Menschen), läuft zehn Kilometer am Tag und überholt manchen, der nur halb so alt ist. »Der Arzt sagt, ich würde noch fünfzig Jahre durchhalten«, erklärte er mir.

Wie schon im vierten Kapitel erwähnt, hat Dr. Fred Kasch nachgewiesen, daß einige der wichtigsten körperlichen Veränderungen, die mit dem Prozeß des Alterns zu tun haben, durch Bewegungstraining aufgehalten und umgekehrt werden können. Bei einem Experiment, an dem Frauen im Alter von 52 bis 79 Jahren teilnahmen, haben Dr. Herbert de Vries und Gene Adams von der Universität von Southern California, die im zweiten Kapitel kurz erwähnt wurden, nachgewiesen, daß schon ein dreimonatiges Übungsprogramm die Leistung des kardiovaskulären Systems erheblich steigern kann und den Ruhepuls zu senken vermag. Wissenschaftler vom Noll Laboratorium für Humanmedizin der Penn State Universität haben nachgewiesen, daß Frauen mittleren Alters von einem Bewegungstraining ebenso wie Männer profitieren und für Verletzungen keineswegs anfälliger sind. Wissenschaftler der USC haben demonstriert, daß auch Männer über Achtzig ihren Blutdruck, den Fettgehalt ihres Körpers und die nervöse Spannung verringern und dabei ihre Kräfte erheblich steigern können, wenn sie ein Jahr lang an einem Programm mit Lauftraining und anderen Übungen teilnehmen. Mit einem Wort, Sie können etwas für sich tun, auch wenn Sie noch so spät damit anfangen.

Der größte Vorteil für ältere Menschen besteht aber nicht nur darin, daß sich ihr Gesundheitszustand verbessert, sondern darin, daß sie sich wohlfühlen und mehr vom Leben haben, wenn sie in Form sind.

Daß heute so viele Menschen über Vierzig zu laufen beginnen, muß wohl vor allem auf diese Tatsache zurückgeführt werden, die stärker als alle trockenen statistischen Angaben über gesundheitliche Faktoren zu überzeugen vermag. Jede Tätigkeit, ob es nun Arbeit, Hobby oder eine Alltagsbeschäftigung wie das Hinuntertragen des Mülleimers ist, wird angenehmer, wenn man dabei nicht vor Erschöpfung außer Atem gerät. Andererseits gibt es kaum etwas, was so entmutigend ist wie die Feststellung, daß man Dinge nicht mehr zu verrichten vermag, die andere Menschen unseres Alters noch ohne Mühe erledigen können. »Inaktivität ist der Todfeind des menschlichen Körpers«, erklärt die US-Behörde für Altenpflege. »Wir wissen heute, daß für die körperlichen Probleme, die mit dem Alter in Verbindung gebracht werden, weniger das tatsächliche Alter eines Menschen als vielmehr seine Lebensweise verantwortlich ist.« Oder, wie sich ein Arzt ausdrückte: »Wir nutzen unseren Körper nicht ab, sondern wir lassen ihn einfach verrosten.«

Vor fünfzehn Jahren traf ich in dem Verlag, für den ich damals arbeitete, einen schlanken jungen Redakteur Mitte Zwanzig, der Ted hieß. Er war ein brillanter Kopf, und wir schätzten einander sehr. Später verließen wir beide den Verlag und verloren einander aus den Augen. Vor ein oder zwei Jahren rief Ted überraschend an, und wir verabredeten uns zum Essen. Ich erkannte ihn kaum wieder. Er war fast zwanzig Kilo schwerer geworden und hatte ein Doppelkinn entwickelt, das beim Sprechen auf und ab hüpfte. Er fragte mich, wie ich es geschafft hätte, so dünn zu bleiben, und ich erzählte ihm vom Laufen. Er schaute äußerst bedenklich. »Meinst du denn, daß das für einen Menschen in deinem Alter wirklich gut ist?« fragte er voller Besorgnis. »Ich bin jetzt Vierzig und versuche, mich so wenig wie möglich anzustrengen.«

Der größte Teil der Bevölkerung handelt nach dem gleichen Prinzip, aber es gibt wichtige Ausnahmen. Vor mehr als vierzig Jahren, im Jahre 1935, gewann ein siebenundzwanzigjähriger Läufer namens John A. Kelley den *Boston Marathon*. Zehn Jahre später war er noch einmal erfolgreich, wobei er die Strecke noch schneller als bei seinem ersten Sieg zurücklegte. Heute ist Kelley Siebzig, nimmt aber immer noch an Marathonläufen teil, und die Zuschauer, die ihn inzwischen als Dauerattraktion dieses Wettkampfs betrachten, bejubeln jeden seiner Auftritte. Larry Lewis aus San Francisco lief täglich zehn Kilometer und arbeitete außerdem noch ganztags als Kellner im St. Francis Hotel, als er bereits über hundert Jahre alt war.

Das Besondere und Schöne beim Laufsport besteht darin, daß Männer (und Frauen) wie Lewis, Kelley, Bright und Perry keineswegs Außenseiter sind oder auch nur als Originale betrachtet werden. Sie nehmen an denselben Rennen teil wie zwanzigjährige Läufer und erhalten für ihre Leistungen die gleiche Anerkennung wie diese. Sie haben ihre eigenen Zeitschriften (deren beste wohl *Veteris* ist, die in England erscheint), ihre eigene Organisation, die *Master Sports Association,* und sogar ihre eigenen Olympischen Wettkämpfe für Senioren, die jährlich stattfinden. Dementsprechend fürchten diese Läufer auch ihre Geburtstage nicht. Viele von ihnen freuen sich sogar darauf, weil sie sich ausrechnen, daß sie in der nächsthöheren Altersgruppe noch bessere Aussichten auf den Sieg haben.

Bei ernsthaften jungen Läufern und ernsthaften alten Läufern gibt es kaum Unterschiede beim Training. Viele ältere legen ebenso viele Kilometer zurück wie die jüngeren, und oft sogar mehr. »Wenn man älter wird, heißt das noch lange nicht, daß man deswegen weniger tun sollte«, meint Ted Corbitt. »Wenn Sie von Fünf-Meilen-Rennen zu Marathons übergehen, brauchen Sie auch beim Training längere Strecken.« John Kelley läuft täglich eine Stunde, davon die meiste Zeit mit äußerster Kraft. Jim McDonagh, ein Spitzenläufer Mitte Fünfzig, legte einmal eine Strecke von 104 Kilometern zurück, um sich auf das berühmte 84-Kilometer-Rennen von London nach Brighton vorzubereiten. Ted Corbitt ist schon des öfteren morgens früh aus dem Haus gegangen und einfach den ganzen Tag gelaufen. Vor einigen Jahren gab die Zeitschrift *Runner's World* eine Broschüre mit dem Titel *Running After Forty* heraus, aber die Redakteure mußten feststellen, daß es nur sehr wenig über das Training älterer Läufer zu sagen gab, was nicht schon in den Trainingsanleitungen für jüngere Leute gesagt worden war. Deshalb konnten sie die Broschüre mit einer Fülle von biographischem Material über Spitzenläufer anreichern, die bereits über vierzig, fünfzig, sechzig und siebzig Jahre alt waren.

Als älterer Läufer wird Ihr Training notwendigerweise von zwei Faktoren bestimmt werden. Einmal von der Strecke, für die Sie trainieren, und zum anderen davon, was Sie aushalten können. Ein Marathonläufer mittleren Alters muß, wie Ted Corbitt erwähnte, ebenso viele Kilometer zurücklegen wie ein jüngerer Läufer – mindestens wohl fünfzehn oder sechzehn Kilometer am Tag, und noch mehr, wenn er wirklich gut abschneiden will. Wenn ein älterer Läufer allerdings nur gelegentlich an einem Acht- oder Zehn-Kilometer-Lauf teilnehmen will, dann genügen schon ein paar Kilometer am Tag. Wie schon früher erwähnt, interessieren sich viele Läufer überhaupt nicht für Wettkämpfe, und bei ihnen genügt eine Gesamtstrecke von fünfzehn oder sechzehn Kilometern pro Woche, um sie fit zu erhalten und ihnen das gewünschte Wohlbefinden zu geben.

Obwohl ältere Läufer ebenso große Strecken wie jüngere zurücklegen können, laufen sie, abgesehen von wenigen Ausnahmefällen, doch nicht so schnell. Der Grund dafür ist natürlich darin zu suchen, daß der alternde Körper allmählich langsamer wird. Zahllose wissenschaftliche Untersuchungen haben bewiesen, daß unsere Muskelkraft und Koordination, unsere maximale Herzfrequenz und unsere Fähigkeit zur Sauerstoffaufnahme mit zunehmendem Alter abnehmen. Das gleiche gilt für unsere Fähigkeit zur Anpassung an die Außentemperatur. Bei einer Untersuchung wurde bewiesen, daß Männer zwischen 39 und 45 Jahren doppelt so lange brauchen, wie Männer zwischen 19 und 31 Jahren, um ins Schwitzen zu geraten, und daß der Schweißausbruch dann länger anhält, auch nachdem die Anstrengung aufgehört hat. Darüber hinaus ist das Verletzungsrisiko bei alten Menschen größer, und sie erholen sich langsamer.

Es gibt allerdings auch positive Aspekte. So vermindern sich zum Beispiel die sportlichen Fähigkeiten bis zum sechzigsten Lebensjahr nur sehr langsam. Die Körperkraft nimmt bis zum zwanzigsten Lebensjahr zu, dann setzt ein sehr, sehr langsamer Schwund ein (siehe Zeichnung Seite 155). Erst nach dem sechzigsten Lebensjahr geht es mit den Kräften steiler bergab. Außerdem sind ältere Menschen zwar anfälliger für Verletzungen, aber sie kompensieren das, indem sie vorsichtiger sind. Gerade jüngere Menschen, vor allem wenn sie ein hartes Intervall-Training machen, leiden ständig an Muskelzerrungen, ausgerenkten Knien und Fersenverletzungen.

Wenn Sie über vierzig Jahre alt sind und gerade erst mit Laufen anfangen, ist vor allem wichtig, was vielleicht das Schwierigste ist: mit einer langsamen Leistungssteigerung zufrieden zu sein. Der Rat, zu »trainieren, ohne sich zu strapazieren«, gilt hier besonders. (»Laufen, ohne zu schnaufen«, heißt es in der Trimm-Broschüre des Deutschen Sportbundes.) Wer nach einer zwanzigjährigen Pause lossprintet, erreicht vielleicht kurzfristig eine gute Leistung, aber über kurz oder lang sind Verletzungen zu befürchten. Muskeln und Sehnen, die sich an jahrelange Inaktivität gewöhnt haben, benötigen viel Zeit, um sich anzupassen, wenn sie eine aktivere Lebensweise aufnehmen sollen. Während der ersten zwei oder drei Jahre meines Laufens litt ich unter

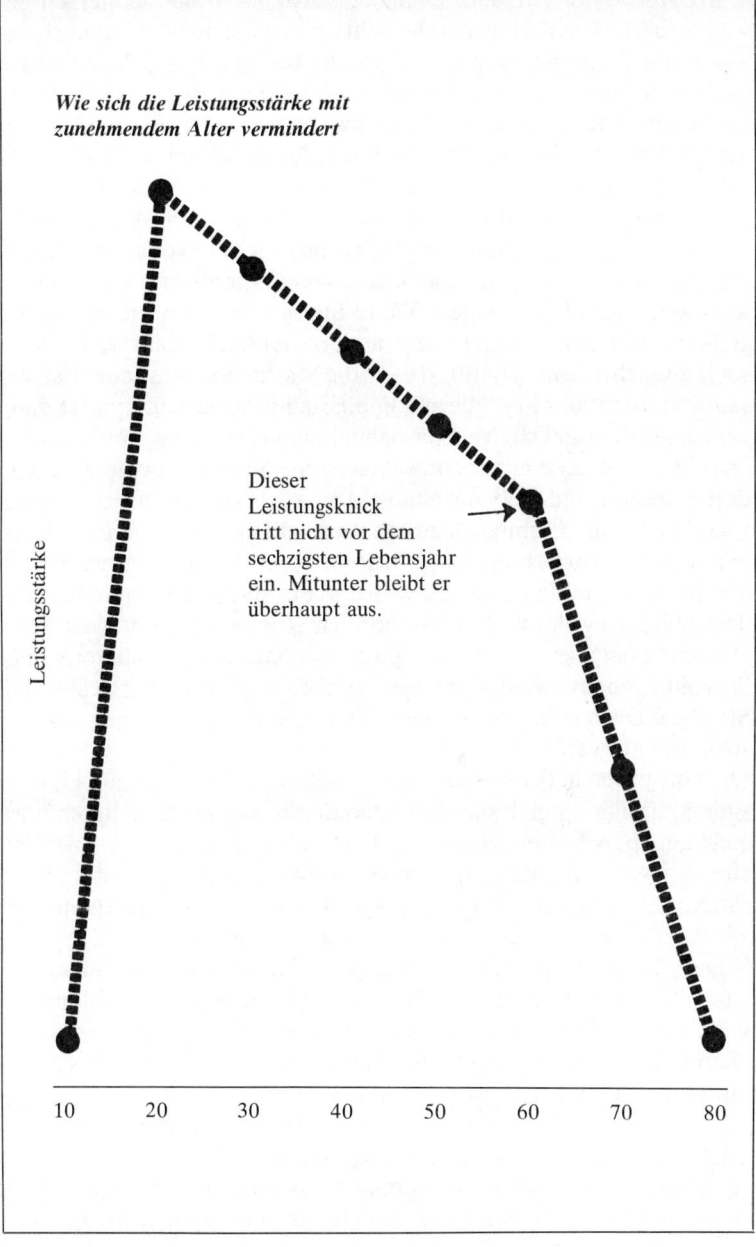

Wie sich die Leistungsstärke mit zunehmendem Alter vermindert

Leistungsstärke

Dieser Leistungsknick tritt nicht vor dem sechzigsten Lebensjahr ein. Mitunter bleibt er überhaupt aus.

10 20 30 40 50 60 70 80

zahlreichen Sportschäden. Dann verschwanden die Schmerzen auf wunderbare Weise. Heute, zehn Jahre danach, leide ich nur noch gelegentlich unter minimalen Unpäßlichkeiten – und auch diese werden von einem guten Lauf meist geheilt. »Wenn man mit Laufen anfängt, muß man seinen ganzen Körper erneuern«, erklärte mir ein Arzt aus Kalifornien, der selbst an Marathonläufen teilnimmt. »Über Nacht schafft das niemand.«

Laufen Sie deshalb zu Anfang langsam, so langsam, daß Sie dabei noch ein Gespräch führen können. Zu Beginn ist es vor allem wichtig, die Ausdauer zu steigern; die Schnelligkeit kann warten, bis Sie die richtige »Grundlage« haben. Wenn Sie so verfahren, trainieren Sie genauso wie Bill Rodgers und andere Weltklasseläufer. Rodgers sorgt zunächst einmal dafür, daß er die Stärke und Ausdauer hat, die Marathonstrecke ohne übermäßige Ermüdung zu laufen; erst dann geht er zum zusätzlichen harten Schnelligkeits Training über, das ihm erlaubt, die Strecke mit der unwahrscheinlichen Geschwindigkeit von drei Minuten und sieben Sekunden pro Kilometer zurückzulegen. Um die richtige Grundlage zu schaffen und zu behalten, läuft Rodgers jahrein jahraus täglich 32 Kilometer. Als er gefragt wurde, ob ihn das nicht müde mache, antwortete er: »Nein, ich habe das jetzt drei Jahre lang durchgehalten, und ich schaffe das ohne weiteres.« Vielleicht belassen Sie es bei täglich zwei oder drei Kilometern, aber Sie sollten ebenso wie Bill Rodgers zunächst einmal sicherstellen, daß Sie diese Distanz in gemäßigtem Tempo bewältigen können, ehe Sie schneller zu werden versuchen.

Dr. Leroy Getchell, der, wie schon erwähnt, an der Ball State Universität in Indiana ein Fitness-Programm für Erwachsene durchführt, weiß genau, wie ältere Menschen auf Sport reagieren. Er hat zahlreiche Artikel und Bücher geschrieben, unter anderem erst kürzlich *Physical Fitness: A Way to Life*. Als Mitarbeiter im angesehenen Institut für Humanmedizin seiner Universität (siehe Kapitel 23) hat er Zugang zu allerneuesten Forschungsergebnissen; darüber hinaus besitzt er Erfahrungen aus erster Hand: täglich läuft er zehn Kilometer. Getchell empfiehlt, daß sich Anfänger mittleren Alters einer ärztlichen Untersuchung unterziehen und dann allmählich an das Laufen gewöhnen sollten, indem sie zunächst längere Zeit gehen, bis sie in raschem Tempo ohne Atemnot, Schwindelgefühle, Brustschmerzen oder Erschöpfung eine Stunde lang gehen können.

Getchells Fitnesskurs findet viermal die Woche morgens von 6.15 bis 6.45 Uhr statt. Für einen Erwachsenen, der mit Laufen anfangen will, ist er ein gutes Vorbild. Männer und Frauen trainieren zusammen. (Nur weil man sich zu einem Laufprogramm entschlossen hat, braucht man nicht gleich auf Gesellschaft zu verzichten.) Nach einigen Übungen zum Aufwärmen beginnen die Teilnehmer in einem Tempo zu laufen, das ihren Puls auf 75 Prozent des Unterschieds zwischen Ruhepuls und maximaler Herzfrequenz bringt (siehe oben Seite 102).

Körperliche Bewegung und vor allem Laufen trägt auch bei älteren Menschen noch viel dazu bei, die langfristigen Schäden des Rauchens, Trinkens und Zuviel-Essens abzubauen, die wohl die typischsten Faktoren des Lebens im zwanzigsten Jahrhundert sind. Untersuchungen haben gezeigt, daß ältere Menschen mit sitzender Lebensweise ähnlich fit werden können wie Sportler, die seit langem trainieren, wenn sie ein Bewegungstraining beginnen. Dr. de Vries hat nachgewiesen, daß selbst Achtzigjährige ihre körperliche Leistungsfähigkeit durch ein Bewegungsprogramm noch enorm zu steigern vermögen[2]. In meinem Heimatort in Connecticut trifft sich während der Sommermonate jeden Donnerstagabend eine Gruppe von Läufern, um auf der Vierhundert-Meter-Bahn ein kurzes Rennen zu laufen. Es wird kein Startgeld erhoben, es gibt keinerlei Formalitäten, und unter den Teilnehmern finden sich Universitätssportler ebenso wie Hausfrauen und Kinder, die täglich allenfalls eine Meile zurücklegen. Während der letzten Jahre fand sich auch regelmäßig ein muskulöser weißhaariger Herr Mitte Siebzig am Start ein. Er trägt Shorts und Tennisschuhe und läuft, wenn wir unsere Wettrennen veranstalten, gemächlich auf der Außenbahn nebenher. Eines Abends sprach ich ihn an. Er erzählte mir, seine Frau sei kürzlich gestorben. Er lebe jetzt allein und habe zu laufen begonnen, um zu sehen, ob es ihm hilft, mit seiner Situation besser fertig zu werden. Ich fragte ihn, ob er damit Erfolg gehabt habe. Da grinste er wie ein Schuljunge und sagte: »Soviel könnten Sie mir sicher nicht zahlen, daß ich auch nur einen Tag aufs Laufen verzichten würde.«

Anmerkung von Prof. Dr. Heinrich Hess: Für das Laufen gibt es grundsätzlich keine Altersgrenze nach oben. Auch ein Hundertjähriger kann noch traben, wenn er es gewöhnt ist. Auch für alle diejenigen, die im höheren Alter andere Sportarten betreiben, ist Laufen ein

---

2 Aus seinen Untersuchungen geht hervor, daß Menschen über Sechzig auch von Belastungen profitieren, die so gering sind, daß sie bei jüngeren kaum einen Trainingseffekt hervorrufen würden. Sogar Spazierengehen bringt schon meßbare Ergebnisse.

idealer Ausgleich. Wer es nicht gewohnt ist, muß natürlich besonders langsam anfangen und sollte sich auf jeden Fall vorher vom Arzt untersuchen lassen. Sehr nützlich ist auch der Rat erfahrener, etwa gleichaltriger Läufer, mit denen man nach Möglichkeit die ersten Stunden zusammen laufen sollte. Überhaupt macht das Laufen gerade in diesem Alter in einer Gruppe den meisten Menschen viel mehr Spaß und fördert auch die Geselligkeit abseits des Trimmpfads. Die Devise der über Sechzigjährigen sollte lauten: *Laufen, ohne zu schnaufen.*

10 / Kinder

Sie sind schneller und zäher als Sie denken

Der Wettbewerbsgeist liegt in unserer Familie. Als mein Sohn John elf Jahre alt war, fuhren wir eines Sonntags nach Hamden, Connecticut, um an einem Fünf-Meilen-Rennen teilzunehmen. Ich hatte einen guten Tag und erhielt für meine Altersgruppe den zweiten Preis. (Entsprechend einer alten Tradition handelte es sich um einen kraftvollen männlichen Läufer aus chromähnlichem Plastikmaterial, der auf einem klotzigen Sockel dahintrabte. Die Trophäen bei Laufwettbewerben gehören, wie ich leider nicht verschweigen kann, zu den häßlichsten Preisen der Welt.) Wenige Minuten später wurde John aufgerufen. Er erhielt einen Preis, weil er der jüngste Läufer im Ziel war, und zu seiner Freude (und meinem Ärger) war seine Trophäe doppelt so groß.

Ein paar Tage später fragte mich ein Freund, der von Johns Trophäe gehört hatte, ob es überhaupt gesund sei, wenn jemand in so zartem Alter schon so große Strecken zurücklegt. Dabei wurde mir klar, daß ich das eigentlich selbst nicht recht wußte. Ich hatte zwar gesehen, daß kleine Kinder laufen, darunter nicht wenige, die wesentlich jünger waren als John, und daß viele sogar an Marathonläufen teilnahmen. Ich hatte auch von dem Sohn eines Marathonläufers gehört, den man am offenen Herzen operiert hatte und dessen Eltern ihn (vermutlich auf Empfehlung des Arztes) zum Langstreckenlauf aufforderten. Aber ich wußte keineswegs genau, welche Wirkung das Laufen auf Kinder tatächlich hat; also begann ich zu lesen und erkundigte mich bei einigen Fachleuten. Denn wenn das Training für meinen Sohn schädlich sein sollte, wollte ich, daß er damit aufhörte, auch wenn er noch so große Trophäen gewann. Wer konnte wissen, ob das Laufen nicht womöglich völlig andere Wirkungen hatte als zum Beispiel Baseball oder Fußball. Denn bei diesen Sportarten gibt es zwar plötzliche Anstrengungen, die starkes Herzklopfen verursachen können, aber es gibt auch Gelegenheiten sich zu erholen. Beim Laufen, vor allem beim Wettkampf, muß man sich demgegenüber die ganze Zeit anstrengen. Das Herz klopft, die Beine schmerzen, der Atem pfeift. Konnte dem Kind das nicht schaden?

Im Laufe meiner Nachforschungen fand ich rasch eine Fülle von Beweisen, die meine Bedenken zerstreuten und sich in das bisher schon gewonnene Bild einfügen ließen. Untersuchungen zeigen zum Beispiel, daß schon bei Kindern erschreckend häufig erste Zeichen von Arteriosklerose festgestellt werden können. Da das aerobe Bewegungstraining (besonders wenn es durch eine Diät ergänzt wird, die wenig gesättigte Fettsäuren enthält) die Arteriosklerose bei Erwachsenen aufhalten und sogar umkehren kann, schien es möglich, daß dies auch bei Kindern der Fall ist. Ich befragte den schon früher erwähnten Direktor des Noll Laboratorium für Humanmedizin an der Penn State Universität, Dr. Elsworth Buskirk. Der bekannte Forscher bestätigte meine Vermutung. »Die Forschungsliteratur«, sagte er, »legt den Schluß nahe, daß die ersten Vorbeugungsprogramme schon in sehr jungem Alter einsetzen sollten.«

Weitere Hinweise kamen von der Abteilung für angewandte Wissenschaft der Universität of Massachusetts. Dort hatten vor kurzem William B. McCafferty, Arthur C. Cosmas und Dr. Dee W. Edington einen Bericht über ein Experiment zum Verhältnis von körperlicher Bewegung und Langlebigkeit vorgelegt. Die Wissenschaftler hatten vor allem feststellen wollen, ob Bewegungsprogramme, die in fortgeschrittenem Lebensalter begonnen werden, zur Langlebigkeit führen. Da sie bei ihrem Versuch keine Menschen, sondern Ratten benutzten, lassen sich die Ergebnisse nicht ohne weiteres übertragen; dennoch kann davon ausgegangen werden, daß Versuchsergebnisse, die man bei einem Organismus erzielt, in ähnlicher Form auch bei anderen vergleichbaren Organismen gefunden werden. Die drei Wissenschaftler unternahmen Versuche mit vier verschiedenen Gruppen von Ratten. Die jüngste Gruppe war zu Beginn des Experiments vier, die älteste zwanzig Monate alt. Alle Ratten wurden täglich zwanzig Minuten lang in einem Laufrad trainiert, bis sie drei Jahre alt waren. Je eher die Ratten mit ihrem Laufprogramm begonnen hatten, desto größer war ihre Chance, das dritte Lebensjahr zu vollenden. »Es ist nicht auszuschließen«, erklärten die Wissenschaftler, »daß es eine Altersschwelle gibt, nach der sich ein Trainingsprogramm nicht mehr positiv auswirkt… Auf jeden Fall erscheint die Annahme richtig, daß Trainingsprogramme, die in jungen Lebensjahren (also vor der hypothetischen Altersschwelle) beginnen und bis ins hohe Alter fortgesetzt werden, mehr zur Langlebigkeit beitragen, als Trainingsprogramme, die erst im späten Leben beginnen.«

Ein weiterer Grund, das Bewegungstraining für Kinder zu fördern, ist darin zu sehen, daß trainierte Kinder nicht so leicht dick werden. Übergewicht, erklärte Dr. Nathan J. Smith bei einer Konferenz der Amerikanischen Hochschule für Sportmedizin, ist keineswegs ein Ernährungsproblem, sondern eine Frage der Aktivität; im allgemeinen wird das Übergewicht nicht dadurch erzeugt, daß man zuviel ißt, sondern dadurch, daß man sich zuwenig bewegt. Smith, der an der Universität von Washington Kinderheilkunde und Sportmedizin lehrt, erklärte weiter: »Um ernährungsmäßig fit zu sein und Übergewicht zu vermeiden, müssen amerikanische Kinder eine sehr viel aktivere Lebensweise aufnehmen.«

Und wie steht es mit der Verletzungsgefahr? Könnte die Dauerbelastung beim Laufen nicht schädlicher sein als die Spurt- und Pausen-Belastung bei anderen Sportarten? Diese Befürchtung wird zumindest durch die Untersuchung widerlegt, die Gregory W. Zoller an den öffentlichen Schulen in Seattle durchgeführt hat. Die Ergebnisse Zollers weisen darauf hin, daß das Verletzungsrisiko im Vergleich zu anderen Sportarten praktisch gleich Null ist und das Laufen sogar das Verletzungsrisiko bei den übrigen Sportarten senkt. In einem Artikel für die Zeitschrift *The Physician and Sportsmedicine* weist Jack Wilmore darauf hin, daß das Training und die ausgeübte Sportart aufeinander abgestimmt werden müssen. Eine gute Herz-Lungen-Leistung ist auch für einen Football-Spieler von Nutzen, obwohl er nicht in erster Linie Ausdauer, sondern Kraft braucht. »Beim Football kommt es von Lauf zu Lauf immer wieder zu kurzen Phasen lebhafter Aktivität«, schreibt Wilmore. »Football beruht also vorwiegend auf Schnelligkeit und Kraft, was einen erheblichen anaeroben Stoffwechsel notwendig macht. Aber wenn es um das letzte Viertel des Spiels geht, entscheidet die Ausdauer. Ein Spieler mit schlechter Kondition wird erschöpft sein... und sich leichter verletzen.« In der Tat gibt es nur wenige Sportarten, in denen eine durch Ausdauertraining verbesserte Kondition nicht von Nutzen wäre.

Kinder und Jugendliche profitieren übrigens genauso wie Erwachsene von den psychologischen Veränderungen beim Laufen. Das Bewußtsein, eine Strecke schneller als die meisten anderen Leute zurücklegen zu können, trägt besonders in jungen Jahren stark dazu bei, daß man ein gesundes Selbstvertrauen entwickelt. Wenn man als Teenager an einem Wettkampf teilnimmt und hundert Meter vor dem Ziel an einem durchaus kräftigen Fünfundzwanzigjährigen vorbeizieht, vermittelt einem das ein schönes Gefühl der Gleichwertigkeit. Roger Bannister drückte das so aus: »Die Jugend ist oft ein Lebensabschnitt voller Konflikte und Verwirrung; diese Jahre sind leichter und erfolgreicher für jeden Jungen zu überstehen, der ein anspruchsvolles Hobby entwickelt, das seinen Geist und seinen Körper bis an die Grenze seiner Leistungsfähigkeit führt.«[1]

Auch die Jahre vor der Pubertät sind für das Laufen hervorragend geeignet. Einmal fuhr ich im Herbst zum Van Cortlandt Park im Norden von New York City, um die Nationalen Schüler-Crosslauf-Meisterschaften zu besuchen. 3924 Jungen und Mädchen, von denen die jüngsten erst sechs Jahre alt waren, nahmen an dem Wettbewerb teil. Sie liefen auf einer zweieinhalb Kilometer langen Strecke am Rande einer großen Wiese entlang. Es liefen immer zwei Jahrgänge zusammen in einer Welle, dann donnerte die nächste Gruppe heran. Zuerst kamen die sechs- und siebenjährigen, dann die acht- und neunjährigen und so weiter, bis zu den sechzehn- und siebzehnjährigen Mädchen und Jungen. Die Ergebnisse waren erstaunlich. Ein Mädchen der jüngsten Kategorie legte die Strecke in einem Tempo von weniger als 4:40 Minuten pro Kilometer zurück. Ein Junge derselben Altersgruppe benötigte insgesamt nur 10:48 Minuten, das heißt also 4:20 Minuten pro Kilometer, ein Tempo, das nur die wenigsten Erwachsenen jemals erreichen werden. Noch verblüffender als die Zeiten war die Stimmung bei diesem Sportfest. Solange die Kinder auf den letzten Metern um eine günstige Position kämpften, hatten ihre Gesichter den gleichen gequälten Ausdruck, den man bei internationalen Spitzenläufern oft findet, aber sobald sie über die Ziellinie waren, verwandelten sie sich wieder in fröhliche Kinder auf einem Ausflug.

Trotz der obengenannten Untersuchungen machen sich manche Eltern doch Sorgen, daß sich ihre Kinder beim Laufen verletzen könnten. Sie wären vermutlich auch über solche Veranstaltungen wie das »Zwanzig-Meter-zu-Mami-Rennen« nicht glücklich, das vor kurzem an der Duke Universität für Kleinkinder im Alter von sechs bis dreizehn Monaten stattfand. Da ich selbst Kinder habe, habe ich verschiedene Ärzte und Physiologen gefragt, was sie von solchen Veranstaltungen halten. Die meisten empfehlen ein vernünftiges Maß an Vorsicht – man sollte keinen Vierjährigen dazu drängen, an einem

---

1 Diese Bemerkung Bannisters ist schon einige Jahre alt. Hätte er sie heute niedergeschrieben, so hätte er gewiß nicht nur von Jungen, sondern auch von Mädchen gesprochen.

Marathonlauf teilzunehmen. Andererseits hat aber auch keiner irgendwelche Faktoren erwähnt, die auch bei noch so jungen Kindern Dauerschäden durch Laufen verursachen könnten. Letztlich kommt es darauf an, Vernunft walten zu lassen. Man wird es wohl kaum darauf anlegen, Kinder so erschöpft vom Training nach Hause kommen zu lassen, daß sie kaum noch kriechen können. Aber wenn man sie nicht rücksichtslos überfordert, geschieht das sowieso nicht. Die meisten Menschen sind auch in jungen Jahren schon vernünftig genug, langsamer zu laufen, wenn die Belastung zu hoch ist.

Die meisten, aber nicht alle. Junge Menschen sind weniger vorsichtig als Erwachsene. Sie lassen nicht so leicht locker, wenn es zum Beispiel an einem schwülen Augusttag zu anstrengend wird. Schülerinnen und Schüler der oberen Klassen habe ich an solchen Tagen bei Wettkämpfen schon fast bewußtlos oder mit schlimmen Blasen dahinstolpern sehen, weil sie zu stolz waren aufzugeben. Das ist Unsinn. Der nächste Wettkampf kommt bestimmt. Auch junge Leute sollten, ebenso wie Erwachsene, das Laufen als Langzeit-Sportart betrachten, bei der man nicht unbedingt gleich in der ersten Saison der Beste sein muß.

Wenn Jugendliche überhaupt nicht an Rennen teilnehmen, ist das völlig in Ordnung. Die Teilnahme an Wettkämpfen ist lediglich ein besonderer Bonus, wenn sie daran Spaß haben. Es kommt vor allem darauf an, daß kontinuierlich trainiert wird. Jeden Tag bei jedem Wetter zu laufen, ist ein besonderes Vergnügen, und junge Menschen finden es ebenso reizvoll wie jeder von uns. Laufen ist eine Beschäftigung, die Erwachsene und Kinder gemeinsam ausüben können. Abgesehen von der Wirkung des Trainings bietet sich dabei Gelegenheit, sowohl verbal als auch körperlich zu kommunizieren. Es gibt nichts Schöneres, als wenn zwei oder gar drei Generationen gemeinsam laufen und dabei alle Unterschiede vergessen, die sie normalerweise trennen. David Burhans, den wir bereits im fünften Kapitel erwähnt haben, berichtet aus seiner Erfahrung: »Das Laufen macht mir vor allem deshalb viel Spaß, weil vier meiner sechs Kinder von Anfang an mit dabei waren. Ich kaufte ihnen billige Laufschuhe und einfache T-Shirts, wie ich selbst eines trug, und bald waren wir die perfekte Familienmannschaft. Glücklicherweise besteht die Grundregel unseres täglichen Ausflugs darin, daß niemand schneller laufen darf als der Vater. Die Kinder trabten also geduldig neben mir her, bis ich mir ein bißchen mehr Kondition erarbeitet hatte, so daß ich schließlich ebenfalls Strecken zurücklegen konnte, die sie schon viel früher geschafft hätten. Unser gemeinsamer Rekord steht jetzt bei neun Meilen, die wir gerade am neunten Geburtstag meiner Tochter geschafft haben!«

Jüngere Leser werden zu dem Ergebnis gelangen, daß die meisten Empfehlungen dieses Buches auf sie selbst genauso gut anwendbar sind wie auf ältere Menschen. Einige Aspekte jedoch sollten besonders betont werden. Die Körper von Kindern und Jugendlichen reagieren rascher, wenn sie trainiert werden, als die Körper erwachsener Menschen, und weil sich die Leistungen rasch steigern, gerät man leicht in Versuchung sich zu überanstrengen. Vielleicht geht es eine ganze Weile gut, wenn man sich beim Training zu sehr strapaziert, aber irgendwann zieht man sich doch eine Muskelzerrung, eine Sehnenentzündung oder etwas ähnliches zu. Wenn man Glück hat, ist es vielleicht auch nur ein unangenehmes, schales Gefühl der Erschöpfung. Die Erschöpfung verschwindet nach einigen Tagen der Ruhe, aber eine Muskel- oder Sehnenverletzung braucht sehr viel länger. Deshalb ist es wichtig, das Lauftraining langsam angehen zu lassen und zunächst einmal eine Leistungsgrundlage aufzubauen, ehe man sich um höhere Geschwindigkeiten bemüht. Bill Bowerman, der Verfasser der Trainingsanleitung zum *Jogging* und frühere Trainer der Universität von Oregon, ist der Ansicht, daß Läufer jeden Alters erst dann mit dem Geschwindigkeitstraining anfangen sollten, wenn sie in der Lage sind, ohne übermäßige Erschöpfung eine Stunde lang ununterbrochen zu laufen. Zu Beginn des Trainings sollte man sich vor allem darum bemühen, große Strecken zurückzulegen, unabhängig davon, wie lange man braucht.

Bedauerlicherweise ist es bei vielen Trainingsprogrammen für Bahn- und Querfeldein-Wettbewerbe nicht möglich, sich so gemächlich zu schulen. Zu Beginn der Saison erscheinen die Läufer ganz untrainiert, und weil sie nach wenigen Wochen schon an einem Wettkampf teilnehmen sollen, beginnt das harte Training sofort. Ein vernünftiger Läufer wehrt sich dagegen, indem er schon vor Saisonbeginn für sich allein ein langsames Langstrecken-Training aufnimmt. Wenn der Trainer dann die Peitsche schwingt, ist er schon stark und fit genug, um unbesorgt mithalten zu können.

Das gilt besonders, wenn sich der Läufer auch mit Hilfe der richtigen Sportlerdiät präpariert hat. Die meisten Ernährungsgrundsätze des vierzehnten Kapitels gelten auch für jüngere Läufer, obwohl manche jungen Leute Schwierigkeiten haben, sich daran zu halten. Sie geraten immer wieder in Versuchung, zwischendurch Kartoffelchips, Limonade und anderen Ernährungsmüll in die hungrigen Mäuler zu stopfen, während sie andererseits in der morgendlichen Hektik oft das Frühstück vergessen. Als junger Sportler sollte man mit diesen Gewohnheiten gar nicht erst anfangen. Der Ernährungsmüll stopft uns nur mit Kalorien voll, die praktisch keinerlei Vitamine, Spurenelemente und Proteine enthalten, und wenn man das Frühstück ausläßt, fehlt einem die Energie, wenn man sie am nötigsten braucht. Ernährungswissenschaftler sind der Ansicht, daß man am Morgen ein Drittel des täglichen Kalorienbedarfs zu sich nehmen sollte.

Mädchen brauchen eine Ernährung, die viel Eisen enthält, weil sie bei der Regelblutung Eisen verlieren. Leber und dunkelgrünes Blattgemüse (z. B. Feldsalat und Spinat) enthalten dieses Element. Mädchen sollten sich davor in acht nehmen, von vernünftigen Ernährungsgewohnheiten abzuweichen. In ihrem Buch *Nutrition and the Athlete* schreiben Joseph J. Morella und Richard J. Turchetti: »Den Höhepunkt ihrer natürlichen Fitness erreichen junge Männer zwischen 18 und 22; Frauen aber schon während der Pubertät und der Teenagerjahre. Von da an vermindert sich die Fitness beständig, wenn sie nicht durch körperliche Bewegung und die richtige Ernährungsweise gefördert wird.«

Es herrscht Übereinstimmung darüber, daß es kaum etwas ausmacht, was ein erwachsener Läufer in den Stunden vor einem Wettkampf ißt. Bei jüngeren Läufern ist das möglicherweise anders. Manche Fachleute sind der Ansicht, daß Jugendliche unter 16 Jahren vor einem Wettkampf vier Stunden lang nichts essen sollten. Andere Fachleute bestreiten diese Auffassung. Zu ihnen gehört Dr. Robert L. Craig aus Fernandina Beach, Florida, der freiwillig die ärztliche Betreuung von Hochschul- und Vereins-Mannschaften übernommen hatte. Er schrieb vor kurzem: »Alle Eltern wissen, daß junge Leute in diesem Alter praktisch ständig irgend etwas essen. Viele machen gerade einen Wachstumsschub durch. Wenn man ihnen vier Stunden lang vor irgendeinem Wettkampf kein Essen mehr gibt, habe ich bisher immer den Eindruck gehabt, daß sie in der zweiten Hälfte des Spiels oder Wettkampfs sehr erschöpft und diskoordiniert sind. Kinder in dieser Altersgruppe kommen einfach nicht sechs Stunden lang ohne Essen aus.«

Ich vermute, daß die individuellen Unterschiede sehr groß sind. Fühlt sich ein junger Sportler nach vierstündigem Fasten sehr müde und schwach, so ist das vermutlich ein Zeichen dafür, daß er öfter etwas zu sich nehmen muß. Auch hier geben Experimente schnellere und bessere Auskünfte als das beste medizinische Handbuch.

Kann man sicher sein, daß ein junger Sportler, der sich richtig ernährt, vernünftig trainiert und auch geistig für den Wettkampf geschult hat, auch garantiert die Spitze erreicht? Leider nein. Der israelische Arzt Dr. Oded Bar-Or hat untersucht, ob es bestimmte Hinweise gibt, die schon sehr früh auf hervorragende außergewöhnliche sportliche Fähigkeiten hinweisen. Er kam zu dem Ergebnis, daß unveränderbare Faktoren wie Körpergröße, Reaktionsgeschwindigkeit und die angeborene Sauerstoffverarbeitungskapazität von entscheidender Bedeutung sind. Der schwedische Forscher Per-Olaf Åstrand formulierte es so: »Ich bin fest überzeugt, daß sich jeder, der sich um eine olympische Medaille bemüht, seine Eltern sehr genau aussuchen muß.«

Andererseits gibt es zahlreiche Faktoren, die durch bloße Messungen nicht erfaßt werden können – jedenfalls bislang noch nicht. Dazu gehören Motivation, Lernfähigkeit und die Bereitschaft, Unbequemlichkeiten auf sich zu nehmen. Deshalb werden auch immer wieder Leute mit perfekter genetischer Ausrüstung von Läufern geschlagen, die auf den ersten Blick so aussehen, als ob sie schon nach den ersten hundert Metern über die eigenen Füße stolpern müßten. Deshalb erlebt man auch bei jungen Läufern so viele faszinierende Überraschungen. Und deshalb macht es auch soviel Spaß dazuzugehören.

Anmerkung von Prof. Dr. Heinrich Hess: Dieses Kapitel scheint auf den ersten Blick nur für Kinder und Jugendliche geschrieben, die an Wettkämpfen teilnehmen. Die meisten unserer Kinder allerdings treiben die verschiedensten Sportarten und laufen nur so zum Spaß. Ein organisiertes Lauftraining mit Kindern zu veranstalten, nur um sie mit sechs oder zehn Jahren schon fit zu machen, ist sicherlich übertrieben. Wenn die Kinder aber aus Spaß an der Freude laufen, zum Beispiel weil der Vater oder die Mutter oder auch die ganze Familie laufen, dann ist das eine schöne und vernünftige Sache.

Die Angst, Kinder könnten sich beim Laufen überanstrengen, ist unbegründet. Sie haben sehr gut ausgebildete Sperrmechanismen, die ihrem Körper sehr früh signalisieren, daß das Ganze keinen Spaß mehr bringt, und dann wollen sie eben langsam machen oder aufhören. Diese Signale muß man respektieren, dann ist das Laufen für Kinder ungefährlich.

Andere Gesichtspunkte gelten sicher für die Jugendlichen, von denen viele schon mit vollem Einsatz Wettkampfsportarten betreiben, für die sie gute konditionelle Vorbedingungen mitbringen müssen. Laufen ist für sie alle ein idealer Ausgleichssport, mit dem sie eine hervorragende Kondition erwerben können, die ihnen für jeden anderen Sport – ob in Schule, Verein oder Freizeit – beste Voraussetzungen schafft. Wenn diesen Jugendlichen das Laufen nicht als harte »Knochenarbeit«, sondern als fröhliches lockeres Spiel nahegebracht wird, werden sie auch gern mittun und sich dabei keinerlei Schäden an Kreislauf oder Bewegungsapparat holen.

Die Ernährung sollte schmackhaft, vernünftig und abwechslungsreich sein. Kinder schon früh an einseitige Ernährungsfahrpläne zu fesseln, ist sicher übertrieben.

11 / Wie man das Training in den Tagesablauf einfügen kann

Für das Laufen haben auch Sie Zeit

Jerry Noah (der aus Gründen, die ich gleich darlegen werde, gar nicht so heißt) ist ein wichtiger Mann in einer Werbeagentur in Manhattan. In der City hat er eine große Wohnung und auf Long Island ein Haus für den Sommer. Er besitzt zwei Wagen und einen Hund, und seine Kinder besuchen ausgezeichnete Schulen. Die Manager der Werbebranche in Manhattan arbeiten hart. Laien kommt es vielleicht manchmal so vor, als ob sie überhaupt nicht arbeiten, aber das liegt vor allem daran, daß Laien nicht wissen können, was Werbemanager eigentlich tun. Was ihnen vor allem auffällt, ist die Tatsache, daß die Werbeleute drei Stunden Mittagspause machen. Der Außenseiter kann ja nicht wissen, daß dabei der größte Teil der Arbeit erledigt wird. Die dreistündigen Mittagspausen sind kein Luxus; ohne diese Arbeitsessen gäbe es die ganze Werbebranche der westlichen Welt nicht.

Deshalb fällt es kaum jemand auf, wenn Jerry Noah jeden Mittag pünktlich um zwölf sein großes gemütliches Büro am Ende des Ganges verläßt und erst gegen drei Uhr zurückkehrt. Das hat er nun schon seit Jahren gemacht, und vermutlich kann er diese Gewohnheit auch noch jahrelang beibehalten – wenn er weiterhin Glück hat. Denn in Wirklichkeit geht Jerry Noah keineswegs essen, weder mit Kunden noch mit sonst irgend jemand. Statt dessen nimmt er ein Taxi zur 63rd Street Ecke Central Park West. Dann schlüpft er durch die Eingangstür des Westside YMCA und zieht seine Laufschuhe an. Innerhalb weniger Minuten treffen noch ein Dokumentarfilmer, ein Anlagenberater, ein Zeitschriftenredakteur und ein Buchhaltungsspezialist ein. Sie benutzen fast alle denselben Trick wie Jerry Noah: Ihre Chefs sind fest überzeugt, daß ihre leitenden Angestellten sich zum Mittagessen mit Leuten verabredet haben, die wichtig für das Geschäft sind. Das sind die heimlichen Läufer, und ihre Zahl ist Legion. Wenn Sie erst einmal wissen, worauf Sie achten müssen, können Sie den heimlichen Läufer leicht identifizieren. Er (oder sie, denn es gibt viele

Frauen darunter) hat das ganze Jahr über ein wettergebräuntes Gesicht, und wenn eine Vormittagskonferenz länger als vorgesehen andauert, wird er unruhig, ja sogar nervös. Unweigerlich trägt er eine geräumige, gut verschließbare Aktentasche mit sich herum. Wenn ihn jemand fragt, was er während der Mittagspause gemacht hat, sind seine Antworten so unbestimmt, daß man an partiellen Gedächtnisschwund glauben muß. (In amerikanischen Büros ist es offenbar völlig in Ordnung, sich während der Mittagspause das Gehirn so mit Martinis zu vernebeln, daß man kaum noch zum eigenen Schreibtisch zurückfindet, aber es gilt als frivol, eine Stunde im Trainingsanzug zu verbringen.)

Für den heimlichen Läufer hat das Laufen absolute Priorität. Oberflächlich gesehen scheint er wie jeder andere zu sein, aber es gibt einen wichtigen Unterschied. In einer Gesellschaft, die das Laufen noch nicht voll akzeptiert hat, lebt er, um zu laufen. Der heimliche Läufer ist seiner Zeit weit voraus, dadurch entstehen Probleme, die an die Grenze der Unmoral führen. Der heimliche Läufer muß zum Beispiel gelegentlich seinen Aufenthaltsort verschleiern oder sogar sein Spesenkonto nachträglich fälschen, um den Eindruck zu erwekken, daß er seine Mittagspause ehrenhaft verbracht hat. Deshalb hat er vermutlich ein schlechtes Gewissen. Aber er nimmt lieber ein schlechtes Gewissen in Kauf, als auf einen Lauf zu verzichten.

Selbst Weltklasseläufer haben Probleme mit Menschen, die ihre Liebe zum Laufen nicht verstehen. Bill Rodgers, der 1975 bei seinem Sieg im *Boston Marathon* einen Streckenrekord aufgestellt hat, ist Lehrer. Er liebt seine Schüler und schenkt ihnen als Souvenirs gelegentlich Laufschuhe oder T-Shirts, die er bei wichtigen Rennen trug. Aber Bill Rodgers liebt auch sein Training. Gewöhnlich läuft er während der Mittagspause. »Eines Tages«, erzählte mir Rodgers, »nahm mich der Direktor beiseite und fragte mich, ob es nicht an der Zeit sei, daß ich mich etwas mehr um meinen Beruf kümmerte und weniger Zeit für meine Nebenbeschäftigung aufwendete.« Rodgers ärgerte sich über diese Bemerkung, aber er wisse, sagte er mir, daß er sofort ins Mittelfeld zurückfallen würde, wenn er den Mittagslauf einstellte.

Ähnliche Schwierigkeiten hatte die Krankenschwester Cindy Bremser vom Madison Hospital in Wisconsin, die über 1500 und 3000 Meter zu den Spitzenläuferinnen gehört. »Sie wird sich entscheiden müssen«, hatte der Stationsarzt kritisch bemerkt, »ob ihr der Schwesternberuf oder der Sport wichtiger ist.«

Diese Fälle sind nur extreme Beispiele für ein Problem, das uns allen vertraut ist. Wir alle stehen vor der Frage: Woher soll man die Zeit zum Laufen nehmen? Mein Freund Wolfgang ist ein hochgewachsener, gut aussehender Verlagsangestellter Ende Dreißig. Er weiß, daß er keine Kondition hat. Früher war er ein begeisterter Skiläufer, und wenn wir Zeit hatten, trainierten wir zusammen im Central Park. Seit einigen Jahren hat er wegen beruflicher Überlastung keine Zeit mehr für körperliche Bewegung gefunden. Er beklagte sich darüber bei mir und fragte, was er dagegen tun könnte. Als ich vorschlug, er solle jeden Tag eine halbe Stunde für das Laufen reservieren, machte er ein gequältes Gesicht. »Ich habe einfach die Zeit nicht dafür«, sagte er.

Das klingt überzeugend. Aber in Wirklichkeit ist es gar nicht so schwer, Zeit zum Laufen zu finden. Man muß nur wissen, wo man sie suchen muß. Viele sehr beschäftigte und erfolgreiche Menschen laufen regelmäßig. Man denke nur an die tausende Ärzte, Manager, Unternehmer, Rechtsanwälte, Richter und anderen Personen in verantwortungsvollen Stellungen, die auf ihr tägliches Training genauso wenig wie auf das Zähneputzen verzichten würden. Der Trick besteht darin zu wissen, wo man die Zeit findet. Der Tagesablauf ist verschieden bei jedem von uns. Vielleicht ist es zu einer bestimmten Tageszeit nicht möglich zu laufen, dafür bietet aber gewiß eine andere eine günstige Gelegenheit. Der erste Schritt besteht deshalb darin, den eigenen Tagesablauf ehrlich zu prüfen.

Und was soll man tun, wenn es überhaupt keine Tageszeit gibt, die zum Laufen geeignet erscheint? In diesem Fall sind Opfer notwendig. Vielleicht muß man einen Teil der Cocktailstunde aufgeben oder ein bißchen früher aufstehen, als man eigentlich möchte. Sie werden feststellen, daß etwaige Unbequemlichkeiten durch die Freuden des Laufens aufgewogen werden.

Den meisten Leuten allerdings wird es nicht schwerfallen, ernsthafte Störungen des Tagesablaufs zu vermeiden. Wenn Sie sich einmal richtig überlegt haben, welches die beste Zeit für Sie ist, brauchen Sie nur noch die Willenskraft aufzubringen, tatsächlich loszulegen. Als Alternative können Sie auch täglich eine andere Zeit wählen, das hängt von Ihrem Tagesplan ab. Besonderes Glück haben Sie natürlich, wenn Sie Schüler oder Student sind, dann können Sie nach dem Unterricht jederzeit loslegen. Für die meisten von uns ist allerdings mehr Planung notwendig.

Am leichtesten kann man sich seine Trainingsstunde am frühen Morgen einrichten, hier wird man am seltensten unerwartet gestört. Man braucht nur ein bißchen früher aufzustehen als sonst. Auch im Winter besteht ein besonderes Vergnügen darin, in der Morgendämmerung im Freien zu sein. Der Läufer genießt dabei ein friedliches Gefühl der Abgeschiedenheit, das er sonst selten erlebt. Im Sommer ist es ohnehin vorteilhaft, noch vor der Hitze des Tages zu laufen.

Natürlich stehen manche Leute morgens nicht gerne auf, auch nicht fürs Laufen. Wenn Sie zu dieser Spezies zählen, sollten Sie Ihr Training auf den Abend verlegen oder in die Mittagspause, falls diese ausgedehnt genug ist.

Nach der Arbeit zu laufen hat viele Vorteile. Es ist die beste Gelegenheit, um die Spannungen des Tages abzubauen. Darüber hinaus verringert die körperliche Anstrengung, wie wir schon im sechsten Kapitel erwähnt haben, den Appetit und verhindert, daß Sie beim Abendessen zuviel zu sich nehmen. Es gibt übrigens keinen Grund, nicht auch bei Dunkelheit zu laufen, solange der Boden trittsicher ist und Sie Kleidung tragen, die Autofahrer ohne Mühe erkennen können.

Vielleicht liegt Ihre Arbeitsstelle auch in der richtigen Entfernung zu Ihrer Wohnung. Dann können Sie auf dem Wege von und zur Arbeit laufen. Wenn man daran denkt, wie langsam der Verkehr in Stoßzeiten rollt, dauert das Laufen nicht wesentlich länger. Jerry Mahrer, der an einer Schule in der Bronx unterrichtet, läuft täglich acht Kilometer zur Arbeit und wieder zurück. Auch Ted Corbitt, der frühere olympische Marathonläufer, läuft ins Büro. »Ich habe mir eine neue Strecke gesucht, so daß ich möglichst wenigen Autos begegne«, sagt er. »Früher lief ich am Rande von Manhattan entlang, aber jetzt laufe ich direkt durch das Zentrum. Damit mich die Luftverschmutzung nicht übermäßig belastet, suche ich mir Straßen mit möglichst wenig Verkehr.«

Eine andere Methode, das Training ins Tagesgeschehen zu integrieren, besteht darin, daß man jede sich bietende Gelegenheit zum Laufen wahrnimmt. Bill Rodgers zum Beispiel trägt fast ständig seine Laufschuhe, so daß er jederzeit lostraben kann, wenn es ihm in den Sinn kommt.

Wenn Sie tagsüber Kinder beaufsichtigen müssen, ist es besonders schwer, Zeit zum Laufen zu finden, aber es ist nicht unmöglich. »Gewöhnlich geben Frauen das Laufen auf oder reduzieren zumindest ihre täglichen Strecken erheblich, wenn sie Mütter werden«, schreibt Kathryn Lance. Versuchen Sie das zu vermeiden. Laufen Sie, wenn Ihr Mann Zeit hat, nach den Kindern zu sehen. Oder nehmen Sie einen Babysitter; die Ausgabe lohnt sich. Vielleicht finden Sie auch eine andere Läuferin und Mutter, mit der Sie sich bei der Kinderbeaufsichtigung abwechseln können. Zweifellos ist das eine nicht ganz leichte Organisationsaufgabe, aber Sie werden mit sich zufrieden sein, wenn Sie es schaffen.

Bestimmte Situationen machen es selbst den entschlossensten Läufern schwer, sich ihrer Sportart zu widmen. Dazu gehören Geschäftsreisen. Da scheint mitunter wirklich keine Zeit für einen Lauf vorhanden zu sein. Besonders wenn Sie bis spät in die Nacht an gesellschaftlichen Veranstaltungen teilnehmen müssen, während Sie im Morgengrauen schon wieder vom Wecker aufgescheucht werden, erscheint auch das Laufen nicht sehr verlockend. Ich habe allerdings feststellen können, daß meistens doch eine Lücke im Zeitplan besteht, so daß das Laufen »unsichtbar« eingefügt werden kann. Diese Lücke ist die Stunde vor dem Abendessen. Konferenzen enden meistens gegen fünf, während das Abendessen selten vor sieben beginnt.

In den Ferien und im Urlaub stellt das Laufen sowohl ein Vergnügen als auch ein Problem dar. Von Vorteil ist, daß man laufend sein Domizil sehr schnell und gut kennenlernen kann. Wenn man aber bis zum Abend wartet, ist es oft gar nicht einfach, das Laufen in einen Ferientag einzubauen. Da gibt es häufig feste Essenszeiten, man möchte im Anschluß daran ein Glas Wein trinken und mit der Familie noch ein bißchen zusammenbleiben. Außerdem ist es nicht ungefährlich, bei Dunkelheit in unbekanntem Gelände zu laufen. Die beste Lösung besteht darin, frühmorgens zu laufen.

12 / Die Ausrüstung

Wenn man sich richtig anzieht, kann man bei jedem Wetter laufen

Daß man wenig Ausrüstung braucht, gehört zu den angenehmsten Dingen beim Laufen. Alles was nötig ist, sind ein Paar Schuhe und die richtigen Sachen, die einen warm halten, wenn es kalt ist, und verhindern, daß man sich zu sehr erhitzt, wenn es einmal richtig heiß ist. Andererseits ist die Bekleidungsfrage doch ein bißchen komplizierter, als es auf den ersten Blick scheint, denn man muß wissen, wie sich der Körper bei verschiedenen Temperaturen und Wetterbedingungen verhält. Es dauerte zum Beispiel fünf oder sechs Jahre, bis ich herausfand, was man im Winter am besten anzieht. Zufällig gab mir jemand eine hauchdünne Jacke aus Nylon, und siehe da: Ich merkte sofort, daß dieses federleichte Bekleidungsstück den Wind sehr viel besser abhält als alle Pullover, Dufflecoats, Trainingsjacken und Sweatshirts, die ich jemals probiert hatte.

Dieses Beispiel zeigt, daß der sogenannte gesunde Menschenverstand nicht unbedingt der beste Ratgeber ist, wenn es um Laufkleidung geht. So würde man sich im Winter wohl normalerweise mit schweren Wollsachen einmummeln. Es zeigt sich aber sehr schnell, daß es einem beim Laufen auch in sehr viel leichterer Kleidung bald angenehm warm wird. Die Körperwärme, die beim Laufen erzeugt wird, gleicht einen Verzicht auf schwere Kleidung weitgehend aus. Auch wenn Sie normalerweise schon seit langem in Bekleidungsfragen keine Ratschläge mehr brauchen, können Ihnen die Hinweise in diesem Kapitel gewiß einige Jahre mit Versuchen und Irrtümern ersparen.

Die Grundprinzipien sind einfach. Zunächst einmal ist es ziemlich egal, wie Sie aussehen. Kleiden Sie sich so aufwendig oder so billig, wie Sie nur mögen. Abgeschnittene Jeans und ein altes T-Shirt sind völlig ausreichend. Daß Ihr Körper mit einer möglichst bequemen Kleidung versehen wird, ist das einzige, was zählt. Stellen Sie sich zum Beispiel einen jener schönen Frühlingstage mit ungefähr fünfzehn Grad Celsius vor; eine leichte Brise spielt in den Blättern; die Sonne scheint und wärmt Sie, und das junge Gras ist wunderbar elastisch. Ganz nackt zu laufen, wäre an einem solchen Tag sicher das beste. Kleider können Ihnen nichts geben, womit Sie die Natur nicht bereits versorgt hätte. An einem kühleren Tag allerdings müssen Sie der Harmonie zwischen Mensch und Natur etwas nachhelfen, und an einem wärmeren Tag sollten Sie der Sonne möglichst aus dem Weg gehen und so wenig tragen wie möglich. Die richtigen Schuhe aber brauchen Sie immer, unabhängig von Kälte und Hitze.

Laufen ist eine individuelle Sache. Was für 99 Prozent aller Leute richtig ist, funktioniert vielleicht bei Ihnen gar nicht. Betrachten Sie die folgenden Bemerkungen daher nicht als eherne Gesetze, sondern lediglich als Hinweise. Probieren Sie aus, was Ihnen vernünftig erscheint, und wenn es nicht funktioniert oder nicht so gut funktioniert, wie Sie möchten, dann versuchen Sie, eine andere Lösung zu finden. Als ich zu laufen begann, sah ich, daß viele Läufer Stirnbänder trugen, und nachdem mir beim Laufen ein paarmal der Schweiß in die Augen getropft war, kaufte ich mir auch so ein Stirnband. Aber ich mochte es nicht. Ich konnte einfach das Gefühl nicht loswerden, mein Kopf sei in einen Schraubstock eingezwängt. Also trug ich es nicht mehr und nahm es lieber in Kauf, daß mir Schweiß in die Augen geriet, als daß mir (wie ich glaubte) das Hirn gequetscht würde. Der Schweiß störte mich nur selten, aber das Stirnband störte mich immer.

Hier nun also ein Verzeichnis der Dinge, die der Läufer von der Sohle bis zum Scheitel so braucht. Fast alle meine Hinweise gelten für Männer und Frauen.

Die Schuhe. Wenn man einmal darüber nachdenkt, was man seinen Füßen beim Laufen so zumutet, erscheint es ziemlich erstaunlich, daß man überhaupt laufen kann. Jeder Schuh landet pro Kilometer ungefähr fünfhundertmal auf dem Boden. Auf einer Strecke von fünfzehn Kilometern sind das also 7500 heftige Stöße. Wenn Sie diese Zahl mit einem Körpergewicht von 75 Kilogramm multiplizieren, dann kommen Sie auf insgesamt 562,5 Tonnen bei einem Fünfzehn-Kilometer-Training. Das ist ein ganz schöner Trommelwirbel, und die Stöße und Schläge hören bei den Füßen noch keineswegs auf. Die Wucht der 7500 Stöße überträgt sich von Ihren Füßen auf die Knöchel, Knie und Hüften. Wenn Sie nicht die richtigen Schuhe tragen, dann besteht für Ihre Füße oder andere Teile Ihres Körpers ein beträchtliches Verletzungsrisiko.

Tennis- oder Basketballschuhe sind nicht solide genug und geben dem Fuß zu wenig Halt. Wenn ich keine richtigen Laufschuhe hätte und jetzt sofort anfangen wollte, würde ich natürlich nicht zögern, ein paar Kilometer in Tennisschuhen (oder notfalls auch in Straßenschuhen) zu laufen, aber ich würde das keinesfalls als Dauerlösung betrachten. Es lohnt sich, die 60 bis 100 Mark auszugeben, die zur Anschaffung richtiger Laufschuhe notwendig sind. Denn erstens werden Ihre Füße von diesen Schuhen geschont, und zweitens ist es stets eine psychologische Aufmunterung, wenn Sie zum Laufen die richtigen Schuhe anziehen können. Selbst wenn Sie einmal träge sein sollten, werden Sie sofort Lust zum Laufen spüren, wenn Sie Ihre Laufschuhe zubinden. Das klingt vielleicht merkwürdig, aber es funktioniert.

Beim Training (also beim täglichen Laufen, im Gegensatz zum Wettkampf) mögen die meisten Läufer Schuhe mit gut gepolsterten Sohlen. Die Polsterung sollte allerdings nicht zu weich sein. Wenn Sie das Polster ohne Mühe mit dem Finger eindrücken können, ist es vermutlich nicht fest genug. Wenn der Schuh aber steif ist und auch dann nicht nachgibt, wenn Sie mit dem Fuß auf den Boden stampfen, ist das Polster zu hart. Wählen Sie ein Polster, das fest, aber nachgiebig ist. Ich habe stets Schuhe mit einer ziemlich harten Innensohle und einer weichen Polsterschicht zwischen Sohle und Fuß als angenehm und richtig empfunden.

Ein Laufschuh sollte flexibel sein, besonders am Fußballen, wo sich die Sohle jedesmal biegt, wenn man sich abstößt. Läßt sich die Sohle nicht leicht genug biegen, verbraucht der Läufer unnötig viel Energie und belastet außerdem die Beinmuskeln. Ehe Sie einen Schuh kaufen, biegen Sie ihn. Wenn Sie dabei viel Kraft aufwenden müssen, wählen Sie lieber ein anderes Paar.

Ein fester Absatz ist ebenfalls wichtig. Achten Sie darauf, daß er breit genug ist und dort eine solide Grundlage bietet, wo Ihre Ferse auf den Boden aufprallt. Vergleichen Sie verschiedene Modelle, und kaufen Sie keines, bei dem der Absatz merklich schmaler ausfällt. Die meisten Läufer glauben, daß die Ferse höher im Schuh liegen soll als der Ballen. Sie weisen darauf hin, daß die meisten Straßenschuhe so gebaut sind, und vertreten die Ansicht, daß sie ihre Füße und besonders die Achillessehnen einer unnötigen Belastung aussetzen würden, wenn sie beim Laufen völlig andere Schuhe wählten. Ich weiß nicht, ob diese Theorie stimmt[1]. Meine Laufschuhe haben fast gar keinen

1 Prof. Dr. Heinrich Hess: Wichtig ist nicht die Höhe des Absatzes, sondern die gesamte Schuhkonstruktion und insbesondere die Polsterung unter den Fußballen. Die Achillessehnenbelastung hängt nicht von der Höhe des Absatzes ab.

Absatz. Andererseits trage ich auch sehr flache Straßenschuhe, so daß ich meine Füße vielleicht auf diese Weise daran gewöhnt habe. Über das Gewicht Ihrer Trainingsschuhe brauchen Sie sich keine unnötigen Gedanken zu machen. Ein paar Gramm mehr oder weniger machen nichts aus. Viel wichtiger ist es, daß Ihre Füße und Gelenke vor dem Aufprall auf die Straße geschützt werden. Manche Läufer tragen beim Training schwerere Schuhe und leichtes Schuhwerk beim Wettkampf, um das Gewicht zu vermindern, wenn sie eine größere Geschwindigkeit anstreben. Viele Läufer tragen jedoch beim Wettkampf wie beim Training dieselben Schuhe.

Noch vor einigen Jahren wurden fast alle Laufschuhe aus Leder hergestellt. Heute bestehen die meisten aus Nylon. Auf diese Weise trocknen sie schneller und brauchen nicht eingelaufen zu werden. Wenn Sie einen Nylonschuh wählen, sollten Sie darauf achten, daß er Ihren Fersen festen Halt gibt; an dieser Stelle sind Unterstützung und Festigkeit besonders notwendig.

Alle führenden Hersteller bieten gute Laufschuhe an: Adidas, Puma, Tiger, Nike, Converse, Patrick, New Balance, Karhu usw.[2] Aber lassen Sie sich von den Verkäufern nichts aufschwatzen, sondern prüfen Sie selbst, was Sie brauchen. Achten Sie besonders darauf, daß die Schuhe gut passen. Laufschuhe sollten etwas enger als Straßenschuhe sein, aber sie dürfen Ihre Zehen nicht zwicken oder verkrümmen. Sie dürfen aber auch nicht so weit sein, daß Ihr Fuß nach vorne rutscht und die Zehen anstoßen. Wenn Sie die Absicht haben, beim Laufen dicke Socken zu tragen (s. unten), dann versteht es sich wohl von selbst, daß Sie diese auch beim Anprobieren anziehen. Der schon mehrfach erwähnte Dr. Moe hat mir einen Trick verraten, wie man es sich in den Schuhen besonders bequem machen kann. »Ich nehme ein

---

2 Da der Jogger ein typischer Querfeldeinläufer ist, also ständig mit den unterschiedlichsten Bodenverhältnissen konfrontiert wird, ist der Laufschuh wichtigster Bestandteil seiner Ausrüstung. Die These, daß der Läufer mit allen Utensilien sparen kann, eben nur nicht mit dem Schuhwerk, wird von allen Orthopäden und Medizinern unterstützt.

Kleine Folgen beim Tragen billiger Schuhe sind Blasenbildung, Hühneraugen und Wadenschmerzen. Nachdenklicher sollte der Läufer werden, wenn sich Schmerzen im Bereich der Achillessehne, der Bänder und Gelenke einstellen. Sie können ausschließlich vom schlechten Schuhwerk herrühren.

Autor James F. Fixx hat die Palette der im Geschäft befindlichen Firmen, die um die Gunst der Jogger und Läufer buhlen, bereits aufgezählt. Hinzufügen muß man das Angebot der deutschen Firma Brütting sowie die Erzeugnisse von Uniroyal. Diese Weltfirma widmet sich sehr intensiv der Entwicklung von orthopädisch ausgerichteten Laufschuhen.

Führend auf dem Sportschuhmarkt ist Adidas aus Herzogenaurach. Zugute kommen Adidas vor allem die seit fast dreißig Jahren im Breiten- und Spitzensport gesammelten Erfahrungen auf dem Gebiet der Qualitäts-Sportschuhe.

kurzes Schuhband für die vier untersten Ösen und binde den Schuh an dieser Stelle so fest wie ich möchte. Für die oberen Ösen nehme ich ein zweites Schuhband, das ich fester schnüre. Auf diese Weise kann ich den Zehen Platz lassen und zugleich dem Fuß festen Halt geben. Ich mache das jetzt schon seit einem Jahr so und hatte guten Erfolg damit.« (Bei einigen Modellen kann man diese Methode nicht anwenden, weil die Schuhe nicht genügend Ösen haben.)

Bevor Sie darin zum Wettkampf antreten oder einen langen Trainingslauf machen, sollten Sie Ihre neuen Schuhe einlaufen, auch wenn Sie scheinbar gut passen. Ich fange damit immer schon an, noch ehe die alten Schuhe völlig abgetragen sind. Auf diese Weise verläuft der Übergang schmerzloser. Mit neuen Schuhen laufe ich nie mehr als fünf oder sechs Kilometer, dann benütze ich wieder für ein oder zwei Tage die alten Schuhe. Allmählich beginne ich, in den neuen Schuhen länger zu laufen und die alten häufiger zu Hause zu lassen. Drohen die alten Schuhe endgültig auseinanderzufallen, sind die neuen schon eingelaufen. Laufen Sie nicht mehr als zwei oder drei Kilometer am Tag, sind solche Vorsichtsmaßnahmen wahrscheinlich unnötig, aber wenn Sie längere Strecken laufen, sind sie unbedingt notwendig.

Die Pflege der Schuhe ist einfach. Wenn sie naß werden, läßt man sie langsam – also nicht in der Nähe der Heizung – trocknen. Dabei sollte man Spanner benutzen. Schmutz bürstet man ab. Aus.

Socken. Manche Läufer tragen Socken, andere nicht. Charles Steinmetz, ein unermüdlicher Theoretiker des Laufsports, ist der Ansicht, daß sockenloses Laufen sportlicher ist, weil man dabei weniger Gewicht an den Beinen hat, vor allem wenn die Füße naß werden. Aber ich denke, Sie sollten sich einfach für die Ihnen angenehmste Lösung entscheiden. Ich selbst mag es, wenn meine Füße in direktem Kontakt mit dem Schuh sind, aber das kann natürlich pure Einbildung sein. Andererseits bin ich viele Marathonstrecken ohne Socken gelaufen und habe niemals Schwierigkeiten dabei gehabt.

Wenn Sie Socken tragen, sollten sie aus Wolle oder Baumwolle sein. Viele Läufer berichten, daß Nylonsocken die Füße aufreiben. Wenn Sie Gewicht sparen wollen, empfiehlt es sich vielleicht, Tennissocken aus Baumwolle zu nehmen. Läufer mit *empfindlichen* Füßen sollten Socken aus Schafswolle vorziehen. Sie leiten Hitze am besten ab.

Shorts. Bei warmem Wetter sind Nylonshorts mit seitlichen Schlitzen vorteilhaft. Sie sind leicht, und naß geworden, trocknen sie schnell.

Baumwollshorts wärmen etwas mehr. Mir kommen sie allerdings im Vergleich zu Nylonshorts steif und schwer vor. Manche Läufer nähen sich eine kleine (10 x 10 cm große) Tasche auf die Vorderseite der Shorts, damit sie beim Laufen Süßigkeiten und ähnliches mitnehmen können.

Lange Hosen. Bei Kälte müssen Sie Ihre Beine schützen. Sie werden allerdings überrascht sein, wie lange es dauert, bis Sie tatsächlich lange Hosen anziehen müssen. Ich halte mich immer an Shorts, solange die Temperaturen nicht unter den Gefrierpunkt absinken. Klettert die Quecksilbersäule nur noch mühsam über den Nullpunkt, trage ich unter meinen Baumwollshorts schwarze Strumpfhosen. Auf diese Weise kann ich Wind und Kälte abhalten, und außerdem absorbiert die schwarze Farbe die Sonnenstrahlen.

Wenn es nicht gerade sehr windig ist, brauchen Sie Trainingshosen erst, wenn die Temperatur auf unter minus sieben Grad Celsius absinkt. Auf diese schweren, flattrigen und nicht gerade stromlinienförmigen Kleidungsstücke sollte der Läufer möglichst verzichten, weil sie den Laufstil, besonders wenn sie naß werden, garantiert nicht verbessern. Man sollte sie nur als Notbehelf für sehr schlechtes Wetter betrachten. Ich nehme sie fast nie aus der Schublade[3].

Suspensorien. Wenn Sie eine Frau sind, brauchen Sie sich mit diesem Problem nicht herumzuärgern, aber als Mann sollten Sie sich entschließen, ein Suspensorium oder einen engen Slip anzuziehen. Versuchen Sie erst einen Slip, nur wenn dieser Ihnen nicht genügend Halt geben sollte, empfiehlt es sich, Suspensorien zu tragen. Dabei sollten Sie darauf achten, daß das Befestigungsband möglichst schmal ist (zwei bis drei Zentimeter genügen), damit es sich beim Laufen nicht wellt.

Hemden. Für Männer ist die Hemdenfrage bei Temperaturen über 21 Grad Celsius sehr einfach zu lösen: Ziehen Sie einfach keines an! Ohne Hemd fühlt man sich wohler und frischer. (Gerade ein verschwitztes T-Shirt, das Ihnen auf der Haut klebt, kann Ihnen die ganze Freude am Laufen vergällen.) Wenn Sie das Gefühl haben, es

---

3 Dem ist uneingeschränkt zuzustimmen. Wenn man läuft, erwärmen sich die Muskeln und geben die Wärme über die Haut ab. Dieser *innere Ofen* schützt besser vor Kälte als jede Hose. Mit nackten Beinen laufen, ist immer die bessere Alternative, auch wenn es draußen naßkalt ist (Prof. Dr. H. Hess).

sei nicht korrekt, in der Öffentlichkeit ohne Hemd aufzutreten, sollten Sie es mit einem großmaschigen, ärmellosen Netzhemd versuchen. In Sportgeschäften erhalten Sie besonders hochwertige Ware, aber das Angebot in den Wäscheabteilungen der Kaufhäuser ist völlig ausreichend. Um die Frischluftzufuhr zu steigern, schneiden manche Läufer Löcher in ihre Laufhemden oder kürzen ihre Länge beträchtlich.

An kühlen Tagen empfiehlt sich wärmere Bekleidung. Fangen Sie mit einem T-Shirt an, nehmen Sie dann ein Sweatshirt und schließlich ein Sweatshirt über einem T-Shirt. Bei extremer Kälte ziehe ich über mein T-Shirt einen alten Wollpullover und ergänze dies noch durch ein Sweatshirt und meine Nylon-Windjacke. Jede dieser vier Schichten bildet ein eigenes wärmendes Luftkissen. Es gibt Läufer, die Rollkragenpullover empfehlen, weil diese den Wärmeverlust der Halsschlagadern vermindern.

Bei kaltem Wetter sieht man viele Läufer in Trainingsanzügen. Das sieht natürlich hübsch aus, aber ich finde sie unnötig teuer. Um sich warm zu halten, gibt es einfachere und billigere Mittel.

Vermeiden Sie übrigens auf alle Fälle, einen Trainingsanzug aus Kunstfasern zu kaufen. Bei warmem Wetter wird es in diesen Plastikanzügen so heiß, daß Sie damit Ihre Gesundheit in Gefahr bringen können. Jeglicher Gewichtsverlust, der mit diesen Spezialanzügen erreicht wird, beruht lediglich auf Wasserverlust, den Sie ohnehin nach kurzer Zeit wieder ausgleichen müssen.

Die beste Trainingskleidung besteht aus Wolle (bei möglichst geringem Nylongehalt). Wolle *atmet* am besten. Unter luftundurchlässigen Geweben kann der Körper nicht atmen, und der Schweiß sammelt sich auf der Haut, anstatt zu verdunsten.

Handschuhe. In meinem ersten Laufwinter habe ich mir ein Paar gefütterte Lederfäustlinge gekauft, um eine undurchdringliche Sperre zwischen meinen Händen und der kalten Luft zu errichten. Das war keine gute Idee. Nach wenigen Minuten schwammen meine Hände im Schweiß, weil die Feuchtigkeit nirgends austreten konnte. Hände brauchen eine Bekleidung, die atmet. Wollhandschuhe oder Fäustlinge sind das Richtige. Im übrigen kann man diese Art Handschuhe leicht waschen[4].

---

4 Waschen Sie Ihre gesamte Laufkleidung häufig und gründlich. Schmutzige, salzverkrustete Wäsche reibt Ihre Haut wund.

Mützen. Im Bereich des Kopfes gehen 40 Prozent der Wärme verloren, die der Körper beim Laufen abgibt; was Sie dort tragen, ist deshalb nicht ohne Bedeutung. Im Sommer tragen manche Läufer eine Malermütze als Schutz. Wenn Sie kahl sind oder schütteres Haar haben, ist das bestimmt eine gute Idee, aber ich glaube, bei üppigem Haarwuchs sollte man besser keine Kopfbedeckung tragen. Schließlich wollen Sie die Hitze im Kopf so rasch wie möglich abgeben, und eine Mütze behindert diesen Vorgang. Lediglich ein Wettkampf wie der *Boston Marathon* von 1976, als es glühend heiß war und genügend Eis zur Verfügung stand, könnte eine Ausnahme bilden. Dann kann man sich nämlich Eiswürfel unter den Mützenrand schieben und sich von dem kalten Wasser erfrischen lassen, das über Gesicht und Hals tropft.

In grellem Sonnenlicht tragen manche Läufer einfache Mützenschirme mit Gummibändern am Kopf. Ich halte sie nicht für notwendig, aber sie schützen natürlich Augen, Nase und Stirn und verhindern, daß lange Haare ins Gesicht wehen.

Im Winter dienen Mützen anderen Zwecken, sie tragen dazu bei, die Wärme im Körper zu halten. Vor allem wenn Sie sich vorgenommen haben, eine sehr lange Strecke zu laufen, ist das sehr wichtig. Manche Leute benutzen statt dessen lieber die Kapuze des Sweatshirts, aber mich zum Beispiel stört es, wenn meine Ohren bedeckt sind; ich möchte sicher sein, alle Fahrzeuge zu hören, die sich mir nähern. Nach meiner Erfahrung haben sich einfache Wollmützen oder Pudelmützen am besten bewährt. Bei scharfem Frost ziehen Sie die Mütze einfach über die Ohren; schon fühlen Sie sich warm und gemütlich. Bei mäßiger Kälte genügt auch ein Stirnband aus Wolle.

Gesichtsmasken. Ich kannte einen Läufer, der überzeugt war, daß man beim Laufen unbedingt eine Atemmaske aufsetzen muß, damit keine Schmutzteilchen in die Lunge geraten. Er trug sie ständig beim Laufen und zeigte jedermann mit großer Befriedigung, wie schmutzig sie wurde. Was die Maske aus der Luft herausfilterte, meinte er, könne nicht seine Lungenbläschen verstopfen. Sein Patent hat sich allerdings nicht durchgesetzt, aber wenn Sie in einer Gegend mit besonders starker Luftverschmutzung laufen oder gern besonders saubere Luft atmen möchten, sollten Sie sich vielleicht doch eine Atemmaske besorgen.

Bei sehr kaltem Wetter sieht man gelegentlich wollene Gesichtsmasken. Es gibt zwei Gründe, sie zu tragen – einen guten und einen weniger guten. Eine Skimaske verhindert Erfrierungen im Gesicht, und auch bei weniger strengem Frost sorgt sie dafür, daß einem warm genug ist. Dagegen ist die Vorstellung falsch, eine Gesichtsmaske sei dazu in der Lage, die Atemluft zu erwärmen. Viele Leute haben Angst, sie könnten sich bei strengem Frost die Lungen »verbrennen«, und viele Anfänger laufen überhaupt nicht, wenn die Temperaturen unter den Gefrierpunkt absinken. Diese Befürchtungen sind grundlos. Ihr Mund, Ihre Luftröhre und Ihre Lungen können sehr kalte Luft vertragen. Die kalte Luft wird beim Einatmen mit der in der Luftröhre und den Lungen vorhandenen warmen Luft sehr schnell vermischt; die zugeführte Luft wird also angewärmt. Eine Gefahr für die Lungen besteht daher auch beim Atmen durch den Mund nicht. In all den Jahren, in denen ich gelaufen bin, habe ich nie gehört, daß jemand wegen der Kälte Schwierigkeiten beim Atmen hatte[5]. Selbst bei Temperaturen weit unter Null Grad Celsius habe ich Spitzensportler gesehen, die im Drei-Minuten-Kilometer-Tempo liefen – und bei dieser Geschwindigkeit müssen sie bekanntlich ganz schön tief durchatmen.

Laufen bei Nacht. Wenn Sie nachts auf Straßen laufen, kommt es vor allem darauf an, daß die Autofahrer Sie frühzeitig sehen, deshalb sollten Sie dunkle Kleidung vermeiden. Ziehen Sie noch ein weißes T-Shirt über Ihre Sachen. Sie können sich auch eine reflektierende Jacke besorgen, die Sie in guten Sportgeschäften erhalten.
Manche Läufer befestigen auch Klebestreifen in Leuchtfarben an den Schuhen, um die Autofahrer auf sich aufmerksam zu machen. Probieren Sie verschiedene Methoden aus. Sie werden rasch feststellen, welche für Ihre Sicherheit am besten ist. Sobald der Fahrer Sie gesehen hat, wird er den Wagen zur Straßenmitte ziehen; daran können Sie erkennen, ob man Sie genügend weit sieht. Wenn die Wagen erst kurz vor Ihnen ausweichen, brauchen Sie nicht nur eine gute Lebensversicherung, sondern vor allem hellere Kleidung. In jedem Falle sollten Sie auf der linken Straßenseite laufen, damit Sie entgegenkommende Fahrzeuge frühzeitig sehen und gegebenenfalls Ihrerseits ausweichen könne.

Stoppuhr, Pulsmesser, Kilometerzähler etc. Früher oder später möchten Sie wahrscheinlich gern eine Stoppuhr besitzen. Es ist inter-

5 Die einzige Ausnahme sind Angina-Patienten, denen bei großer Kälte gelegentlich der Hals weh tun kann.

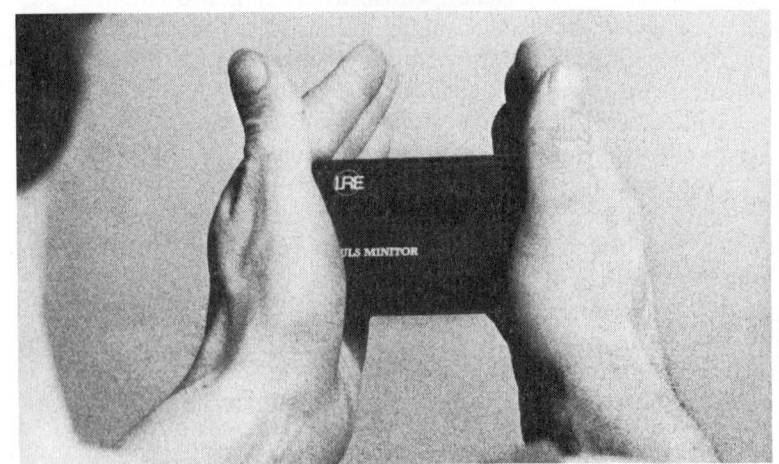

essant, ab und zu festzustellen, wie lange man für die eine oder andere bekannte Strecke eigentlich braucht. Wenn Sie Ihre Zeit stoppen, brauchen Sie deshalb nicht gleich mit Spitzengeschwindigkeit loszurasen; es genügt völlig, wenn Sie sich ein bißchen mehr als sonst anstrengen. Durch das Training verbessern sich die Zeiten automatisch.

Auch wenn Sie oft in völlig unbekannten Gegenden laufen, auf Geschäftsreisen oder im Urlaub, ist eine Stoppuhr recht nützlich. Wenn Sie eine Uhr dabei haben, können Sie sich wenigstens ungefähr vorstellen, wie weit Sie gelaufen sind.

Dazu können Sie natürlich einfach Ihre Armbanduhr benutzen. Doch wenn Sie auch an Wettkämpfen teilnehmen, empfiehlt sich schon eine Stoppuhr. Viele der modernen Quarz-Armbanduhren sind mit Präzisionsstoppuhren ausgestattet und schon für unter hundert DM zu haben. Vielleicht schaffen Sie sich gelegentlich eine derartige Mehrzweckuhr an.

Für Professionals, denen es auf Sekundenbruchteile ankommt, empfiehlt sich die *Tempic Jogging Watch,* eine Armbandstoppuhr, die sich einhändig bedienen läßt und Zwischenzeitnahmen erlaubt. (Versandhaus Neckermann; ca. 130 DM).

Einen preiswerten und problemlos zu handhabenden Pulsmesser hat die Industrie bisher noch nicht zu entwickeln vermocht. Zwar weiß man, daß in einer am Breiten- und Leistungssport orientierten Gesellschaft Bedarf für ein derartiges Gerät besteht; die Problemlösung scheint jedoch sehr schwierig zu sein.

Gerade für die sportlichen Aktivitäten der über Vierzigjährigen ist die Überwachung des Herz- und Kreislaufsystems durch die Kontrolle des Pulsverhaltens von großer Bedeutung. Bei Drucklegung dieses Buches war der für Läufer reichlich unpraktische elektronische Pulsmesser *Puls Minitor* zum stattlichen Preis von fast fünfhundert Mark auf dem deutschen Markt (LRE Technologie & Partner GmbH, Frankfurter Ring 15, 80807 München). Einen ebenfalls nicht idealen, dafür aber preiswerteren elektronischen Pulsmesser bietet neuerdings das Versandhaus Quelle für etwas über hundert Mark an. Ein wirklich praktikables Gerät, den elektronischen Puls- und Temperaturmesser *Time-Medical* in Form einer Armbanduhr, hat die Firma Marcel Watch Corp. angekündigt. Lieferbar ist dieser Pulsmesser allerdings noch nicht, und über den Preis war keine Auskunft zu erhalten.

Auf dem Gebiet der Kilometerzähler war die Industrie ebenfalls nicht gerade übereifrig. Aber der Markt kommt in Bewegung. »Jogger« heißt das in den USA konzipierte und in Deutschland in Lizenz vertriebene Instrument, bei dem die Schrittlänge des Läufers »eingegeben« und dann während der Aktivität aufgerechnet wird. Preis: knapp fünfzig Mark.

Dasselbe leistet der Taschenrechner *Sanyo CX 7250 H* mit eingebautem Schrittzähler, der für knapp hundert Mark im Elektrogerätehandel angeboten wird. 169 DM kostet das vom Versandhaus Neckermann als Weltneuheit angekündigte *Jogging-Meter,* ein elektronischer Schrittzähler mit Distanzumrechner und Signalton zur Kontrolle und Steigerung der Schrittfrequenz.

Den Einwänden von Kritikern, daß Schrittlänge nicht gleich Schrittlänge ist, weil das Laufen bergab und bergauf nicht berücksichtigt wird, kann mit dem Argument begegnet werden, daß sich diese Werte beim Laufen einpendeln.

Viele Läufer legen Wert darauf, stets etwas Kleingeld in der Tasche zu haben, damit sie zu Hause anrufen können, falls sie sich beim Training verletzen sollten.

Von Zeit zu Zeit braucht man auch medizinische Hilfsmittel, zum Beispiel Bandagen, Vaseline, Hautcreme oder Sonnenschutz. Es ist aber nicht nötig, diese Dinge auf Vorrat zu kaufen; man sollte ruhig warten, bis man sie braucht.

Anmerkung von Prof. Dr. Heinrich Hess: Die Schuhfrage ist wohl das zentrale Problem für jeden, der läuft; und gerade der Anfänger ist hier meist ziemlich hilflos.

Grundverkehrt ist es, die ältesten Schlappen herauszuholen und mit diesen abgetragenen Dingern loszutraben. Viele Läufer werden dadurch sehr schnell zu orthopädischen Dauerpatienten.

Seine Schuhe muß man sich sehr sorgfältig aussuchen und lieber ein paar Mark mehr für ein besseres Modell ausgeben. Gute Laufschuhe haben folgende Merkmale:

1. biegsame, griffige, profilierte Sohle;
2. gute Fersenbettung mit seitlicher Führung;
3. Weichbettung des Fußballens;
4. geringes Gewicht.

Eine Stützung des Längs- bzw. Quergewölbes oder ein sogenannter Supinationskeil müssen nicht sein, können jedoch bei bestimmten

Fußformen und Beschwerden erforderlich werden. Deutschlands große Sportschuhhersteller (adidas, Puma, Brütting) bieten qualitativ hochwertige Schuhe für jeden Zweck, jede Größe und jeden Geschmack an.

13 / *Hindernisse überwinden*

Wie man mit Regen und Hagel, Schnee, Hunden und anderen Plagen fertigwerden kann

In den Gipfelregionen hoher Gebirge ist es so kalt, daß dort keine Tiere leben. Dennoch gibt es hier Insekten, die sich an ihr spezifisches Mikroklima, eine hauchdünne, sonnenerwärmte Luftschicht über den Felsen, angepaßt haben. Einen halben Zentimeter von den angewärmten Felsen entfernt würden sie elend umkommen, aber innerhalb der schützenden Lufthülle leben sie so behaglich wie Touristen auf den Bahamas. Es gehört zu den besonderen Reizen des Laufens, daß man dabei ebenfalls sein eigenes Mikroklima erzeugt. Es macht einfach Freude, der Kälte, dem Wind, Schnee und dem Regen zu trotzen und auch gefährliches Terrain bequem zu bewältigen. Wenn man sich bei rauhem Wetter, bei dem sich ängstlichere Gemüter an den Kamin flüchten, im Freien aufhält, verschafft einem das eine besondere Befriedigung. Dazu ist es allerdings nötig, rund um den Körper ein Mikroklima zu schaffen, das genauso gemütlich wie Ihr Wohnzimmer ist.

Laufen macht am meisten Spaß, wenn Sie es täglich betreiben. Bei jedem Wetter ins Freie zu gehen, verschafft einem ein besonderes Gefühl von Selbstkontrolle und Selbstbeherrschung. Die Freude steigert sich noch, wenn man sich etwas hat einfallen lassen, um das Training möglich zu machen. Manche Leute lassen sich leicht vom Laufen abhalten: Die hereinbrechende Dämmerung, Kälte, Hitze, Regen oder ein paar Schneeflocken genügen schon, um ihre Willenskraft in Nichts aufzulösen. Andererseits gibt es tatsächlich Wetterbedingungen, in denen es so gut wie unmöglich ist, bequem zu laufen. In Connecticut herrschen oft strenge Winter. Einmal lief ich in einem Schneesturm, der so heftig wehte, daß ich kaum die Haustür aufstemmen konnte. Auf den vereisten Straßen warf mich der Wind fast um. Obwohl an meinen Augenbrauen kleine Eiszapfen hingen, schwitzte ich schon nach wenigen Minuten und fühlte mich wohl. Vergnügt malte ich mir aus, daß jemand, der sich jetzt ohne die richtige Bekleidung ins Freie wagen würde, wahrscheinlich bald Frostbeulen bekäme, während mein Trainingsanzug, meine Wollmütze, meine Handschuhe und meine Nylon-Windjacke die Luft an meinem Körper sommerlich warm hielten.

Hitze. Unter allen Wetterbedingungen, die Sie beim Laufen antreffen, ist Hitze die gefährlichste. Als Nebenprodukt des Stoffwechsels erzeugt man beim Laufen ungeheure Mengen von Wärmeenergie – bis zu dreißigmal mehr als bei ruhendem Körper. Wenn die umgebende Luft kühl ist, kann diese Wärmeenergie leicht durch die Haut abgegeben werden, und der Körper wird nicht überhitzt. Anders ist es, wenn man im Sommer bei großer Hitze unterwegs ist. Wenn die Luft in der Umgebung heiß und feucht ist, kann die Wärmeenergie den Körper nicht verlassen; deshalb besteht die Gefahr, daß die Körpertemperatur bis zum Gefahrenpunkt (etwa vierzig Grad Celsius) ansteigt.

Da der Körper innerhalb gewisser, enger Grenzen optimal funktioniert, bemüht er sich nach Kräften, das richtige Gleichgewicht von Wärme und Kälte beizubehalten. So öffnet er zum Beispiel beim geringsten Zeichen der Überhitzung seine Wärmeventile. Experimente haben gezeigt, daß sich ein ruhender Mensch ohne Bekleidung bei einer Temperatur von ungefähr dreißig Grad Celsius am wohlsten fühlt. Sobald die Außentemperatur zwei oder drei Grad ansteigt, aktiviert der Körper seine wärmeregulierenden Mechanismen. Als erstes erweitern sich die Blutgefäße unter der Haut, um das warme Blut aus dem Körperinneren näher an die Körperoberfläche zu bringen, so daß die Wärme nach außen entweicht. (So erklärt sich auch, warum manche Leute bei warmem Wetter erröten.) Außerdem werden der Herzschlag und damit der Blutkreislauf beschleunigt, so daß die Blutgefäße unter der Haut die Hitze noch rascher abstrahlen.

Reichen diese Reaktionen aus, um die Körpertemperatur zu stabilisieren, beläßt es der Körper dabei. Steigt die Lufttemperatur weiter an, so führt der Körper seine Reserve ins Feld: Wir beginnen zu schwitzen. Bei extremer Hitze befeuchten unsere Schweißdrüsen die Hautoberfläche mit nicht weniger als zweieinhalb Litern Wasser pro Stunde. Durch die Verdunstung dieser Flüssigkeitsmenge auf der Hautoberfläche wird der Körper bei nahezu allen natürlichen Temperaturbedingungen so weit gekühlt, daß die Körpertemperatur im richtigen Bereich bleibt.

Doch nicht immer. Wenn man sich bei großer Hitze körperlich anstrengt, wie das bei Langstreckenläufern nicht selten der Fall ist, treten besondere Probleme auf, weil dabei sehr viel mehr Wärme erzeugt wird als beim ruhenden Körper. Können die wärmeregulierenden Mechanismen des Körpers die Temperatur nicht niedrig genug halten, kommt es zu Hitzekrämpfen, zum Kollaps oder zum Hitzschlag.

1. *Hitzekrämpfe* können in allen Muskeln auftreten, die dem Willen unterworfen sind, zum Beispiel im Wadenmuskel. Für den Läufer stellen sie ein erstes Gefahrensignal dar.

Ursache dieser schmerzhaften Muskelkrämpfe ist der übermäßige Salzverlust, der bei großer Schweißabsonderung auftritt. Die Störungen lassen sich im Notfall durch Kochsalz-Injektionen beheben. Manche Experten sind der Ansicht, man könne Hitzekrämpfen vorbeugen, indem man Kochsalz in Tablettenform oder im Rahmen der sonstigen Ernährung zusätzlich aufnimmt. Andere Fachleute erklären, daß es nicht nötig sei, weil schon die normale Ernährung genügend Kochsalz enthält. Sie verweisen unter anderem darauf, daß sogar Läufer, die kochsalzarm essen, nach einem langen Rennen oft mit ausgeschwitzten Salzkristallen bedeckt sind. Daraus könne man schließen, daß der Mensch auch ohne besondere Maßnahmen hinreichend Salz aufnimmt. Ich persönlich nehme nicht sehr viel Salz zu mir und habe auch nie das Bedürfnis verspürt, meine Salzration zu erhöhen. Ich bin der Ansicht, daß jeder durch eigene Versuche die Salzfrage für sich selbst lösen muß.

2. Ein *Hitzekollaps* entsteht, wenn der Körper durch das Schwitzen zuviel Flüssigkeit verliert und zuviel Blut zur Kühlung an die Körperoberfläche gepumpt werden muß. Durch die starke Erweiterung der Blutgefäße unter der Haut verliert der Körper ein wichtiges Mittel, um den Blutdruck zu regulieren. Es kommt zum Kreislaufkollaps. Durch den Druckabfall vermindert sich die Blutzufuhr zum Gehirn, was Schwindelgefühle und Bewußtlosigkeit hervorrufen kann. In der Regel wirkt der Hitzekollaps wie ein Kurzschluß in einer elektrischen Leitung, der die Sicherung durchschlägt: er verhindert die dritte, lebensgefährliche Phase.

3. Beim *Hitzschlag* werden der Körper und vor allem sein Zentralnervensystem unmittelbar durch Überhitzung geschädigt. Dies ist der Fall, wenn die Körpertemperatur über einundvierzig Grad Celsius ansteigt. Meist (aber nicht immer) ist die Haut heiß und trocken. Andere Symptome sind Schwindelgefühle, Benommenheit, Delirien, Erbrechen und Durchfall. Da der Hitzschlag zum

Tod führen kann, ist es notwendig, bei ersten Anzeichen sofort einen Arzt zu Rate zu ziehen.

Wenn Sie bei sich selbst oder anderen Läufern Hitzekrämpfe bemerken, können Sie ihnen mit Massage beikommen. Salzwasser (ungefähr eine Stunde lang ein halbes Glas alle fünfzehn Minuten) stellt das chemische Gleichgewicht des Körpers wieder her. Bei einem Hitzekollaps empfiehlt es sich ebenfalls, Salzwasser zu trinken; das Opfer sollte flach ausgestreckt und die Füße 20 bis 25 cm hoch gelegt werden; enge Kleidungsstücke sollen gelockert und der Körper mit feuchten Tüchern und Fächern gekühlt werden. Im Falle eines Hitzschlags muß die Körpertemperatur sofort durch kalte Wassergüsse oder eine Alkoholabreibung gesenkt werden; am besten wird der Patient in eine Badewanne mit kaltem Wasser gebracht. Sofortige ärztliche Hilfe ist lebensnotwendig.

Ein weiteres Hitzeproblem ist der gefährliche Wasserverlust. Die vielfältigen chemischen Reaktionen im Körper sind alle vom Vorhandensein von Wasser abhängig. Wasser trägt die verschiedensten Substanzen in die Körperteile, wo sie gebraucht werden, und bei großer Hitze kühlt es den Körper. Wenn die körperliche Belastung nicht lange anhält, stellt der Wasserverlust normalerweise kein Problem dar. Wenn die körperliche Belastung aber andauert, kann sie dazu führen, daß 1. zuviel Wasser aus dem Blutkreislauf abgezweigt wird oder 2. die chemische Zusammensetzung bestimmter Substanzen im Blut und in den Körperzellen gestört wird oder 3. ein Hitzekollaps eintritt.

Andererseits gibt es verschiedene Möglichkeiten, den dargestellten Hitzegefahren vorzubeugen und das Risiko zu vermindern.

Vor allem sollten Sie sich an die Hitze gewöhnen, ehe Sie länger trainieren. Man braucht ungefähr sieben bis zehn Tage, um sich in wärmerem Wetter zu akklimatisieren. In dieser Zeit sinkt die Pulsfrequenz ab, die Schweißabsonderung wird gesteigert, und man beginnt schneller zu schwitzen. Die wirksamste Methode, um sich zu akklimatisieren, besteht darin, daß Sie jeden Tag etwas intensiver trainieren. Haben Sie sich daran gewöhnt, in warmem Wetter zu laufen, bleibt Ihre Anpassung zwei Wochen lang erhalten.

Trinken Sie beim Training in großer Hitze viel Wasser. Früher galt es als falsch und gefährlich, beim Training zu trinken. Neuere Untersuchungen haben hingegen bestätigt, daß Läufer und andere Sportler bessere Leistungen zeigen, wenn sie soviel trinken dürfen, wie sie wollen. Sportler, die beim Training durch Wasserverlust fünf Prozent ihres Körpergewichts einbüßen, verlieren fünfzehn Prozent ihrer Leistungsfähigkeit; mehr als sechs Prozent Gewichtsverlust machen sich bereits sehr unangenehm bemerkbar. Um den Flüssigkeitsverlust schon vorab auszugleichen, empfehlen Fachleute, schon *vor* dem Training Flüssigkeit aufzunehmen[1]. Das erscheint schon deshalb nicht ganz unlogisch, weil unser Körper Flüssigkeit nur halb so schnell aufnehmen kann, wie wir sie an einem heißen Tag ausschwitzen.

Ziehen Sie sich leicht an. (Sogar ein T-Shirt bedeckt schon vierzig Prozent des Körpers.) Tragen Sie helle Farben, die die Sonnenstrahlen stärker reflektieren.

Unterstützen Sie den Kühlungsmechanismus der Schweißabsonderung, indem Sie sich so oft wie möglich mit kaltem Wasser begießen (je kälter desto besser). An warmen Tagen laufe ich oft am Ufer des Mianus River entlang. Wenn mir heiß wird, kühle ich mich mit Flußwasser ab. (Das Wasser aus unseren Flüssen zu trinken, kann man allerdings nicht mehr empfehlen.) Reicht man Ihnen bei einem Wettkampf mehr Wasser, als Sie auf einmal zu trinken vermögen, schütten Sie ruhig alles, was Sie nicht trinken können, auf Ihren Körper. (Dr. R. P. Clark vom britischen Institut für medizinische Forschung in London hat festgestellt, daß sich von allen Körperteilen die Oberschenkel beim Laufen am meisten erhitzen.) Ihre Laufleistung steigert sich sofort, wenn Sie sich mit Wasser begießen. Manche Läufer behaupten allerdings, daß sie eher Blasen bekommen, wenn ihre Füße naß werden.

Beschränken Sie das Aufwärmen an heißen Tagen auf ein Minimum. Das Aufwärmen steigert die Körpertemperatur, und das ist bei großer Hitze nicht gerade erwünscht. (Bei einer Untersuchung der Western Kentucky Universität wurde übrigens festgestellt, daß auch schulterlanges Haar die Hitzeresistenz eines Läufers oder seine Fähigkeit, sich von Hitzeeinwirkung zu erholen, in keiner Weise beeinflußt.)

Den Teilnehmern am *Boston Marathon* wird eine knappe Zusammenfassung der hier gegebenen Hinweise einige Tage vor dem Start zugeschickt. Auf dem Handzettel mit *wichtigen gesundheitlichen Ratschlägen* heißt es unter anderem: »Hitzegefahren können auftreten, wenn es heiß oder schwül ist. Sie werden durch Salz und Flüssigkeits-

---

1 Dr. Richard L. Westerman und Charles Martin nennen das »Prähydration«. Der Wissenschaftler David L. Costill drückt sich weniger elegant, aber plastischer aus; er sagt: »Sie müssen auftanken wie ein Kamel!«

verlust und ein gefährliches Ansteigen der Körpertemperatur verursacht. Zur Vorbeugung wird empfohlen, eine Woche lang bei warmem Wetter zu trainieren; salzen Sie am Tag des Rennens Ihr Frühstück zusätzlich und/oder trinken Sie *bis zehn Uhr vormittags* ein oder zwei Tassen salzige Fleischbrühe (Salztabletten vor dem Wettkampf führen oft zu Erbrechen). Trinken Sie bei jeder Erfrischungsstation an der Strecke sechzig bis hundert Gramm Wasser. Warten Sie *nicht*, bis Sie Durst haben, dann ist es vielleicht schon zu spät.«
Nicht allen Menschen macht die Hitze gleich viel aus. Manche Läufer scheinen gewissermaßen immun dagegen zu sein und laufen selbst in der ärgsten Sommerhitze noch gut, während andere schon am ersten warmen Tag merklich langsamer werden. Zum Teil hängt Hitzeanfälligkeit von der Körpergröße und -masse ab. Ein übergewichtiger Mensch ist erheblich im Nachteil, weil seine Körperoberfläche im Verhältnis zur Masse relativ klein ist. Außerdem isoliert natürlich die Fettschicht unter der Haut. Einige Unterschiede in der Hitzeanfälligkeit beim Laufen bleiben allerdings unerklärlich; die Lösung des Rätsels ist wohl darin zu suchen, daß wir Menschen nicht alle gleich, sondern durchaus verschieden reagierende Individuen sind[2].

Feuchtigkeit. Feuchtigkeit selbst stellt noch kein Problem dar. Sie wird nur deshalb gefährlich, weil sie die Schwierigkeiten verstärkt, die man als Läufer bei Hitze erlebt. Wenn die relative Luftfeuchtigkeit bei hundert Prozent liegt, kann der Schweiß nicht verdunsten, es sei denn, es weht eine Brise. Deshalb kann sich der Körper bei hoher Luftfeuchtigkeit gefährlich erwärmen. Um festzustellen, ob die Luftfeuchtigkeit zum Problem wird (75 % und mehr), können Sie einen Feuchtigkeitsmesser (Hygrometer) benutzen.

Kälte. Etwas Erfahrung und einige Vorsichtsmaßregeln, wie ich sie im zwölften Kapitel dargestellt habe, genügen, um sich gegen Kälte zu schützen. Das Hauptproblem besteht darin, sich nicht *zuviel* anzuziehen. Wenn vor der Haustür ein Schneesturm tobt, kostet es einige Überwindung, auf eine zusätzliche Jacke oder die warmen Skihandschuhe zu verzichten. Natürlich ist es im ersten Augenblick kühl, wenn Sie leicht bekleidet hinaustreten, aber schon nach wenigen Mi-

2 Mittlerweile gibt es in der Bundesrepublik sehr gute, fertige Mineralsalzpräparate zu kaufen, in denen alle die Stoffe enthalten sind, die der Körper über den Schweiß verliert. Es empfiehlt sich, an heißen Tagen vor dem Training von einer solchen Lösung zu trinken, und wenn möglich während des Laufens weitere Flüssigkeitsmengen zu sich zu nehmen (Prof. Dr. H. Hess).

nuten zügigen Laufens können Sie schwitzen, als ob Sie im tropischen Regenwald wären. Experimente der kanadischen staatlichen Forschungsbehörde haben gezeigt, daß ein Läufer bei minus zwanzig Grad Celsius nicht mehr Kleidung braucht als ein ruhender Mensch bei plus zwanzig Grad Celsius. Man sollte gerade soviel anziehen, daß einem beim Laufen angenehm warm ist. Nach einiger Zeit werden Sie voller Überraschung feststellen, daß dazu nur sehr wenig Kleidung notwendig ist. Wenn Sie bei einem plötzlichen Kälteeinbruch meilenweit von zu Hause weg sind, kann das sehr unangenehm werden. Steven Richardson schlägt deshalb vor, daß man bei unsicherer Witterung stets eine Nylon-Windjacke mitnehmen sollte. Diese leichten Jacken kann man sich ohne weiteres um die Taille schlingen oder in einer Tasche verstauen. Sie stellen einen ausgezeichneten Schutz gegen Kälte, Regen und Wind dar.

Damit Sie sich nicht erkälten, wenn Sie beim Laufen geschwitzt haben, sollten Sie Ihre Strecke bei kaltem Wetter so planen, daß Sie gegen den Wind starten und mit dem Wind heimkehren. Es ist erstaunlich, daß einem selbst bei sehr kaltem Wetter angenehm warm sein kann, wenn man mit dem Wind läuft, während die Ausführungen auf Seite 195 zeigen, wie kalt einem wird, wenn man gegen den Wind läuft.

Sich für das Laufen im Winter anzuziehen, ist leicht, wenn man einmal begriffen hat, wie sich der Körper gegen Kälte schützt. Der Körper räumt dem Rumpf und dem Kopf bei der Wärmeversorgung absolute Priorität ein. Kühlen diese Körperteile zu stark aus, versucht sie der Organismus auf Kosten von Fingern und Zehen zu wärmen. Wenn Rumpf und Kopf aber warm genug sind, kann der Organismus die überschüssige Wärme an die Extremitäten abgeben. Daraus folgt, daß man sich stets so kleiden muß, daß Kopf und Rumpf warm bleiben. Es empfehlen sich eine Wollmütze und warme Sachen, um Brust, Bauch und Rücken zu schützen.

Wie die Wärme-Prioritäten des Körpers aussehen, hat Dr. William C. Kaufman von der Universität von Wisconsin in einem Experiment dargelegt. Freiwillige, die er der Kälte aussetzte, zitterten, unabhängig davon, wie kalt ihre Finger und Zehen wurden, so lange nicht, wie ihr Rumpf warm blieb. Als er aber ihre Finger und Zehen warm hielt, und den übrigen Körper auskühlen ließ, begannen die Versuchspersonen schrecklich zu zittern. Auf diese Weise zwingt sich nämlich der Körper dazu, seine Muskeln arbeiten zu lassen, Kalorien zu verbrauchen und Wärme zu erzeugen.

Ein gefährliches, glücklicherweise aber nicht allzu häufiges Kälterisiko (das bei angemessener Kleidung vermeidbar sein sollte) wurde kürzlich im *New England Journal of Medicine* von Dr. Melvin Hershkowitz aus Jersey City, New Jersey, beschrieben. Ein dreiundfünfzigjähriger Arzt hatte sich bei einem halbstündigen Lauf bei sehr kaltem Wetter Erfrierungen am Penis zugezogen. Glücklicherweise verschwanden die Symptome schon nach wenigen Minuten. Wie verlautet, hat der Patient jetzt strikte Vorsichtsmaßnahmen ergriffen.

Große Höhen. Die dünne Luft in den Bergen stellt normalerweise kein Problem dar. Es dauert nur ungefähr eine Woche, bis man sich an einen Höhenunterschied von tausend Metern gewöhnt hat, und wenn sich der Körper erst einmal angepaßt hat, können Sie genauso hart trainieren wie jemand, der dort von Kind an wohnt. In den Bergen sollten Sie sich zunächst einmal ein paar Tage entspannen und erst dann mit dem Training beginnen, wobei Sie sich jeden Tag etwas mehr anstrengen können. Ihr Körper wird in kürzester Zeit das zusätzliche Hämoglobin produziert haben, mit dessen Hilfe Ihr Blut den notwendigen Sauerstoff aufnimmt und transportiert. Außerdem sind vermutlich die gesamte Blutmenge Ihres Körpers und Ihre Atemleistung größer geworden. Von diesem Zeitpunkt an sind Sie so fit wie eine Gemse. Angst vor dem Laufen in Höhenluft ist also unbegründet. Die Luft enthält immer noch genügend Sauerstoff für sportliche Leistungen.

Regen. Als ich einmal unterwegs war, goß es plötzlich wie aus Eimern vom Himmel. Der Tag war warm, und obwohl ich bald völlig durchweicht war, lief ich fröhlich weiter. Ein Auto hielt neben mir an, der Fahrer drehte die Scheibe herunter und fragte, ob er mich mitnehmen könne. Ich verneinte, dankte und gab ihm ein Zeichen weiterzufahren. »Aber Sie werden doch pitschenaß«, meinte er. Als ich ihm erklärte, daß mir der Regen Freude bereite, schüttelte er den Kopf und fuhr weiter.
Regen ist kein Problem. An heißen Tagen werden Sie sogar dankbar sein, wenn es regnet. Erst wenn die Temperatur unter dreizehn Grad Celsius absinkt, brauchen Sie Schutz. Ein leichter Anorak genügt für gewöhnlich.

Schnee. Im Schnee zu laufen, ist ein wunderbares Erlebnis. Breitet er sich nur als dünne Schicht über der Erde aus, werden Sie das Gefühl haben, auf einer Weihnachtspostkarte zu laufen. Lästig wird es erst, wenn Sie im Tiefschnee dahintrotten und sauer werden, weil Sie nicht Ihr gewohntes Tempo erreichen. Sie sollten sich darüber nicht ärgern. Nehmen Sie die Dinge hin, wie sie sind. Da Sie sich im Tiefschnee mehr anstrengen müssen, erreichen Sie auch bei geringerem Tempo den gewünschten Trainingseffekt. Zählen Sie statt der Kilometer nur die Minuten. Laufen Sie sonst eine halbe Stunde, müssen Sie auch im Schnee nicht länger draußen bleiben. Daß Sie dabei vielleicht eine kürzere Strecke zurückgelegt haben, ist irrelevant.

Eis. Auf Eis zu laufen ist schwierig. Vor allem wenn das Eis naß ist, rutscht man leicht aus und kann sich Muskelzerrungen zuziehen. Versuchen Sie, das zu vermeiden. Wenn Sie morgens auf der Straße Glatteis vorfinden, sollten Sie lieber warten, bis es abgetaut ist oder gestreut wurde. Noch besser ist es, eine Strecke zu suchen, die nicht vereist ist – einen verschneiten Fußweg zum Beispiel oder ein Feld. Ich habe es selbst nie versucht, aber ich habe gehört, daß manche Leute auch in den geschützten Passagen, Gängen und Galerien der Einkaufszentren trainiert haben. Glücklicherweise ist Glatteis in der Bundesrepublik selten und schmilzt meistens innerhalb weniger Stunden. Wenn möglich, empfiehlt es sich bei derartig extremen Witterungsverhältnissen, eine Hallenbahn zu benutzen. Allerdings sind Hallenbahnen in Deutschland kaum vorhanden und noch seltener für jedermann zugänglich.

Hagel. Wenn es zu hageln beginnt, während Sie laufen, ist der gesunde Menschenverstand der beste Ratgeber. Von Hagelkörnern getroffen zu werden, kann sehr schmerzhaft sein. Suchen Sie also umgehend eine geschützte Stelle auf, und bleiben Sie dort, bis der Hagelschauer – der in der Regel nur von kurzer Dauer ist – aufhört.

Wind. Wind spüren Sie, sobald die Luftbewegung mehr als zwölf bis fünfzehn Stundenkilometer beträgt. Laufen Sie gegen den Wind, bremst er Ihren Schwung, und Sie ermüden schneller. Machen Sie sich keine Gedanken darüber, sondern verhalten Sie sich genauso wie beim Laufen im Schnee: Akzeptieren Sie, daß Sie nicht so schnell vorankommen wie sonst. Halten Sie den Kopf leicht gesenkt und stemmen Sie sich gegen den Wind, bewegen Sie die Arme energisch und machen Sie auf diese Weise das beste aus den Wetterunbilden. Seien Sie besonders vorsichtig bei böigem Wind. Böen sind wirklich gefährlich und können Sie durchaus zu Fall bringen. Wenn Sie bei starkem Gegenwind an einem Wettkampf teilnehmen, tröstet Sie vielleicht der Gedanke, daß alle anderen sich mit dem gleichen Handicap abfinden müssen[3].

Freuen Sie sich, wenn Sie Rückenwind haben. Er macht das Laufen viel leichter und streckt Ihre Schritte. Man hat das Gefühl, von einer freundlichen Hand geschoben zu werden. Beim *Boston Marathon* im Jahre 1975 wehte ein heftiger Wind, der uns alle, auch den Sieger Bill Rodgers, jubelnd vorantrieb.

Wind stellt nur dann ein Problem dar, wenn es kalt ist. Er kühlt den Körper zusätzlich aus. Ein Dreißig-Stundenkilometer-Wind nimmt dem Körper bei einer Außentemperatur von zehn Grad Celsius soviel Wärme wie eine Außentemperatur von null Grad bei Windstille. Dieser Effekt wird stärker, je heftiger der Wind bläst. Das müssen Sie bei der Wahl Ihrer Kleidung im Auge behalten.

Gewitter. Es läßt sich kaum vermeiden, daß Sie ab und zu in ein Gewitter geraten. Flüchten Sie, wenn Sie können, so rasch wie möglich in ein festes Gebäude oder ein Auto. Sollte das unmöglich sein, dann halten Sie sich von Wasserflächen, Bergkämmen und einzeln stehenden Bäumen fern, und berühren Sie keine größeren Metallteile. Dukken Sie sich in eine Mulde oder einen Graben oder suchen Sie in einem Gebüsch Deckung – wenn es dort nicht gerade sehr naß ist. Stehen Ihnen die Haare zu Berge, so deutet das darauf hin, daß sich in Ihrer unmittelbaren Umgebung ein elektrisches Spannungsfeld aufbaut und eine Entladung in Form eines Blitzes bevorsteht. Die Internationale Kommission für atmosphärische Energie empfiehlt, in derartigen Situationen eine Schutzhaltung einzunehmen: Dazu kniet man sich hin, läßt Knie und Füße zusammen, legt die Hände auf die Oberschenkel und beugt sich nach vorn. Mit einem Wort: Man versucht, so wenig wie möglich wie ein Blitzableiter auszusehen.

Sand, Matsch und Schlamm. Alle drei Faktoren beflügeln Ihre Schritte nicht gerade, aber da man ohnehin nicht sehr viel dagegen unternehmen kann, empfiehlt es sich, gelassen zu bleiben.

Sand kann sehr lästig sein, wenn er in Ihre Schuhe gerät. Wenn Sie oft am Strand trainieren, ist es vielleicht bequemer, barfuß zu laufen; zeitweise in jeder Hand einen Schuh zu tragen, ist überhaupt kein

---

3 Eine Methode, mit Gegenwind besser fertigzuwerden, wird in Kapitel siebzehn beschrieben.

Problem. Treten Sie so oft wie möglich auf Tangstreifen; Sie sinken weniger ein und rutschen nicht weg. Hüten Sie sich aber vor Quallen!

Schneematsch ist ein lästiges Übel, aber keine Gefahr. Beim Laufen arbeiten Ihre Füße so schwer, daß ihnen auch die größte Kälte für gewöhnlich nichts ausmacht. Sie fühlen sich nach der Rückkehr vielleicht etwas taub an, aber schon nach kurzer Zeit werden sie so heftig kribbeln und prickeln, daß Sie bis zum Morgen durchtanzen möchten. Problematischer ist es hingegen, daß vorbeifahrende Autos Sie von oben bis unten mit Schneematsch vollspritzen. Eine tüchtige Ladung ins Gesicht kann auch den schönsten Wintertag verderben.

Über Schlamm gibt es leider wenig Gutes zu sagen. Man rutscht aus, beschmiert sich die Kleidung, und wenn man gar hinfällt, ist einem die Schadenfreude der Passanten gewiß. Meiden Sie Schlamm, und seien Sie vorsichtig, wenn Sie trotzdem hindurch müssen.

Unebenes Gelände. Waldwege mit knorrigen Wurzeln, Schotterstraßen und steinige Wege stellen normalerweise kein Problem dar, wenn die Strecken, die man auf diesem unebenen Boden zurücklegt, nicht zu lang werden. Laufen Sie nämlich längere Zeit auf unebenen Wegen, ermüden die Muskeln, die Ihren Körper stabilisieren, und es besteht die Gefahr, daß Sie stürzen oder sich den Knöchel verstauchen. Genießen Sie solche Strecken daher nur in kleinen Dosen. Achten Sie vor allem darauf, daß Sie nicht in ein Loch treten, über einen Ast stolpern, auf nassem Gras ausrutschen oder mit den Zehen gegen einen Stein stoßen. Sollte Ihnen die Achillessehne weh tun, halten Sie sich von rauhem Gelände ganz fern.

Steigungen, Hügel und Berge. Als ich anfing zu laufen, betrachtete ich jegliche Steigung als persönlichen Feind. Steigungen erschweren das Laufen, verlangsamen das Tempo und nehmen die Luft. Allmählich wurde mir klar, daß es auch sein Gutes haben könnte, gegen die Hügel zu kämpfen. Das Bergauf-Laufen stärkt die Muskulatur an der Vorderseite der Oberschenkel, steigert die Herz-Lungen-Leistung und erleichtert es einem im Laufe der Zeit, Steigungen zu nehmen. Natürlich kann man bergauf nicht so rasch wie bergab laufen; das gehört einfach zu den Dingen, die man als Läufer hinnehmen muß.

Wenn Sie an eine Steigung kommen, sollten Sie ein Tempo wählen, von dem Sie glauben, daß Sie es durchhalten können! (Wenn man zu Anfang schnell ist, später langsamer wird und schließlich nur noch im

Schritt gehen kann, entmutigt das nur.) Beugen Sie sich nach vorn und verkürzen Sie Ihre Schritte. Stellen Sie sich vor, daß Sie beim Bergauf-Laufen eine andere Gangart einschalten müssen. Bergauf-Laufen ist die anstrengendste Trainingsform überhaupt und am meisten konditionsfördernd. Insbesondere untrainierte oder schlecht trainierte Personen müssen beachten, daß der Puls sehr schnell und beachtlich hochgetrieben wird, so daß Steigungen mit Tempo angegangen unter Umständen für Sie eine ernste Gefahr bedeuten können. Verlangsamen Sie also bei Steigungen grundsätzlich Ihr Tempo, und pflegen Sie einen besonders ökonomischen Laufstil, der auf die Überwindung der Schwerkraft abzielt; mit der Geschwindigkeit können Sie warten, bis Sie den Gipfel erreichen. Dann können Sie Ihren Erfolg mit Sturmschritten feiern.

Bei einem Wettkampf sollten Sie allerdings auch bergab nicht mit letzter Kraft laufen. Wenn Sie das Tempo ungezügelt steigern, ermüden Sie mehr, als Sie denken, und erreichen das Ende des Gefälles womöglich im Zustand der Erschöpfung.

Dunkelheit. Die meisten von uns müssen zumindest teilweise im Dunkeln trainieren, entweder frühmorgens oder am Abend, und zwar meistens – wegen der Beleuchtung – auf Straßen. Dagegen ist nichts einzuwenden, solange Sie einige einfache Regeln beachten:

1. Laufen Sie auf der linken Straßenseite, dicht am Rand. Nähert sich ein Auto gefährlich, verlassen Sie notfalls die Straße. Natürlich besteht die Gefahr, daß Sie sich den Knöchel verknacksen, wenn Sie plötzlich in den Straßengraben müssen, oder daß Sie eine dunkle Böschung hinabstürzen, aber gemessen an der Alternative ist es das kleinere Übel.

2. Tragen Sie eine reflektierende Jacke oder wenigstens helle Kleidung. Sollten Sie das einmal vergessen und in Ihrem dunkelblauen Trainingsanzug aufbrechen, werden Sie bald merken, daß Ihnen die Autos erst ziemlich spät ausweichen. Für Sie kann das ein äußerst gefährlicher Unterschied sein.

3. Benutzen Sie Straßen, die Sie gut kennen. Ehe Sie auf einer dunklen Straße lostraben, sollten Sie sich davon überzeugen, daß sie keine Schlaglöcher oder andere Menschenfallen aufweist.

4. Wenn der Fahrer eines entgegenkommenden Autos nicht abblendet, was oft genug vorkommt, sollten Sie versuchen, sich an markanten Punkten der Straße zu orientieren. Starren Sie nicht in die

Scheinwerfer! Auf diese Weise vermeiden Sie es, geblendet zu werden.

5. Versuchen Sie nach Möglichkeit auf beleuchteten Fußwegen zu laufen. Es ist vielleicht weniger abwechslungsreich, mehrmals um den gleichen Block zu traben, dafür ist es aber auch weniger gefährlich.

Nebel. Im Nebel zu laufen, ähnelt dem Laufen bei Dunkelheit. Denken Sie daran, daß Autofahrer durch Nebel in ihrer Sicht stark behindert werden. Wer sich ganz aufs Fahren konzentriert, erschrickt vielleicht, wenn plötzlich ein Läufer vor dem Kühler auftaucht. Versuchen Sie deshalb auf verkehrsarmen Straßen, Fußwegen oder Bürgersteigen zu laufen.

Tragen Sie keine graue Kleidung bei Nebel, die wie eine Tarnkappe wirkt und Sie praktisch unsichtbar macht. Als Kontrastfarben empfehlen sich bei Nebel Rot und Orange.

Autos. Autos sind bei Tag wie bei Nacht sehr gefährlich. Die Mehrzahl der Fahrer ist zwar nicht bewußt darauf aus, Sie zu überfahren, obwohl auch das leider vorkommt[4], aber viele fahren unkonzentriert und rechnen nicht mit laufenden Verkehrsteilnehmern. Es ist deshalb, wie schon gesagt, sehr wichtig, auf der linken Straßenseite dem Verkehr entgegenzulaufen. So können Sie die heranbrausende Gefahr im Auge behalten und notfalls den rettenden Sprung in den Chausseegraben tun.

Gesundheitsschädlich sind die Autoabgase. Ich wußte schon immer, daß Kohlenmonoxyd ein gefährliches Gas ist, aber erst ein Aufsatz in der Zeitschrift *Runner's World* von Dr. Harry Daniell machte mir klar, wie groß die Gefahr ist. Das Kohlenmonoxyd haftet besser am Hämoglobin der roten Blutkörperchen als der Sauerstoff, den der Körper eigentlich braucht. Darunter leidet die Sauerstoffversorgung der Muskeln und des Gehirns. Im Gegensatz zum Kohlendioxyd löst sich das Kohlenmonoxyd nur langsam vom Körper und zirkuliert statt dessen im Blutstrom. Wenn Sie längere Zeit in einer Gegend laufen, deren Luft in hohem Maße mit Autoabgasen durchsetzt ist, nimmt die Kohlenmonoxydkonzentration im Blut ständig zu. Selbst nach acht

---

4 George Sheehan hat die durchaus einleuchtende Theorie aufgestellt, daß viele Leute das Laufen als eine Bedrohung des herrschenden Wertsystems unserer Gesellschaft ansehen. Die aggressive Fahrweise mancher Autofahrer gegenüber Läufern und das giftige Gehupe, das häufig nicht warnen, sondern erschrecken soll, scheint Sheehan wenigstens teilweise recht zu geben.

Stunden Schlaf kann der Körper nur die Hälfte des gespeicherten Kohlenmonoxyds abbauen.

Daraus ergibt sich, daß man in möglichst abgasfreier Luft laufen sollte. Selbst in Großstädten gibt es glücklicherweise noch Straßen, in denen der Verkehr nicht allzu dicht ist.

Hunde. Jeder Läufer hat mindestens eine Hundegeschichte. Frances Goulart zum Beispiel wurde beim Laufen gebissen. Der Hundehalter lachte herzlich darüber und meinte: »Er hat wohl ein bißchen nach Ihnen geschnappt?« »Nach mir geschnappt?!« erwiderte die empörte Mrs. Goulart. »Sehen Sie sich doch meinen Bauch an. Ich blute.« Worauf der Hundehalter noch einmal lachte: »Er hat doch nur ein bißchen gespielt.«

Die Geschichte ist insofern typisch, als sie eine Charaktereigenschaft illustriert, die nahezu alle Hundebesitzer auszeichnet: Sie sind fest überzeugt, daß auch der mörderischste Hund nichts Böses tun kann. Vor einigen Jahren hatte ich in einem Park in der Nähe meines Hauses eine kritische Begegnung mit einer großen Dogge. In höchster Not ergriff ich einen Knüppel, um mir das Tier vom Leibe zu halten. Augenblicklich eilte der Besitzer herbei und verlangte, ich solle den Stock fallen lassen.

»Sie machen meinem Hund Angst«, erklärte er mir.

»Im Gegenteil«, sagte ich wütend. »Ihr Hund macht mir Angst.« Meine Laune war nicht eben sonnig.

»Trainieren Sie doch gefälligst woanders«, meinte der Hundebesitzer. »Tiny ist genauso berechtigt wie Sie, hier zu sein.«

Mit einem Wort: Von Hundebesitzern können Sie nicht sehr viel Verständnis erwarten. Sie müssen also zur Selbstverteidigung greifen. Über deren Strategie und Taktik gibt es die verschiedensten Theorien. Im Verlauf der Jahre habe ich sie wohl alle versucht und das Thema außerdem mit vielen anderen Läufern erörtert. Eine Patentlösung haben wir nicht gefunden. Ein Jogging-begeisterter Tierarzt verschaffte mir zusätzliche Einblicke in die Hunde-Psychologie. Im folgenden also die fünf klassischen Methoden, mit denen Läufer Hunde abzuwehren versuchen:

Die »Ach, was für ein nettes Hündchen«-Methode. Im Glauben daran, daß die Liebe wirklich alles vermag, versuchen es manche Läufer mit gutem Zureden. Sie möchten Freundschaft schließen mit der Kreatur Gottes. Bedauerlicherweise mußte ich feststellen, daß solche christliche Nächstenliebe von Hunden nicht honoriert wird. Diese Anbiederei scheint die Tierchen eher aufzureizen.

Die autoritäre Methode. Steven Richardson, der selbst Hundebesitzer ist und sich mit dem Verhalten dieser Spezies seit langem beschäftigt, verläßt sich auf seine Autorität. Ein energisches »Nein!« oder »Hau ab!«, sagt er, habe stets die gewünschte Wirkung. Andererseits ist Richardson fast zwei Meter groß, und ich habe den leisen Verdacht, daß man jeden Hund auch ohne besonderen Trick davonjagen kann, wenn man aussieht wie er.

Die Vogel-Strauß-Taktik. Bei dieser Technik ignoriert man das Ungeheuer, aber das funktioniert überhaupt nicht. Wenn sich ein Hund schon die Mühe macht, Sie anzukläffen, möchte er nicht ignoriert werden. Er wird so lange immer drohender bellen, bis ihm sein Publikum die Aufmerksamkeit schenkt.

Die Tobsuchtsvariante. Bei der Ausführung dieses Manövers müssen Sie warten, bis der Gegner nahe heran ist. Bis zum taktisch richtigen Moment laufen Sie einfach ganz normal weiter. Erst wenn der Hund schon dichtauf ist, wenden Sie sich mit markerschütterndem Gebrüll ruckartig um und lassen die Arme wie Dreschflegel kreisen, als ob Sie verrückt wären. Selbst ein Hund, der schlimme Streiche im Sinn hat, überlegt es sich daraufhin vermutlich noch einmal, ob er ein so unberechenbares Opfer weiterhin piesacken soll.

Der Stein-Bluff. Die meisten Hunde haben eine natürliche Abneigung dagegen entwickelt, mit harten Gegenständen beworfen zu werden. Wenn Sie sich daher beim Laufen bücken, als ob Sie einen Stein vom Boden aufheben wollten (es braucht gar keiner greifbar zu sein), werden wohl die meisten Hunde den Rückzug antreten.

Narrensicher ist keine dieser Methoden[5]. Mein tierpsychologischer Berater gab mir noch einige zusätzliche Erklärungen für das Verhalten der Hunde. Die Hunde, sagte er, haben einen stark entwickelten

5 Bei besonders hartnäckigen Gegnern, an denen Sie praktisch bei jedem Training vorbeilaufen müssen und die zudem absolut uneinsichtige Besitzer haben, hilft die Salmiakgeist-Verteidigung noch am zuverlässigsten. Warten Sie, bis Ihnen der Quälgeist dicht auf den Fersen ist, und bespritzen Sie ihn dann aus einem mitgeführten kleinen Fläschchen mit Salmiakgeist. Wenn der Hund nicht absolut unsensibel ist, wird er Sie in Zukunft in Ruhe lassen.

Territorialinstinkt. Sie prägen sich die Grenzen »ihres« Gebiets ein und verteidigen sie hartnäckig. Solange ein Läufer keine Anstalten macht, in das Gebiet des Hundes einzudringen, wird sich dieser normalerweise mit einigem harmlosen Bellen (gewissermaßen zur Warnung) begnügen. Vorsichtige Läufer können sich deshalb einfach auf die andere Straßenseite begeben, wenn sie einen Hund sichten. Wahrscheinlich können Sie auf diese Weise vermeiden, den geweihten Bezirk zu verletzen. Allerdings sollten Sie keinesfalls den Eindruck erwecken, Sie hätten Angst vor dem Hund. Auf Furcht reagieren Hunde sofort und werden noch aggressiver.

Zeitgenossen (harmlos). Vor allem am Wochenende, wenn alle möglichen Leute Ausflüge machen, wird man Sie oft nach dem Weg fragen. Wenn der Fragesteller ein Autofahrer ist und die gleiche Richtung wie Sie hat, ist das kein großes Problem. Wenn Sie ihm Auskunft geben können, lassen Sie ihn einfach neben sich herfahren, und sagen Sie ihm, was Sie wissen. Kommt einem der Fahrer aber entgegen, steht man vor einer schwierigen Wahl. Soll man stehenbleiben und alle Fragen freundlich beantworten, oder soll man weiterlaufen, ohne sich aufhalten zu lassen? Ich habe nie eine eindeutige Antwort gefunden. Manchmal bleibe ich stehen – besonders wenn der oder die Fragende besonders hilflos aussieht. Nicht selten, so muß ich zu meiner Schande gestehen, täusche ich auch einen Trancezustand vor und laufe vorbei.

Werden Sie um Auskünfte gebeten, versuchen Sie geduldig zu sein. Passanten den Weg zu weisen und andere Informationen zu geben, gehört zu den sozialen Funktionen des Läufers und ist, wie ich mittlerweile glaube, unser unvermeidliches Schicksal.

Zu den harmlosen Mitmenschen sind vermutlich auch jene zu rechnen die Sie mit erhobenem Daumen oder munteren Zurufen (»Sie machen sich prima!« oder »Tempo!«) anfeuern. Solche Ermunterung wird vorschriftsmäßig mit einem dankbaren Winken quittiert und begrüßt.

Zeitgenossen (bösartig). Aus Gründen, die vermutlich nur ihnen selbst bekannt sind, können manche Leute den Anblick eines Läufers nicht ertragen. Sie reagieren bösartig. Es sind sicherlich nicht viele, aber ihre Anwesenheit spürt man sofort. Sie rufen Ihnen aus vorbeifahrenden Autos Schimpfworte nach oder wollen Ihnen partout verbieten, Park- oder Spazierwege für Ihr Training zu benutzen.

Es gibt drei Ansichten darüber, wie man dieses Problem bewältigen kann. Da gibt es zunächst die stoische Schule. Sie rät, die Störenfriede zu ignorieren, damit sie von alleine verschwinden.

Die zweite Schule empfiehlt energische Gegenwehr. Fluchen Sie kräftig, raten die Anhänger dieser Lehre, und machen Sie beleidigende Gesten.

Die dritte Schule fordert uns auf, die Miesmacher dadurch zu entwaffnen, daß man lächelt und etwas Freundliches sagt. »Sogar die bösartigsten Leute werden sehr viel milder gestimmt, wenn ihnen der Läufer unverhofft freundlich begegnet«, schrieb ein Läufer namens Pete Hanrahan in *Runner's World*.

Eine dieser Methoden funktioniert auf die Dauer vermutlich am besten, aber welche das ist, habe ich bisher nicht herausfinden können. Was für die Psyche des Läufers am besten ist, kann ich aber sehr wohl sagen. Auf einer Versammlung von einigen hundert Wissenschaftlern, die verschiedene Aspekte des Laufens erforschen (und von denen viele selbst Jogger sind), erzählte ein Psychiater vor kurzem die Geschichte eines einsamen Langstreckenläufers, der von einigen jungen Burschen belästigt wurde, die im Auto neben ihm herfuhren. Als der Jogger den Wagen an einer Ampel noch einmal einholte, nahm er Rache: ein Schritt auf den Kofferraum, ein Schritt auf das Dach, ein Schritt auf die Motorhaube des Fahrzeugs – drei dicke Beulen blieben zurück. Die ehrwürdige Versammlung applaudierte dem Erzähler dieser unglaublichen Geschichte stehend.

14 / Essen und Laufen

Erfreuliches für alle, die gern und gut essen

Vor einigen Jahren – ich hatte mit meinem Lauftraining erst vor kurzem begonnen – konnte ich eines Tages nicht widerstehen und schlug mir beim Mittagessen richtig den Bauch voll: zwei Hamburger, Pommes frites und obendrein einen Milkshake. Auf dem Heimweg verfluchte ich meine Willensschwäche. Meine Beine waren schwer wie Blei, und mir graute vor dem mühseligen Trainingslauf, der mir, wie ich glaubte, bevorstand. Wenn ich das abendliche Training überhaupt überstehen würde, wäre das allenfalls ein Triumph meines unbeugsamen Willens; Spaß würde es mit Sicherheit nicht machen. Aber siehe da, es kam anders: Der Abend war weitaus besser als die meisten vorher und viele andere nachher. Ich schwebte dahin, meine Schuhe schienen die Erde nur selten zu küssen. Meine Füße waren wie Schwingen, die sich im hurtigen, rhythmischen Einklang mit dem Boden bewegten und über Asphalt, Sand und Gras dahinflogen.

Bei einer anderen Gelegenheit war ich dagegen völlig verhungert. Ich trainierte für einen Marathonlauf und wollte gern mager und leicht sein. Vor dem Start war mir flau. Es war ein heißer Tag, weit über dreißig Grad Celsius, und ich fühlte mich schwach. Ohne große Begeisterung erinnerte ich mich an die letzten beiden Trainingsläufe, die ich bei ähnlicher Hitze absolviert hatte. Aber als ich auf der Suche nach einem Rhythmus die Auffahrt hinuntertrabte, wußte ich plötzlich, daß dies ein außergewöhnlicher Tag werden würde. Unbeeindruckt von der Hitze glitt ich über den klebrig-heißen Asphalt. Ich fühlte mich leicht und stark und glaubte, ich könnte nie müde werden. In Greenwich Point, einem bewaldeten Park, der etwa fünf Kilometer von meiner Wohnung in Riverside, Connecticut, entfernt liegt, hielt ich kurz an, um etwas Wasser zu trinken. Beim Weiterlaufen sah ich Kaninchen, Fasanen und Wildgänse und beobachtete ein Segelboot, das den Long Island Sound hinabfuhr. In den Hügeln am Ende der Strecke wurde ich dann doch etwas müde, brauchte aber nicht langsamer zu werden.

Aus der Tatsache, daß ich mich für diese beiden Erfolgserlebnisse ernährungsmäßig so völlig unterschiedlich präpariert hatte, läßt sich zunächst einmal ableiten, daß die Verhaltensweise des menschlichen Körpers rätselhaft ist. Außerdem zeigt sich auch deutlich, daß die Ernährung keineswegs alles entscheidet. Natürlich kann man versuchen, seine Leistung beim Laufen dadurch zu steigern, daß man sich vernünftig ernährt, und auf die Dauer ist man damit auch durchaus erfolgreich. Aber die richtige Ernährung garantiert noch lange nicht, daß ein bestimmter Lauf oder ein bestimmter Wettkampf mit Sicherheit gut wird. Die Gleichung enthält zu viele andere variable Faktoren.

Selbst Ernährungsfachleute sind sich über viele Probleme, von denen man als Laie annehmen würde, daß sie längst geklärt seien, keineswegs einig. Empfiehlt es sich zum Beispiel für Läufer zu fasten? Man möchte annehmen, daß diese grundsätzliche Frage mittlerweile beantwortet wäre, aber in seinem Buch *Food for Sport* schreibt Dr. Nathan J. Smith: »Ab und zu taucht die Frage auf, ob periodisches Fasten vorteilhaft sei. Wenn es auf 24 oder 48 Stunden beschränkt bleibt, ist das Fasten für einen gesunden Erwachsenen nicht unbedingt schädlich, aber ein Sportler wird sich wohl kaum erfolgreich an einem Wettkampf beteiligen können, wenn man ihm während seines Trainings für so lange Perioden die Energiequellen sperrt. Es gibt keinerlei Hinweise darauf, daß zeitweiliges Fasten für den Wettkämpfer irgendwelche Vorteile bietet.« *Food for Fitness* hingegen, das die Herausgeber der Zeitschrift *Runner's World* veröffentlicht haben, vertritt eine völlig andere Ansicht: »Viele Leute, die gelegentlich wochenlang fasten, haben berichtet, daß sie sich in der letzten Phase des Essensverzichts nicht nur ›stark wie Stahl‹ fühlten, sondern an Kraft sogar zunähmen.«

Dieselbe Diät kann sich bei zwei verschiedenen Personen völlig unterschiedlich auswirken, deshalb muß jeder selbst herausfinden, wie sein Körper reagiert. Roger Bannister (der es wissen sollte) hat einmal gesagt: »Was für den einen gilt, trifft für den anderen noch lange nicht zu. Natürlich kann man aus den Ernährungsfragen und den pharmazeutischen Faktoren beim Sport eine Geheimwissenschaft machen. Aber es gibt keinerlei Beweise dafür, daß für Menschen, die sich normal und ausgewogen ernähren, irgendwelche besonderen Nahrungsmittel oder zusätzliche Vitamingaben notwendig wären. Ich glaube, das Wesen einer guten Leistung besteht darin, daß man sich natürlich verhält.«

Trotz dieser Warnungen gibt es aber doch einige Grundprinzipien, die man beachten sollte. Untersuchungen haben nämlich erst kürzlich wieder gezeigt, daß Ernährungsfehler und daraus resultierende Mangelerscheinungen noch erstaunlich oft auftreten.

Essen und Trinken können allerdings zu Unternehmungen ausarten, die ungeheuer kompliziert sind. Dies gilt in besonderem Maße für die Ernährung von Spitzensportlern. Vor einiger Zeit fand in Leningrad ein internationales Symposion über Sportlerdiät statt, an dem Wissenschaftler aus den sozialistischen Staaten, aus Japan, Brasilien, Kuba, Großbritannien, den Vereinigten Staaten und vielen anderen Ländern teilnahmen. Innerhalb der Tagesordnung und am Rande der Tagung diskutierten sie unermüdlich über Ernährungsfragen, die so geringfügig scheinen, daß man sie als Laie fast für irrelevant hält. Warum das so ist, erklärte der Mediziner George V. Mann später in der Zeitschrift *The Physician and Sportsmedicine*: »Wenn sehr viele Sportler ein hohes und nahezu ausgeglichenes Leistungsniveau erreichen, richtet sich die Aufmerksamkeit auf gewisse Trainingsfaktoren, mit denen man möglicherweise noch kleine Vorteile beim Wettkampf erzielt.«

Durchschnittliche Läufer und auch die Mehrzahl der überdurchschnittlichen Läufer brauchen sich um diese ernährungswissenschaftlichen Details nicht zu kümmern. Uns kommt es nur darauf an, wie man sich vernünftig ernährt. Da man ohnehin oft genug gegen etwaige Diätpläne verstößt (hier ein Stück Kuchen und dort ein Glas Bier), erscheint es wenig sinnvoll, in Spezialfragen fanatische Diskussionen zu führen. Daher sollen in diesem Kapitel auch nur einige der allgemein akzeptierten Prinzipien einer sportgerechten Ernährung dargestellt werden. Dabei gehe ich davon aus, daß Sie die Feld-Wald-Wiesen-Ernährungsregeln schon kennen oder leicht nachschlagen können. Schließlich haben Sie sich bis zum heutigen Tage auch ohne meine Hilfe ernährt.

Leider gibt es immer noch Läufer, die glauben, daß es bestimmte Nahrungsmittel gibt, die sportliche Wunder bewirken. Solche Nahrungsmittel gibt es nicht. In der klassischen Ernährungsfibel für Sportler *Nutrition and Physical Fitness* von L. Jean Bogert und anderen Wissenschaftlern heißt es: »Den Bedürfnissen des Sportlers genügt eine gesunde Ernährung, die auf Fleisch, Milch, Fisch, Eiern, Vollkorngetreide, Hülsenfrüchten und Nüssen, Blattgemüse, Obst und anderem Gemüse aufbaut. Vitamintabletten oder sonstige Zusätze sind nicht nötig. Man sollte sich auch nicht auf sie verlassen, denn sie führen leicht dazu, daß man seinen Bedarf bereits für gedeckt hält, obwohl in der Ernährung vielleicht Eiweiß und Mineralien noch fehlen.« Dr. Thomas Bassler drückte den Standpunkt der *American Medical Joggers Association* aus, als er feststellte: »Wir unterstützen die Verwendung besonderer Nahrungsmittel oder -zusätze nicht. Empfohlen wird der Verzicht auf denaturierte Nahrungsmittel wie zum Beispiel Zucker, Stärke, gesättigte Fettsäuren und destillierten Alkohol.« Im übrigen wird eine normale ausgeglichene Diät mit viel frischem Obst, rohem Gemüse und nicht zuviel Fleisch empfohlen.

Sogenannte »gesunde« Nahrungsmittel gibt es nicht, obwohl wir manche so bezeichnen. Ein Fruchtjoghurt zum Beispiel halten wir oft für besonders gesund, aber er enthält ungefähr 250 Kalorien, nicht weniger als die gleiche Menge Eiskrem. Wenn Sie Ihre Nahrung gern im Reformhaus kaufen, ist das völlig in Ordnung. Es ist wahrscheinlich gar nicht so schlecht, wenn man versucht, all den Pestiziden, Herbiziden und Fungiziden aus dem Wege zu gehen, mit denen unsere Lebensmittel heute normalerweise behandelt werden. Auf die Ernährung bezogen wirken die chemisch behandelte Nahrung aus dem Supermarkt und die Reformkost nach den gleichen Prinzipien. (Die beiden wichtigsten Ausnahmen sind Zucker und Feinmehl. Beide sind dem Körper nicht besonders zuträglich, Zucker kann sogar schädigend wirken.)

Jahrelang waren Ernährungswissenschaftler der Ansicht, Sportler brauchten mehr Eiweiß als andere Menschen. Heute sind sich die Ernährungswissenschaftler darüber einig, daß diese Ansicht falsch ist. Was man vor einem mehr als einstündigen Trainingslauf insbesondere braucht, sind Kohlehydrate. Das liegt daran, daß der Körper die im Essen vorhandene chemische Energie nur auf sehr spezifische Weise in mechanische Energie umsetzen kann. Der Prozeß ist so kompliziert, daß Sie beim Laufen über seine Details lieber nicht nachdenken sollten, sonst sind Sie vielleicht vor lauter Grübelei nicht mehr fähig, die Beine zu heben. Ganze Bücher wurden über das Thema verfaßt. (Eins der kürzesten und besten ist E. C. Fredericks Schrift *The Running Body*.) Auf jeden Fall zählt das Eiweiß, das aus anderen Gründen sehr wichtig ist, bei der Energieproduktion kaum. Andererseits haben Untersuchungen gezeigt, daß deutliche Energieverluste eintreten, wenn der Anteil der Kohlehydrate in der Ernährung niedrig und der Fettanteil hoch ist, während die umgekehrte Diät (viele Kohlehydrate, wenig Fett) die Energieleistung steigert.

Der Grund dafür ist unter anderem darin zu suchen, daß beim »Verbrennen« einer gegebenen Anzahl von Kohlehydratkalorien ungefähr zehn Prozent weniger Sauerstoff gebraucht werden. Ein weiterer Grund besteht darin, daß eine Ernährung, die reich an Kohlehydraten ist, die Muskeln mit einem Glykogen-Überschuß anreichert. Glykogen ist der Stoff, den der Körper bei der Energiegewinnung mit Hilfe von Sauerstoff zu Glukose verbrennt.

Damit soll natürlich nicht gesagt sein, daß man irgend etwas gewinnt, wenn man sehr viele Kohlehydrate zu sich nimmt. Wer zuviel davon ißt, bekommt nur einen Bauch. Andererseits ist es durchaus richtig, daß der Läufer seine Ernährung eher auf Kohlehydrate als auf Fett ausrichten sollte. Eines Tages besuchte ich Bob Glover in seinem Büro. Es war Mittwoch, und am Samstag wollte Glover an einem Achtzig-Kilometer-Rennen teilnehmen. Während wir uns unterhielten, knabberte er ununterbrochen Rosinenkuchen. In den Augen eines Nicht-Sportlers war diese Ernährungsweise natürlich verrückt, aber Glover wußte genau, was er wollte. (In dem Rennen wurde er Fünfter und fühlte sich die ganze Zeit prächtig.)

Die meisten Spitzenläufer verhalten sich vor einem langen Rennen nicht anders als Glover. Man spricht von einer sogenannten »Kohlehydrat-Aufladung«, beziehungsweise vom »Superkompensationseffekt«. Wissenschaftler haben festgestellt, daß die Glykogenspeicherung im Muskelgewebe um bis zu dreihundert Prozent gesteigert werden kann, wenn man dem Körper einige Tage lang kohlehydratarme Kost gibt, und ihm dann große Mengen an Kohlehydraten zuführt. Zweierlei wird mit dieser Methode erreicht: Erstens erhält der Läufer mehr Energie, und zweitens tritt der Augenblick später ein, an dem seine Reserven zu Ende gehen. Wie weiter oben erwähnt, kommt es bei Männern häufiger als bei Frauen vor, daß plötzlich »die Treibstofftanks leer sind«. Dank ihrer größeren Reserven an Fettgewebe können Frauen den Zeitpunkt der totalen Erschöpfung meist erheblich weiter hinausschieben.

Die Kohlehydrat-Aufladung ist eine ziemlich neue Trainingsmethode. »Vor zehn Jahren verspeisten wir in der Nacht vor einem Wettkampf alle noch brav unsere riesigen Steaks«, erinnert sich Paul Fetcher, ein Marathonläufer aus Long Island. »Heute stopfen wir uns voll mit Spaghetti.« Das Prinzip der Superkompensation wurde von einem schwedischen Physiologen namens Eric Hultman entwickelt. Der Vorgang dauert genau eine Woche, obwohl die optimale Zeit von Person zu Person etwas schwankt. Am ersten Tag unternimmt man einen langen, erschöpfenden Lauf. Dann wird drei Tage lang normal trainiert und eiweißreich, aber kohlehydratarm gegessen. In den letzten drei Tagen nimmt man hingegen außergewöhnlich viele Kohlehydrate zu sich (Brot, Spaghetti und andere Nudeln, Kuchen, Keks und so weiter), während die Eiweißzufuhr stark eingeschränkt bleibt. Bei dieser Ernährung speichern die Muskeln soviel Glykogen, wie sie nur aufnehmen können. (»Aufladen« ist ein etwas irreführender Begriff. Man soll sich nicht überfüttern, sondern lediglich dieselbe Kalorienmenge zuführen wie sonst, aber dabei das Verhältnis von Kohlehydraten zu Eiweiß verändern.)

Vergleichende Untersuchungen haben gezeigt, daß Marathonläufer, die sich an dieses Ernährungsprogramm halten, merklich besser abschneiden. Andererseits hält sich aber nicht jeder Marathonläufer buchstabengetreu an die Vorschriften. Frank Shorter zum Beispiel befolgt zwar den zweiten Teil (Kohlehydratzufuhr), aber er senkt seinen Glykogenspiegel vorher nicht künstlich durch den dreitägigen Verzicht auf Kohlehydrate. Er ist vielmehr der Ansicht, daß der Glykogenspiegel allein schon durch das harte Training genug abfällt.

Nicht alle Ernährungswissenschaftler sind vom Prinzip der Kohlehydrat-Aufladung überzeugt. Selbst Eric Hultman sieht gewisse Probleme. Er weist darauf hin, daß jedes Gramm Glykogen drei Gramm Wasser im Körper festhält und dieses zusätzliche Gewicht in den Muskeln die Leistung beeinträchtigen kann.

Viele hervorragende Läufer teilen diese Bedenken. Don Dixon, ein Dokumentarfilmer, der seinen besten Marathonlauf (2:41 Stunden) im Alter von 49 Jahren gemacht hat, verzichtet ebenso wie Shorter auf die erste Phase des Ernährungsprogramms. Andererseits unternimmt er aber vier Tage vor dem Wettkampf einen besonders anstrengenden Lauf, der die Glykogen-Vorräte der Muskeln erschöpft, und nimmt anschließend drei Tage lang besonders kohlehydratreiche Nahrung zu sich.

Abgesehen von der Superkompensationsdiät ernähren sich Läufer fast genauso wie andere Menschen. Selbst wer noch so hart trainiert, braucht keine zusätzlichen Vitamine. Statt dessen empfiehlt es sich, darauf zu achten, daß genügend Gemüse und Obst gegessen wird. Ohne diese Vitaminquellen kann der Körper Fett und Kohlehydrate nicht richtig verbrennen. Schon 1200 bis 1500 Kalorien am Tag können Sie mit allen nötigen Vitaminen versorgen, wenn Sie Ihre Mahlzeiten aus den richtigen gesunden Lebensmitteln ausgewogen zusammenstellen. Bestimmte Vitamine werden einfach ausgeschieden, wenn sie übermäßig zugeführt werden; andere, zum Beispiel die fettlöslichen Vitamine A und D, werden im Körper gespeichert und können sogar schädliche Wirkungen hervorrufen, wenn im Laufe der Zeit ein zu großer Vorrat aufgebaut wird. Vor einigen Jahren nahm ich einen ganzen Winter lang regelmäßig Vitamin-C-Tabletten zu mir, weil mich die Behauptung von Linus Pauling überzeugt hatte, man könne auf diese Weise Erkältungskrankheiten vorbeugen. Ich hatte auch nur eine leichte Erkältung, so daß ich mein Lauftraining ohne Unterbrechung durchhalten konnte. Im nächsten Winter machte ich die Gegenprobe und nahm keinerlei Vitamintabletten, auch diesmal hatte ich lediglich eine milde Erkältung. Ein solches Ein-Mann-Experiment beweist natürlich nicht viel, und vermutlich hat es auch einen beträchtlichen Abhärtungseffekt, wenn man täglich fünfzehn Kilometer in Hitze, Kälte, Eis, Schnee, Matsch und Regen trainiert. Andererseits schwören viele Läufer und auch Ärzte nach wie vor auf Vitamin C.

Die Feststellung, daß Läufer ziemlich normal essen sollten, bedarf noch einer Ergänzung. Eine Ausnahme sind nämlich die Stunden vor einem Wettkampf oder einem längeren Training. Bei diesen Gelegenheiten sollte genau überlegt werden, was man ißt, vor allem was die Menge angeht. Auf schwer verdauliche Speisen wie Eier, Speck und Würstchen sollte man verzichten und statt dessen lieber Honigbrötchen oder Marmeladentoast wählen. Es gibt Läufer, die gewaltige Pfannkuchenberge verputzen können (vor dem *Boston Marathon* sind Pfannkuchen geradezu eine Art Traditionsgericht), während andere große Schüsseln Haferbrei leeren. Aber bei vielen von uns erzeugen solche Mahlzeiten ein unangenehmes Völlegefühl, besonders wenn sie in den letzten fünf oder sechs Stunden vor einem Rennen eingenommen werden. Man sollte sich daran erinnern, daß alles, was man am Tag des Wettkampfs zu sich nimmt, dem Körper keine neuen Energien mehr zuführt; dafür ist es zu spät. Das Frühstück am Tag des Rennens verhindert nur, daß der Läufer unterwegs plötzlich Hunger bekommt.

Dies scheint dem gesunden Menschenverstand zu widersprechen, aber eine Untersuchung der Oklahoma State Universität bestätigt diese Feststellung. Bei einem Experiment wurden 68 Footballspieler der Universität auf vier Gruppen verteilt. Die erste Gruppe erhielt Steak zum Frühstück, die zweite Pfannkuchen, die dritte Haferflocken und die vierte überhaupt nichts. Später ließ man die Spieler zu einem Zwei-Meilen-Lauf antreten. Irgendein Leistungsunterschied war nicht festzustellen; mit anderen Worten: Es ist völlig egal, was man unmittelbar vor dem Lauf zu sich nimmt oder ob man überhaupt etwas ißt.

Lange Zeit hielt man es für gefährlich, dem Körper dadurch Energie zuzuführen, daß man unmittelbar vor dem Start oder während des Laufs Traubenzucker verzehrte. Zucker kann Krämpfe und Übelkeit verursachen, und manchmal löst er sogar eine Überreaktion aus, die den Blutzuckerspiegel unter Normal senkt. Bei einer Medizinerkonferenz hat der Stockholmer Wissenschaftler John Wahren Ergebnisse vorgelegt, nach denen die Energie gesteigert werden kann, wenn man während eines Laufs Traubenzucker zu sich nimmt. Irgend etwas anderes während eines Rennens essen zu wollen, ist sinnlos. Der Körper ist nicht in der Lage, es zu verdauen, weil er viel zu sehr damit beschäftigt ist, Blut und Sauerstoff zu bewegen und die Verbrennungsvorgänge im Körper zu steuern. Auch wenn der Magen noch so sehr knurrt: Selbst bei einem Marathonlauf verhungern Sie nicht, und wahrscheinlich wird überhaupt kein Hungergefühl aufkommen.

Viel wichtiger ist es, über den Flüssigkeitsverlust nachzudenken. Schon der Verlust eines Liters kann Sie langsamer machen, und wenn Sie mehr als zwei Liter verlieren, können ernste Schäden auftreten. Deshalb ist es notwendig, den Flüssigkeitsverlust sofort auszugleichen. Die Trainer waren früher der Ansicht, daß man beim Training zwar schwitzen, aber nichts trinken dürfe; man ging davon aus, durch das Durstgefühl werde der Läufer gestählt. Mittlerweile haben wissenschaftliche Untersuchungen erwiesen, daß diese Auffassung falsch ist. Der Körper funktioniert am besten, wenn Flüssigkeitsverluste möglichst sofort durch ein kühles (aber nicht etwa eiskaltes) Getränk ersetzt werden.

Nach dem Laufen tritt für einige Zeit kein Hungergefühl auf. Der Körper ist vollauf beschäftigt, seine Funktionen zu normalisieren. Durch zu hastiges Essen können Übelkeit und Krämpfe verursacht werden. Nach meinen Erfahrungen empfiehlt es sich, zu warten, bis sich der Appetit von selbst meldet. Ihr Körper weiß am besten, was er braucht. Vertrauen Sie ihm! Bis dahin genügt es, ein bißchen zu trinken. Der Herzspezialist und Marathonläufer Rudy Oehm aus Massachusetts schlägt vor, verschiedene Dinge zu trinken: Suppe, Wasser, Fruchtsäfte, Limonaden und vielleicht auch ein Bier. Da der Körper beim Laufen die verschiedensten Flüssigkeiten verliert, meint er, könne man die Verluste nicht allein mit *einem* Getränk ausgleichen. Der Körper brauche ein breit gefächertes Angebot wie in einem Selbstbedienungs-Restaurant, um seinen Bedarf zu ergänzen.

Und wie steht es mit Alkohol? Viele ernsthafte Läufer trinken gelegentlich Bier. Wenige allerdings trinken regelmäßig größere Mengen. Lediglich einer der bekannteren Läufer trinkt angeblich neun bis zehn Flaschen Bier am Tag, während einer der amerikanischen Spitzenmarathonläufer mehr als einen Kasten in der Woche konsumiert. (Wie sie das schaffen, weiß ich allerdings nicht; denn sie sind beide zierlich und schlank.) Nach einem langen, heißen Lauf jedoch gibt es auch für mich nur zwei Worte: Ein Bier. (Dabei nehme ich natürlich so viele Kalorien zu mir, wie ich auf einer Meile abgebaut habe, aber das ist es mir wert.) Der kluge Dr. Bassler hat natürlich auch medizinische Gründe parat, warum man Bier trinken soll: Der Wasserverlust beim Langstreckenlaufen, so meint er, könne Nierensteine verursachen, vor allem wenn man bei heißem, trockenem Klima trainiert. Wasser allein könne dem nicht vorbeugen, weil es den Durst löscht, lange ehe die Nieren genügend gespült sind. Das Bier hingegen fließe, wie jeder Biertrinker weiß, nahezu direkt in die Nieren.

Basslers Empfehlung wird aber keineswegs von allen Seiten gebilligt. Dr. Harold W. Moody, der Vorsitzende der Kommission für Alkohol- und Drogenmißbrauch in South Carolina, hat zum Beispiel äußerst scharf widersprochen. Bassler verteidigte sich mit dem Hinweis, daß immer noch weniger Menschen am Alkohol sterben als an so alltäglichen Nahrungsmitteln wie Zucker, Stärke und gesättigten Fettsäuren. »Läufer, die genügend trainieren – zwischen vier- und neuntausend Kilometer im Jahr –, nehmen auch genügend gesunde Nährstoffe zu sich und brauchen sich über ihren bescheidenen Bierkonsum keine Sorgen zu machen«, schreibt er.

Wenn Sie das Laufen wirklich ernst nehmen, werden Sie allerdings auf Alkohol besser gänzlich verzichten. Schließlich führt er unweigerlich zur Gewichtszunahme (er besteht ja nur aus Kalorien), er stört die Muskelkoordination, verringert die Fähigkeit zur Sauerstoffaufnahme, vermindert die Muskelkraft und schwächt die Hitzeresistenz. Untersuchungen haben gezeigt, daß schon eine einzige Flasche Bier die Fähigkeit, in heißem Wetter bei Hitze zu laufen, vermindert und daß diese Wirkung zwei Tage lang anhalten kann.

Wenn ich aber vor die Alternative gestellt würde, entweder das Rauchen oder das Trinken zu lassen, würde ich lieber das Rauchen aufgeben. Schon fünfzehn Züge an einer Zigarette können die Sauerstoffaufnahme des Körpers um 31 Prozent verringern. Ich kenne buchstäblich keinen auch nur halbwegs ernsthaften Läufer, der raucht, und vermutlich gibt es auch gar keine. Das große Abendessen nach einem Rennen ist unter anderem deshalb so schön, weil man mit zwei- oder dreihundert Menschen in einem Raum ist, von denen keiner Zigarren- oder Zigarettenrauch ausstößt. Heute, wo man fast ständig in verräucherter Luft leben muß, ist das ein befreiendes Erlebnis.

Wie steht es mit Tee und Kaffee? Das Koffein, das beide Getränke enthalten, regt das Zentralnervensystem an. Es verhindert Müdigkeit, steigert die geistige Aktivität und fördert den Ausstoß von Adrenalin. Lange Zeit war es heftig umstritten, ob das Koffein bei sportlichen Wettkämpfen als Medikament angesehen werden müsse. (Zeitweilig stand es sogar auf der Doping-Kontrolliste des Internationalen Olympischen Komitees, wurde später aber wieder gestrichen.) Ich mag sowohl Tee als auch Kaffee und habe noch keine schädlichen Wirkungen feststellen können, deshalb werde ich sie in Maßen wohl auch weiter genießen. Die meisten Läufer verhalten sich nicht anders.

Manche Läufer verzichten auf Milch, weil sie angeblich einen pelzigen Geschmack im Mund verursache. Ich selbst habe das nie feststellen können, aber ich habe irgendwo gelesen, daß es sich um *einen Zustand unangenehmer Trockenheit im Mund* handelt. Wissenschaftler vom Labor für Belastungstests der Universität von Connecticut haben demgegenüber erklärt, daß dieser Zustand nicht durch Milchtrinken, sondern durch zu geringe Flüssigkeitsaufnahme hervorgerufen wird.

In dem Maße, in dem Ihr Interesse am Laufen zunimmt, möchten Sie vielleicht auch tiefer in die Geheimnisse der Ernährungswissenschaft eindringen. Dabei gibt es in der Tat viel zu lernen, aber Sie sollten keine Diät, wie gewöhnlich oder bizarr sie auch sein mag, unkritisch und ungeprüft übernehmen. Vergessen Sie nie, daß Ihr Körper anders als der jedes anderen ist. Zögern Sie nicht, eigene Wege zu gehen, denn früher oder später entwickelt fast jeder gute Läufer bei seiner Suche nach mehr Energie seine besondere Speisefolge. Ted Corbitt, der ehemalige olympische Marathonläufer, verspeiste zum Beispiel zu meiner Verblüffung während eines Gesprächs eine große rohe Süßkartoffel. Bob Glover nimmt bei langen Läufen Babynahrung zu sich, und Don Dixon hortet Ölsardinen in seinem Büro. Jeder ist, vielleicht sogar zu Recht, überzeugt, daß seine Spezialnahrung besondere Vorteile bringt.

Die Ernährungsschrullen der verschiedenen Läufer komplett zu erfassen, ist vermutlich unmöglich. Jedes Jahr im April nehmen mehr als dreitausend Läufer am *Boston Marathon* teil, und ich gehe jede Wette ein, daß jeder von ihnen beim Training eine etwas andere Diät gewählt hat.

Lediglich eine Ernährungsweise ist bei Läufern so verbreitet, daß man etwas genauer darauf eingehen muß: die vegetarische Diät. Ich erinnere mich, daß ich mich einmal nach einem heißen Rennen in Meriden, Connecticut, auf einem kühlen Rasenfleck ausruhte und Amby Burfoot zuhörte, der einigen anderen Läufern mit leiser Stimme die Prinzipien seiner vegetarischen Ernährungsweise darlegte. Amby Burfoot ist Lehrer, und weil er im Jahr 1968 im *Boston Marathon* gesiegt hatte, genoß er eine gewisse Autorität. Dennoch brauchte ich ziemlich lange, bis ich begriff, wie viele Vegetarier es unter den Läufern gibt und warum sie der vegetarischen Lebensweise anhängen.

Einer der Gründe dafür, daß ich diese Entdeckung so spät machte, ist wohl darin zu suchen, daß die Vegetarier unter den Läufern meist für ihre Sache nicht werben. Ehrlicherweise muß ich gestehen, daß ich selbst die Vegetarier lange Zeit für eine etwas verrückte Randgruppe hielt und davon ausging, daß sie fanatische Eiferer seien. In Wirklichkeit verfolgen sie ihre Lebensvorstellung ganz unaufdringlich. Sie verspeisen Früchte, Gemüse und Nüsse, ohne sich darum zu kümmern, was andere essen. Viele von ihnen, wie Corbitt und Burfoot zum Beispiel, sind sehr gute Läufer.

Die Vegetarier sind fest davon überzeugt, daß ihre Lebensweise ihnen mehr Energien verschafft. Gern zitieren sie den Schwimmer Murray Rose, der 1956 zwei Goldmedaillen gewann, die hervorragenden australischen Läufer Herb Elliott und John Landy und nicht zuletzt Johnny Weissmuller, der Vegetarier wurde und sechs Schwimm-Weltrekorde auf verschiedenen Strecken aufstellte.

Natürlich könnten diese Sportler einfach Glückspilze sein, die trotz falscher Ernährungsweise gut abschnitten. Die von Vegetariern zitierte wissenschaftliche Literatur aber behauptet das Gegenteil. Schon im Jahre 1907 wurde die körperliche Ausdauer von fünfzehn Fleischessern und vierunddreißig Vegetariern experimentell untersucht. Die Versuchspersonen wurden gebeten, ihre Arme so lange wie möglich in die Horizontale zu halten. Von den Fleischessern hielten nur zwei länger durch als fünfzehn Minuten, während keiner dreißig Minuten lang aushielt. Von den Vegetariern überschritten zweiundzwanzig die Fünfzehn-Minuten-Grenze und fünfzehn erreichten die Dreißig-Minuten-Grenze oder hielten noch länger aus. (Einer der Teilnehmer soll sogar drei Stunden lang in der beschriebenen Pose ausgehalten haben.)

Aber den Vegetariern geht es nicht nur um Energie. Sie führen zur Begründung für ihre Lebensweise noch verschiedene andere Argumente an, die zum Teil recht überzeugend sind.

Da ist zum Beispiel das physiologische Argument. Der Mensch, so behaupten die Vegetarier, ist von Natur aus kein Fleischfresser; er erstickt sogar manchmal an Fleischbrocken. Im Gegensatz zum Wolf, der seine messerscharfen Zähne benutzt, um große Brocken aus seiner Beute zu reißen, und ganz hinunterzuschlingen, hat der Mensch ein Gebiß, mit dem er die Nahrung erst abbeißt und dann durch mahlende Bewegung zerkleinert. Für Bananen, Melonen oder Karotten ist dieses Gebiß ideal, für Filet Mignon ist es wenig geeignet. Auf einem Ärztekongreß erklärte Dr. W. S. Collens vom Maimoniden-Hospital in Brooklyn: »Das Gebiß der pflanzenfressenden Tiere besteht aus scharfen Schneidezähnen und flachen oder gewellten Backenzähnen, die zum Zermahlen der Nahrung benutzt werden. Daraus kann man schließen, daß diese Tiere stammesgeschichtlich dazu bestimmt waren, von Pflanzen, Blättern, Wurzeln, Früchten, Nüssen und Beeren zu leben. … Die Gebißstruktur des heutigen Menschen zeigt, daß er alle Eigentümlichkeiten eines reinen Pflanzenfressers besitzt.« Nach Ansicht der Vegetarier ist das auch der Grund, warum wir Cholesterin so schlecht vertragen und warum die Häufigkeit von Herzanfällen bei Vegetariern wesentlich geringer ist als in der übrigen Bevölkerung, und zwar im Verhältnis eins zu sechs. Der menschliche Organismus ist offenbar nicht dazu bestimmt, Cholesterin aufzunehmen.

Nicht nur Vegetarier sind der Ansicht, daß Fleisch für den menschlichen Organismus ungesund ist. Es enthält viel Fett, trägt zu Herzerkrankungen bei und führt (zumindest im Tierversuch) häufig zu Krebs. Es ist eine Brutstätte für Bakterien und sehr viel schwerer verdaulich als Pflanzennahrung. Das abgehangene Fleisch, das wir am liebsten essen, ist eigentlich schon fast faulig. (Wenn man einige der vegetarischen Traktate liest, graut einem bald – auch wenn wissenschaftliche Argumente fehlen – vor jeglichem Fleischgenuß, so plastisch ist ihre Sprache.)

Die Vegetarier weisen auch zu Recht darauf hin, daß ihre Lebensweise schon seit Anbeginn der Menschheit von mehr oder weniger großen Teilen der Bevölkerung praktiziert worden ist. Als Begründer der vegetarischen Lehre gilt Pythagoras, während so unterschiedliche Gestalten wie Sokrates, Platon, Aristoteles, Milton, Newton, Voltaire, Rousseau, Thoreau, Tolstoi und der heilige Franz von Assisi, der Schutzpatron der Tiere, zu ihren Anhängern zählten. Die vegetarische Bewegung habe sich, so ihre Anhänger, schon seit Jahrhunderten bewährt.

Um über das Verhältnis der Läufer zur vegetarischen Ernährung Genaueres herauszufinden, besuchte ich Frances Goulart (die früher schon mit ihrer Hundegeschichte erwähnt wurde). Mrs. Goulart ist Ende Dreißig und wiegt nicht ganz vierzig Kilogramm. Sie hat drei Bücher über die vegetarische Lebensweise geschrieben. Das erste *Bum Steers* ist eine Rezeptsammlung, das zweite *The Ecological Eclair* behandelt Nachtisch und Gebäck ohne Zucker, während *Bone Appétit!* (ich bin bereit, darauf heilige Eide zu schwören) eine vegetarische Ernährungsweise für Hunde und andere Haustiere beschreibt.

Mrs. Goulart lebt am Ende einer ungepflasterten Straße in einer ländlichen Gegend. Sie teilt ihr Haus in Connecticut mit ihrem Ehemann Ron, einem fleißigen Science-Fiction-Autor, und ihren zwei Söhnen. Sie läuft täglich bis zu fünfzehn Kilometer, fährt aber auch Fahrrad und geht häufig zum Tennisspielen und Schwimmen.

»Was ich esse, mag einigen Leuten ziemlich reizlos erscheinen«, sagte Mrs. Goulart. »Fleisch enthält gewisse Geschmacksreize, die man zunächst eine Zeitlang vermißt, wenn man darauf verzichtet. Man muß sich an die vegetarische Lebensweise gewöhnen.«

Es gibt drei verschiedene Gruppen von Vegetariern, erklärte mir Mrs. Goulart: die hundertprozentigen Vegetarier, die Lakto-Vegetarier, die auch Milch und Milchprodukte verzehren, und die Lakto-Ovo-Vegetarier, die sowohl Milch als auch Eier verzehren. Mrs. Goulart ist Lakto-Ovo-Vegetarierin.

»Diese Dinge entwickeln sich sehr allmählich«, erklärte sie mir. »Es begann damit, daß Ron ein paar Aufsätze über Lebensmittel schrieb und ich mir vornahm, für eine Weile auf Fleisch zu verzichten. Ich fühlte mich sofort besser und schien es nicht zu vermissen. Um Obst und Körner zu verdauen, muß der Körper nicht so schwer arbeiten, deshalb läuft man ohne Fleisch besser. Es ist ja ganz logisch, daß man mehr Energie hat, wenn der Körper sich nicht dauernd mit etwas anderem beschäftigen muß.«

Über meine nächste Frage lächelte Mrs. Goulart. Sie hatte sie schon häufig gehört. »Nein«, sagte sie, »die vegetarische Lebensweise ist nicht nur *anders*, sondern *besser*, vor allem wenn man älter wird. Solange man jung ist, verträgt man Fleisch noch sehr gut, aber wenn man älter wird, hat man immer mehr Schwierigkeiten damit.«

Mrs. Goulart ist der Ansicht, daß es bei den Ernährungswissenschaftlern eine Art Verschwörung gibt, die verhindern soll, daß die Vorteile der vegetarischen Lebensweise bekannt werden. »Die Ernährungswissenschaftler sind sehr konservativ«, sagte sie. »Sie wissen zwar Bescheid, aber sie hinken fünfzig Jahre hinter der Zeit her.«

Mrs. Goulart nimmt auch häufig an Wettkämpfen teil und hat einige Streckenrekorde für Frauen aufgestellt. Ihre Trophäensammlung ist durchaus beachtlich. Sie führt ihre Erfolge beim Laufen zum guten Teil auf ihre Ernährung zurück und ist gern bereit, ihr Wissen zu teilen. Als ich Abschied nahm, drückte sie mir eine braune Papiertüte in die Hand und befahl mir, den Inhalt vor dem Essen zu wärmen. »Das ist ein Wheatloaf«, sagte sie. »Das ist genau das richtige Kohlehydratfutter vor einem Marathonlauf.«

Da Mrs. Goulart mir ihren Weizenfladen so dringend empfahl und ihn für die ideale Läufernahrung hält, bat ich sie um das Rezept. Hier ist es:

Wheatloaf

4 Teelöffel gehackte Zwiebeln *oder* Schalotten,
1 geschälte und zerdrückte Knoblauchzehe,
2 Eßlöffel Walnußöl,
1/2 Tasse gedörrten und geschroteten Weizen,
1/2 Tasse gesalzene Walnüsse,
1 leicht geschlagenes Ei,
1/4 Tasse granuliertes Sojamehl,
1 Teelöffel (oder etwas mehr) Geflügelgewürz,
1 Teelöffel vegetarisches Salz[1],
Pfeffer nach Geschmack,
1/2 Teelöffel Hickory-Rauchsalz,
1/4 Tasse frisch geriebenen Parmesankäse,
1/2 große Kartoffel (möglichst ohne Pflanzenschutzmittel gezogen), die sauber gewaschen und mit der Schale gerieben wird.

1. Rösten Sie die gehackten Zwiebeln und den Knoblauch in dem Walnußöl in einem Tiegel. Rühren Sie den Weizenschrot ein, bis

---

1 Vegetarisches Salz erhält man im Reformhaus. Es besteht aus Gewürzen, Kräutern, getrocknetem Gemüse, Meersalz und Bierhefe.

er mit dem Öl durchtränkt ist, und decken Sie das Ganze dann zu. Lassen Sie die Mischung fünfzehn Minuten lang dünsten.

2. Mahlen Sie die Walnüsse zu grobem Mehl und vermischen Sie sie mit dem Ei. Geben Sie die Mischung zusammen mit dem Sojamehl, dem Käse und den Gewürzen in eine Schüssel.

3. Fügen Sie dann den gedünsteten Weizenschrot und die Kartoffel hinzu und vermengen Sie alles gündlich mit Ihren Fingern. Wenn der Zusatz von Flüssigkeit notwendig ist, können Sie etwas Milch nehmen. Formen Sie aus dem Teig einen Brotlaib und backen Sie ihn dreißig Minuten lang bei 160 Grad im Backofen.

Außerdem gab mir Mrs. Goulart eine Reihe von Büchern, Aufsätzen und Flugblättern mit auf den Weg. Ich las sie in den folgenden Tagen und stellte bald fest, daß die vegetarische Lebensweise keineswegs nur darin besteht, den Genuß von Fleisch zu vermeiden; es geht vielmehr darum, überhaupt zu einer gesünderen und reineren Ernährung zu finden. Obwohl es nicht zu den vegetarischen Geboten gehört, verzichten die meisten Vegetarier von sich aus auf Zucker und Feinmehl. Schon seit langem besteht der Verdacht, daß Zucker zur Arteriosklerose und Gicht beiträgt, daß er Vitamin-B-Mangel und sogar Krebs erzeugen kann. Seine Rolle bei der Entstehung von Zahnkaries ist wissenschaftlich erwiesen. »Mit Zucker können Sie eine ganze Woche Training in fünf Minuten zerstören«, erklärte mir der frühere olympische Gewichtheber Bob Hoffman. Das Feinmehl hingegen sei so wertlos für die Ernährung, daß es sogar Insekten nicht mögen. Vegetarier kochen weniger als andere Leute, denn die Hitze zerstört ihrer Ansicht nach Enzyme, Aminosäuren und Mineralstoffe. Bei anderer Gelegenheit war ich mit meiner Frau bei den Goularts zum Dinner. Die Vorspeise bestand aus Sellerie, Tomaten und Käse, während es zum Nachtisch frisches Obst gab. (Vielleicht mit Rücksicht auf uns und ihren Ehemann, der kein Vegetarier ist, hatte die Gastgeberin ein gekochtes Hauptgericht serviert.) Wie fängt man es an, wenn man die vegetarische Lebensweise gern erproben möchte? Die meisten Fachleute raten, nicht überstürzt vorzugehen, sondern dem Körper (und dem Bewußtsein) Gelegenheit zur Gewöhnung zu geben. Es empfiehlt sich, mindestens eine Woche als Umstellungsphase zu planen. In dieser Zeit sollte man täglich geringere Fleischmengen und größere Portionen pflanzlichen Proteins essen. Die Vegetarier raten, verschiedene Bohnensorten zu kombinieren, die sich in ihrem Eiweißgehalt gegenseitig ergänzen.

Viele Leute fürchten, ohne Fleisch nicht genügend Eiweiß zu sich zu nehmen, aber in pflanzlicher Nahrung gibt es genug. Die verschiedenen Getreidesorten enthalten etwa zehn Prozent Protein, die gebräuchlichsten Bohnensorten etwa 25 Prozent und Sojabohnen sogar vierzig Prozent. Lediglich das Vitamin B_{12} kommt in pflanzlicher Nahrung nicht vor und muß anderweitig zugeführt werden.

Wenn es dazu führte, daß Sie so fit wie ein Tarahumara-Indianer werden, wäre es der Mühe wohl wert. Die Tarahumara-Indianer leben in Mexiko. Sie werden nicht nur sehr alt, sondern laufen häufig ohne längere Pausen bis zu dreihundert Kilometern durch ihre Bergtäler. Sie leben, fast ohne Milch, Fleisch oder Eier, von Mais, Bohnen und Kürbissen – also einer Diät, wie sie Vegetarier lieben.

Anmerkung von Prof. Dr. Heinrich Hess: Allein das Rezept von Mrs. Goulart läßt mich – und sicher auch viele andere Leser – leicht erschauern. Aber Sie sollten keine Angst davor haben, daß man Sie hier mit Gewalt zum Vegetarier, Alkohol- und Nikotingegner machen will. Niemand muß, sobald er mit dem Laufen anfängt, liebgewordene Gewohnheiten aufgeben; er soll nur einfach laufen. Wenn er dann langsam seine Eßgewohnheiten etwas mehr auf vegetarische Kost und Kohlehydrate umstellt, ein paar Schnäpse weniger trinkt und einige Zigaretten weniger pafft oder vielleicht sogar ganz mit dem Rauchen aufhört, ist das ein zusätzlicher Gewinn.

Es wäre aber verkehrt, nun aus dem Laufsport, wie wir ihn verstehen, eine Heilslehre für eine Art Sekte zu machen, in die nur der eintreten darf, der geläutert ist an Leib und Seele. Das kann nicht der Sinn einer Aktion sein, durch die versucht wird, möglichst vielen Menschen Spaß an der Bewegung zu vermitteln. Es wäre wohl auch schlimm, wenn die Mütter verkünden müßten: »Kinder, heute gibt's nur Weizenfladen, euer Vater macht einen Waldlauf!«

Auch die Eßgewohnheiten der großen Läufer können uns zunächst schnurzegal sein. Wenn sie glauben, durch eine Spezialität um Sekundenbruchteile schneller zu sein, so ist das deren Sache. Wir sollten normal essen wie gewohnt, und nur dann, wenn wir im Begriff stehen, die Grenzen vom Gelegenheitssportler zum Leistungssportler zu überschreiten, müssen wir uns über Essen und Trinken ernsthafte Gedanken machen.

15 / Vorbeugende Maßnahmen

Wie man alles richtig in Schuß hält

Die richtige Diät allein genügt noch nicht, um ein problemloses Laufen zu garantieren. Wie schon bemerkt, kann das Laufen unter Umständen den Körper beeinträchtigen und ermüden und seinen Aufbau, seine Funktionen und seinen chemischen Haushalt verändern. Wenn diese Entwicklungen überhandnehmen, müssen Sie Ihr Training vielleicht unterbrechen oder Ihre Karriere als Läufer gänzlich beenden. Lassen Sie es nicht so weit kommen! Die meisten Störungen brauchen nicht aufzutreten, und fast allen Verletzungen kann man vorbeugen. Der beste Beweis dafür ist wohl die Tatsache, daß sich Läufer, die schon seit einigen Jahren trainieren, viel seltener Verletzungen zuziehen als Anfänger. Einer der Gründe dafür besteht vielleicht in der Abhärtung, aber viel wichtiger ist die Erfahrung. Als ich mit Laufen anfing, hatte ich ein Problem nach dem anderen: Meine Zehennägel wurden schwarz oder brachen ganz ab, ich litt unter Muskelkater, unter Muskel- und Achillessehnenentzündung. Obwohl ich heute viel härter trainiere und schneller und weiter laufe als damals, verletze ich mich fast nie. Die meisten Läufer machen ähnliche Erfahrungen.

Läufer werden in der Regel durch (manchmal bittere) Erfahrungen klug. Natürlich hört man gelegentlich Vorsichtsmaßregeln von Freunden oder liest in *Runner's World*, was einem alles zustoßen kann, aber meist fällt es einem doch schwer, sich für die verschiedenen Krankheiten mit ihren lateinischen Namen zu interessieren. Bis man sie hat. Vielleicht entspricht es der menschlichen Natur, daß man sich einfach irgendwie durchschlägt und sich erst dann um Heilung bemüht, wenn der Schaden schon da ist. Aber zumindest theoretisch geht es auch anders. Die Vorschläge und Warnungen dieses Kapitels können Ihnen vielleicht schmerzliche Erfahrungen ersparen.

Nicht überanstrengen. Wenn man eine Weile gelaufen ist, hängt man leicht dem Irrglauben an, man sei unbesiegbar. Täglich strengt man sich mehr an, und jeden Tag aufs neue erlebt man das Wunder, daß alles heil bleibt. Daraus leitet man die Berechtigung ab, immer noch schneller und weiter zu laufen. Früher oder später geht aber doch etwas kaputt – ein Muskel, eine Sehne, ein Knochen oder Ihre seelische Verfassung. Man kann seine Laufleistung einfach nicht andauernd steigern, es sei denn in winzigen Raten.

Wie groß darf die Steigerung sein? Dafür ist vor allem entscheidend, wie rasch sich der Körper vom täglichen Training wieder erholt. Manche Leute können zwei Tage lang hintereinander hart trainieren und sind schon wieder ausgeruht, wenn sie danach nur einen Tag etwas weniger laufen. Die meisten von uns brauchen mehr Zeit zur Erholung – zwei oder drei Tage zum Beispiel. Es kommt darauf an, dem Körper Zeit zu geben, damit er in den Erholungspausen wieder aufbauen kann, was man beim Training verbraucht hat[1].

Wenn Sie es nicht gelegentlich locker und entspannt angehen lassen, werden Sie auch keine Leistungssteigerung erreichen. Wieviel Erholung Sie brauchen, können Sie leicht feststellen, wenn Sie die Signale Ihres Körpers beachten. Mitunter fühlt man sich einfach ohne erkennbaren Grund müde oder schwach, aber wenn man zu laufen beginnt, überwindet man diese Trägheit sehr rasch und stellt fest, daß die Müdigkeit gar nicht echt war. Bei anderen Gelegenheiten sind die Beine dagegen nach dem Aufwärmen bleischwer und weigern sich einfach zu laufen. In einem solchen Falle sollte man sich zu nichts zwingen, sondern langsam und geduldig dahintraben und daran denken, daß auch wieder bessere Tage kommen werden.

Erschöpfung beruht nicht darauf, daß Sie schnell und weit gelaufen sind, sondern darauf, daß Sie eine zu große Strecke mit zu großer Geschwindigkeit zurückgelegt haben. Der eine ist nach einem Kilometer erschöpft, ein anderer läuft vielleicht mühelos zwanzig. Wenn man sich Tag für Tag überanstrengt, wird die Erschöpfung akkumuliert. Das erste Zeichen solcher Übermüdung ist Reizbarkeit. Ohne Grund wird man nervös, ungeduldig und wütend. Selbst Routineaufgaben erscheinen erschreckend schwierig.

Zunehmende, akkumulierte Erschöpfung erkennen Sie an folgenden Zeichen:

1. Schmerzen in den Gelenken, Muskeln oder Sehnen, die oft ungewöhnlich stark sind.

---

1 Ermüdung beruht unter anderem auf folgenden Faktoren: niedriger Blutzuckerspiegel, zuviel Milchsäure, zu wenig Wasser, zu wenig Elektrolyte und zu viele Stoffwechselabbauprodukte im Blut. Diese Ermüdungsursachen sind natürlich nicht in kürzester Zeit zu beheben.

2. Schwierigkeiten beim Einschlafen oder Schlafstörungen.
3. Auffällig viele Erkältungen, häufiger Schnupfen, Fieberbläschen.
4. Ständiger Durst (der auf den Wasserverlust beim Laufen zurückgeht).
5. Müdigkeit, insbesondere solche, die nach der Nachtruhe auftritt.

Wenn Sie nur eines dieser Symptome haben, brauchen Sie sich nicht zu beunruhigen, tauchen aber zwei oder mehr auf, so ist das mit ziemlicher Sicherheit ein Zeichen dafür, daß Sie übermüdet sind. Das einzige Gegenmittel besteht darin, eine Zeitlang auszuruhen. Setzen sie einen Tag mit dem Training aus, oder halbieren Sie Ihre Strecke an zwei oder drei Tagen. Vor allem laufen Sie nicht zu schnell. Warten Sie, bis Ihre Energie und Ihre Freude am Laufen zurückkehren, ehe Sie Ihr normales Training wieder aufnehmen.

Nach Wettkämpfen, insbesondere nach Langstreckenrennen, spüren Sie noch Tage später eine gewisse Restmüdigkeit. Vielleicht glauben Sie auch, Sie hätten sich schon wieder völlig erholt, aber dieser Eindruck kann täuschen: Die Müdigkeit lauert in Ihnen und wartet darauf, Sie mit einer Erkältung oder einer Muskelzerrung zu bestrafen.

Der ärgste Feind eines vernünftigen Trainings ist vermutlich der Dogmatismus. Wenn wir unser Programm einmal festgelegt haben, zögern wir meist, es zu ändern. Wir halten uns für willensschwach, wenn wir zum Beispiel einen Viertausend-Meter-Lauf geplant haben, aber schließlich nur zweitausend Meter zurücklegen. Aber vielleicht ist das gar kein Mangel an Willensstärke, sondern äußerst vernünftig.

Ökonomisch laufen. Im neunzehnten Kapitel habe ich einen Lauf mit Bill Rodgers beschrieben. Diesen Weltklasse-Marathonläufer beim Laufen zu beobachten, ist ein bemerkenswertes Schauspiel: Wie bei einer kunstvoll erdachten Maschine ist jedes Teil mit allen anderen harmonisch synchronisiert. Obwohl er einen wunderbaren Stil hat, wäre es albern, wenn Sie oder ich Rodgers nachahmen wollten. Unsere Körper sind anders gebaut, unsere Knochen stehen in einem anderen Verhältnis zueinander, und unsere verschiedenen Schwerpunkte befinden sich an anderen Stellen. Wenn wir Rodgers' Laufstil (oder den irgendeines anderen Menschen) zu imitieren versuchten, müßten wir gegen unseren eigenen Körper arbeiten, was das Verletzungsrisiko steigert. Der einzige vernünftige Laufstil ist der, den Sie selbst allmählich entwickeln, auch wenn er noch so sehr von den Lehrbüchern abweicht. Vor allem dürfen Sie nicht versuchen, wie ein Sprinter auf Zehen und Ballen zu laufen (sonst werden sie früher oder später Ihre Achillessehne verletzen). Landen Sie statt dessen mit den Fersen und lassen Sie den Fuß abrollen, bis Sie sich mit den Zehen abstoßen können.

Die meisten Anfänger halten die Arme zu hoch. Erst wenn sie die Unterarme etwa parallel zum Boden halten, stellen sie fest, daß der Bewegungsfluß auf diese Weise besser koordiniert wird. Versuchen Sie verschiedene Armhaltungen, bis Sie diejenige gefunden haben, die Ihnen am natürlichsten erscheint. Wenn Sie die gefunden haben, brauchen Sie nicht mehr zu experimentieren. Ihr persönlicher Laufstil gehört ebenso zu Ihren nahezu unveränderlichen Kennzeichen wie Ihre Stimme und Ihre Fingerabdrücke. Glücklicherweise besteht auch nicht die Notwendigkeit, etwas zu ändern, denn ein natürlicher und lockerer Stil, wie er sich ohne Verkrampfung von selbst einstellt, ist die beste Methode, Verletzungsrisiken zu vermindern.

Gute Schuhe tragen. Bitte versuchen Sie nicht, an den Schuhen zu sparen. Hüten Sie sich vor zweitklassigem Ausschußmaterial, das manche Billigläden anbieten, um den gegenwärtigen Trend zum Laufen zu nutzen.

Gute Schuhe leisten mindestens drei Dinge, für die schlechte nicht garantieren: Weil sie richtig passen, helfen sie Blasen vermeiden. Weil sie richtig gepolstert sind, wirken sie als Stoßdämpfer. Weil sie ein stabiles Fersenbett haben, verhindern sie ein seitliches Ausweichen des Fußes und vermindern auf diese Weise die Belastung der Beinmuskeln.

Wenn Sie Geld sparen müssen, empfiehlt es sich, statt der Laufshorts alte Jeans abzuschneiden oder statt eines T-Shirts ein altes Hemd ohne Ärmel zu tragen. Aber *bitte* sparen Sie nicht bei den Schuhen!

Sorgen Sie für Ihre Füße. Die Sohlen Ihrer Laufschuhe sind jeweils etwa 75 Quadratzentimeter groß, aber nur ein Bruchteil dieser Fläche berührt zu einem gegebenen Zeitpunkt tatsächlich den Boden. Der ständig wiederholte Aufprall Ihres vollen Gewichts konzentriert sich auf eine Fläche, die kaum größer als ein Katzenpfötchen ist. Dementsprechend häufig sind auch die Probleme, die Läufer mit ihren Füßen erleben: Blasen, schwarze Zehennägel, Schmerzen und gelegentlich sogar Knochenbrüche. Glücklicherweise sind viele, wenn nicht sogar die meisten dieser Schäden vermeidbar, wenn man die richtigen Schuhe und nötigenfalls von einem Orthopäden maßgefertigte Einlagen trägt (siehe Kapitel sechzehn). Darüber hinaus sollten noch einige andere vorbeugende Maßnahmen ergriffen werden. Schneiden Sie Ihre Zehennägel häufig und halten Sie sie kurz. Wenn der Fuß auf dem Boden landet, setzt er seine Bewegung innerhalb des Schuhs fort, so daß die Zehen vorn anstoßen. Sind die Zehennägel zu lang und stehen vor, müssen sie den ersten Aufprall abfangen. Das schmerzt, sie werden schwarz und fallen schließlich ab. Das tut zwar nicht so weh, wie es sich anhört, aber bei einem Schönheitswettbewerb würden Ihre Füße in diesem Zustand nicht gut abschneiden.

Kümmern Sie sich sofort darum, wenn sich Blasen entwickeln, und behandeln Sie sie, solange sie klein sind. Blasen sind kein Grund, das Training zu unterbrechen, aber sie bedürfen der Aufmerksamkeit. Offene Blasen werden am besten mit Mercurochrom desinfiziert. Geschlossene Blasen mit ausgeglühter Scherenspitze öffnen, ebenfalls desinfizieren und beim Laufen mit einem glatten Pflaster fest überkleben. Laufschuhe wechseln, bis die Blasen nach etwa einer Woche abgeheilt sind. Wenn Sie bemerken, daß sich an einigen Stellen häufiger Blasen entwickeln, können Sie die Haut dort mit Benzoëtinktur abhärten und vor jedem Lauf mit einem ordentlichen Klecks Vaseline geschmeidiger machen. Es hilft auch, wenn Sie zwei Paar verschiedene Schuhe benutzen und täglich wechseln.

Je länger Sie laufen, desto weniger Blasen werden sich zeigen. Aber wenn der Straßenbelag heiß ist oder wenn Sie ein neues Paar Schuhe einlaufen, droht immer wieder die Gefahr, sich Blasen zu laufen. Achten Sie daher schon auf die ersten Anzeichen.

Schenken Sie überhaupt der Pflege Ihrer Füße größte Aufmerksamkeit. Gelegentliche Bürstenbäder oder Trockenbürsten vor dem Schlafengehen verbessern die Hautdurchblutung. Einfetten mit einer guten Vaseline (die Bergsteiger haben früher Hirschtalg genommen) verringert die Reibung und damit das Risiko der Blasenbildung. Fußpilz und eingewachsene Zehennägel bedürfen der ärztlichen Behandlung. Bei Nichtbeachtung können üble Folgeerkrankungen – bis zur schweren Blutvergiftung – auftreten. Gesunde Füße sind das kostbarste Gut des Läufers.

Strecken Sie sich, ehe Sie laufen. Im fünften Kapitel wurden einige einfache Übungen für Anfänger beschrieben, die dem Aufwärmen dienen. Wenn Sie ein paar Wochen lang gelaufen sind, benötigen Sie für Ihre mittlerweile gestärkten Muskeln ein etwas ausführlicheres Übungsprogramm. Dafür gibt es zwei Gründe. Erstens trainiert das Laufen (wie im dritten Kapitel dargestellt) die Flexibilität kaum; deshalb brauchen Läufer mehr als andere Sportler Beweglichkeitsübungen. Zweitens werden beim Laufen zwar bestimmte Muskeln gestärkt, aber deren Gegenspieler werden überhaupt nicht trainiert. Um den Körper vor einer unausgewogenen Muskelentwicklung zu schützen, die zu Schäden und Verletzungen führen kann, müssen auch jene Muskelpartien gekräftigt werden, die beim Laufen nicht trainiert werden.

Dr. George Sheehan hat einige Dehnungsübungen zusammengestellt, die den richtigen Allround-Ausgleich bieten. Er empfiehlt die folgenden sechs:

1. Um die Wadenmuskeln und Achillessehnen zu dehnen, stellen Sie sich ungefähr einen Meter vor einer Wand oder einem Baum auf. Stützen Sie sich mit ausgestreckten Armen an dem Hindernis ab und beugen Sie sich dann leicht vor, indem Sie die Ellbogen leicht einknicken, ohne die Fersen vom Boden zu heben. Verharren Sie etwa zehn Sekunden lang in dieser Haltung, bei der Sie ein leicht schmerzendes Ziehen in den Muskeln der Beine verspüren. Entspannen Sie sich und wiederholen Sie die Übung fünf- oder sechsmal.

2. Um die Muskeln an der Rückseite des Oberschenkels zu strecken, stellen Sie sich vor einem etwa hüfthohen Tisch auf. Legen Sie einen Fuß bei gestrecktem Bein auf die Tischplatte. (Wenn Sie das nicht schaffen, genügt auch eine Unterlage von geringerer Höhe.) Dann beugen Sie den Oberkörper in Richtung auf das aufgelegte Bein, bis Sie die Anspannung spüren. Bleiben Sie in dieser Haltung zehn Sekunden lang stehen, ehe Sie sich entspannen. Um sich mehr Halt zu verschaffen, können Sie sich mit Ihren Händen an dem aufgelegten Bein oder Fuß festhalten. Wiederholen Sie die Übung mit jedem Bein fünf- oder sechsmal. (Ted Corbitt, der hauptberuflich Heilgymnastiker ist, findet, daß die folgende Übung noch wirksamer ist: Man beugt im Stehen die Knie und bückt sich, bis die Hände den Boden berühren. Dann streckt man allmählich die Beine, ohne die Finger vom Boden zu heben, bis man spürt, wie die Muskeln an der Oberschenkelrückseite gedehnt werden. Nach einigen Sekunden löst man die Hände vom Boden und richtet sich – Wirbel für Wirbel – allmählich auf,

bis man senkrecht steht. Diese Übung wird fünf- oder sechsmal wiederholt.)

3. Um die Gesäßmuskeln und die Muskeln an der Oberschenkelrückseite zu strecken, legt man sich auf den Rücken und streckt die Arme seitlich auf dem Boden aus. Dann hebt man die gestreckten Beine über den Kopf und senkt sie soweit wie möglich nach hinten. Berühren Sie den Boden hinter Ihrem Kopf, wenn Sie können. Bleiben Sie zehn Sekunden lang in dieser Haltung, ehe Sie sich entspannen. Wiederholen Sie die Übung fünf- oder sechsmal.

4. Um die Schienbeinmuskeln zu stärken, setzt man sich auf eine Tischkante und hängt sich ein Zwei-Kilogramm-Gewicht an die Füße (etwa dort, wo die Zehen ansetzen). Ein alter Farbeimer mit Steinen darin genügt völlig. Heben Sie mit dieser Belastung langsam die Zehen, und halten Sie sie ein paar Sekunden lang hoch. Wiederholen Sie die Übung, bis Sie ermüden.

5. Um den Quadriceps zu stärken, setzt man sich ebenfalls auf die Tischkante und hängt das Gewicht an einen Fuß. Dann hebt man das Gewicht, indem man das Knie streckt. Halten Sie das Bein ein paar Sekunden lang hoch, bevor Sie es senken. Wiederholen Sie die Übung mit jedem Bein fünf- bis sechsmal. Zur Stärkung des Quadriceps muß das Gewicht allerdings auf mindestens sechs Kilogramm erhöht werden.

6. Um die Bauchmuskeln, die Gegenspieler der starken Rückenmuskeln, zu stärken, sollten Sie etwa zwanzig Aufsitzübungen mit gebeugten Knien machen. Wenn Sie die Arme im Nacken verschränken, ist es besonders schwer; wenn Sie sie über dem Kopf gestreckt halten, ist es leichter. In jedem Falle sollte man die Aufsitzübungen mit eingezogenem Kinn machen und den Körper langsam vom Boden aufrollen. Auf diese Weise werden die Bauchmuskeln am meisten beansprucht.

Eine zunehmende Zahl von Läufern benutzt Yoga-Übungen als Ausgleichsgymnastik[2]. Insbesondere der »Gruß an die Sonne«, der in den meisten Yoga-Büchern beschrieben wird, stellt einen guten Allround-Ausgleich dar. Auch wenn Yoga-Übungen eingesetzt werden, sollten daneben noch die drei letzten der oben beschriebenen Übungen durchgeführt werden, um den Körper zu stärken, wo es notwendig ist.

2 Anschaulich dargestellt finden Sie Yoga-Streckübungen in *Yoga für Jeden* von Kareen Zebroff (Fischer Taschenbuch Band 1640, DM 4.80).

Ausreichend schlafen. Läufer brauchen viel Schlaf. Wenn Sie nicht genug schlafen, akkumuliert sich die Müdigkeit rasch und führt zu Lustlosigkeit, Desinteresse und Anfälligkeit für Erkältungen. Die Arbeit, die Verpflichtungen gegenüber der Familie, das Fernsehen bis spät in die Nacht und ein tägliches Laufprogramm erschweren es einem, die Zeit zum Schlafen zu finden. Wenn Sie sich dazu durchringen können, den Fernseher eine halbe Stunde früher abzuschalten, wirkt das oft Wunder.

Essen Sie richtig. Die wissenschaftlichen Prinzipien wurden im vorigen Kapitel beschrieben. Vor allem essen Sie zwei oder mehr Stunden vor einem Lauf nichts mehr, sonst belasten die verzehrten Speisen nur und der Verdauungsprozeß nimmt Ihnen die Energie zum Laufen. Laden Sie sich nicht mit ineffektiven Kalorienbomben auf. Popcorn, Pommes frites, Süßigkeiten und Schokolade dämpfen zwar eine Zeitlang den Hunger, verschaffen Ihnen aber nicht die nötige Energie. Seien Sie sparsam mit Fett. Fette sind schwerer verdaulich als Eiweiß oder Kohlehydrate. Seien Sie vorsichtig mit frischem Obst, Dörrobst usw. Die abführende Wirkung könnte Sie zwingen, Ihren Lauf abzubrechen, wenn Sie gerade gut in Schwung sind.

Bleiben Sie schlank. Es gibt zwei gute Gründe, so schlank wie möglich zu werden. Erstens: es läuft sich besser. Je weniger Gewicht man mit sich herumschleppt, desto schneller ist man. Zweitens: je leichter man ist, desto geringer ist die Belastung der Knorpel, Gelenke und Muskeln. Das ist mit einer einfachen Rechnung zu belegen. Pro Kilometer landen Ihre Füße etwa tausendmal auf dem Boden. Wenn Sie neunzig Kilogramm wiegen, summiert sich die Wucht der Stöße, die Ihre Gelenke aushalten müssen, auf 90 000 Kilogramm. Wenn Sie Ihr Gewicht auf 75 Kilogramm reduzieren, vermindert sich zum einen die Wucht der einzelnen Stöße und zum anderen die Summe des Aufprallgewichts auf insgesamt 75 000 Kilogramm – Sie sparen also fünfzehn Tonnen pro Kilometer.

Vermeiden Sie rauhe Lippen und aufgeriebene Haut. Jeder Läufer merkt schnell, wo bei ihm am ehesten Hautreizungen auftreten. Am häufigsten sind die Lippen, Brustwarzen, Leisten und Unterarme betroffen. Mit ein paar Klecksen Vaseline, die Sie vor dem Start auf den gefährdeten Hautpartien verreiben, können Sie in der Regel vermeiden, daß die Haut gereizt wird. Erhebliche Schmerzen können

Sie sich ersparen, wenn Sie vor einem Marathonlauf oder vor ähnlich langen Strecken Ihre Brustwarzen mit Pflastern bekleben. (Die Hautreizungen treten übrigens im Sommer und im Winter mit gleicher Häufigkeit auf; ein feuchter Trainingsanzug erzeugt in seinem Inneren nahezu das gleiche Klima, das wir von feuchtwarmen Sommertagen her kennen.)

Beugen Sie Erfrierungen vor. Wie man sich bei kaltem Wetter anziehen sollte, habe ich im zwölften Kapitel beschrieben. Wenn man sich danach richtet, sollte eigentlich auch größere Kälte kein Problem mehr darstellen. Da aber Ihr Gesicht meist auch bei extremen Kältegraden völlig unbedeckt ist, sollten Sie an die Gefahr von Erfrierungen denken, wenn es windig und kalt ist. Cremen Sie ihr Gesicht mit Vaseline ein. Manche Läufer tragen auch eine Skimaske, wenn sie bei kaltem Wetter gegen den Wind laufen. Bei Rückenwind können Sie die Maske leicht in einer Tasche verstauen. Geraten Sie trotz dieser Warnungen in ernstere Schwierigkeiten, so finden Sie im nächsten Kapitel weitere Ratschläge.

16 / *Wenn trotz allem etwas schiefgeht*

Die häufigsten Läuferkrankheiten und ihre Symptome

Laufen ist ein merkwürdiges medizinisches Phänomen. Einerseits verbessert es die Leistung von Lunge und Herz und schützt uns vor Herzinfarkten, Schlaganfällen und anderen Krankheiten unserer Zeit, andererseits bringt es aber gelegentlich auch Verletzungen und Krankheiten mit sich, die Dr. Sheehan den Preis der besonderen Leistung genannt hat. Im allgemeinen geht es nur darum, daß die Füße und die Beine schmerzen, mitunter jedoch gibt es auch andere Probleme. Merkwürdig ist dabei auch, daß viele Ärzte nicht recht wissen, wie sie diese Erscheinungen anpacken sollen.

Auf einer Cocktailparty in Manhattan erlebte ich neulich eine in dieser Hinsicht typische Szene. Ein Arzt, der gerade erst mit dem Laufen begonnen hatte, unterhielt sich mit einem Manager, der schon seit zehn Jahren lief. Der Arzt klagte über Schmerzen an der Achillessehne, die er mit sämtlichen ihm bekannten Behandlungsmethoden nicht hatte beseitigen können. Das Problem, sagte der Manager, habe er auch schon einmal gehabt. Der Mediziner war geradezu elektrisiert, er zog einen Schuh und einen Strumpf aus und zeigte den schmerzenden Fuß. Der Manager griff zu, betastete die Achillessehne des Arztes und fragte, während er sie an verschiedenen Stellen drückte, wo der Schmerz genau sitze. Dann stellte er seine Diagnose und riet zu folgender Behandlung: Wärme, Heftpflaster und ein verkürztes Laufpensum. Nach wenigen Tagen konnte der Arzt ihm mitteilen, daß dieses Rezept ausgezeichnet geholfen habe.

Die Geschichte ist gar nicht so verrückt, wie sie klingt. Den meisten Ärzten bringt man während ihrer Ausbildung bei, wie man Krankheiten heilt; mit den Problemen gesunder Menschen sind sie oft wenig vertraut. Am liebsten sind ihnen Patienten, die eindeutig krank sind: Mit einem Knochenbruch, mit Husten, Kopfschmerzen und anderen »ehrlichen« Krankheiten werden sie ohne weiteres fertig. Schwierig wird es für sie, wenn sie jemandem begegnen, der nach besonderen körperlichen Leistungen strebt. Dr. Gabe Mirkin aus Silver Spring in

Maryland schrieb früher eine Kolumne über Sportmedizin in der *Washington Post* und hat dieses Fach auch an der Universität von Maryland gelehrt. In einem Brief an mich schrieb er: »Ich habe den Eindruck, daß die Ärzte Sportler falsch behandeln, wenn sie unnötige Operationen durchführen und Cortison und Xylocain injizieren. Andererseits werden sie dafür bezahlt, daß sie eine Behandlung verordnen. Ein verletzter Läufer erwartet das einfach von ihnen. Aber der Arzt kann gar nicht viel tun, wenn sich ein Läufer verletzt hat. Seine Hauptaufgabe besteht eigentlich darin, Verletzungen zu verhindern. Er kann zum Beispiel untersuchen, welche Faktoren einen Läufer gefährden, wie zum Beispiel Unbeweglichkeit, unausgewogene Entwicklung der Muskeln oder Mißbildungen, und dann eine Behandlung vorschlagen. Wenn er die richtigen Fragen stellt, kann er erkennen, ob sich ein Läufer verletzt hat, weil er übertrainiert war. Und schließlich kann er den Läufer auch bei der Erholung vom Training beraten.«

Daß Mirkins Hinweis auf die Begeisterung der Ärzte für die Orthopädische Chirurgie nur allzu berechtigt ist, mußte ich selbst erfahren, als ich wegen einer Infektion am Fuß einen Orthopäden in der Park Avenue aufsuchte. Er untersuchte mich und erklärte mir dann, er könne mir zur Beseitigung der Infektion Tabletten verschreiben, aber gegen die Ursache der Infektion könne er nichts damit ausrichten. Ob man denn dagegen überhaupt etwas tun könne, fragte ich ihn. »Ja«, sagte er trocken, »da kann man nur schneiden.« Ich nahm die Tabletten, wurde damit die Infektion los und konnte zwei Wochen später bereits wieder laufen. Seitdem sind mehrere Jahre vergangen. Ich bin die ganze Zeit gelaufen und hatte nie mehr Beschwerden. Natürlich ist es möglich, daß die Probleme eines Tages zurückkehren und tatsächlich einen chirurgischen Eingriff notwendig machen, aber bis dahin hoffe ich noch ein paar gute Jahre vor mir zu haben.

Mirkin berichtet über eine ähnliche Erfahrung: »Der Orthopäde schlug einen chirurgischen Eingriff am Knie vor. Aber da ich vor einer Operation Angst hatte, zog ich es vor, gar nichts zu unternehmen. Schon Benjamin Franklin, der sich offensichtlich mit übereifrigen Ärzten auskannte, hat ja gesagt: ›Gott schickt Genesung und der Doktor die Rechnung.‹ Auch mein Knie wurde allmählich wieder gesund.«

Es ist interessant (und möglicherweise bezeichnend), daß gerade Ärzte so mißtrauisch sind, wenn es um die Bemühungen ihrer Berufskollegen bei Läuferkrankheiten geht. Ginge es nur um den üblichen Streit unter Fachleuten, brauchten wir uns kaum dafür zu interessieren. Aber es geht hier um ein medizinisches Problem, mit dem jeder Läufer früher oder später konfrontiert wird[1].

Das Problem besteht darin, daß es für den Normalverbraucher nahezu unmöglich ist, bei Sportkrankheiten und -verletzungen sachverständige Behandlung zu finden. Abgesehen von wenigen Mannschaftsbetreuern und Spezialisten gibt es kaum Ärzte, die von der Sportmedizin etwas verstehen. Wenn Ärzte sich beim Laufen verletzen, sind sie in der Regel genauso ratlos wie der blutigste Laie. Beim derzeitigen Stand der medizinischen Ausbildung ist das kein Wunder. Ich habe mir neulich einmal die Lehrbücher vorgenommen, die in unseren medizinischen Fakultäten benutzt werden. Abgesehen von dem Hinweis, daß es möglich ist, durch ein Ausdauertraining den Herzschlag zu vermindern und dadurch das Herz zu entlasten, wußten diese Bücher über die Leichtathletik nicht viel zu sagen. Ein Arzt, den ich beim Laufen kennenlernte, bestätigte mir, daß er sich, wenn er sich recht erinnere, nur an einem einzigen Tag seines Studiums mit sportmedizinischen Fragen auseinandergesetzt habe.

Natürlich finden sich Sportmediziner und andere Ärzte, die sich mit Sportverletzungen auskennen. »Es gibt«, so Prof. Hess, »in Deutschland eine ganze Reihe guter Sportmediziner, die fast alle auch selbst Sport treiben und große Erfahrung in der Behandlung der geläufigen Sportschäden und -verletzungen besitzen.« Aber es sind noch immer zu wenig, und wenn sie nötig gebraucht werden, sind sie oft nicht erreichbar. Der typische Läufer entwickelt sich daher meist zum medizinischen Selbstversorger, indem er sich geduldig die Erfahrungen anderer Läufer anhört, aus den eigenen Fehlern lernt und sich auf diese Weise die nötigen Kenntnisse aneignet.

Der folgende Katalog nennt die häufigsten medizinischen Probleme beim Laufen und einige Behandlungsvorschläge.

Das Läuferknie. Dieses Leiden wird von den Medizinern als *Chondromalazie patellae* bezeichnet. Dieses griechisch-lateinische Kunstwort (ein arger linguistischer Bastard) bedeutet: Knorpelerweichung der Kniescheibe. Bei Läufern ist es das häufigste Leiden. Ursache ist

---

1 Ein ganz ähnliches Problem, das vor allem jene betrifft, die in ausgezeichneter körperlicher Verfassung sind, wurde neulich in einem Leserbrief an das *New York Times Magazine* angeschnitten. Ein Arzt namens Richard Spark mokierte sich darin über die ärztlichen Gesundheitsatteste: »Es ist schon einigermaßen grotesk, daß man sich in unserem Land vom Arzt bescheinigen läßt, daß man sich wohlfühlt.«

fast immer der hohe Belastungsdruck, der beim Abstoß auf den Knorpel auftrifft, insbesondere wenn auf harten Böden (zum Beispiel Asphalt) gelaufen wird. Anfällig sind Läufer, die von Geburt an eine minderwertige Kniescheibenform haben.

Wenn die Knochen richtig ineinandergreifen, bewegt sich die Kniescheibe völlig reibungslos in der Einkerbung am unteren Ende des Femur. Stimmt die Ausrichtung der beiden Knochen nicht überein, reibt sich die Kniescheibe an der Wölbung des Oberschenkelknochens, anstatt in der Höhlung zu bleiben. Wenn diese Reibung andauert, nutzt sich das Knorpelgewebe der Kniescheibe teilweise ab. Schmerz, Gelenkversteifung und Schwellungen sind das Ergebnis.

Um die Chondromalazie zu heilen, empfehlen viele Ärzte, das Laufen aufzugeben[2].

Im allgemeinen ist das aber nicht nötig. Eine Linderung der Schmerzen läßt sich meist auch auf andere Weise erreichen, beispielsweise durch die Verkürzung der täglichen Laufstrecke. Zu empfehlen sind außerdem besondere Übungen, um den vierköpfigen Muskel (*Quadriceps*) auf der Vorderseite des Oberschenkels, den Schenkelstrekker, zu stärken. Man sollte auf einer Oberfläche laufen, die in Richtung auf das schmerzende Bein leicht abgeschrägt ist. Eine Landstraße mit stark gewölbter Asphaltdecke ist dafür geeignet: Wenn Sie am rechten Knie unter Chondromalazie leiden, müssen Sie mit dem Verkehr auf der rechten Straßenseite laufen, wenn die Schmerzen im linken Knie auftreten, müssen sie die linke Straßenseite benutzen.

Viele Ärzte sind freilich der Ansicht, daß das »Läuferknie« trotz seines Namens eigentlich eine Fußkrankheit ist, die durch eine falsche Gewichtsverteilung beim Laufen entsteht. Dies wird unter anderem dadurch bestätigt, daß die Chondromalazie nicht selten verschwindet, wenn Einlagen getragen werden, die den Fuß stützen und damit die Lage der Kniescheibe im Verhältnis zum Oberschenkelknochen verändern. Ist die Chondromalazie besonders hartnäckig, lohnt es sich, einen Orthopäden aufzusuchen, der regelmäßig Sportler behan-

---

2 Läufer, die besonders verletzungsanfällig sind und nicht das Glück haben, von einem Arzt behandelt zu werden, der für ihre Probleme Verständnis aufbringt, werden häufig mit diesem Patentrezept konfrontiert. Tom Talbott zum Beispiel, ein Läufer jenseits der Vierzig, suchte wegen eines Rückenleidens den Arzt auf. Auf Befragen teilte er mit, daß ihn der Rücken nach dem Laufen am meisten schmerze. Wie nicht anders zu erwarten, schlug ihm der Arzt vor, mit dem Laufen aufzuhören. Talbott, der seit fünfundzwanzig Jahren lief und regelmäßig zu Wettkämpfen teilnahm, weigerte sich. »Ich glaube, Sie haben mich nicht richtig verstanden«, sagte er. »Wenn ich nicht laufen kann, werde ich krank.« Das beeindruckte den Arzt. »Das ist natürlich eine andere Sache«, stellte er fest und suchte eine annehmbare Alternative.

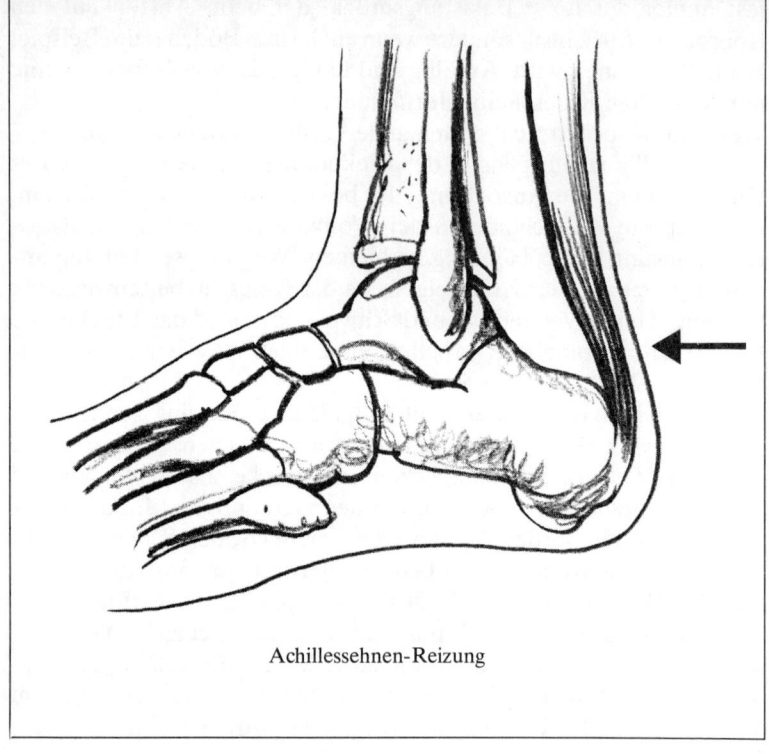

Achillessehnen-Reizung

delt und geeignete Einlagen verschreibt. Dazu Prof. Dr. H. Hess: »Oft sind nicht einmal komplette Einlagen erforderlich, sondern es genügen kleine Einlegestücke aus Filz, die an der richtigen Stelle in den Schuh geklebt werden.«[3]

3 Eine weitere Ursache der Chondromalazie ist nach Ansicht vieler Ärzte eine Anomalie im Aufbau des Fußes, die als »Mortons Zeh« bekannt ist. Dr. Dudley Morton hatte im Jahr 1935 eine Untersuchung mit dem Titel *The Human Foot: Its Evolution, Physiology and Functional Disorders* veröffentlicht, in der er unter anderem die Schädigungen beschrieb, die es nach sich ziehen kann, wenn der große Zeh kürzer ist als einer der anderen Zehen. (Ähnliche Probleme können auch auftreten, wenn der große Zeh außergewöhnlich beweglich ist.) Morton entdeckte, daß eine Verkürzung des großen Zehs, der normalerweise doppelt soviel Belastung aufnimmt wie die vier übrigen Zehen zusammen, Schäden an der Ferse, im Bein, im Knie und sogar am Rücken herbeiführen kann, weil der verkürzte große Zeh möglicherweise seine Funktion nicht richtig erfüllt. Der Zusammenhang zwischen der Verkürzung des großen Zehs und der Chondromalazie sowie anderen Krankheitserscheinungen ist jedoch noch nicht völlig geklärt. Ein unmittelbarer Kausalzusammenhang ist jedenfalls nicht nachgewiesen. Viele Menschen, bei denen der große Zeh kürzer ist als sein Nachbar, bleiben von den hier besprochenen Problemen völlig verschont.

Fußbeschwerden. Da die Füße aus 214 Bändern, 38 Muskeln und 52 Knochen bestehen (einem Viertel aller Knochen im menschlichen Körper), ist es nicht weiter erstaunlich, daß gelegentlich Probleme auftreten. Dabei sind vor allem die folgenden fünf Kategorien zu unterscheiden:

Blasen. Vorbeugen ist, wie im vorhergehenden Kapitel dargestellt, auch bei Blasen besser als Heilen. Haben sich hingegen schon Blasen gebildet, gibt es verschiedene probate Rezepte. Handelt es sich nur um eine kleine Blase, können Sie sie einfach mit Heftpflaster zukleben. Ist sie aber so groß, daß sie schmerzt, so sollten Sie die Blase mit einer Nadel oder Schere, deren Spitze Sie in die Flamme eines Feuerzeugs gehalten und sterilisiert haben, aufstechen, die Flüssigkeit herausdrücken, die Haut desinfizieren, mit Vaseline bestreichen und mit einem Pflaster bedecken. Besonders praktisch sind selbstklebende Schaumgummistreifen von drei Millimeter Stärke, die in Apotheken erhältlich sind (Blasenverbandspäckchen). In der Regel werden Sie feststellen, daß Sie ohne Probleme weiterlaufen können. Einen Arzt brauchen Sie nur aufzusuchen, wenn sich eine Entzündung oder gar eine Blutvergiftung entwickelt.

Spalt- und Ermüdungsbrüche. Spaltbrüche sind relativ geringfügige Veränderungen der Knochenstruktur, die durch Überlastung oder plötzliche Stöße entstehen. In der Regel brauchen die betroffenen Knochen weder geschient noch gewickelt oder in Gips gelegt zu werden. Die feinen Haarrisse verheilen meist bereits durch Schonung des betroffenen Gliedes. Spaltbrüche werden aber oft mit Muskel- und Sehnenentzündungen oder Blutergüssen verwechselt. Selbst für den Arzt ist die Diagnose oft nicht einfach, da sich auch im Röntgenbild die feinen Haarrisse nicht immer zeigen. Spaltbrüche treten am häufigsten in den Mittelfußknochen und im Schien- und Wadenbein auf. Manche Fachleute sind der Ansicht, daß sie in jüngster Zeit häufiger werden, weil der Trend zum Langstreckentraining zugenommen hat. Wird das Training soweit reduziert, daß man ohne Schmerzen laufen kann, verschwinden Spaltbrüche meist innerhalb von sechs Wochen. Es empfiehlt sich, möglichst auf weichem, elastischem Boden zu laufen.

Knochenhautentzündung. Zumindest für das Ohr des Laien klingt der medizinische Name der für Läufer wichtigsten Form dieser

Krankheit erschreckend: *Periostitis calcanei*. Es handelt sich um eine Entzündung der Knochenhaut am Fersenbein, hervorgerufen durch die dauernden Stöße beim Laufen. Fersenschalen, die man in guten Sportgeschäften erhält, vermindern die Schmerzen während der Heilung.

Plantarfasciitis. Dabei handelt es sich um eine Entzündung, die an der Stelle auftritt, wo die Sehnen und Bänder der Fußsohle am Fersenbein befestigt sind. Das Hauptsymptom sind Schmerzen in der Ferse. Ähnlich wie die Knochenhautentzündung kann auch diese Sehnen- und Muskelhautentzündung mit Fersenschalen oder anderer Polsterung gelindert werden.

Kalkaneussporn. Ohne Röntgenaufnahme ist es sehr schwer, diesen spornartigen oder knopfförmigen Knochenauswuchs am Fersenbein von der Muskelhautentzündung zu unterscheiden. In der Regel ist das auch nicht nötig, da auch dieser Erkrankung oft schon mit Fersenschalen beizukommen ist. Nur in besonders hartnäckigen Fällen wird der Arzt die chirurgische Entfernung des Kalkaneussporns empfehlen. Der im Röntgenbild sichtbare *Sporn* wird viel zu oft überbewertet. Er ist meist ein harmloser, längere Zeit auch symptomloser Zufallsbefund ohne krankmachende Bedeutung.

Knöchelbeschwerden. Knöchelschmerzen treten gelegentlich auf, wenn entweder zu lange oder zu häufig auf unebenem Untergrund gelaufen wurde. Mein Freund Charles Steinmetz plagt sich schon seit zwei Wochen mit einem schmerzenden Knöchel herum, weil er sich beim *Philadelphia Marathon* so ins Zeug legte, daß er seinen eigenen Rekord brach. Steinmetz ist Fachmann für vorbeugende Medizin, und er läßt sich, wie er mir sagte, durch sein Handicap nicht entmutigen. Er sei sich dessen bewußt, daß sportliche Höchstleistungen gelegentlich mit kleineren Verletzungen bezahlt werden müßten. Mit solchen Verletzungen wird man relativ leicht fertig.

Sehr viel schwerer zu ertragen und auch keineswegs einfach zu heilen, ist eine der ärgerlichsten Läuferkrankheiten: die Achillessehnenentzündung. Es handelt sich dabei um eine Entzündung der schützenden Hülle, in der sich die Achillessehne (die das Fersenbein mit dem Wadenmuskel verbindet) bewegt[4]. Ist sie entzündet, verdickt sie sich

---

4 In fortgeschrittenen Fällen ist nicht nur das Sehnengleitgewebe, sondern auch das Sehngewebe selbst betroffen.

und reibt an der Sehne, was außerordentlich schmerzhaft sein kann. Über die Behandlung der Achillessehnenentzündung ist schon viel geschrieben worden. Die Empfehlungen von Ärzten und Laien gehen weit auseinander und reichen von körperlicher Bewegung bis zum chirurgischen Eingriff. Über einige Punkte herrscht indes Übereinstimmung.

Da die Schmerzen bei gestreckter Sehne größer sind, lindern Schuhe mit einem gut ausgebildeten Fersenbett (und auch erhöhten Absätzen) die Schmerzen. Verschiedentlich wird empfohlen, die schmerzende Sehne häufig in heißem Wasser zu baden und nach dem Laufen Eis aufzulegen. Manchmal hilft eine elastische Binde.

Ehe die Entzündung nicht abgeheilt ist, muß das schnelle Laufen strikt eingeschränkt werden. Es hilft, wenn man nur auf flachem, festem Boden trainiert, wo die Fersen weder abrutschen noch einsinken können. Bergauflaufen ist zu vermeiden, weil dabei die Achillessehnen gestreckt werden müssen.

Wenn Sie einmal eine Achillessehnenentzündung gehabt haben, werden Sie vermutlich alles tun, um eine Wiederholung zu vermeiden. Die beste Vorbeugung besteht darin, die Wadenmuskeln und -sehnen vor und nach dem Laufen durch gymnastische Übungen zu strecken[5].

Hüten Sie sich, eine Sehnenentzündung zu bagatellisieren. Spielen Sie nicht den Helden, wenn Sie erkannt haben, daß eine Tendinitis vorliegt. Wenn Sie zu weit oder zu schnell laufen, kann sich die Entzündung zu einem partiellen oder vollständigen Riß der Sehne entwickeln, und ist die Sehne erst einmal gerissen, kann bleibender Schaden entstehen. Prof. Dr. H. Hess: »In fortgeschrittenen Fällen der Entzündung hilft nur noch ein operativer Eingriff, der allerdings sehr gute Heilungschancen verspricht.«

Schmerzen am Schienbein. Schmerzen im Unterschenkel und Schienbein beruhen häufig auf einer Muskel- und Sehnenentzündung. Sie treten am häufigsten bei Anfängern, aber auch bei Fortgeschrittenen auf, wenn diese ihr Laufpensum plötzlich erhöhen. Die Symptome entwickeln sich ziemlich verschieden: Manchmal liegt nur

---

5 Einige Läufer empfehlen, zur Vorbeugung gelegentlich Schuhe mit *negativem* Absatz zu tragen, bei denen die Zehen und Fußballen höher gelagert sind als die Ferse. Als diese Mode vor einigen Jahren aufkam, habe ich mir solche Schuhe gekauft. Ich halte es zwar für unmöglich, längere Zeit darin zu gehen, aber ich trage sie mitunter, um nach dem Laufen meine Wadenmuskeln zu strecken.

ein dumpfer Schmerz vor, manchmal wird das Laufen völlig unmöglich. Die Ursachen:
Dauerbelastung und Stöße,
das Laufen auf Ballen und Zehen,
Schuhe, die nicht flexibel genug sind.
In der Regel hilft es, biegsamere, gut gepolsterte Schuhe zu tragen und beim Laufen den Fuß mit der Ferse zuerst aufzusetzen. Genügt das nicht, sollten Sie es mit einer nach Maß gefertigten Kork-Leder-Einlage versuchen.

Muskelkater. Muskelkater völlig zu vermeiden, ist unmöglich und nicht einmal wünschenswert, denn ohne leichte Überlastung der Muskeln entsteht kein Trainingseffekt. Die Schmerzen allerdings kann man vermindern. Muskelschmerzen sind meist darauf zurückzuführen, daß sich während des Trainings Abfallprodukte des Stoffwechsels in den Muskeln gestaut haben (Muskelkater). Sie können aber auch von winzigen Faserrissen herrühren. Der Muskelkater läßt sich vermindern, indem man nach dem Training noch ein paar Minuten lang Lockerungsübungen durchführt. Vermeiden kann man die Muskelschmerzen auch dadurch, daß man die Trainingsbelastung nicht ruckartig steigert, sondern sehr allmählich zunehmen läßt, so daß sich die Wirkung auf mehrere Wochen verteilt. Sind die Muskelschmerzen erst einmal vorhanden, kann man nicht mehr viel dagegen unternehmen, außer in die Sauna zu gehen und darauf zu warten, daß sie verschwinden. Finden Sie jemanden, der die schmerzenden Stellen fachkundig massiert, fühlen Sie sich vermutlich bald besser. Eine fachkundige Massage kann Verspannungen und Verhärtungen der Muskeln lösen. Vielfach hilft ein warmes Bad in Verbindung mit aktiver Bewegungstherapie.

Krämpfe. Wird ein Muskel zusammengezogen, der dem Willen unterworfen ist, so hat das Gehirn eine Botschaft über das Nervensystem gesendet. Erreicht die Botschaft das Nervenende, wird eine chemische Substanz abgesondert, die als Leiter für den elektrischen Impuls dient, der den Muskel verkürzt. Ist der Muskel völlig gespannt, schickt das Gehirn eine zweite Botschaft, mit der die Absonderung einer weiteren chemischen Substanz ausgelöst wird, welche die Wirkung der ersten aufhebt und den elektrischen Strom unterbricht. Über das Entstehen von Krämpfen gibt es nun verschiedene Theorien. Die erste besagt, daß Krämpfe auftreten, wenn die leitende

Substanz, das Azetylcholin, den Muskel auch dann erreicht, wenn kein Befehl vom Gehirn vorliegt, oder wenn die nicht-leitende Substanz, die Cholinesterase, nicht rechtzeitig eintrifft. Die zweite, nicht ganz unumstrittene Theorie geht davon aus, daß Krämpfe auf einem Mangel an Salz, Kalzium, Kalium, Magnesium oder Vitamin B beruhen.

Manche Fachleute behaupten, daß Krämpfe einfach auf Müdigkeit zurückgeführt werden müßten, aber dabei fehlt natürlich die Erklärung des biochemischen Mechanismus, der sie tatsächlich auslöst. In jedem Falle kann man Krämpfe in der Regel dadurch lindern, daß man den betroffenen Muskel dehnt und massiert und langsam umhergeht. (Wenn man sich hinsetzt, kehren die Krämpfe häufig zurück.) Läufer, die oft von Krämpfen heimgesucht werden, sollten versuchen, sich dadurch zu schützen, daß sie zunächst mehr Salz zu sich nehmen und dann auch die übrigen genannten Stoffe in größerem Maße zuführen.

Seitenstechen. Seitenstiche werden fast immer auftreten, wenn Sie sich beim Laufen so anstrengen, daß Sie längere Zeit schwer atmen müssen, aber sie werden rasch wieder verschwinden, wenn Sie langsamer laufen. Manche Läufer scheinen anfälliger als andere für Seitenstiche zu sein, aber mit zunehmendem Training wird die Häufigkeit von Seitenstichen geringer. Wer seine Fitness erhöht, kann diese Erscheinung also vermindern oder völlig beseitigen. Wenn Sie Seitenstiche spüren, atmen Sie am besten unter Zuhilfenahme der Bauchmuskeln tief durch; dabei sollten Sie das Tempo verlangsamen. Wenn Sie sich zufällig gerade mitten in einem Wettkampf befinden, kommt Ihnen der zweite Teil dieser Empfehlung vermutlich nicht sehr gelegen. Ob Sie langsamer laufen, hängt dann wohl in erster Linie davon ab, wieviel Schmerzen Sie aushalten (wollen). An Seitenstichen ist jedenfalls noch niemand gestorben.

Blut im Urin. Bei Hochleistungsläufern (wie zum Beispiel Frank Shorter) findet sich gelegentlich nach einem sehr anstrengenden Trainingslauf oder Wettkampf etwas Blut im Urin. Dafür kann es verschiedene Ursachen geben (zum Beispiel den Untergang winziger Mengen von Muskelgewebe). Meist handelt es sich um keine problematischen Vorgänge. Passiert es allerdings häufiger oder tritt noch Tage nach einer starken Belastung Blut im Urin auf, so sollte auf jeden Fall ein Arzt konsultiert werden, am besten ein Mediziner, der häufiger Sportler behandelt.

Erschöpfung. Gelegentlich fühlen sich Läufer ohne erkennbaren Grund lustlos und deprimiert. Wenn Sie am Leben um Sie herum keinerlei Interesse mehr haben, ist die Ursache häufig darin zu suchen, daß Sie zu oft und zu hart trainiert haben, so daß Ihr Körper keine Gelegenheit hatte, sich zwischendurch zu erholen. Eine Verminderung des Laufpensums und genügend Schlaf sind die besten Heilmittel.

Anmerkung von Prof. Dr. Heinrich Hess: Die hier beschriebenen Behandlungsmethoden können nur als Ratschläge aus der langjährigen Praxis des Autors und seiner vielen Gesprächspartner verstanden werden. Sie dürfen keinesfalls – insbesondere für unerfahrene Läufer – Anlaß sein, ausgiebig an sich selbst »herumzudoktern« und so eventuell vermeidbare Sportschäden zu provozieren. Im Zweifelsfall ist die Konsultation eines erfahrenen Arztes immer die bessere Lösung.

Bemerkungen über den Wettkampf

Viele Läufer nehmen nie an Wettkämpfen teil. Ich kenne Leute, die täglich mehr als fünfzehn Kilometer laufen, aber niemals an den Start eines Rennens gehen. Manche von ihnen stehen vermutlich unter dem Einfluß eines friedfertigen Geistes und mögen nicht auf Kosten anderer gewinnen; andere verabscheuen vermutlich die Anstrengung, das atemlose Keuchen und die Schinderei. Manche Läufer meiden den Wettkampf, weil sie unter Prüfungsangst leiden und sich nur mit Unbehagen an die gespannte Atmosphäre bei Schulsportfesten erinnern.

Für andere ist ein Rennen dagegen die ideale Gelegenheit, zunächst einmal gegen sich selbst anzutreten, um zu sehen, ob man schneller als das letzte Mal ist. Natürlich freut man sich, wenn man gelegentlich jemanden überholen oder einen Rivalen noch Zentimeter vor der Ziellinie überraschend abfangen kann, aber das ist nicht die Hauptsache. Deshalb herrschen bei Langstreckenläufern auch stets der Sportsgeist und die Kameradschaft vor. Nicht die anderen Läufer sind Ihre Hauptkonkurrenten, sondern Sie selbst.

Es gibt keine Regel, wonach ein richtiger Jogger an Wettkämpfen teilzunehmen hätte; deshalb sollten Sie sich auch nicht dazu verpflichtet fühlen. Wenn Sie an Wettkämpfen nicht interessiert sind, lassen Sie dieses Kapitel vorläufig aus, aber vergessen Sie nicht, daß es vorhanden ist. Vielleicht erreichen Sie später, wenn Sie besser trainiert sind, gelegentlich einen Zustand überschäumender, ausdauernder Stärke und möchten es dann doch einmal mit einem Rennen versuchen.

Die Hinweise in diesem Kapitel sind natürlich noch lange keine Garantie dafür, daß Sie im Wettkampf tatsächlich Erfolg haben. Was beim Sport eigentlich »gute« und »schlechte« Tage hervorbringt, ist und bleibt ein Geheimnis. Bei manchen Gelegenheiten fühlt man sich hervorragend, läuft aber schrecklich; an anderen Tagen fühlt man sich schrecklich, läuft aber unerklärlicherweise recht gut. Der Arzt, mit dem ich darüber sprach, war der Ansicht, daß es im menschlichen Körper wohl so etwas wie Ebbe und Flut oder ähnliche rhythmische Abläufe (Bio-Rhythmus) geben müsse und überdies subtile Interaktionen zwischen Ernährung und Training stattfänden. Wenn Sie schlecht laufen, kann das freilich auch darauf zurückzuführen sein, daß Sie an einer versteckten Erkältung oder einer anderen Infektionskrankheit leiden, die nicht schwer genug ist, um deutliche Symptome zu zeigen, aber doch Ihre Kraft mindert[1].

Sie können wenig tun, um solche Imponderabilien auszuschalten, andere Dinge hingegen können Sie steuern, und auf diese sollten Sie beim Wettkampf achten. Schlecht abzuschneiden, weil der Körper sich nicht schneller fortbewegen kann, ist eine Sache. Eine andere ist es, wenn man versagt, weil man die falsche Kleidung anhat oder weil man überholt worden ist, während man vor sich hinträumte.

Zwei Faktoren tragen zum sportlichen Erfolg bei: *körperliche* und *geistige* Bereitschaft, die freilich nicht voneinander getrennt werden können. Selbst wenn Sie noch so fit sind, können Sie keine guten Ergebnisse erzielen, wenn Sie nicht mit dem Herzen dabei sind. Deshalb beschäftigt sich dieses Kapitel auch mit Psychologie. Untersuchen wir zunächst, wie uns die Psyche beim Wettkampf hilft oder schadet.

Jedes Rennen beginnt lange vor dem Startschuß, mitunter schon Monate oder sogar Jahre zuvor. Während Sie dieses Buch lesen, bereiten sich Tausende von Läufern auf die nächsten Olympischen Spiele vor. Wenn einige Hundert von ihnen schließlich zum Wettkampf antreten, haben sie viele Stunden darüber nachgedacht, was sie vorhaben. Solche geistigen Probeläufe haben ihre Psyche ähnlich gestählt, wie das Training ihre Muskeln gestärkt hat. Jeder Vorstoß eines Rivalen bewirkt bei ihnen die Reaktion, die sie vorher geplant haben. Spüren Sie Schmerzen, löst das in Ihrem Gehirn den Befehl aus, auf keinen Fall langsamer zu laufen. Werden Sie überholt, ist das für Sie eine Aufforderung, Ihr Tempo zu beschleunigen[2].

Nun werden die meisten Leute natürlich nicht monate- oder jahrelang über ein bestimmtes Rennen nachdenken wollen. Aber wenn Sie Ihren Geist auf den Ablauf des Rennens vorbereiten, haben Sie nicht nur mehr Erfolg, sondern auch mehr Spaß auf der Strecke. Sie sind

---

1 Spitzenläufer haben noch ein anderes Problem. Sobald ein Weltklasseläufer einen Rekord aufgestellt oder eine olympische Medaille geholt hat, vermindert sich der Ansporn zu einer Steigerung der eigenen Leistung. In einem Artikel der Zeitschrift *Scientific American* haben Henry W. Ryder, Harry Jay Carr und Paul Herget darauf hingewiesen, daß die Haupthindernisse für Weltklassesportler nicht körperlicher, sondern psychologischer Natur seien.

dann in der Lage, mit Schmerzen und Erschöpfung fertig zu werden und die Vorstöße Ihrer Gegner besser zu kontern.

Schmerzen und Erschöpfung zu ignorieren, ist leichter gesagt als getan. Natürlich sagt man sich vor dem Start, daß man sein Tempo auch dann noch durchhalten wird, wenn Brust und Beine zu schmerzen beginnen. Beim Rennen selbst aber fällt es sehr schwer, diesem Vorsatz die Treue zu halten. Erschöpfung und Schmerzen höhlen die Willenskraft aus, und zusammen mit dem Körper ermüdet die Psyche. Dieses Problem werden Sie, sooft Sie auch an Wettkämpfen teilnehmen, niemals ganz überwinden. Sie können aber lernen, wie man sie leichter bewältigt.

Interessant ist das Verhalten von Spitzenläufern. Dr. William P. Morgan von der Universität von Wisconsin berichtete kürzlich über einen psychologischen Vergleich zwischen Langstreckenläufern der Spitzenklasse und anderen Läufern. Die beiden Gruppen hätten sich vor allem durch die »unterschiedliche Verarbeitung sinnlicher Erfahrungen während des Laufens« abgrenzen lassen. Die Spitzenläufer seien besser in der Lage gewesen, Schmerz zu ertragen.

Durchschnittliche Freizeitsportler, so berichtete Morgan, versuchen den Schmerz zu verdrängen, indem sie beim Laufen über andere Dinge nachdenken. Einer der Läufer stellte sich zum Beispiel vor jedem Marathonlauf einen Stapel Schallplatten vor und lauschte während des Rennens der imaginären Musik. (Er habe übrigens Beethovens Symphonien bevorzugt.) Ein Doktorand wiederum habe sich beim Laufen den Lehrstoff vergangener Semester ins Gedächtnis gerufen. Die Weltklasseläufer hätten demgegenüber nur an das Rennen gedacht. Sie überwachten ihre Körperfunktionen, ermahnten sich zur Entspannung, versuchten den Schmerz abzuschätzen und fragten sich, wieviel mehr sie noch aushalten könnten. Ihrem Beispiel sollte man folgen; denn es ist ja nicht sonderlich logisch, sich erst zu einem Rennen zu melden, um es dann während des Laufs zu vergessen.

Auch das Problem von Sieg und Niederlage haben die Spitzenläufer besser gelöst. Die Psychologie des Wettkampfs ist ein kompliziertes

---

2 Um diese Reaktionen noch zu verstärken, experimentieren einige Sportler in letzter Zeit auch mit Transzendentaler Meditation (TM). TM fand zunächst deshalb bei Läufern Beachtung, weil manche Wissenschaftler behaupteten, es steigere die kardiovaskuläre Fitness. Seither glaubte man noch einige weitere leistungssteigernde Wirkungen feststellen zu können. Ein Arzt, den ich zu diesem Thema befragte, erklärte mir, die Prinzipien, die Herbert Benson in seinem Buch *The Relaxation Response* niedergelegt hat, führten seiner Meinung nach zu ganz ähnlichen Ergebnissen wie TM. Eine Reihe seiner Patienten habe davon profitiert. Ein anderer Arzt hingegen erklärte, die Untersuchung von Benson zeige, daß TM keinerlei positive Wirkung erzeuge.

Gebiet. In seinem Buch *The Madness in Sports* erwähnt Arnold R. Beisser einen Tennis-Champion, der nie leichtes Spiel hatte, sondern immer nur einen hauchdünnen Vorsprung erreichte. Auf diese Weise, meint Beisser, ließ der Champion den Eindruck entstehen, daß zwischen ihm und seinem Gegner nur sehr geringe Unterschiede bestünden, und so schützte er sich vor den Schuldgefühlen (und dem Wunsch nach Selbstbestrafung), die ein zu einseitiges Match und zu leichter Sieg in ihm erzeugt hätten.

Die Angst vor Schuldgefühlen ist keineswegs so weit hergeholt, wie es scheint. Ich hatte schon bei vier oder fünf Marathonläufen schlecht abgeschnitten, ehe es mir endlich gelang, mich für den *Boston Marathon* zu qualifizieren. Bei diesem entscheidenden Rennen wußte ich schon fünfzehn oder zwanzig Minuten vor dem Ziel, daß ich gute Aussichten auf Erfolg hatte, aber gleichzeitig spürte ich lebhafte Angst. Wenn ich andere Läufer überholte, hatte ich das Gefühl, etwas Unanständiges zu tun; es kam mir so vor, als wäre es Unrecht, nach vorne zu gehen, während sie zurückblieben. Vielleicht werden Sie solche Gefühle nie haben, aber es ist besser, vor dem Rennen darüber nachzudenken, damit sie einen nicht während des Rennens überraschen und lähmen.

Natürlich gehört zur Vorbereitung auf einen Wettkampf noch mehr als Psychologie. Sie sollten zum Beispiel möglichst früh am Startplatz erscheinen, damit Ihr Körper eine Chance hat, das Kohlenmonoxyd loszuwerden, das er während der Fahrt absorbiert hat.

Seien Sie vor dem Start zurückhaltend mit Essen und Trinken. Obwohl sie zur Ausdauer beiträgt, kann man die Kohlehydrat-Aufladung (Kapitel vierzehn) leicht übertreiben, insbesondere wenn man dabei unnötig zunimmt. Schon die kleinste Alkoholmenge, die Sie am Vorabend eines Rennens genießen, verringert Ihre Fähigkeit, bei warmem Wetter zu laufen. Wenn Sie sich grundsätzlich daran gewöhnt haben, beim Essen und Trinken vernünftig und maßvoll zu bleiben, brauchen Sie diese Gewohnheiten vor einem Rennen nur beizubehalten.

Bringen Sie alles mit, was sie benötigen. Nichts lenkt Sie mehr ab, als wenn Sie erst am Startplatz entdecken, daß Sie etwas vergessen haben. Manche Läufer verfügen sogar über eine Checklist, auf der sie von den Reserveschnürsenkeln[3] bis zur Regenkleidung alles Notwendige vermerkt haben. Gerade unordentlichen Menschen – zu de-

---

3 Die Schnürsenkel binde ich stets mit doppeltem Knoten. Nur auf diese Weise kann man verhindern, daß sie während des Rennens aufgehen.

nen ich mich zähle – empfehle ich eine solche Checklist. Vergessen Sie ja nicht, daß das Wetter vor allem im Frühling und Herbst plötzlich umschlagen kann. Beim *Boston Marathon* zum Beispiel, das Mitte April stattfindet, muß man auf die Gluthitze der Hölle (1976) ebenso vorbereitet sein wie auf eisige Kälte (1975).

Nach Möglichkeit sollten Sie sich vor dem Rennen die Strecke ansehen, entweder bei einem langsamen Trainingslauf oder vom Auto aus. Es hilft, wenn man weiß, wo scharfe Kurven und Steigungen sind; und bei einem Querfeldein-Lauf muß man wissen, wo die Wege so schmal sind, daß ein Überholen unmöglich wird. Wichtig ist es auch, das Ende der Strecke genau zu kennen, damit man in der Schlußphase weiß, wie weit man noch von der Ziellinie entfernt ist. Nichts ist entmutigender, als das Ziel hinter jeder Kurve zu vermuten, obwohl es noch meilenweit bis dorthin ist.

Schließlich sollten Sie unmittelbar vor dem Start noch die Toilette aufsuchen. Wenn man diese Vorsichtsmaßregel vergißt, kann das während des Rennens äußerst verwirrende Gedanken erzeugen.

Wenn man erfährt, worüber sich Läufer vor dem Start unterhalten, muß man den Eindruck gewinnen, daß die meisten von ihnen schwer krank sind. Die Konversation dreht sich um alle möglichen Beschwerden und ihre Symptome, und wenn man den Beteuerungen der Wettkämpfer Glauben schenken darf, so haben sie alle im vergangenen Monat kaum ein paar zögernde Schritte gemacht. Das ist eine alte Tradition bei Langstreckenläufen. Dahinter verbirgt sich wohl der Aberglauben, unweigerlich schlecht abzuschneiden, wenn man zugibt, daß man gut trainiert, ausgeruht und frisch ist. Verschwenden Sie deshalb keine Sympathien auf Ihre »siechen« Rivalen. Startschüsse haben schon größere Wunder bewirkt als die Madonna von Lourdes.

Selbst wenn man nicht behauptet, geradewegs vom Krankenbett zu kommen, ist es doch klüger, die eigenen Erwartungen und Hoffnungen nicht allzu deutlich werden zu lassen. Wenn Sie zum Beispiel glauben, daß Sie die Fünf-Meilen-Strecke mit etwas Glück in 35 Minuten zurücklegen können, sollten Sie etwaigen Fragestellern lieber erklären, daß Sie hoffen, mit Mühe und Not unter vierzig Minuten zu bleiben. Bleiben Sie dann tatsächlich unter 35 Minuten, ist der Beifall um so größer. Der New Yorker Läufer Gerry Miller versteht sich auf die Kunst des Untertreibens besonders. »Ich habe heute bis vier Uhr morgens auf einer Party gesumpft«, wird er Ihnen wortreich erklären, »und seit einigen Wochen konnte ich wegen einer Beinverletzung kaum laufen. Ich mache halt mit, um wieder ein bißchen zu trainieren.« Sekunden später flitzt er davon und hält mühelos Schritt mit der Spitze.

Zur Vorbereitung am Startplatz gehört auch das Aufwärmen. An heißen Tagen sollte es auf ein Minimum beschränkt werden, damit man die Körpertemperatur nicht übermäßig erhöht. Sonst sollte man acht bis zehn Minuten lang laufen, dann einige Dehnungsübungen und schließlich ein paar kurze Sprints machen, um Herz, Lunge und Muskeln an die bevorstehende Schwerstarbeit zu gewöhnen. Wie oben erwähnt, gibt es erhebliche Meinungsverschiedenheiten darüber, ob das Aufwärmen die Leistung tatsächlich zu steigern vermag. Der angesehene schwedische Forscher Per-Olaf Åstrand jedenfalls ist der Ansicht, daß die Fähigkeit zur Sauerstoffaufnahme nach dem Aufwärmen um fünf Prozent zunimmt. Da Sauerstoffverbrauch und Laufgeschwindigkeit in engem Zusammenhang stehen, lohnt es sich vermutlich, die Tradition des Aufwärmens weiter beizubehalten.

Wir kommen damit zum Rennen. Strategie und Technik des Wettkampfs sind ebenfalls ein kompliziertes Gebiet[4] und werden von Faktoren wie der Entfernung, dem Wetter, den Gegnern und den eigenen Stärken und Schwächen bestimmt. Es wurden schon Millionen von Worten über dieses Thema gesprochen und geschrieben. Zunächst müssen Sie sich entscheiden, ob Sie sich am Startplatz vorn oder weiter hinten einordnen wollen. Starten Sie zu weit vorn, können andere Läufer Sie beim Überholmanöver anrempeln oder gar umstoßen. Beginnen Sie das Rennen weit hinten, müssen Sie sich durch die Menge hindurchschlängeln, um nach vorne zu kommen. Als Anfänger ist es vermutlich leichter, in den hinteren Reihen zu beginnen. Andere Läufer können Sie immer noch überholen. Je mehr Erfahrung Sie haben, desto leichter wird es Ihnen fallen, die richtige Stelle zu finden: Sie können sich daran orientieren, wo Sie die Läufer finden, deren Leistungen Ihren eigenen in etwa entsprechen.

Unterwegs gilt es vor allem das richtige Tempo zu finden und beizubehalten. Ein zu schnelles Tempo am Anfang ist der häufigste Fehler. Besser ist es, anfangs ein Tempo zu wählen, bei dem man glaubt, ein bißchen zu langsam zu sein. Wenn Sie zu schnell sind, ermüden Sie bald und müssen dann langsamer werden. Der Körper muß mit sei-

---

4 Es sei denn, Sie orientieren sich an jenem englischen Marathonläufer, der mir seine geheime Taktik mit folgenden Worten erklärte: »Ich beginne flott und steigere dann laufend das Tempo.«

nen Kraftreserven sparsam umgehen, denn der Vorrat ist nicht unerschöpflich.

Während Sie das richtige Tempo suchen, müssen Sie gleichzeitig den richtigen Laufrhythmus finden. Die meisten Läufer finden nur dann einen ökonomischen Rhythmus, wenn sie sich ganz auf dieses Problem konzentrieren. Sind sie abgelenkt, laufen sie unregelmäßig. Konzentrieren Sie sich also beim Laufen, denken Sie daran, sich nicht zu verkrampfen, und bleiben Sie locker. Da jede überflüssige Bewegung Sauerstoff und Energien verbraucht, sollten Sie darauf achten, daß Ihre Arme nicht schlenkern, daß Sie nicht unnötig hüpfen oder mit dem Kopf nicken.

An einem heißen Tag oder vor einem langen Rennen sollten Sie unmittelbar vor dem Start einen Becher Wasser trinken. Nehmen Sie auch die Erfrischungsstände an der Strecke in Anspruch, trinken Sie häufig und fangen Sie früh damit an. Selbst wenn Sie am Anfang noch keinen Durst spüren, schwitzen Sie schon. Signalisiert Ihnen der Durst den Wasserverlust, können Sie ihn oft nicht mehr ausgleichen.

Wenn Sie den richtigen Platz im Feld eingenommen haben, können Sie versuchen, Ihre Fähigkeiten so gut wie möglich zu nutzen. Sie müssen sich dabei Ihrer Stärken und Schwächen bewußt sein. Manche Läufer kommen bergab gut zurecht, andere laufen besser bergauf und wieder andere ziehen in der Ebene allen davon. Betonen Sie Ihre Stärken, indem Sie sich dort besonders anstrengen, wo Sie ohnehin schon gut sind; der Vorsprung, den Sie auf diese Weise erreichen, entmutigt Ihre Rivalen.

Das Bergauflaufen ist natürlich das Schwerste, deshalb werden viele Läufer, um sich zu erholen, langsamer, wenn sie den Scheitelpunkt eines Hügels erreichen. Das ist falsch. Besser ist es, gerade in dieser Situation noch schneller zu laufen. Wenn Sie kraftvoll über den Hügelkamm hinwegstürmen und erst dann etwas nachlassen, wenn Sie das Gefälle erreicht haben, werden Sie feststellen, daß Sie viele Konkurrenten weit hinter sich gelassen haben.

Gefällestrecken bergen ebenfalls ihre Gefahren, vor allem kann es leicht passieren, daß man zu schnell läuft und dabei müde wird. Wenn Sie noch nicht kurz vor dem Ziel sind, sollten Sie bergab nicht mit voller Kraft laufen. Vielleicht wird Sie auf dem Gefälle der eine oder andere Läufer im Sprint überholen. Machen Sie sich nichts daraus, wahrscheinlich werden Sie ihn auf der Talsohle rasch wieder einholen – ein sicheres Zeichen dafür, daß er zu schnell war.

Physiologisch ist es am besten, ganz gleichmäßig zu laufen und dann einen schnellen Schlußspurt hinzulegen. Sie werden aber bald feststellen, daß es aus taktischen Gründen oft besser ist, daß Tempo während des Rennens mehrfach zu wechseln. Ehe Sie bei einem Querfeldein-Rennen auf einen schmalen Weg kommen, empfiehlt es sich zum Beispiel, soviele Gegner wie möglich zu überholen. Während der Engführung wird das Feld gezwungenermaßen auseinandergezogen, und danach ist es besser, vorne zu liegen.

Für scharfe Kurven gilt das gleiche. Haben Sie es geschafft, jemanden vor einer unübersichtlichen Kurve zu überholen, sollten Sie, solange Sie außer Sicht sind, einige Meter sprinten. Wenn Ihr Rivale Sie wieder erblickt, wird er entsetzt sein, daß der Abstand plötzlich so groß ist.

Droht ein Gegner Sie zu überholen, kann ihn vielleicht eine kurze Kraftanstrengung einschüchtern. Lassen Sie niemanden einfach vorbei. Unternehmen Sie wenigstens einen Versuch, einen Gegenangriff zu starten. Vielleicht entdecken Sie rasch, daß die Kraftanstrengung des Gegners nur Bluff war. Mit dieser Taktik hat mich Tom Talbott einmal bei einem Fünf-Meilen-Rennen in Connecticut in meine Schranken gewiesen, nachdem ich ihn fünf oder sechs Jahre lang zu schlagen versucht hatte und endlich eine Siegchance sah. An einer steilen Steigung überholte ich ihn. Er wehrte sich und schob sich wieder nach vorn. Noch zweimal überholte ich ihn, aber jedesmal blieb er beim Gegenangriff erfolgreich. Seine Hartnäckigkeit entmutigte mich, und schließlich ließ ich ihn ziehen. Er schlug mich mit mehreren Sekunden Vorsprung.

Wenn Sie jemanden überholen, überaschen Sie ihn, wenn Sie können, und laufen Sie möglichst souverän an Ihrem Gegner vorbei. Geben Sie nicht gleich auf, wenn er seinerseits das Tempo beschleunigt.

Es kann auch durchaus sinnvoll sein, gelegentlich das Tempo zu wechseln, um den Windschatten anderer Läufer zu nutzen. Beim Laufen braucht man ungefähr sieben Prozent seiner Kraft dazu, Luftmoleküle beiseite zu schieben. Wenn Sie also hinter einem anderen Läufer herlaufen, der den Luftwiderstand bereits gebrochen hat und etwaiger Gegenwind nicht mehr die volle Stärke besitzt, sparen Sie viel Energie. Außerdem setzen Sie den Läufer vor Ihnen erheblichem psychologischem Druck aus. Jemanden zu verfolgen, ist leichter, als in Führung zu liegen, da sich der vorn liegende Läufer stets fragen muß, wann der Verfolger nach vorn stößt.

Wie können Sie feststellen, ob Sie gut abschneiden werden? Eine Methode besteht darin, eine Stoppuhr mitzunehmen und auf die Streckenmarkierung zu achten. (Bei manchen Rennen werden den Teilnehmern an verschiedenen Stellen der Strecke die Zwischenzeiten zugerufen.) Beim Gebrauch einer Stoppuhr müssen Sie viel kopfrechnen. Je müder man wird, desto schwieriger wird das, aber mit etwas Routine kommt man dennoch zurecht. Nehmen wir einmal an, daß Sie nach vier Kilometern eine Zwischenzeit von 16:36 Minuten gestoppt haben. Bei einem Vier-Minuten-Tempo pro Kilometer hätten Sie genau sechzehn Minuten gebraucht, Sie liegen aber 36 Sekunden darüber. Das sind neun Sekunden pro Kilometer. Ihr Tempo liegt also bei 4:09 Minuten pro Kilometer. Einige Läufer erleichtern sich die Sache dadurch, daß sie auf einem Zettel einen Zeitplan notieren und ihre Zwischenzeiten während des Laufs kontrollieren.

Es gibt auch eine Methode, mit der Sie feststellen können, ob Sie gegenüber einem vor Ihnen laufenden Rivalen Boden wettmachen. Sobald er eine bestimmte Markierung passiert, beginnt man die eigenen Schritte zu zählen und merkt sich, wieviele Schritte man braucht, bis man die gleiche Stelle erreicht hat. Nach einiger Zeit wiederholt man den Vorgang. Wenn man weniger Schritte braucht, holt man auf; braucht man mehr, verliert man an Boden.

Die Strategie eines Rennens hängt auch von den äußeren Umständen ab. An heißen Tagen ist ein besonders langsamer Start zu empfehlen. Hitze ist ermüdend, und in der Schlußphase des Rennens werden Sie froh sein, daß Sie mit Ihren Kräften haushälterisch waren. Sticht die Sonne vom Himmel, sollten Sie versuchen, sooft wie möglich im Schatten zu laufen. Bieten Ihnen Zuschauer Wasser an, trinken Sie einen Teil und netzen Sie mit dem Rest Ihre Glieder. Nutzen Sie jede Gelegenheit, durch den Sprühregen eines Gartenschlauchs oder eines Rasensprengers zu laufen.

Bei Straßenrennen werden Sie Ihr Schrittmaß nur dann variieren, wenn Steigungen oder Gefällestrecken auftreten. Querfeldein-Rennen sind anders. Hier kommt es darauf an, sich dem Terrain anzupassen. Auf sandigen und matschigen Wegen wird man zu kurzen und unregelmäßigen Schritten gezwungen, während man auf ebenen Strecken weiter ausholen kann.

Bei Bahnrennen ist Ihr Hauptfeind (jedenfalls wenn Sie ähnlich gebaut sind wie ich) die Langeweile. Auf der Bahn müssen Sie sich ganz darauf konzentrieren, das Tempo zu halten; wenn Sie sich ablenken lassen oder vor sich hinträumen, werden Sie mit Sicherheit langsamer.

Wegen der Kurven und des Gedränges ist die Taktik bei Aschenbahnrennen nicht einfach. Zum Überholen muß man genau den richtigen Augenblick abpassen, in der Regel, wenn man aus der Kurve herauskommt (obwohl das Überraschungselement größer ist, wenn man unerwartet zu Beginn der Kurve vorbeizieht). Auch der Schlußspurt muß genau im richtigen Moment kommen – nicht so früh, daß man ermüdet und noch einmal langsamer wird, aber auch nicht so spät, daß der Rivale nicht mehr erwischt wird.

Auch bei einem Straßenrennen ist das Finish nicht einfach. Man muß die eigenen Fähigkeiten sehr genau einschätzen können. Wer nur mäßig zu spurten vermag, sollte versuchen, frühzeitig einen größeren Vorsprung zwischen sich und die Konkurrenz zu legen. Wenn Sie einen starken Spurt haben, können Sie noch warten. Haben Sie einmal zum Spurt angesetzt, dürfen Sie allerdings nicht mehr langsamer werden. Oft wird ein anderer Läufer versuchen, sich anzuhängen, sobald Sie zum Spurt ansetzen. Wenn Sie auch nur einen Deut langsamer werden, wird er wahrscheinlich gewinnen.

Nähern Sie sich der Ziellinie, laufen Sie unbeirrt weiter. Widerstehen Sie den flehentlichen Bitten Ihrer schmerzenden Muskeln und stürmen Sie mit höchster Geschwindigkeit über die Ziellinie. Schon manches Rennen ging erst einen halben Meter vor dem Zielstrich verloren[5].

---

5 Informationen über Wettkämpfe, Volksläufe und Teilnahmebedingungen in Deutschland finden Sie im letzten Kapitel, *Laufen in Deutschland*.

Alle Jahre wieder versammeln sich am Patriot's Day, einem Montag Mitte April, mehrere Tausend gelenkige, hohlwangige Männer und Frauen in Laufschuhen an einer unscheinbaren Straße in der Ortschaft Hopkinton, Massachusetts. Die Straße heißt Hayden Rowe Street, und die Läufer befinden sich genau 26,21875 anstrengende Meilen westlich vom Prudential Center in Boston. Sie trinken einen letzten Schluck Wasser, Limonade oder irgendeine scheußliche Flüssigkeit, die sie selbst zusammengemixt haben, schmieren sich einen letzten Klecks Vaseline auf alle Hautstellen, an denen sie Reibung befürchten, verknoten ihre Schnürsenkel doppelt und leeren ihre Blasen in die Rabatte der ungerührten Anwohner. Über den großen alten Holzhäusern Hopkintons kreisen drei Hubschrauber der Fernsehstationen von Boston, und in den kahlen Bäumen warten die Kinder gespannt auf den Startschuß. Freunde und Familienmitglieder nehmen Abschied, als ob die kühnen Marathonläufer zu einem Mondflug aufbrechen wollten und ihre Wiederkehr äußerst ungewiß sei. Schlag Mittag richtet einer der Offiziellen die Startpistole gen Himmel und feuert. Daraufhin wälzt sich eine tanzende Woge von hageren, sehnigen Menschen an der First Congregational Church vorbei und ergießt sich auf die Bundesstraße 135, an deren Ende im Osten die Türme von Boston in den Himmel ragen.

Etwas mehr als zwei Stunden später erreicht einer der Teilnehmer,

---

1 *Anmerkung der Redaktion:* Wir hatten zunächst die Absicht, das Kapitel über den *Boston Marathon* aus der deutschen Ausgabe dieses Buches zu streichen. Was soll der deutsche Leser mit der Beschreibung eines Marathonlaufes in Boston? war unsere erste Reaktion. – Dann kamen uns Zweifel. Schließlich reisen Jahr für Jahr Läufer und Läuferinnen aus allen Teilen der Welt – auch aus der Bundesrepublik – Mitte April in die Vereinigten Staaten, nur um in Boston an den Start gehen zu können. Eine solche Anziehungskraft hat wohl nur der *Boston Marathon*; er ist eine Art Mythos. Es gibt kaum einen passionierten Langstreckler, der nicht davon träumt, wenigstens einmal in seinem Läuferleben den *Boston Marathon* bestreiten und durchstehen zu können. Deshalb, und weil es so trefflich die Atmosphäre der Veranstaltung, stellvertretend für viele andere Rennen in Amerika, Europa und anderswo, beschreibt, haben wir das *Boston Marathon-Kapitel* doch in die deutsche Ausgabe aufgenommen.

nachdem er die hügelige, gewundene Straße im Zwanzig-Stunden-kilometer-Tempo passiert und dabei alle Qualen der Verdammten durchlitten hat, den Zielstrich. Anschließend folgen seine langsameren Laufkonkurrenten. Die ersten streben noch eilig und entschlossen ins Blickfeld; die letzten schleppen sich ins Ziel und sehen erschöpft aus. Einige hinken, andere bluten, wo ihre Haut bis aufs rohe Fleisch durchgescheuert wurde. Manche heulen oder klammern sich aneinander wie Soldaten nach einem schrecklichen Rückzug, wobei es ihnen völlig egal ist, was die Zuschauer denken. Der hervorragende Läufer und amüsante Schriftsteller Hal Higdon faßte den mystischen Reiz dieses Rennens mit folgenden Worten zusammen: »Es ist ein großer Unterschied, ob man eine Meile oder einen Marathon läuft. Beim einen verbrennt man sich sozusagen mit einem Streichholz die Finger, beim anderen wird man über heißen Kohlen geröstet.« Später allerdings, wenn sich die Marter des Rennens gelegt hat, kommt es zu einem Wunder. Die Stimmung schlägt um in beseligte Stille, und der Läufer weiß, daß die Teilnahme am *Boston Marathon* jeden Schmerz, jeden Krampf und jedes gequälte Stöhnen wert war, das man draußen auf der einsamen Straße durchlebt hat.

So wie der in Boston sind nicht alle Marathonläufe; jeder hat seine Besonderheiten. Der *Atlantic City Marathon* in der Mitte des Winters zum Beispiel wird auf einer Strecke gelaufen, die flach wie ein Billardtisch ist und scheinbar keinerlei Herausforderung bietet. Man läuft einfach nur hin und zurück – allerdings nicht einmal, sondern gleich dreimal. Ehe der erfinderische Fred Lebow und seine Kollegen eine Strecke entwarfen, die alle fünf Stadtteile berührt, bestand der alte *New York City Marathon* aus sehr langweiligen Wiederholungen eines teuflisch hügeligen Rundkurses im Central Park. Solche Marathonstrecken lähmen den Geist. Boston ist anders. Erstaunlicherweise ist es keineswegs das berühmteste Rennen über die Marathonstrecke (das sind die alle vier Jahre stattfindenden olympischen Marathonläufe), es ist auch nicht sonderlich schwierig (die Strecke führt im wesentlichen bergab), und mit Sicherheit bietet es nur wenig landschaftliche Reize (es sei denn, Sie hätten eine Vorliebe für Güterbahnhöfe, Straßenbahnschienen und Vororte). Dennoch ist dies das einzige Rennen, das fast alle Eigenarten und Schönheiten des Marathonlaufens umfaßt.

Das gilt besonders seit 1972, als zum ersten Mal Frauen offiziell teilnehmen durften. Bis dahin hatten sie sich nur durch verschiedene Tricks beteiligen können (falsche Namen, Verkleidungen usw.), weil

die Offiziellen überzeugt waren, daß Frauen den Strapazen nicht gewachsen seien. Als im Jahre 1976 allerdings die zwanzigjährige College-Studentin Kim Marritt die Strecke in 2:47:10 Stunden und damit viel schneller als die meisten Männer zurücklegte (nur 145 männliche Teilnehmer erreichten vor ihr das Ziel), war diese Sorge wohl für immer beseitigt.

Der Mythos des *Boston Marathon* hat sich bis heute erhalten, obwohl er in den letzten Jahren, was wohl unvermeidlich war, recht elitär wurde. Noch vor einigen Jahren war die Teilnahme für jedermann möglich. Erst als die Anmeldungen so zahlreich wurden, daß sie nicht mehr zu bewältigen waren, führten die Offiziellen widerwillig Qualifikationsbestimmungen ein. Für Frauen und über Vierzigjährige genügt es, wenn sie bei einem früheren Marathonlauf unter dreieinhalb Stunden geblieben sind, Männer unter Vierzig müssen sich mit einer Zeit von unter drei Stunden qualifiziert haben.

Die Anziehungskraft der Marathonläufe beruht auf ihrer langen Geschichte, die sich bis in das Jahr 490 vor Christi zurückverfolgen läßt. Damals lief ein Bote mit dem Namen Philippides von Marathon nach Athen, um zu melden, daß die Griechen über die dreißigtausend Perser, die ihre Heimat bedrohten, gesiegt hatten. (»Freut Euch, wir haben gesiegt«, rief er und starb, erzählt die Legende.) Ehe sich die Marathonläufe in Amerika einbürgerten, sollte es freilich noch zweieinhalb Jahrtausende dauern. Angeregt durch die ersten Olympischen Spiele der Neuzeit, die 1896 in Athen stattfanden, beschlossen einige Bürger von Boston, im Jahre 1897 einen eigenen Marathonlauf zu veranstalten. Die Strecke war nicht ganz 25 Meilen lang. Sie begann bei Metcalfe's Mill in Ashland und führte über größtenteils ungepflasterte Straßen bis ins Zentrum von Boston. Die Teilnehmer kamen aus der näheren Umgebung. Es waren Maschinisten, Milchhändler und Farmer; sie hatten ihre Laufschuhe selbst genäht und geklebt und ohne besondere Anweisungen trainiert. Der Sieger des Jahres 1897 war John J. McDermott aus New York City. Seine Zeit war 2:55:10 Stunden, mehr als 45 Minuten langsamer als der heutige Rekord über die etwas längere Strecke.

Die Marathonstrecke war damals noch nicht genau definiert. Die heutige Standarddistanz wurde schließlich bei den Olympischen Spielen im Jahre 1908 festgelegt, als die englischen Offiziellen einfach noch ein paar Meter zugaben, um den Startplatz unter die Mauern von Windsor Castle verlegen zu können und der königlichen Familie damit ein besonderes Schauspiel zu bieten. In Boston mochte man mit seinen Traditionen lange nicht brechen und akzeptierte erst im Jahre 1927 die offizielle Distanz. (Die längere Strecke brachte zumindest den unermüdlichen Clarence DeMar nicht in Verlegenheit, der zum fünften Mal siegte, mit einer Zeit von 2:40:22 Stunden.) Obwohl der Marathonlauf allmählich an Alter und Reife gewann, schienen die Ergebnisse doch oft noch sehr zufällig zu sein, und viele Sieger tauchten praktisch aus dem Nichts auf. Im Jahre 1926 war man zum Beispiel allgemein der Ansicht gewesen, es werde sich ein Kopf-an-Kopf-Rennen zwischen DeMar und dem finnischen Läufer Albin Stenroos, dem Olympiasieger des Jahres 1924, entwickeln. Auf den neunzehnjährigen Botenjungen namens John C. Miles aus Sidney Mines, Nova Scotia, der eine Badehose und weiße Turnschuhe anhatte und noch nie weiter als zehn Meilen auf einmal gelaufen war, achtete niemand. Aber Miles blieb solange bei Stenroos und DeMar, bis sie erschöpft waren, zog dann an beiden vorbei und siegte in 2:25:40 Stunden. Ein ähnlicher Überraschungssieger war zehn Jahre später der Narragansett-Indianer Ellison M. »Tarzan« Brown, der in die Geschichte der Marathonläufe einging. Brown kam aus Alton, Rhode Island, und sein Training wies eine Besonderheit auf: Er war Holzfäller. Einmal lief er auf der Aschenbahn eine Meile barfuß in der erstaunlichen Zeit von 4:24 Minuten, ein andermal nahm er innerhalb von 24 Stunden an zwei Marathonläufen teil und siegte in beiden, obwohl er an einem doppelten Leistenbruch litt. Heute ist wohl Bill Rodgers der Held des *Boston Marathon*, den schon deshalb niemand ankündigen muß, weil Rodgers meist vorneweg läuft. Obwohl er mehrfach anhielt, um Wasser zu trinken und seine Schuhe zuzubinden, stellte er den neuesten Streckenrekord auf.

Der Reiz des *Boston Marathon* ist nicht zuletzt darauf zurückzuführen, daß es hier ein einmaliges Publikum gibt. Wenn er Ihnen erzählt, wie er bereits als Kind auf den Schultern seines Vaters gesessen hat, um dem Marathonlauf zuzusehen, tritt in die Augen praktisch jeden Bostoner Bürgers träumerischer Glanz. Wer durch das Spalier dieser begeisterten Zuschauermassen dahinläuft, spürt förmlich, daß sie alle um die Leiden wissen, die während des Laufs durchgestanden werden müsssen. Fast eine halbe Million Menschen strömen alljährlich zusammen, aber niemand spottet über einen Läufer mit besonders knorrigen Knien. Sogar die Polizisten sind freundlich. Ich habe selbst gehört, wie einer von ihnen, der an der Heartbreak Anhöhe postiert war, den Läufern Mut zusprach. Könnten Sie sich vorstellen, daß ein Polizist irgendwo sonst auf der Welt seinen Lautsprecher zu folgen-

Volkslauf

Volkslauf

Manfred Steffny

der Durchsage nutzt: »Wenn Sie oben sind, haben Sie noch sechs Meilen vor sich, aber alles bergab. Ihre Leistungen sind fabelhaft, und ich bewundere Sie.« Wo sonst strecken die Kinder am Rande der Straße beide Hände aus in der Hoffnung, daß sie einen der Läufer berühren, und seien es nur Sie oder ich. Und wenn einem so richtig zum Kotzen ist, gibt es dann einen besseren Platz, dies auch tatsächlich zu tun, als vor all diesen Zuschauern, die soviel Verständnis für die Leiden der Läufer aufbringen?

Der *Boston Marathon* beginnt schon Wochen vor dem Startschuß mit langen Trainingsläufen auf meist vereisten winterlichen Straßen. Spätestens am Neujahrstag beginnt man sich innerlich damit zu beschäftigen. Auch wenn man sich gerade auf den windgepeitschten Ebenen von Ohio befindet und einem der Schnee ins Gesicht fliegt, wird man doch die Vorstellung nicht los, vor den jubelnden Massen von Boston zu laufen. Als ich einmal auf dem zweieinhalb Kilometer langen Rundkurs um den See im Central Park trabte, erzählte mir ein anderer Läufer, daß er sich das Training versüßt, indem er sich innerlich die verschiedenen Wahrzeichen an der Marathonstrecke in Boston ausmalt. Für solche Läufer besitzt das Rennen eine fast mystische Kraft.

Vor zwei oder drei Jahren kam ich einmal einen Tag vor dem Rennen nach Boston und fuhr nach Hopkinton, um zu sehen, wie der Start-

Ein Deutscher in Boston…
Manfred Steffny, Jahrgang 1941, einer der erfolgreichsten deutschen Marathonläufer, kennt den Boston Marathonlauf als Teilnehmer. Der zweifache Olympiateilnehmer (1968, 1972) kam beim Boston Marathon 1974 unter 1900 Startern in 2:27:11 Stunden auf den 45. Platz.
Er erinnert sich: »Boston – das ist für den oft einsam und unbeachtet trainierenden Marathonläufer ein großes Gemeinschaftserlebnis, doch auch ein Kampf ums Ankommen. Die anfangs bergab führende Strecke verführt zu raschem Tempo. Man fühlt sich beschwingt und leichtfüßig und wird dann eines Besseren belehrt. Unter Anfängern berüchtigt sind die drei Hügel ab Kilometer Dreißig, besonders der letzte, der Herzbrecher-Hügel. Doch werden diese von Klasseläufern ohne Schwierigkeit bezwungen. Trügerisch ist die lange Phase bergab auf den letzten elf Kilometern, wenn man das Ziel, das Prudential Center, schon zum Greifen nahe sieht. Dies fällt mit dem Leistungsknick infolge der Stoffwechselvorgänge zusammen. Mit bleiernen Beinen, womöglich Blasen am Fuß, muß man einen stauchenden Schritt bergab auf dem Asphalt führen und wünscht sich geradezu einen die Muskulatur entlastenden Anstieg herbei. Hier gab sogar der zweifache Olympiasieger Bikila Abebe mit Muskelkrämpfen auf. Zum Glück säumen immer dichter werdende Menschentrauben die Straßen und treiben die jetzt ermatteten Läufer regelrecht ins Ziel, das ganz unvermittelt auftaucht, denn der Tradition folgend gibt es keine exakten Markierungen von Meile zu Meile oder Kilometer zu Kilometer.«

platz ohne die Läufer und Zuschauer aussieht. Ich fand ein ruhiges neuenglisches Dorf mit einem stillen, baumbestandenen Dorfplatz, und zum ersten Mal wurde mir klar, daß es sich eigentlich um einen ganz gewöhnlichen Ort handelt. Hayden Rowe N° 4, das letzte Haus auf der linken Seite, war mit altmodischen Schindeln im Fischgrätmuster und einem ziemlich unpassenden, aber erstaunlich dekorativen Türmchen geschmückt. Die First Congregational Church am Ende der Straße besaß einen goldenen Wetterhahn, und ihr kupfergedeckter Turm war mit Grünspan bedeckt. Hopkinton glich mit anderen Worten hunderten anderer Städtchen, die ich schon kannte. Nur einen Unterschied gab es: In der Nähe des Dorfplatzes waren zwei breite weiße Linien auf die Fahrbahn gemalt, zwischen denen die besten Läufer und Läuferinnen zum Rennen antreten dürfen. In der Nähe dieser Linien stand zu meiner Überraschung ein halbes Dutzend Leute, offensichtlich Läufer wie ich, die nur aus sentimentalem Interesse gekommen waren. (Die Startlinien wurden inzwischen verlegt.)

Man fühlt sich merkwürdig unbehaglich, wenn man schließlich in Boston ankommt. Die Vorbereitungen sind endgültig vorbei; was man bis jetzt im Training versäumt hat, wird man nicht mehr nachholen können. Man schläft schlecht in der letzten Nacht vor dem Rennen, hat unruhige Träume und wacht zu früh auf. Ein Bekannter von mir, der sein Hotelzimmer mit einem Freund teilte, wachte in der Nacht vor dem Rennen frühmorgens um drei auf und entdeckte, daß sein Freund sich bemühte, seine nervöse Spannung mit Liegestützen abzureagieren. Einem anderen Teilnehmer gingen vor dem Marathonlauf des Jahres 1976 (als gleichzeitig die Zweihundert-Jahrfeiern der Vereinigten Staaten stattfanden) die Nerven durch: Im Morgengrauen stürmte er auf Bostons Straßen hinaus und absolvierte sechs Meilen. Schließlich kommt der Morgen dann doch, und die Restaurants der Stadt machen ein Bombengeschäft mit den Pfannkuchen, die viele Läufer in der Hoffnung in sich hineinstopfen, ihre Glykogenvorräte in letzter Minute noch zu ergänzen. Um halb neun fahren die Busse nach Hopkinton ab. Früher mußte man sich dort der wohl oberflächlichsten medizinischen Untersuchung der Welt unterziehen, die 1976 abgeschafft worden ist. Jetzt braucht man sich nur noch in der Turnhalle der High School zu melden und erhält dort seine Startnummer und vier Sicherheitsnadeln, mit denen man sie am Hemd befestigen kann. Außerdem händigt man Ihnen einen perforierten Anhänger aus. Auf dem einen Teil steht »Retain This Check«

(Behalten Sie diesen Abschnitt); Sie reißen ihn ab und heben ihn auf. Den anderen Teil aber befestigen Sie an den Kleidungs- oder Gepäckstücken, die Sie gern hinter der Ziellinie vorfinden möchten. In der Turnhalle ist es laut, und der Geruch von Immergrün liegt in der Luft. Läufer, die meist in irgendwelchen grauen Fetzen trainiert haben, tragen heute ihre besten Sachen – Shorts in den Vereinsfarben, leuchtende Stirnbänder und frische Trikots mit den Namen ihrer Laufclubs. Da gibt es die Kettering Striders aus Ohio, die Enfield Harriers aus England, die Richmond Kajaks aus Kanada, die Beverly Hills Striders, den Sugarloaf Mountain Athletic Club und die Ondekoza Drummers aus Japan, die Jahr für Jahr ihre Trommeln und Pauken mit nach Boston bringen, erst am Rennen teilnehmen und anschließend, fast ohne Atem zu holen, die Menschenmenge mit einem Konzert auf ihren lautstarken Instrumenten erfreuen. Eine deutsche Delegation ist ebenfalls regelmäßig auf dem *Boston Marathon* vertreten.

Gegen Mittag schlendert man scheinbar gelassen zu der stetig wachsenden Menschenmenge am Startplatz auf der Bundesstraße 135. Jetzt ist der Augenblick gekommen, noch ein letztes Mal etwas zu trinken und vielleicht noch einen Ausflug zu den schon erwähnten Rabatten hinter den Häusern zu machen. Die Hubschrauber kreisen schon im Aprilhimmel; am Ende der Hayden Rowe Street wartet der offene Lastwagen mit den Pressefotografen, die eng gedrängt auf den Holzbänken sitzen und ihre Teleobjektive bereithalten. Ganz vorn am Start sind die besten Läufer zu finden, Leute wie Rodgers oder der ewige Zweite, Tom Flemming aus New Jersey, und Connecticuts John Vitale, der immer für eine Überraschung gut ist. Weiter hinten wartet die große Menge der gewöhnlichen Sterblichen, und noch weiter hinten haben sich ehemalige Herzpatienten versammelt, die sich und anderen beweisen wollen, daß sie auf Dauer geheilt sind. Sie sind inoffizielle Teilnehmer, die sich einen Spaß machen wollen. Und schließlich stehen ganz hinten auch jene, die langsam starten und sich ihren Weg durch die Menge nach vorn bahnen wollen, wobei sie hoffen, einen nach dem anderen überholen zu können.

Dann fällt der Startschuß. Wenn Sie nicht gerade vorn bei den Spitzensportlern mitlaufen, werden Sie am Anfang Schwierigkeiten haben, überhaupt vorwärts zu kommen. Bis sich die Menge etwas verteilt hat, kann man meist nur auf der Stelle treten oder gehen. Ehe es richtig losgeht, verstreicht oft einige Zeit. Aber dann ist man schließlich doch unterwegs, fühlt sich prächtig und bewegt sich mit leichten,

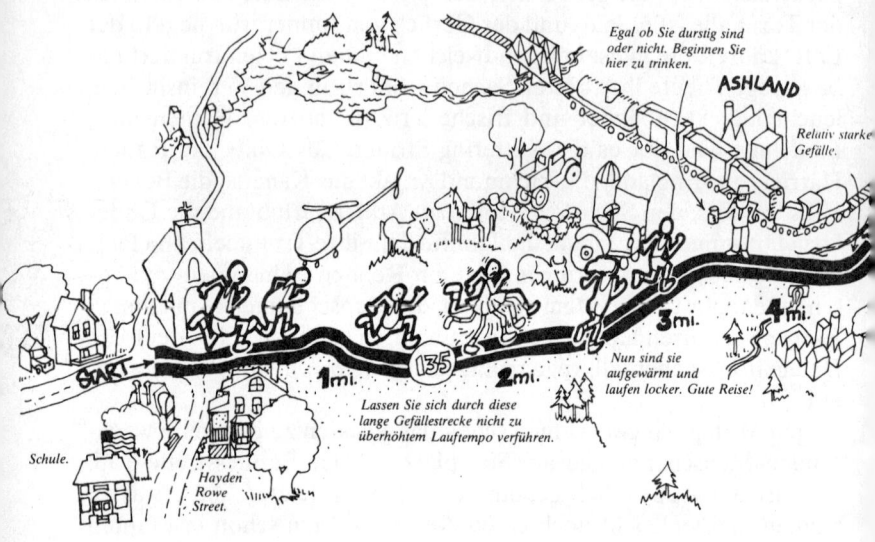

Egal ob Sie durstig sind oder nicht. Beginnen Sie hier zu trinken.

ASHLAND

Relativ starke Gefälle.

3 mi.

4 mi.

Nun sind sie aufgewärmt und laufen locker. Gute Reise!

START

1 mi.

135

2 mi.

Lassen Sie sich durch diese lange Gefällestrecke nicht zu überhöhtem Lauftempo verführen.

Schule.

Hayden Rowe Street.

lockeren Schritten. Dieses Gefühl täuscht; es hält allenfalls eine Stunde lang vor, und das bedeutet, daß die neunzig Minuten danach ein scheinbar endloser Kampf werden. Der Ausgang dieses Kampfes hängt davon ab, wie gut Sie in Form sind, wie das Wetter ist und ob Sie das Tempo richtig gewählt haben.

Zumindest einige dieser Faktoren sind kontrollierbar, deshalb dürften sich Ihre Chancen verbessern, wenn Sie wissen, was Sie im Verlauf der Strecke erwartet. Deshalb folgt nun ein genauer Streckenfahrplan.

0 bis 0,8 Meilen: In Gang kommen. Auf diesem ersten Teil des *Boston Marathon* geht es dauernd bergab, aber es wäre völlig verkehrt, gleich loszurasen und dabei müde zu werden. Außerdem ist die Menschenmenge auf diesem Teil der Strecke so dicht, daß jedes Überholen einen sehr anstrengenden Zickzack-Kurs notwendig macht. Halten Sie Ihre Position und passen Sie auf, daß Sie nicht totgetrampelt werden.

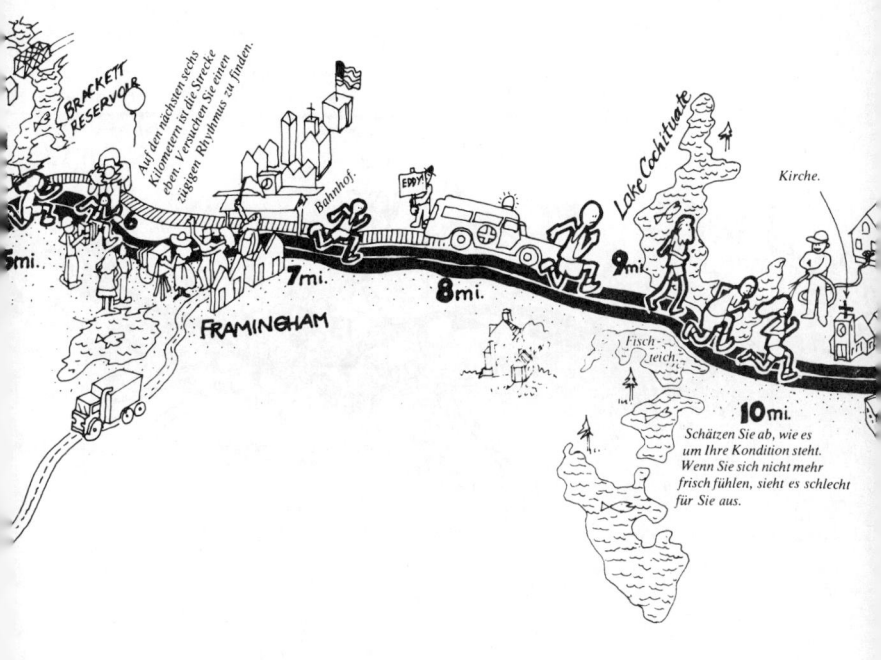

Im Bild enthaltene Beschriftungen:

BRACKETT RESERVOIR

Auf den nächsten sechs Kilometern ist die Strecke eben; versuchen Sie einen zügigen Rhythmus zu finden.

Lake Cochituate

Kirche.

Bahnhof.

EDDY

5mi.

6

7mi.

FRAMINGHAM

8mi.

9mi.

Fischteich.

10mi. Schätzen Sie ab, wie es um Ihre Kondition steht. Wenn Sie sich nicht mehr frisch fühlen, sieht es schlecht für Sie aus.

Mehr als ein Läufer ist schon auf den ersten hundert Metern umgestoßen worden, vor allem in dem Gedränge, das regelmäßig entsteht, wenn das Gros von der *Hayden Rowe Street* auf die Bundesstraße 135 einbiegt.

0,8 bis 3 Meilen: Vorsicht! Das Gefälle endet nach genau 0,8 Meilen. Rechter Hand steht ein Haus mit einem Swimmingpool im Garten, und alsbald beginnt eine leichte Steigung. Am Ende der ersten Meile sehen Sie eine Baumschule und ein Schild mit der Aufschrift *Liberty Mutual Research Center*. Auf der nächsten halben Meile zieht sich zur Rechten steiniges Weideland hin. Wenn Sie an dem Schild *Entering Ashland* vorbeikommen, haben Sie 2,1 Meilen zurückgelegt, und nach 2,7 Meilen passieren Sie ein Schild mit der Aufschrift *Laborers' Training Center*. Bei der 3-Meilen-Marke endet ein sanftes Gefälle. Bei leichtem Auf und Ab ging die Strecke bisher doch meistens bergab. Die Hauptgefahr besteht also darin, daß man auf diesem Teilstück

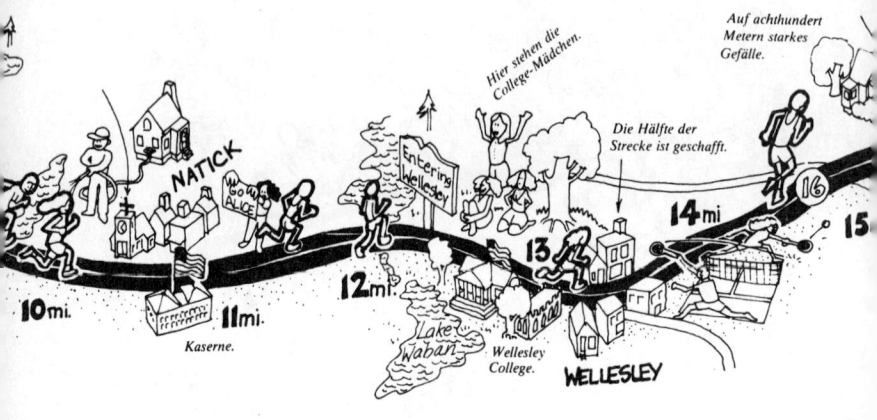

zu schnell läuft. Der Reporter Jerry Nason vom *Boston Globe*, der seit mehr als vierzig Jahren über das Rennen berichtet, ist der Ansicht, daß auf diesem Teil der Strecke die meisten Fehler gemacht werden, weil die Läufer nicht merken, daß sie zu schnell sind. »Zuviele Leute«, sagt er, »laufen eine schnelle erste Hälfte und bauen dann ab. Ein gleichmäßiges Tempo zahlt sich oft viel besser aus.«

3 bis 6,7 Meilen: Von Ashland nach Framingham. Sie gewöhnen sich allmählich daran. Sie haben sich etwas beruhigt und beginnen zu schwitzen. Sie atmen leichter, und ihre Beine sind locker. Wenn Sie zu den Läufern gehören, die sich gern unterhalten, zögern Sie nicht, eine Konversation zu beginnen, solange Sie noch frisch genug sind. Bei 3,5 Meilen biegen Sie scharf nach rechts ein, flitzen an *Romeo's Supermarket* vorbei und kreuzen nach weiteren fünfhundert Metern die *Main Street* von Ashland. An dieser Stelle sollten Sie zu trinken anfangen. Nehmen Sie etwas Flüssigkeit zu sich, ganz egal ob Sie dur-

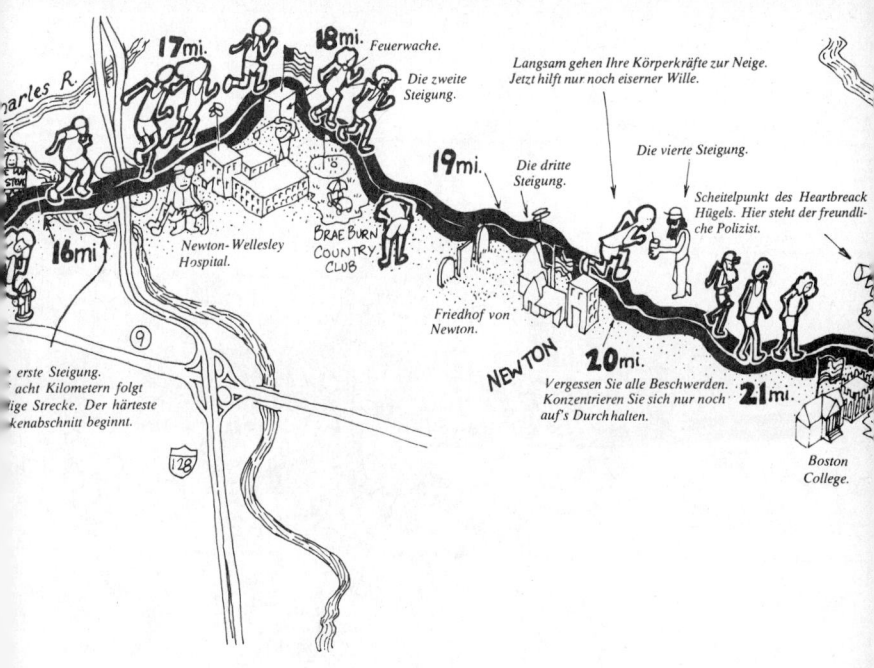

17mi.

18mi. *Feuerwache.*

Die zweite Steigung.

Langsam gehen Ihre Körperkräfte zur Neige. Jetzt hilft nur noch eiserner Wille.

19mi. *Die dritte Steigung.*

Die vierte Steigung.

Scheitelpunkt des Heartbreak Hügels. Hier steht der freundliche Polizist.

Newton-Wellesley Hospital.

BRAE BURN COUNTRY CLUB

Friedhof von Newton.

NEWTON 20mi.

Vergessen Sie alle Beschwerden. Konzentrieren Sie sich nur noch auf's Durchhalten. 21mi.

Boston College.

16mi.

erste Steigung. acht Kilometern folgt ige Strecke. Der härteste kenabschnitt beginnt.

I 28

stig sind oder nicht. Nach einer weiteren halben Meile kommen Sie an einem kleinen Gewässer, dem *Brackett Reservoir* vorbei und müssen dann einen sachten Hügel hinauf. Die 5-Meilen-Markierung besteht aus einem Pfahl auf der rechten Seite, der die Ziffer 5 trägt. (Die Strecke ist auch an anderer Stelle markiert, aber die Markierungen sind oft verwirrend: Nicht selten wird ein- und dieselbe Meilenzahl an zwei völlig verschiedenen Stellen genannt.) Bei 5,7 Meilen sehen Sie links *La Cantina Pizza* und das Gebäude der *Werby Industries*, und bei 6,7 Meilen laufen Sie am *Bahnhof Framingham* vorbei. (Marathonläufer, die vermutlich die fittesten Menschen der Welt sind, interessiert es vielleicht, daß dies der Ort ist, der der berühmten Framingham-Untersuchung über Herzkrankheiten den Namen gab.)

6,7 bis 10,5 Meilen: Von Framingham nach Natick. Wenn man aus Framingham herauskommt, findet man eine erholsame ebene Strecke. Wenn Sie das Bedürfnis haben sollten, Ihren Laufstil zu überprü-

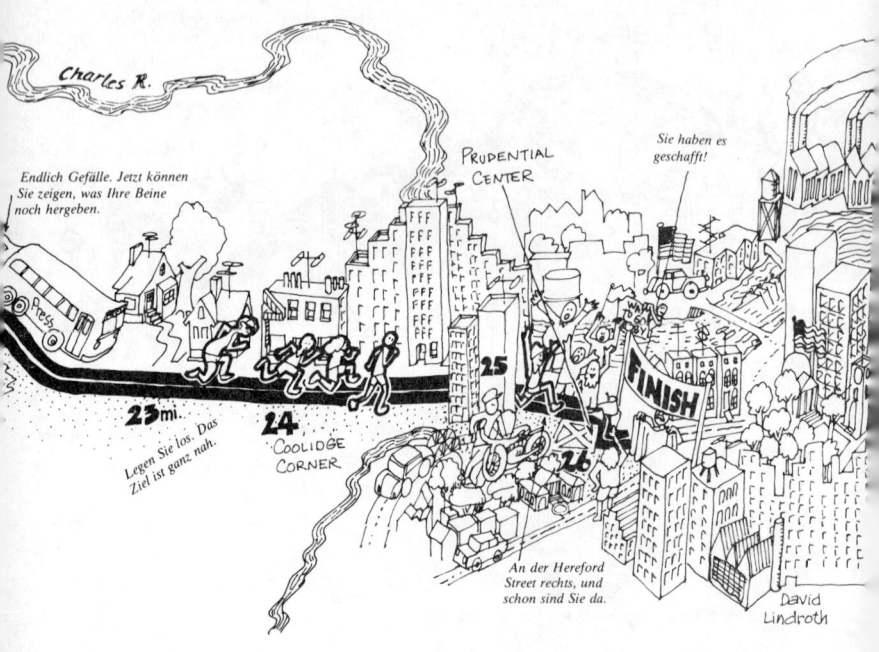

Charles R.

Endlich Gefälle. Jetzt können Sie zeigen, was Ihre Beine noch hergeben.

PRUDENTIAL CENTER

Sie haben es geschafft!

23 mi.

Legen Sie los. Das Ziel ist ganz nah.

24 COOLIDGE CORNER

25

26

FINISH

An der Hereford Street rechts, und schon sind Sie da.

David Lindroth

fen, dann bietet Ihnen die lange Schaufensterfront der *Hansen Electrical Supply Company* (7,8 Meilen vom Start) Gelegenheit, Ihr Spiegelbild zu betrachten. 150 Meter weiter beginnt wieder eine leichte Steigung, und nach einer weiteren Meile werden *Lake Cochituate* zur Linken und *Fisk Pond* zur Rechten sichtbar. Nachdem Sie eine dichte Kieferngruppe passiert haben, erreichen Sie schließlich das Städtchen *Natick* mit seinen großen Häusern aus dem letzten Jahrhundert, die von rechteckigen Rasenflächen und großen schattenspendenden Bäumen umgeben sind. Hier sind Sie kurzfristig vor der Sonne geschützt. Wenn Sie die Kreuzung der *Main Street* mit der *West Central Street* erreicht haben, sind Sie fast genau 10,5 Meilen gelaufen, und die Turmuhr der *First Congregational Church* erlaubt es Ihnen, Ihr Tempo zu überprüfen.

An dieser Stelle sollten Sie auf jeden Fall noch elastisch und frisch sein. Einem Marathonläufer, der bereits nach 10 Meilen ermüdet, stehen große Schwierigkeiten bevor.

10,5 bis 13,1 Meilen: Von Natick nach Wellesley. Wenn Sie Natick in Richtung Osten verlassen, kommen Sie an der *St. Patrick's Hall* und an der Kaserne des *726th Maintenance Battalion* vorbei. Bei 11,4 Meilen beginnt ein langes, sachtes Gefälle, und bei 12 Meilen kommen Sie an dem Schild vorbei: *Entering Wellesley*. Nach 600 Metern erreichen Sie die Tennisplätze der *Wellesley Tennis Association*, und nach weiteren 500 Metern begegnen Ihnen die zauberhaftesten Marathon-Fans der Neuzeit, die Mädchen vom *Wellesley College*. Eine halbe Meile später sind Sie im Stadtzentrum. Irgendwo zwischen dem *Marco Polo Gift and Garden Center* und dem *Idiot's Delight Clothing Store* haben Sie die Hälfte der Strecke geschafft.

13,1 bis 16,3 Meilen: Von Wellesley bis zum Charles River. Ehe die Müdigkeit und die Hügel Sie ganz fertigmachen, sollten Sie jetzt noch einmal Ihren Laufstil prüfen. Konzentrieren Sie sich darauf, entspannt zu bleiben und unnötiges Kopfnicken oder Armeschlenkern zu vermindern. Von hier an werden Sie jedes Quentchen Energie brauchen, das sie noch auftreiben können.
Wenn Sie die Hälfte der Strecke hinter sich haben, biegen Sie nach weiteren 800 Metern von der Bundesstraße 135 ab und laufen auf der Bundesstraße 16 Richtung *Wellesley Hills*. Bei 14,2 Meilen passieren Sie einige rasenbedeckte Sportplätze, sieben Tennisplätze und schließlich, in Wellesley Hills selbst, den gelben Baldachin des *Berkeley Restaurant* (14,8 Meilen). Eine lange ebene Strecke bringt Sie zunächst zur Brücke über die Bundesstraße 9 und bei 15,7 Meilen zum Beginn des steilsten Gefälles der Strecke, das künftige Qualen ankündigt. Die nun folgende Hügelstrecke ist stets die größte Prüfung des Rennens. Auch wenn zwei Läufer zu Beginn der Hügel praktisch im Gleichschritt dahintraben, wird einer von ihnen einen großen Vorsprung herausgearbeitet haben, wenn die Hügel vorbei sind.
Das erste Gefälle endet beim *Continentale Barber Shop* in *Newton Lower Falls*. Bei 16,2 Meilen kreuzen Sie den *Charles River*, und jetzt, wenn ihr Körper alles andere verlangt, müssen Sie klettern.

16,2 bis 21,4 Meilen: Die Hügel. Ohne Zweifel hat jetzt der härteste Teil der Strecke begonnen. Selbst wenn Sie bei 16,3 Meilen noch optimistisch und fit sind, besteht durchaus die Gefahr, daß Sie 5 Meilen später ein Wrack sind. Sie befinden sich am Anfang einer Strecke, die man *Heartbreak Hill* getauft hat, obwohl sie eigentlich (je nach Zählung) aus drei oder vier Steigungsstrecken besteht, die auch den zähesten Läufer fertigmachen können. Keiner der Hügel ist besonders steil oder lang; sie sind nur deshalb so schrecklich, weil sie so spät kommen und mit ihrem kombinierten Auf und Ab allenfalls Masochisten erfreuen.

Die erste Steigung beginnt genau bei 16,2 Meilen, die zweite bei 17,8, die dritte bei 19,5 und die vierte bei 20,6 Meilen. Im Verlauf dieser Steigungen überqueren Sie die Bundesstraße 128 und kommen am *Newton-Wellesley Hospital* vorbei; bei der Feuerwache *Newton* biegen Sie rechtwinklig ab. Hier stehen übrigens die besonders sensationslüsternen Zuschauer, ein schweigender, aufmerksamer Block, der ganz auf den Anblick menschlichen Leidens eingestimmt ist. Oder warum haben sie sich sonst gerade am Heartbreak Hill aufgestellt?

Es gibt viele Theorien darüber, wie man Steigungen am besten bewältigt. Auf diesem Teil der Strecke können Sie alle erproben. Ich selbst versuche, die ersten Hügel recht langsam zu nehmen, weil noch weitere kommen. Nützlich ist es wohl auch, wenn man nicht allzuviel darüber nachdenkt, wie lang die Strecke noch ist.

21,4 bis 26,2 Meilen: Vom Heartbreak Hill bis zum Pru. Das Geschrei der Menge sagt Ihnen, wann Sie den Aufstieg zum Heartbreak Hill geschafft haben. Von jetzt ab gehe es immer bergab, wird man Ihnen zurufen, aber diese Behauptung ist so offensichtlich falsch. Sie kann nur von jemandem kommen, der dieses Rennen noch nie gelaufen ist. Zwar stehen tatsächlich einige Gefällstrecken bevor, insbesondere bei der *Boston College Hall* und dem *Baptist Home of Massachusetts*, aber bei 21,9 Meilen, wo die Straßenbahnschienen beginnen, wird die Strecke schon wieder eben. Bei 22,8 Meilen erreicht man dann ein längeres Gefälle. Das Spalier der Zuschauer wird immer dichter. Die Leute kommen näher an die Strecke heran und lehnen überall aus den Fenstern. Wenn man noch nicht völlig erschöpft ist, fühlt man sich wie ein Held. Bei 25,4 Meilen kann man zum ersten Mal einen kurzen Blick auf das *Prudential Center* werfen, das plötzlich greifbar nahe zu sein scheint. Nach der *Korean Karate School* (25,8 Meilen) und dem *Bull Restaurant* (26 Meilen) kommt der *Harvard Club of Boston* (26,1 Meilen). Schließlich biegen Sie nach rechts in die *Hereford Street* ein, bewältigen einen letzten sanften Hügel, ehe Sie sich beim *Prudential Center* nach links wenden und auf das gelbe Transparent mit der Aufschrift *Finish* zustürmen. Dieses Transparent zu erreichen, ist ein fabelhaftes Erlebnis. Im Jahre 1976 kam ich kurz vor einem Läufer aus Japan an, und als wir das Ziel überschritten, rissen wir die Arme hoch und fielen uns leicht verschwitzt um den Hals. Keiner von uns verstand die Sprache des anderen, aber das war auch nicht nötig, jedes Wort wäre überflüssig gewesen.

Rechts neben der Ziellinie in der Nähe des Pru Center ist ein Springbrunnen, der ideale Ort, um sich die Füße zu kühlen. Warten Sie auf mich, bestimmt komme ich auch gleich!

Trotz seiner Berühmtheit ist der *Boston Marathon* keineswegs besonders brutal. Mit Hilfe geodätischer Landkarten und einem Präzisionshöhenmesser stellte ein Läufer namens Larry Berman vor einiger Zeit fest, daß die Strecke von Anfang bis Ende insgesamt 141,5 Meter abfällt – und nicht nur 73, wie man allgemein dachte. Beim Laufen allerdings wären Sie nie darauf gekommen.

19 / *Der Trainingslauf eines Champions*

Unterwegs mit einem olympischen Marathonläufer

Ich befinde mich auf einer Straße ein paar Kilometer nördlich von Boston. Neben mir läuft Bill Rodgers aus Massachusetts, olympischer Marathonläufer, der zu den besten der Welt zählt. Mit ihrem üblichen *schlappschlappschlapp* bewegen sich meine Füße auf dem Asphalt. Rodgers gleitet lautlos wie eine Katze auf der linken Straßenseite dahin. In den vergangenen drei Wochen hat er zwei Marathonläufe gewonnen. Erst ließ er in New York 2001 Konkurrenten (darunter Frank Shorter) hinter sich, zehn Tage später besiegte er in Japan eine japanische Fünf-Mann-Staffel. Er spürt noch die Zeitverschiebung, erklärt er, sein Magen sei ganz durcheinander.

Diese Schwierigkeiten merkt man ihm freilich nicht an. Rhythmisch und gleichmäßig trabt er dahin, er ist freundlich gestimmt und gesprächig. Sein orange und grüner Trainingsanzug hängt lose auf seinem mageren, knochigen Körper. Es ist spätnachmittags, und es wird kühl. Rodgers trainiert gern bei solchem Wetter. An einem Tag wie diesem hat er im April 1975 beim *Boston Marathon* nicht nur gesiegt, was allein schon eine schöne Leistung darstellt, sondern auch noch einen neuen Streckenrekord aufgestellt: 2:09:55 Stunden. (»Das kann doch nicht wahr sein«, hat er damals gesagt. »Ich kann so schnell gar nicht laufen.«)

Rodgers ist Ende Zwanzig, also in dem Alter, in dem Marathonläufer meist die größten Erfolge erzielen, man könnte ihn aber ohne weiteres fünf oder sechs Jahre jünger einschätzen. Er ist 1,74 Meter groß und wiegt 56,5 Kilogramm, genausoviel wie während der Schulzeit. Sein Haar ist blond, seine Zähne sind klein und erstaunlich regelmäßig. Beim Laufen zeigt er eine außergewöhnliche körperliche Harmonie, jede Bewegung scheint auf die anderen abgestimmt. Seine Arme schlagen wie Pendel. Seine Füße landen weich auf der Ferse und rollen ab, bis nur noch die Zehenspitzen den Boden berühren. Dann fliegt er in einem unglaublich langen Schritt durch die Luft, bis die andere Ferse sanft das Pflaster berührt. Sein Kopf steigt nicht und fällt nicht, sondern bewegt sich nur vorwärts, als ob er von einem Kreiselkompaß stabilisiert würde.

»Wenn ich jemals mit Laufen aufhören würde, wäre das schrecklich für mich«, sagt er. »Das wäre, als ob ich langsam verfaulte. Ich liebe meine Fitness. Man fühlt sich so unabhängig dabei. Wenn ich eine Reifenpanne habe und die nächste Tankstelle fünfzehn Kilometer weg ist, dann laufe ich einfach dorthin, anstatt drei Stunden in der Kälte zu sitzen.«

Rodgers wuchs in dem Städtchen Newington in Connecticut auf. In dieser Gegend spricht man etwas nasal, ähnlich wie im Mittelwesten (jedenfalls solange das Fernsehen uns noch nicht gleichgeschaltet hatte). Wenn er das Wort *marathon* ausspricht, dann reimt sich die erste Silbe mit *care*. Mit diesem Dialekt wirkt er bäuerlicher, als er eigentlich ist.

Ich habe mich entschlossen, Bill Rodgers auf diesem Trainingslauf zu begleiten, weil ich herausfinden möchte, was ein Weltklasseläufer über seinen Sport denkt und womit er sich bei einem Rennen beschäftigt. Rodgers stellt ein Phänomen dar, weil er auch dann Höchstleistungen schafft, wenn es keinerlei Konkurrenz gibt. (Seine besten Marathonergebnisse erzielte er bei seinen einsamsten Läufen.) Die meisten Läufer erzielen Spitzenleistungen dann, wenn sie die gequälten Gesichter und den schweren Atem ihrer Konkurrenten wahrnehmen können. Warum ist Bill Rodgers so anders?

Wir hatten unseren Trainingslauf in Begleitung von Rodgers Ehefrau Ellen begonnen. Sie hatte ihn schon vor ihrer Ehe ermutigt, für den *Boston Marathon* des Jahres 1975 hart zu trainieren. (Bei der Hälfte der Strecke in Wellesley, so erinnert sie sich, habe Bill schon recht müde gewirkt, und bemerkt dann: »Ich hätte ihn umbringen können.«) Ellen hat braunes lockiges Haar, ein freundliches Lächeln und eine sehr zurückhaltende Art. Eine Meile lang plauderte sie fröhlich mit uns, dann kehrte sie um, weil zwei Meilen ihr Limit sind, wie sie erklärte. Rodgers sagte bye-bye und beschleunigte das Tempo ein wenig.

Wir laufen jetzt an einer kleinen sumpfigen Wiese entlang. Die Bäume sind kahl, und Pferde starren uns an. »In dieser Gegend gibt es für die armen Pferde nicht mehr viel Auslauf«, sagt Rodgers.

Ich frage ihn, wie er sich gefühlt hat, als er beim *Boston Marathon* siegte.

»Ich war sehr nervös vor dem Start«, antwortet er. »Im Vorjahr hatte ich achtzehn oder zwanzig Meilen lang an vierter Stelle gelegen.

Dann ließ ich nach und wurde nur Vierzehnter. Ich wußte, daß ich höher hinauskonnte, deshalb war ich optimistisch. Ich wußte, daß alle Spitzenläufer da waren, aber ich fühlte mich innerlich stark. Als der Startschuß fiel, liefen wir ziemlich rasch los. Am Anfang lag ich etwas zurück, aber nach einer oder zwei Meilen hatte ich die Spitzengruppe eingeholt. Das Tempo war ziemlich gleichmäßig. Nach etwa acht Meilen machte Mario Quevas, ein mexikanischer Läufer, den ersten Ausreißversuch. Jerome Drayton ging mit, und ich dachte, was soll's, und lief hinterher. Drayton und ich liefen ungefähr drei Meilen zusammen, dann gab er auf.«

Ich frage Rodgers, ob er damals gewußt hat, wer Drayton ist. Rodgers lacht ein bißchen nervös und sagt dann: »Und ob ich ihn kannte. Ich wußte auch, daß er schon einmal unter zwei Stunden, elf Minuten geblieben war. Was mich ärgerte, war die Tatsache, daß die Zuschauer nicht mich, sondern ihn anfeuerten. Wie kamen sie dazu, einen Läufer aus Kanada mehr zu bejubeln als mich, wo ich doch aus Boston selbst stammte? Ich wurde richtig wütend, strengte mich eine Zeitlang fürchterlich an, und Drayton blieb zurück. Damit war das Rennen gelaufen.« Rodgers schaffte einen Streckenrekord, obwohl er einmal anhielt, um sich die Schuhe zuzubinden und viermal stehenblieb, um Wasser zu trinken. »Ich kann eben nicht gleichzeitig laufen und trinken«, erklärt er. Noch einmal lacht er. »Ich glaube, als ich mir die Schuhe zuband, haben eine Menge Leute die Nerven verloren. Aber der Schnürsenkel war aufgegangen, und ich erinnere mich, daß ich Angst hatte, darüber zu stolpern. Außerdem war es eine gute Gelegenheit, mich zu erholen. Also hielt ich an, band den Schnürsenkel zu, atmete dreimal tief durch und lief wieder los. Es war wirklich keine große Sache, aber die Zuschauer drehten fast durch. Auch verschiedene Läufer hat es wohl einige Nerven gekostet.«

Wir laufen auf einer Parallelstraße der Interstate 93, die westlich von Rodgers' Wohnort in nordsüdlicher Richtung verläuft. Zwei Läufer kommen uns entgegen, ein etwa zehnjähriger Junge und ein erwachsener Mann. Alle heben die Hände und winken. Der Junge erkennt Rodgers und sagt: »*Hi, Bill.*« Rodgers sagt: »*Hi, son.*« Ein paar Sekunden lang hören wir noch die Laufschuhe hinter uns auf dem Pflaster.

Rodgers erzählt über seine Kindheit. »Ich war bei den meisten Sportarten gut«, sagt er, »nur nicht beim Baseball. Da war ich eine ziemliche Flasche. Vor allem sehe ich schlecht. Ich erinnere mich, wie ich mich bemühte, in eine Vereinsmannschaft aufgenommen zu werden.

Ein Bursche traf den Ball im Fluge. Ich hatte eine Brille auf und starrte direkt in die Sonne. Der Ball kam zwischen meinen Händen herunter und fiel auf den Boden. *Peng!* Aber schon in der Grundschule war ich schneller als die meisten anderen Kinder. Ich lief unheimlich gern. Die anderen stoppten oft meine Zeit, wenn ich um das Baseballfeld lief, und ich war wirklich sehr schnell. Die genaue Zeit weiß ich nicht mehr, aber sie war gut. Als ich sechzehn war, lief ich mein erstes Rennen, eine Meile – eine passende Distanz für mich damals. Meine Zeit war nicht weltbewegend, aber ganz gut. Während meines zweiten Studienjahres auf der High School war ich oft auf der Bahn draußen und versuchte, die Meile so schnell wie möglich zu laufen. Es war mein Ziel, unter fünf Minuten zu bleiben, aber ich schaffte es nie.«

In jenem Jahr kam Rodgers zum ersten Mal auf die Idee, er könnte außergewöhnliche Fähigkeiten besitzen. »Es gab da einen Langstreckenlauf, und alle Trainingsgruppen an der Newington High School nahmen daran teil. Ich glaube, es waren 1,1 Meilen, und ich war der Schnellste der Schule. In den letzten zwei Jahren hatten wir einen ziemlich guten Trainer in Newington. Er muß wohl die lauteste Stimme in ganz Connecticut gehabt haben. Ich verbesserte meine Ergebnisse merklich.«

Rodgers beginnt jetzt schneller zu laufen. Ich muß mich anstrengen, um neben ihm bleiben zu können. Er biegt nach links in eine Unterführung ein, die uns von der westlichen auf die östliche Seite der Bundesstraße 93 bringt. Im Tunnel hallen meine Schritte, aber Rodgers bewegt sich so lautlos, als ob er auf Watte dahinliefe. Nach einigen Minuten erreichen wir einen Stausee. Die Nachmittagssonne verwandelt das Wasser in flüssiges Gold. »Wenn wir um das Reservoir herumlaufen«, sagt Rodgers, »sind es genau neun Meilen.«

Als wir am Ufer entlanglaufen, sagt Rodgers: »Vier Jahre vor dem Sieg in Boston hätte mir nichts ferner gelegen als der Gedanke, an einem Marathonlauf teilzunehmen. Nach dem College habe ich ein paar Monate lang für die Post gearbeitet. Dann wurde ich als Kriegsdienstverweigerer anerkannt und erhielt einen Job im Peter Bent Brigham Hospital in Boston. Zwei- oder dreimal sah ich beim *Boston Marathon* zu. Damals rauchte ich ein Päckchen Zigaretten am Tag und fühlte mich scheußlich dabei. Dann trat ich dem YMCA bei und fing wieder an zu trainieren. Ich lief auf dieser schmutzigen kleinen Bahn in der Halle. Ich wußte schon gar nicht mehr, wie es ist, im Freien zu laufen. Dann ging ich eines Tages hinaus in den Park. Ich spürte sofort, wie meine Kraft zurückkehrte, und ich weiß noch genau, daß ich sagte: ›Das ist ja Klasse. Das mache ich jetzt öfter.‹ Also nahm ich 1973 am *Boston Marathon* teil. Aber ich schaffte es nicht. Es war heiß, und ich hatte eine Erkältung. Ich erinnere mich noch, daß ich einen Krampf im Bein hatte und am Straßenrand zusammenbrach. Zwei Monate lang lief ich nicht mehr. ›Ein Spitzenläufer werde ich nie‹, dachte ich. Ich war fest überzeugt, daß ich mich nie dazu zwingen könnte, bei Hitze zu laufen.«

Obwohl Rodgers, seit wir unterwegs sind, fast ständig erzählt hat, merkt man ihm keinerlei Atemlosigkeit an, nicht einmal, wenn es eine Steigung hinaufgeht. Außerdem ist er ständig um mein Wohlbefinden besorgt. »Vorsicht«, sagt er zum Beispiel, »jetzt kommt eine schlechte Stelle, da laufen wir besser hintereinander... Warten Sie noch, wir lassen erst diese Autos vorbei... Jetzt kommt ein schöner Gehweg... Achten Sie auf die Steine da vorn.«

Jetzt erzählt Rodgers über die Taktik beim Laufen. »Beim *New York Marathon* 1976 holte Chris Stewart mich ein. Ich hatte eine ganze Zeitlang geführt, aber plötzlich war er da. Erst wollte ich losrennen, um wieder den alten Vorsprung zu schaffen, aber dann sagte ich mir, es wäre besser, ihn ein bißchen kennenzulernen. Ich versuche, jeden Läufer einzuschätzen. Sind die anderen wirklich so stark? Ich beobachte ihren Laufstil und höre zu, wie sie atmen. Manchmal rede ich sogar mit ihnen, um zu hören, was sie so sagen. Das habe ich auch mit Stewart gemacht. Ich wußte nicht, wer er war, deshalb fragte ich ihn nach seinem Namen, und er sagte ihn mir. Da wußte ich, daß er eine gute Marathonzeit hatte. Deshalb entschloß ich mich nach einiger Zeit, ein bißchen schneller zu laufen, um zu sehen, was passieren würde. Zu meinem Glück hatte er Schwierigkeiten und fiel zurück.«

Wir haben den kleinen See jetzt nahezu völlig umrundet. Die Dämmerung bricht herein, und im Westen ist der Himmel blutrot. »*Wow!* Sehen Sie sich das an!« sagt Rodgers. Er läuft immer noch lautlos, während ich inzwischen ziemlich abgehetzt bin.

Ein Sportjournalist hat mir einmal erklärt, Rodgers habe seine läuferischen Möglichkeiten niemals ganz ausschöpfen können, weil er geistig nicht hart genug sei. Rodgers fürchte sich, erklärte der Journalist, wenn er vor dem Rennen all die Spitzenläufer sieht, die gegen ihn antreten. Ich frage Rodgers, was er von diesem Kommentar hält. »Ich habe das schon öfter gehört«, sagt er nachdenklich. »Ich weiß, daß man mir das nachsagt, aber ich glaube, ich habe mich in dieser Hinsicht verändert. Wenn ich mich psychisch richtig auf ein Rennen vorbereitet habe, kann ich gegen jedermann antreten. Sämtliche Spitzenläufer der Welt können da sein, und ich habe überhaupt keine Angst. Im Gegenteil, ich freue mich auf das Rennen. Sorgen mache ich mir nur, wenn es feucht ist. Bei den Olympischen Spielen in Montreal war ich deprimiert, weil das Klima so feucht war. Auf diese Weise kam es zu einer Überreaktion. Immer wenn jemand einen Ausreißversuch machte, rannte ich hinter ihm her. Ich wollte ein Weltrekordtempo, und dann kam die Schwäche, gegen die ich nichts unternehmen konnte. Es war ein regelrechtes Verhängnis.« Rodgers landete weit abgeschlagen im Feld.

»Im allgemeinen«, fährt er fort, »fühle ich mich beim Marathonlauf glänzend. Wenn ich beim Schwitzen nicht zuviel Wasser verliere, treten keine Krämpfe auf, und es ist auch nicht zu anstrengend. Ich versuche, möglichst ökonomisch zu laufen. Dabei achte ich besonders auf meine Armhaltung. Ich versuche, beim Laufen nicht auf und ab zu wippen, sondern mich aufs Vorwärtslaufen zu konzentrieren. Wenn meine Beine sich zu verkrampfen beginnen, versuche ich meine Füße anders zu setzen oder ich beuge mich etwas nach vorn, oder ich strecke meinen Rücken, wenn er verspannt ist. Ein Marathon ist eine Frage der Disziplin. Man muß versuchen, das Gleichgewicht, die Muskelkoordination und seine ökonomischen Bewegungen bis zum Ende durchzuhalten. Hart sind vor allem die letzten Meilen, das ist das besondere am Marathonlauf. Wenn Sie richtig trainiert sind, halten Sie bis zum Schluß durch. Wenn nicht...«

Mehrfach hat Rodgers bei unserem Lauf schon die seelischen Aspekte des Laufens berührt. Das Thema interessiert ihn, und jetzt kehrt er noch einmal dazu zurück. »Beim Marathonlauf erlaube ich mir nie den Gedanken, daß ich mehr als 26 Meilen vor mir habe. Man muß beim Rennen ganz im Augenblick leben und die Zukunft allenfalls auf ihre positiven Aspekte hin prüfen. Wenn zum Beispiel dreihundert Meter vor Ihnen jemand läuft, dann ist es angenehm zu wissen, um wen es sich handelt und wie gut er läuft. Wenn er dasselbe Tempo wie man selbst hat, kann man sich beruhigt sagen: ›Den erwische ich später.‹ Aber niemals darf man sich sagen: ›Fünfzehn Meilen muß ich noch laufen!‹ Niemals! Ich stelle mir immer nur kleine Teilstrecken vor. Bei einem Marathonlauf beginne ich gern locker und leicht. In der Mitte strenge ich mich eine Zeitlang sehr an, um die anderen zu prüfen und nach Möglichkeit abzuschütteln, dann trudle ich gemächlich ins Ziel. In der Mitte kann ich nur deshalb so schnell laufen, weil ich mir keine Sorgen mache über den Schluß.«

Plötzlich verstehe ich, wie Rodgers seine Rennen gewinnt. Er läuft nicht etwa am besten, wenn er allein ist, sondern wenn er die Konkurrenz sieht. Aber sein Spitzentempo ist so gut, daß nach einiger Zeit keiner mehr da ist, den er einholen könnte. Daß er im Schlußteil des Rennens so oft ganz alleine läuft, ist lediglich die Belohnung dafür, daß er zwischendurch so gut lief.

Jetzt erzählt Rodgers von seinen Plänen für künftige Rennen. »Ich würde gern einmal für einen Marathonlauf mit idealen Bedingungen richtig trainieren, um unter 2:09 Stunden zu kommen[1]. Dann würde ich gern die 2:07 Stunden wegputzen. Ich glaube, die Rekordmarken sind noch weiter zu unterbieten.«

Wir laufen jetzt auf einer Landstraße in der Nähe der Wohnung von Rodgers. Es ist fast dunkel, und auf Grund eines spontanen Einfalls bitte ich Rodgers, daß er mir zeigt, wie er bei einem Marathonrennen läuft. Ich möchte gern am eigenen Leibe erfahren, wie sich ein Weltrekordtempo auswirkt. »Na gut«, sagt er. »Wir werden ein bißchen schneller laufen, wenn wir den nächsten Telefonmast erreichen.« Als wir den Mast erreicht haben, beginnt Rodgers auf den Ballen zu laufen und beschleunigt das Tempo mit sehniger Eleganz, bis er im Zwanzig-Stundenkilometer-Tempo dahingleitet. Er kennt dieses Tempo gut. Mit großer Mühe gelingt es mir, bei ihm zu bleiben. Die Straße ist glatt, und ich kann meinen Kopf zur Seite wenden, um ihn zu beobachten. Seine Arme pendeln mühelos vorwärts und rückwärts, seine behandschuhten Hände sind locker wie Wäsche auf der Leine. Seine Schritte sind so lang, daß ich für zwei von seinen drei brauche. Zum ersten Mal machen seine Schuhe ein leichtes Geräusch, ein federleichtes Zischen auf dem Asphalt. »Vielleicht würde ich bei einem Rennen ungefähr so laufen«, sagt er. »Genau weiß ich es nicht.« In meinem Brustkasten entsteht ein schmerzhafter Knoten, und Seitenstiche machen sich quälend bemerkbar.

»Vielleicht laufe ich etwas langsamer«, sagt er. »Aber vielleicht auch schneller. Das käme darauf an, wer sonst noch dabei ist.« Ich bemerke, daß er nicht einmal keucht, und es wird mir schlagartig klar, daß ich ungefähr einen Meter neben einem der vielleicht perfektesten kardiovaskulären Systeme der Welt laufe. Wenn Sie einen besonders geschickten Ingenieur darum bäten, eine zweibeinige Maschine zum Laufen zu bauen, würde er vermutlich so etwas wie Rodgers erfinden.

---

1 Der Weltrekord steht gegenwärtig bei 2:08:33.6 Stunden. Er wurde schon 1969 von dem australischen Läufer Derek Clayton aufgestellt.

Glücklicherweise vermindert Rodgers gnädig das Tempo, und als wir Rockland Street erreichen, wo er wohnt, kann ich schon fast wieder regelmäßig atmen.

Rodgers und seine Frau sind beide Lehrer. Sie haben das Obergeschoß eines alten Hauses in der hintersten Ecke einer hufeisenförmigen Straße gemietet. Man erreicht die Wohnung über eine hölzerne Außentreppe. Sie haben vier oder fünf kleine Zimmer. Es ist sehr gemütlich. In den Fenstern hängen Grünpflanzen, und in der Küche kocht Ellen Makkaroni mit Käse und backt Schokoladenkuchen. Rodgers macht den Kühlschrank auf, ignoriert drei Flaschen H-Milch und gießt sich statt dessen aus einer großen Flasche ein Glas Ginger Ale ein. Auf dem Küchentisch stehen Fläschchen mit Vitamin C und irgend etwas, das *Body Ammo 2* heißt.

Ich gehe duschen. Später, als Rodgers duscht, unterhalte ich mich mit Ellen und darf mich ein bißchen umsehen. Neben dem mittelgroßen Fernsehgerät steht auf einem Tisch ein Silberteller, sein Erster Preis vom *New York Marathon* 1976. An der Wand des einen Zimmers hängen verschiedene Erinnerungsstücke: Der Aufruf des Bürgermeisters von Melrose zum »Bill Rodgers Day«, der aus dem Jahr 1975 stammt, als Rodgers im *Boston Marathon* siegte; ein Foto, das zeigt, wie Rodgers und Shorter ein Rennen gemeinsam beenden; eine gewaltige Plakette, die von einem Marathonlauf in Japan stammt; ein Plakat, das die Olympischen Spiele in Montreal anzeigt.

Mit nassem Haar kommt Rodgers zurück, und ich frage ihn, ob es irgendwelche Trainingsmethoden gibt, die auch Anfängern nützlich sein können. »Sicher«, sagt er. »Laufen Sie immer, wenn Sie Lust dazu haben. Wenn Sie laufen wollen, starten Sie einfach. So mache ich das immer. Ich gehe nicht gern langsam; denn mein Gang ist ungeschickt. Eines meiner Beine ist einen Zoll kürzer als das andere. Das weiß ich von einem Orthopäden. Deshalb laufe ich lieber, gehen hasse ich richtig.«

20 / *Ein Club, der sich gesundläuft*

Ein Herzanfall bringt manchmal die Wende

Mort Hirschfield, ein großer, athletischer Versicherungsvertreter aus New York, saß eines Abends im Jahre 1965 vor dem Fernsehgerät, als er plötzlich ein merkwürdiges Gefühl in der Brust spürte. Zunächst, erklärte er später, war es, als ob ihm jemand ein stählernes Band um den Brustkasten schnürte. Es war ein schwerer Herzanfall, aber Hirschfield hatte Glück: Im Gegensatz zu zwei Dritteln aller Infarktopfer starb er nicht.

Hirschfield hatte stets anstrengend gelebt, sowohl bei der Arbeit als auch in der Freizeit. Im Winter lief er oft Ski, und auch sonst schreckte er vor keiner Belastung zurück. Jetzt war er plötzlich ein Invalide, und als ihm sein Arzt nach einigen Wochen körperliche Bewegung empfahl, war Hirschfield verblüfft. »Körperliche Bewegung?« sagte er. »Aber ich hatte doch einen Infarkt!«

»Das ist richtig«, sagte der Arzt, »aber das ist ja nun schon einige Zeit her. Sie können schließlich nicht den Rest Ihres Lebens im Lehnstuhl verbringen.«

Befehlsgemäß meldete sich Hirschfield beim West Side YMCA am Central Park in New York und begann unter strenger ärztlicher Überwachung mit einem Trainingsprogramm. Er tat Dinge, von denen er geglaubt hatte, sie wären für ihn für immer tabu. »Der Arzt ließ mich ein wenig hiervon und davon probieren, natürlich immer in Grenzen«, erinnert sich Hirschfield. »Wenn ich ein- oder zweimal um die Bahn gelaufen war, wollte er meinen Puls messen, und wenn ich eine Viertelstunde trainiert hatte, mußte ich aufhören und unter die Dusche.« Allmählich spürte er, daß sich sein Zustand besserte. Zu seiner Verblüffung stellte er fest, daß er sich alles in allem besser fühlte als jemals zuvor. »Jetzt kann ich ohne Mühe 45 Minuten trainieren und fühle mich großartig«, sagt er. »Ich wüßte gar nicht mehr, wie ich ohne Laufen auskommen sollte.«

Wenn er Hirschfields EKG sieht, erkennt ein Fachmann sofort, daß er einmal einen Herzinfarkt gehabt hat, aber es ist ebenso deutlich, daß sein Herz jetzt wieder gut funktioniert. Hirschfield ist inzwischen Ende Sechzig, er arbeitet voll, legt sich in seiner Freizeit keinerlei Beschränkungen auf und trainiert dreimal in der Woche abends beim YMCA, wo er einen Spezialkurs für ehemalige Herzpatienten besucht.

Vor kurzem war ich bei einem dieser Kurse zu Gast, und wenn man mir nicht vorher gesagt hätte, daß alle Teilnehmer einmal sehr krank waren, wäre ich nie darauf gekommen. Zwei oder drei Mitglieder waren unter Vierzig, die anderen verteilten sich ziemlich gleichmäßig auf die Jahrgänge zwischen Vierzig und Siebzig. (Die meisten Infarktopfer sind Männer, aber wie in Kapitel acht schon erwähnt, treten Herzanfälle nach der Menopause, wenn sie ihre rätselhafte natürliche Immunität einbüßen, auch bei Frauen verstärkt auf.) Die ganze Gruppe machte lachend und schwatzend beim Lauftraining mit, Scherzworte schwirrten durch die Luft, von denen sich viele auf den stoischen Trainer bezogen.

Noch vor einer Generation hätte man Männern wie Hirschfield und seinen Mitpatienten geraten, jegliche körperliche Bewegung strikt zu vermeiden, soviel wie möglich zu ruhen und das beste aus ihrer Lage zu machen. Innerhalb weniger Jahre wären die meisten von ihnen gestorben. Mein Vater hatte mit 35 Jahren einen schweren Herzanfall und verbrachte die acht Jahre, die ihm danach noch blieben, als Invalide.

Ich erinnere mich, daß ich ihn nur ein einziges Mal einen Ball werfen sah. Die ganze übrige Zeit saß er still. Er las viel, hörte Musik und betrieb (wie ich sehr viel später begriff) seine Geschäfte.

Seit damals haben die Kardiologen erkannt, daß ihre Patienten keineswegs einfach resignieren müssen. Sie wissen jetzt, daß sie ihren Patienten helfen können zu überleben und daß in diesem Kampf das Laufen eine wirksame Waffe ist. Selbst das von Narben gezeichnete Herz kann sich noch erstaunlich anpassen. Bei körperlicher Belastung wird es nicht schwächer, sondern stärker. In vielen Fällen kann es sogar einen Marathonlauf überstehen (was Dr. Loring B. Rowell von der Universität von Washington erst kürzlich noch »die gröbste Rücksichtslosigkeit gegenüber dem kardiovaskulären System« genannt hat).

Der psychologische Auftrieb, den diese Rückkehr zu körperlicher Fitness dem Patienten verschafft, ist unbezahlbar. Die Patienten haben weniger Angst und mehr Selbstvertrauen und leiden nicht mehr unter Depressionen[1]. Außerdem steigern sich fast immer sexuelles Interesse und sexuelle Erfüllung.

All das wäre nur von geringem allgemeinem Interesse, wenn der Herzinfarkt nur eine Krankheit unter anderen wäre, aber in den letzten Jahren wurden die Herzkrankheiten praktisch zur Epidemie. (Wie groß Ihr persönliches Risiko ist, können Sie der Tabelle am Ende dieses Kapitels entnehmen.) Im Jahre 1975 waren ungefähr eine Million Amerikaner Opfer von Herzanfällen. Ihr Durchschnittsalter betrug nur 35 Jahre und neun Monate, und es fällt immer noch weiter. Wenn sich die Tendenz fortsetzt, liegt es 1980 schon unter Dreißig, und im Jahre 1985 könnte der Durchschnittsamerikaner seinen ersten Herzanfall vielleicht schon mit 28 erleiden. Von den Patienten, die den ersten Anfall überleben, sterben in den Folgejahren jeweils vier bis sechs Prozent. Wenn sie aber ein ärztlich überwachtes Bewegungstraining durchführen, zu dem Laufen und andere Übungen zählen, sinkt die Sterberate auf weit unter zwei Prozent jährlich. »Hinsichtlich der Lebensqualität ist das Ergebnis noch besser«, meint Dr. Terence Kavanagh, der Leiter eines der angesehensten Rehabilitationsprogramme. »Auf Grund einer Untersuchung wissen wir, daß etwa ein Drittel unserer Patienten zum neurotischen Persönlichkeitstyp gehören und nach dem Herzinfarkt schwere Depressionen erleiden. Diese Depressionen vermindern sich in den meisten Fällen drastisch, wenn die Patienten wieder ein wenig in Form kommen.«

Wie ich im vierten Kapitel ausführlich dargestellt habe, zögern die Mediziner, die Versicherung abzugeben, daß das Laufen ein längeres und besseres Leben garantiert. Auch Kavanagh, schon lange ein Verfechter der körperlichen Bewegung und Verfasser des provozierenden Buches *Heart Attack? Counterattack!*, ist der Ansicht, daß sein Trainingsprogramm, obwohl es nun schon seit über einem Jahrzehnt läuft, noch keine beweiskräftigen statistischen Aussagen zuläßt. »Unsere Zahlen sind hoffnungsvoll, aber ehe wir eine grundsätzliche Aussage machen, sind sehr viel weitergehende Untersuchungen nötig.« Manche Ärzte sind noch vorsichtiger. Dr. Herman K. Hellerstein, Professor der Medizin an der Case Western Reserve Universität und eine Autorität auf dem Gebiet der Rehabilitation von Herzpatienten, erklärte kürzlich auf einer Konferenz vor Kollegen, daß

---

1 Depressionen gehören zu den klassischen Symptomen, die nach einem Herzanfall auftreten. Sie sind besonders deshalb schwer zu bekämpfen, weil die meisten Patienten abstreiten, daß sie depressiv sind.

der Langstreckenlauf möglicherweise gefährlich sei und oftmals unrealistische Erwartungen geweckt habe. Selbst wenn der Patient unleugbar davon profitiere, sei keineswegs sicher, daß die optimale Wirkung damit erreicht werde.

Daß sich die medizinischen Autoritäten widersprechen, ist nicht weiter erstaunlich. Das Laufen ist als therapeutische Methode so neu, daß seine Wirkungen noch nicht völlig erforscht sind. Alle Zwischenergebnisse hingegen haben die Wahrscheinlichkeit bestätigt, daß das Laufen gesund ist. Aus diesem Grunde zögert Kavanagh trotz seiner noch nicht abgeschlossenen Statistiken auch nicht mit der Empfehlung, ein Trainingsprogramm zu riskieren: »Man muß sich an der Wahrscheinlichkeit orientieren.«

Warum Bewegung für Herzpatienten nützlich ist, versteht man am besten, wenn man sich klarmacht, was ein Herzanfall eigentlich ist. Wenn es dazu kommt, wirkt er stets wie ein plötzlicher Schock, aber die Bedingungen, die einen Infarkt hervorrufen, haben sich in der Regel schon seit Jahrzehnten entwickelt, als sich die Herzkranzgefäße allmählich mit Cholesterin und anderen Stoffen zusetzten und die Blutversorgung des Herzens auf diese Weise beschränkt wurde. Die Arteriosklerose, wie diese Verstopfung genannt wird, ist in allen zivilisierten Ländern recht häufig. So hat man sie zum Beispiel bei vielen amerikanischen Gefallenen des Koreakrieges gefunden, deren Durchschnittsalter nur 22 Jahre betrug, und sie fehlt auch bei Schulkindern nicht. Manchmal wird man frühzeitig durch Angina pectoris gewarnt, beklemmende Brustschmerzen, die meist nicht lange anhalten und ein Signal dafür sind, daß das Herz nicht genügend Sauerstoff erhält. Meist treten diese Schmerzen bei körperlicher Belastung auf und verschwinden wieder, wenn man damit aufhört. Manche Menschen, die an Angina pectoris leiden, leben jahrelang ohne Infarkt, aber wenn die Arterienverengung weitergeht, steigt die Gefahr, daß irgendwelche Stoffe oder Gewebeteile eines Tages in den Herzkranzgefäßen einen Pfropfen erzeugen. Wenn das geschieht, wird die Blutversorgung für Teile des Herzens mit einem Schlage blockiert. Der Herzmuskel krampft sich zusammen und erzeugt die typischen Schmerzen, die das Opfer eines Herzanfalls spürt. Schließlich, wenn die nicht mehr mit Sauerstoff versorgten Muskelfasern aufgehört haben sich zusammenzuziehen, läßt der Schmerz nach und der Herzanfall ist vorüber, aber Teile des Muskelgewebes sind untergegangen. Die Gefährlichkeit eines Herzanfalls richtet sich danach, wie groß die Gebiete des Herzens sind, die dabei sterben.

Wenn der Patient überlebt, dann beginnt sofort der Heilungsprozeß. Weiße Blutkörperchen treffen ein, um die abgestorbenen Muskelfasern davonzutragen. Neue Blutgefäße, die jene ersetzen sollen, die bei dem Anfall zerstört worden sind, schlängeln sich durch die Muskeln. Nach einem oder zwei Monaten vernarbt das Gewebe. Von diesem Zeitpunkt an kann die heilsame Wirkung körperlicher Bewegung beginnen.

Von den positiven Wirkungen aerober Bewegungsübungen auf das gesunde Herz war schon mehrfach die Rede. Bewegungsprogramme lassen unter anderem das Herz ruhiger und langsamer schlagen, steigern die bei jedem Schlag beförderte Blutmenge, senken den Blutdruck und den *Blutfett-Spiegel* und vermehren die Fähigkeit der Muskeln, dem Blut den Sauerstoff zu entnehmen. Dieselben Vorgänge finden bei demjenigen statt, der einen Infarkt gehabt hat. Außerdem kommt es noch zu einer weiteren wichtigen Entwicklung: Unter dem Einfluß körperlicher Bewegung, wird das Netz der Blutgefäße am Herzmuskel wesentlich dichter, so daß zur Blutversorgung des Herzens mehrere Ausweichkanäle bereitstehen. Dieser bemerkenswerte Anpassungsmechanismus wurde vor ungefähr zwanzig Jahren entdeckt, als ein Wissenschaftler namens R. W. Eckstein Versuche mit Hunden durchführte, denen er künstliche Infarkte zugefügt hatte, indem er einen Teil ihrer Herzkranzgefäße abschnürte. Einige Zeit nach der Operation verschaffte er einem Teil dieser Hunde regelmäßig Bewegung, während er die anderen ähnlich wie Büroangestellte in Käfige sperrte und dadurch zu einer sitzenden Lebensweise zwang. Die Ergebnisse gingen in die Geschichte der physiologischen Forschung ein. Bei den Hunden, die regelmäßig bewegt wurden, entstanden neue Herzkranzgefäße, welche die abgeschnürten Gefäße ersetzten. Bei den eingesperrten Hunden zeigte sich keine solche Entwicklung. Die körperliche Bewegung führte also zur Überwindung des Schadens, den die künstlichen Infarkte herbeigeführt hatten, während die Ruhe keinerlei Heilung bewirkte.

Auf diesem Phänomen beruht der Grundgedanke der heutigen Trainingsprogramme für Infarktopfer. Im Protokoll des Kongresses über Bewegungstherapien, der vor einigen Jahren in Myrtle Beach, South Carolina, unter Beteiligung zahlreicher medizinischer Fachleute stattfand, heißt es unter anderem: »Epidemiologische und andere Untersuchungen haben gezeigt, daß regelmäßige körperliche Bewegung stets mit höherem Wohlbefinden, besserer Lebensqualität und offenbar auch geringerer Gefährdung und Sterblichkeit durch Ischämie (mangelnde Blutversorgung) des Herzens einhergeht. Daher sollte die ärztliche Versorgung der Patienten auch die Steigerung der körperlichen Fitness umfassen.«

Mittlerweile bekennen sich viele Ärzte zu diesem Fitnessprogramm für ihre Patienten[2]. Am Barnes Hospital in St. Louis zum Beispiel hat der Kardiologe Dr. Jon Cooksey ein Laufprogramm für seine Herzpatienten organisiert. »Wir haben eine 35prozentige Besserungsrate erzielt«, sagt er. »Die Pulsfrequenz ist im Durchschnitt um siebzehn Schläge geringer geworden, und der Blutdruck wurde bei praktisch allen Patienten gesenkt.« Der Fall des über fünfzigjährigen Howard Pattiz ist typisch. Als er einige Wochen nach seinem Herzinfarkt mit dem Training anfing, konnte er kaum sieben kurze Runden um die Bahn drehen, aber innerhalb von sechs Wochen schaffte er fast mühelos vierunddreißig.

In Greenwich, Connecticut, führen das Krankenhaus und die Krankenkassen ein gemeinsames, medizinisch überwachtes Trainingsprogramm für Infarktopfer durch. Aus dieser Gruppe wurde kürzlich über einen Patienten berichtet, der unfähig war, zwei Blocks weit zu gehen, als er mit dem Training anfing. Inzwischen kann er die Meile in elf Minuten laufen.

In La Crosse, Wisconsin, gibt es seit 1971 das La-Crosse-Herz-Re-

---

2 Das Dauerlauftraining gilt auch in der Bundesrepublik Deutschland bei vielen Medizinern als wichtiger Bestandteil der Therapie nach einem Herzinfarkt. Einer der Befürworter dieser Methode ist Dr. Reinhard Uhlig, leitender Arzt der Hartwald-Klinik in Bad Brückenau und Mitglied im Bundesausschuß für Breitensport im Deutschen Sport-Bund.

Dr. Reinhard Uhlig läßt seine Patienten schon kurze Zeit nach dem überstandenen Herzinfarkt in Sichtweite und nach dosiertem Programm laufen.

Dr. Uhlig spricht allerdings nicht von Training. Die nach seinem »grünen Rezept« verordnete Bewegungstherapie nennt er lediglich eine Beschäftigung.

Dem Laufprogramm geht eine intensive Belastungsprobe auf dem Fahrrad-Ergometer voraus. Das ermittelte EKG gibt Aufschluß über die dann zu erfolgende Dosierung der Laufbelastung.

Dr. Uhlig: »Laufen ist die einfachste und billigste Methode, aus den Patienten wieder leistungsfähige und lebensbejahende Menschen zu machen!«

Die Kur dauert mindestens vier, im Höchstfall sechs Wochen.

Dr. Uhlig entläßt keinen Patienten, ohne ihm ein detailliertes und auf den Heilungsprozeß zugeschnittenes Laufprogramm mit auf den Heimweg zu geben.

»Ziel ist es, das Herz der Infarkt-Erkrankten zu einer ökonomischen Arbeitsweise umzufunktionieren!« sagt Dr. Uhlig. Denn: »Ein niedriger Puls, der durch das Dauerlaufen erreicht wird, bedeutet, daß das Herz im Schongang arbeitet. Nicht zuletzt darauf kommt es an!«

Das Laufprogramm als wichtiger Heilfaktor in der Rehabilitation ist allerdings nicht auf alle Patienten übertragbar. Dr. Uhlig: »Es wäre unverantwortlich, Negativ-Faktoren wie ein Altersherz oder eine Wandschwäche zu übersehen und pauschal das Laufen zu verschreiben. Auch orthopädisch bedingte Erkrankungen lassen oft die Anwendung der Bewegungstherapie nicht zu. Hier wäre es falsch, diese Verschleißerscheinungen zu übersehen. Schließlich darf der Weg zurück zu einem gesunden Kreislauf nicht über den Umweg einer Prothese erfolgen...!«

Dr. Reinhard Uhlig

habilitations-Programm. Als ich kürzlich mit dem Geschäftsleiter, Phillip K. Wilson, sprach, erzählte er mir, daß bisher schon Hunderte von Patienten teilgenommen hätten und ihre Ergebnisse dem entsprächen, was auch anderswo festgestellt worden sei. In La Crosse gibt es sogar eine eigene Zeitung für die Patienten, das *Cardio-Gram*, in der sich Artikel über alle möglichen Themen finden: vom Hitzschlag über Fußkrankheiten bis zum Sex für Herzkranke.

Eines der anspruchsvollsten und erfolgreichsten Programme für Herzpatienten wird in Hawaii durchgeführt. Der Internist und Kardiologe Dr. Jack H. Scaff, ein Mann Anfang Vierzig, läßt seine Patienten dreimal wöchentlich trainieren. Im Jahre 1974 hatten Scaff und einer seiner Kollegen, Dr. John O. Wagner, die Idee, das Programm auch auf solche Leute auszudehnen, die noch keinen Infarkt gehabt hatten, aber auf Grund ihrer sitzenden Lebensweise gefährdet erschienen. Jeden Sonntagmorgen bringen sie jetzt Nichtläufern bei, wie man einen Marathonlauf durchhält. »Die Honolulu-Marathon-Klinik«, meint Wagner, »hat es älteren Menschen mit sitzender Lebensweise ermöglicht, sich in der Technik des Langstreckenlaufens zu üben, ohne sich von der Elite der schlanken jungen Läufer einschüchtern zu lassen, die sie sonst überall in der Stadt sehen.« Das Programm in Honolulu wurde zum Vorbild für ähnliche Kurse in San Diego, Los Angeles und Reno. Dennoch wird es wohl noch einige Zeit dauern, bis diese Städte die Vorherrschaft der Insel Hawaii zu brechen vermögen: Im Durchschnitt gibt es in den Vereinigten Staaten unter hunderttausend Bewohnern neun Langstreckenläufer, in Hawaii sind es 82. (Selbst im zweitplazierten Staat Oregon gibt es unter hunderttausend Einwohnern nur neunzehn, die laufen.)

Eines der bekanntesten Rehabilitationszentren liegt in Toronto. Hier leitet der zierliche Dr. Terence Kavanagh, ein geborener Dubliner, als medizinischer Direktor des Toronto Rehabilitation Center ein Trainingsprogramm, das in der ganzen Welt Interesse gefunden hat. Schon vor mehr als zehn Jahren führten Kavanaghs verschiedene Interessengebiete (er ist nicht nur Arzt und Sportler, sondern spielt auch als Verbandsfunktionär im kanadischen Amateursport eine wichtige Rolle) dazu, daß er sich fragte, ob Ausdauerübungen als Rehabilitationstherapie für Herzpatienten genutzt werden könnten. Nach fünf Jahren konnten sieben seiner Patienten (von denen drei nicht nur einen, sondern sogar zwei Infarkte gehabt hatten) am *Boston Marathon* teilnehmen. Alle erreichten das Ziel. Interessanterweise stammt die Idee zu diesem 42-Kilometer-Lauf gar nicht von

Kavanagh selbst, sondern von einem seiner Patienten. In seinem Buch erzählt Kavanagh, wie es dazu kam: »Als wir uns eines Tages nach einem Fünf-Meilen-Lauf umzogen, sagte irgend jemand halb im Scherz, daß es doch eine großartige Sache wäre, wenn man an einem Marathonlauf teilnehmen könnte. Ein oder zwei Sekunden lang herrschte daraufhin völlige Stille, es gab ein paar fragende Blicke, ein unsicheres Grinsen und schließlich zwei oder drei zögernde Lacher. Dann war die Sache erst mal vorbei. Aber der Gedanke verschwand nicht aus unseren Köpfen. Was zunächst nur ein absurder Scherz gewesen war, entwickelte sich im Verlauf der Wochen zu einer ernsthaften Überlegung und schließlich zum festen Entschluß. Für mich war damit der Augenblick der Wahrheit gekommen. Ich hatte diese Männer ermutigt zu laufen; soviel ich wußte, waren sie völlig wiederhergestellt, und ich hatte nicht gezögert, ihnen das auch zu sagen. Sie hatten Vertrauen zu mir. Jetzt mußte ich meine Karten auf den Tisch legen oder in Zukunft den Mund halten! Ich entschloß mich, einen Versuch zu riskieren.«

Von verschiedenen Kollegen wurde Kavanagh scharf kritisiert. Ein Kollege erklärte sogar, er wolle seine Patienten für eine Zirkusnummer mißbrauchen. Dennoch kamen alle sieben in ziemlich gutem Zustand ins Ziel. Kein Wunder, daß sie Kavanagh einen Preis überreichten, der »dem Supertrainer des maladesten Laufclubs der Welt« gewidmet war.

Kavanaghs Trainingsprogramm ist keineswegs so leichtsinnig oder gefährlich, wie es vielleicht auf Anhieb erscheint. Es beruht auf einer sorgfältigen Diagnose jedes Patienten, und das Pensum wird nur in wohlerwogenen Schritten gesteigert. In manchen Fällen beginnen die Patienten mit einem Tagespensum von einer Meile, für die sie eine halbe Stunde Zeit haben, das heißt sie kriechen nur so dahin. Selbst wenn der Patient begonnen hat, richtig zu laufen, empfiehlt Dr. Kavanagh kein schnelleres Tempo als zehn Minuten pro Meile (etwa zehn Stundenkilometer). Einzelheiten seines Programms hat er in seinem Buch dargestellt.

Obwohl den Kardiologen beim bloßen Gedanken daran der kalte Graus packt, haben manche Patienten einfach ihre eigenen Trainingsprogramme entwickelt. Tex Maule, der Verfasser des Buches *Running Scarred*, schrieb für *Sports Illustrated*, als ihn vor einigen Jahren eine Herzattacke ereilte. Maule hatte nicht nur einen großen Teil seiner Zeit mit Sportlern verbracht, sondern war auch selbst sehr aktiv; was lag daher näher, als daß er sobald wie möglich mit Laufen begann? Er trainierte jeden Vormittag auf einer Bahn in der Nähe seines Büros, bis er ausdauernd genug war, die ersten Meilen des *Boston Marathon* mitzulaufen.

Der Heilgymnastiker Al Martin aus Houston interessierte sich sehr für die kardiovaskuläre Rehabilitationstherapie und entwickelte gegen ärztlichen Rat sein eigenes Trainingsprogramm, als er im Alter von 31 Jahren einen Herzanfall überstanden hatte. Er orientierte sich an den üblichen medizinischen Lehrbüchern und begann festgelegte Distanzen mit der Stoppuhr zu laufen. Dabei wechselt er zwischen Laufen und Gehen und wird sofort langsamer, wenn er Schmerzen in der Brust hat. »Ich konzentrierte mich vor allem darauf, mit relativ geringer Anstrengung lange Strecken zu laufen«, erklärt er. »Kurze Sprints hingegen vermied ich. Ich habe mich inzwischen an ein 45-Minuten-Training gewöhnt, bei dem ich langsam beginne und das Tempo allmählich steigere. Heute kann ich in weniger als vierzig Minuten fünf Meilen am Tag laufen. Selbst bei schwerster Belastung leide ich nicht mehr unter Angina, weil mein Puls nicht mehr über 190 Schläge in der Minute ansteigt. Anfangs benutzte ich Nitroglyzerin (Mittel zur Gefäßerweiterung), aber jetzt brauche ich es nicht mehr.«

Wenige Ärzte würden vermutlich empfehlen, dem Beispiel von Maule und Martin zu folgen. Da sich medizinisch überwachte Rehabilitationstherapien immer weiter verbreiten, ist es für die meisten Patienten auch gar nicht mehr schwierig, ein geeignetes Trainingsprogramm mit ärztlicher Überwachung in ihrer Nähe zu finden. Wenn man zu einem vernünftigen Preis unter qualifizierter Aufsicht trainieren kann, sollte man auch keine unnötigen Risiken eingehen.

Die Erkenntnis, daß körperliche Bewegung zur Gesundheit beiträgt, hat inzwischen auch eine wachsende Zahl von Wirtschaftsunternehmen veranlaßt, eigene Laufprogramme anzubieten, damit wertvolle Mitarbeiter nicht durch Herzinfarkte ausfallen. Natürlich kann man diese Trainingsprogramme auch unter einem zynischen Aspekt sehen; denn letztlich spart das Unternehmen Geld, wenn es gelingt, die wichtigsten Beschäftigten länger gesund und bei der Arbeit zu halten. Aber warum sollte man die Motive der Firmen erforschen, wenn die Ergebnisse für die Angestellten so positiv sind? Bei der Firma Bonne Belle Kosmetik in der Nähe von Cleveland, Ohio, nehmen fast alle zweihundert Angestellte an einem innerbetrieblichen Fitnessprogramm teil (wer mitmacht, wird mit einer zusätzlichen halben Stunde

Mittagspause belohnt). Als ich Jess Bell, den Firmenchef und unermüdlichen Verfechter des Jogging, befragte, wie er denn den Nutzen des Programms in Zahlen festhalten wolle, sagte er mir: »Wir wollen das Programm nicht von einem Buchhalter auswerten lassen... Ich glaube, die Ergebnisse überzeugen von selbst. Wir wollen noch eine Teilzeitbetreuerin einstellen, die das Programm verwaltet, und wir haben angeregt, daß die Teilnehmer die Zustimmung ihres Arztes einholen, ehe sie sich körperlich stärker belasten. Eine Zeitlang haben wir jedem, der versprach, fünfmal in der Woche zu laufen, einen Dollar pro Meile bezahlt. Das war nicht sehr erfolgreich, und wir haben nicht die Absicht, das zu wiederholen. Wir mußten zuviel Geld bezahlen, ohne einen klaren Vorteil für uns zu erkennen. Das war wohl Verschwendung.« Bell stellt allerdings klar, daß er nicht das Laufen für Verschwendung hält, sondern nur die Bezahlung dafür. Sein eigenes, völlig unbezahltes Trainingsprogramm beschreibt er mit folgenden Worten: »Ich laufe täglich mindestens fünf Meilen. In der Woche versuche ich ungefähr fünfzig Meilen zusammenzubringen. Ich habe an mehreren Marathonläufen teilgenommen... Obwohl ich kaum Diät halte, ist mein Gewicht nach drei Jahren Laufen heute wieder soweit herunter wie im Jahre 1951, als ich bei den Fallschirmjägern war. Bei einem Belastungstest in Dallas wurde mir bescheinigt, daß ich innerhalb der Altersgruppe der unter Dreißigjährigen zu denen gehörte, die in hervorragender Form sind. Ich bin einundfünfzig.«

Nicht alle Unternehmer sind so aufgeklärt wie Jess Bell. Aber die Zahl der gesundheitsbewußten Chefs steigt, vermutlich weil es sich herumspricht, daß es die amerikanische Industrie jährlich etwa siebenhundert Millionen Dollar kostet, Angestellte zu ersetzen, die wegen eines Herzanfalls ausscheiden mußten. Die New Yorker Lebensversicherungsgesellschaft bietet zum Beispiel für Arbeiter, die bei der jährlichen ärztlichen Vorsorgeuntersuchung schlecht abschneiden, ein Trainingsprogramm an. Ich unterhielt mich mit Dr. Denis O'Leary, dem stellvertretenden Leiter der Abteilung Gesundheitsfürsorge, der mir erklärte, daß die körperliche Bewegung nur Teil eines umfassenden Programms sei, das auf eine vernünftigere Lebensweise abzielt. »Ich bin der Ansicht«, sagte er mir, »daß sich das alles im Rahmen des normalen täglichen Lebens abspielen muß, von Sektierertum halte ich nichts. Ein schönes Essen gehört zur Lebensfreude für mich, aber wenn man Pudding zweimal am Tag ißt, dann ist das einfach nicht gut.« Ich fragte O'Leary, ob schon Untersuchungen vorlägen, was das Programm der Versicherungsgesellschaft tatsächlich leistet, aber er wischte die Frage beiseite: »Diesen Burschen geht es einfach viel besser. Es genügt mir völlig, wenn ich sehe, wie munter und energiegeladen sie sind.«

O'Learys über den Daumen gepeilte Einschätzung ist wahrscheinlich richtig, aber das Management anderer Firmen gibt sich damit noch längst nicht zufrieden. William M. Horne, Fitness-Spezialist der Mobil Oil Corporation, legte kürzlich einen Bericht über den Gesundheitszustand der Mobil-Manager vor, die im Verlauf von zwei Jahren an einem regelmäßigen Übungsprogramm teilgenommen hatten, zu dem auch das Laufen auf der Tretmühle gehörte. Die Ergebnisse hätten wohl auch den konservativsten Firmenbuchhalter begeistert: Blutdruck, Herzfrequenz und Cholesterinspiegel waren gefallen, so daß man davon ausgehen konnte, daß bei den untersuchten Managern weniger Herzanfälle auftreten würden als bei ihren untrainierten Kollegen.

Entscheidender als solche physiologischen Messungen sind letzten Endes aber vielleicht die Veränderungen, die das Laufen in der Lebensweise hervorbringt. Man hat festgestellt, daß vor allem Menschen des sogenannten Persönlichkeitstyps A Infarktopfer werden: Menschen, die nach vorn drängen, die ungeduldig, ehrgeizig und nervös sind. Die Ausgeglichenheit und Ruhe, die das Laufen erzeugt, kann das Leben solcher Menschen verändern, denn sie strahlt über das Training hinaus in alle Lebensbereiche. Wenn ein Mensch des Typs A durch das Laufen zu einem Menschen des gelasseneren Typs B wird, steigern sich seine Chancen, einem Herzanfall aus dem Wege zu gehen und ein glücklicheres Leben zu führen.

Wie groß ist Ihr Infarktrisiko? Die folgende Tabelle wurde mit freundlicher Genehmigung der Cardio-Metrics Organisation in New York abgedruckt. Sie beruht auf einer Analyse der wichtigsten für einen Herzinfarkt maßgeblichen Faktoren, die von der *American Heart Association* durchgeführt wurde. Mit Hilfe dieser Tabelle können Sie ermitteln, wie groß Ihr eigenes Infarktrisiko ist. Natürlich kann sie Ihnen nicht garantieren, daß Sie gesund bleiben, aber da sie den gegenwärtigen Forschungsstand spiegelt, muß man etwaige negative Ergebnisse doch als ernstes Warnsignal nehmen. Wie ersichtlich, sind einzelne Faktoren (zum Beispiel die Veranlagung) nicht zu beeinflussen, andere hingegen (zum Beispiel körperliche Bewegung, Rauchen und Übergewicht) können die meisten von uns selbst regulieren. Es

	Veranlagung	Blutdruck	Diabetis	Rauchen
6	Drei oder mehr Verwandte (in gerader Linie bzw. Geschwister), die Herzinfarkte erlitten, ehe sie 60 Jahre alt waren	Bluthochdruck ohne Behandlung	Diabetis mit Komplikationen (Kreislauf, Nieren, Augen)	Mehr als 40 Zigaretten täglich
5	Zwei Verwandte, die Herzinfarkte erlitten, ehe sie 60 Jahre alt waren	Bluthochdruck, der durch Medikamente kontrolliert wird	Diabetis mit Insulinbehandlung ohne Komplikationen	21–39 Zigaretten täglich
4	Ein Verwandter, der einen Herzinfarkt hatte, ehe er 60 Jahre alt war	Dauernder leichter Bluthochdruck ohne Behandlung	Hoher Zuckerspiegel, mit Tablettenbehandlung	2–20 Zigaretten täglich
3	Zwei oder mehr Verwandte, die nach dem 60. Lebensjahr einen Herzinfarkt hatten	Bluthochdruck bei Erregung	Hoher Zuckerspiegel, der durch Diät kontrolliert wird	Weniger als 5 Zigaretten täglich
2	Ein Verwandter, der nach dem 60. Lebensjahr einen Herzinfarkt hatte	Normaler Blutdruck (oder »Weiß nicht«)	Normaler Zuckerspiegel (oder »Weiß nicht«)	Nur Zigarren oder Pfeife
1	Keine Herzkrankheiten in der Familie	Niedriger Blutdruck	Niedriger Zuckerspiegel	Nichtraucher oder aufgehört
Ihr Ergebnis:				Zwischensumme

	Gewicht	Cholesterin	Körperliche Bewegung	Seelischer Stress	Alter	Geschlecht u. Körperbau
6	Mehr als 25 kg Übergewicht	Über 281	Ohne körperliche Bewegung	Schwere Probleme, die nur durch psychiatrische Behandlung bewältigt werden können	Über 60	Männlich, sehr korpulent
5	16–25 kg Übergewicht	256–280	Sitzender Beruf, wenig Freizeitsport	Dauernder Alkohol- und Tablettenkonsum wegen Stress	51–60	Männlich, ziemlich korpulent
4	11–15 kg Übergewicht	231–255	Sitzender Beruf, mäßig aktiv in der Freizeit	Gelegentlicher Alkoholkonsum und Tablettenkonsum wegen Stress	41–50	Männlich, durchschnittlicher Körperbau
3	3–10 kg Übergewicht	206–230 (oder »Weiß nicht«)	Sitzender Beruf, sehr aktiv in der Freizeit	Mäßige berufliche und persönliche Belastung	31–40	Weiblich, nach der Menopause
2	bis zu 2,5 kg Übergewicht	181–205	Mäßig aktiv in der Freizeit und im Beruf	Geringe berufliche und persönliche Belastung	21–30	Männlich, schlanker Körperbau
1	Mehr als 2,5 kg Untergewicht	180 oder weniger	Sehr aktiv im Beruf und in der Freizeit	Keine ernste Belastung	10–20	Weiblich

Ihr Ergebnis:

Summe

kommt also darauf an, daß man sich nicht über jene Faktoren beunruhigt, die man nicht beeinflussen kann, sondern jene in Angriff nimmt, die der Vorbeugung dienen.

Ihr Ergebnis stellen Sie fest, indem Sie zunächst bei jedem Risikofaktor die Beschreibung aufsuchen, die Ihrem Zustand am besten entspricht, und dann in der äußersten linken Spalte die zugehörige Punktezahl feststellen. Die Summe aller Punkte ergibt Ihr Infarktrisiko. Dabei bedeuten zehn bis zwanzig Punkte ein geringes, einundzwanzig bis vierzig Punkte ein mittleres und einundvierzig bis sechzig Punkte ein hohes Infarktrisiko.

Anmerkung von Prof. Dr. Heinrich Hess: Die Meinungen der Ärzte über den Gesundheitswert des *Jogging* gehen zum Teil auseinander, jedoch ist die Mehrheit der internistischen Sportärzte der Ansicht, daß ein gezieltes, unter Aufsicht durchgeführtes Training erstaunliche Erfolge zeitigt – auch bei Infarktpatienten. Die Ergebnisse der zahlreichen Infarktgruppen bei uns beweisen das. Kein Mensch, der seiner Gesundheit einen Dienst erweisen will, muß ein fanatischer Langstreckenläufer werden; er sollte sich aber mit einem kreislauftrainierenden Effekt sportlich betätigen. Hierzu reicht auch schon ein *Trimm-Trab-Lauf* mit geringer Geschwindigkeit und einer Kreislaufbelastung, die nicht bis an die Leistungsgrenze geht.

Teil 3 / *Die Welt des Laufens*

Man sollte niemals Gedanken trauen, die einem im Sitzen kommen.

George A. Sheehan,
Red Bank, New Jersey

21 / *Die Botschaft verbreiten*

Ein Jogger-Magazin fördert den Laufkult

Beim Lesen dieses Blattes hat man häufig den Eindruck, es werde von Leuten gemacht, die vom Laufen so erschöpft sind, daß sie keine gerade Zeile mehr hinschreiben können. Die Artikel widersprechen sich. Oft genug wird dasselbe zweimal gesagt, Stil und Qualität wechseln häufig, und die Witzseite dürfte wohl sogar den Lesern von *Mad* etwas peinlich vorkommen. (Frage: »Weshalb nimmt man zum ersten Mal an einem Marathonlauf teil?« Antwort: »Weil man noch nie einen gelaufen ist.«) Wenn man die gesamte Belegschaft in dem winzigen Büro des Chefredakteurs einsperren würde, wäre immer noch genügend Platz, jede Menge Liegestütze zu machen.

Das eigenartige Magazin erscheint monatlich und heißt *Runner's World*. Obwohl es nur wenig mehr als ein Jahrzehnt alt ist und noch immer unter manchen Kinderkrankheiten leidet, ist es doch die beste und einflußreichste Zeitschrift über das Laufen, die sich der menschliche Geist bisher einfallen ließ. Fast jeder, der sich ernsthaft für das Laufen interessiert, liest dieses Blatt. Genauer gesagt: Es wird nicht gelesen, sondern studiert, als ob es der Stein der Weisen wäre, und dann gemeinsam mit journalistischen Schätzen wie *National Geographic* in der Hausbibliothek aufbewahrt. Undenkbar wäre es, das Blatt einer Altpapiersammlung zuzuführen, geschweige denn es zu verbrennen. Viele Läufer haben ein Abonnement auf Lebenszeit.

Ich weiß noch genau, wie ich *Runner's World* kennenlernte. Ein paar Monate nachdem ich mit Laufen angefangen hatte, lieh mir ein Freund einen Stapel früherer Ausgaben. Damals war das Blatt noch eine anämische kleine Angelegenheit in Schwarzweiß und schien kaum verlockender als der Anzeigenteil einer Zeitung (heute gibt es immerhin schon einen farbigen Umschlag. Der Innenteil ist immer noch arm an Farbe). Aber als ich zu lesen begann, spürte ich gleich, daß ich den Heiligen Gral der Läufergemeinde entdeckt hatte. Da gab es Artikel über das richtige Training, über die richtige Diät und über den Wettkampf, und da wurde erklärt, wie man abnimmt – kurz, hier war alles zu finden, was ein Anhänger brauchte. Gierig verschlang ich Seite um Seite und las den ganzen Stapel in einem Zug durch.

Alle Zeitschriften bilden sich ein, daß sie im Leben ihrer Leser einen wichtigen Platz hätten. Bei *Runner's World* ist das wirklich der Fall. Das Blatt ist genauso wichtig wie Laufschuhe oder eine Mütze im Winter. Der Grund: *Runner's World* versteht, was Läufer durchmachen, und bemüht sich um sie. Der Chefredakteur, ein zottelköpfiger Gnom Mitte Dreißig, ist Joe Henderson. Er erklärt die Philosophie des Blattes mit folgenden Worten: »Wir haben die Idee propagiert, daß die eigenen Leistungen wichtiger sind als alles, was ein anderer bei der Olympiade erreicht. Wir finden es wichtiger, daß unten auf der Aschenbahn zehntausend Leute eine Meile in sieben Minuten zurücklegen, als daß sie auf den Rängen sitzen und zusehen, wie ein einzelner 3:50 Minuten läuft.«

Heute, wo es in jedem Park Jogger gibt, klingen Hendersons Ansichten nicht mehr sehr außergewöhnlich, vor einem Jahrzehnt aber waren sie revolutionär. Die Amerikaner hatten immer nur die Sieger bejubelt und die Zweiten verachtet. Henderson fand das albern. Was zählte, war nicht das Gewinnen, sondern das Laufen. »Die Herausforderung beim Laufen«, schrieb er vor kurzem, »liegt nicht darin, daß man versucht, etwas zu tun, was noch nie jemand schaffte, sondern darin, etwas durchzuhalten, was beinahe jeder könnte, aber die meisten nie tun.«

Hendersons Büro in Mountain View, Kalifornien, befindet sich in einem unscheinbaren beigen Betongebäude, das sich zwischen der Bundesstraße 101 und den Sandstränden der San Francisco Bay erhebt. Ganz in der Nähe stehen ein paar Schuppen, die mit Dachpappe gedeckt sind, und eine verlassene viktorianische Villa mit vernagelten Fenstern, von der die Farbe abblättert. Eine feine Gegend ist es nicht gerade. Als ich ihn besuchte, war Hendersons Zimmer größtenteils von einem Schuhgebirge bedeckt. Alle Marken waren vertreten; denn Henderson schrieb gerade seinen alljährlichen Bericht über Laufschuhe. Daneben lagen etliche Tuben eines Einreibemittels für Schuhsohlen, das angeblich ihre Haltbarkeit steigert.

Henderson ist 1,70 Meter groß und wiegt 58 Kilogramm. Obwohl er eine modische Brille mit Goldfassung trägt, umgibt ihn eine Aura, die an schlichtere Zeiten als unsere erinnert. Er hat einen offenen, arglosen Blick, der einen glauben macht, daß er sich abends heimlich in die Bibelstunde begibt. (Das ist aber nicht der Fall. Wenn er abends irgendwo hinschleicht, dann handelt es sich um Versammlungen eines mysteriösen Vereins, den er als »Athletik-Club der Steuersparer« bezeichnet. Dies jedenfalls war seine Entschuldigung an einem der Tage während meines Besuchs.) Henderson nimmt das Laufen ernst. Von morgens bis abends denkt er daran, und es ist das Thema der meisten Dinge, die er so schreibt. Aber er lacht auch darüber. »Es ist schon paradox«, sagte er mir. »Alle meine Probleme kommen vom Laufen, und dann trabe ich los und laufe mir den Kopf wieder frei.« Henderson gibt ohne weiteres zu, daß *Runner's World* noch nicht das absolute Ideal einer Laufzeitschrift ist. »Wir leben von der Hand in den Mund und können nicht lange vorausplanen«, sagt er. »Wir haben alle Mühe, die nächste Ausgabe fertigzukriegen. Wir haben praktisch keinen Redaktionsstab, aber wir tun unser bestes.« Man muß ihm bescheinigen, daß er sehr gewissenhaft ist, und wenn man bedenkt, wie groß die Probleme und wie gering seine Hilfsmittel sind, dann ist das Ergebnis recht gut. Ich hatte Gelegenheit, einige Manuskripte zu sehen, die Henderson redigiert hatte. Das war geschickte und sorgfältige Arbeit. Überall hatte Henderson Unbrauchbares ausgekreuzt und durch säuberliche neue Formulierungen ersetzt.

Das Verhältnis zwischen Laufen und Schreiben fasziniert Henderson. »Kenny Moore, vielleicht einer der besten Autoren auf dem Gebiet des Jogging, hat einmal geschrieben, daß einen das Langstreckenlaufen geradezu zwingt, darüber zu schreiben, weil es manchmal so schmerzt und ein so tiefgreifendes seelisches und körperliches Erlebnis darstellt. Ich selbst bin freilich der Ansicht, daß die meisten Leute schreiben, um einer Sache Bedeutung zu geben, die in sich selbst noch keine Bedeutung besitzt. Vielleicht führen die meisten Läufer deshalb eine Art Tagebuch, weil sie etwas festhalten möchten. Zuerst laufen sie bloß, dann analysieren sie, was sie tun.«

Henderson selbst fing vor einigen Jahren an, ein einfaches Tagebuch zu führen: Soundsoviel Meilen mit der und der Geschwindigkeit. Allmählich wurden die Notizen immer umfangreicher, und schließlich stellte er fest, daß er auch die Gedanken aufzuzeichnen begann, die ihm beim Laufen durch den Kopf gingen. Inzwischen nehmen seine Tagebücher ein ganzes, mit ordentlichen Ringheftern gefülltes Regal ein. Vom Inhalt hat vieles in Hendersons fünf Büchern, die er bisher veröffentlicht hat, Eingang gefunden.

Hendersons Bücher haben Tausenden von Läufern die Botschaft gebracht. Als er vor einigen Jahren feststellen mußte, daß seine Beine nicht mehr mitmachten, wenn er schnell zu laufen versuchte (in der

High School war er die Meile immerhin in respektablen 4:22 Minuten gelaufen), begann er die Vorzüge des Langsamlaufens zu untersuchen. Heute läßt er sich in der Regel acht Minuten Zeit für die Meile, obwohl man der Genauigkeit halber feststellen sollte, daß er gelegentlich kurze Sprintstrecken einlegt (»nur um die Beine ein bißchen zu lockern«) und vor einigen Wochen an einem Sonntagmorgen bei einem Achthundert-Meter-Lauf mit 2:16 Minuten den zweiten Rang belegte, was nicht gerade lahm ist. Dennoch ist Henderson heute der bekannteste Vertreter des Langsamen Langstreckenlaufens und nimmt es (wenngleich sehr bescheiden) für sich in Anspruch, die Abkürzung LSD (Long Slow Distance) geprägt zu haben. »Wenn man als Läufer mittleren Alters lange Strecken wie ein Meilenläufer im College zurückzulegen versucht«, erklärte er mir, »dann ergeben sich unweigerlich Probleme verschiedenster Art. Man brennt dabei aus. So wie ich es mache, können Sie bis in alle Ewigkeit laufen.«

Es scheint, als ob er recht hätte. Jeden Samstagmorgen um acht fährt Henderson zum Foothill College in Los Altos Hills, um sich mit einer Gruppe gleichgesinnter Läufer zu treffen. Es ist eine bunt zusammengewürfelte Gesellschaft, zu der junge wie ältere Läufer und sowohl Männer wie Frauen gehören. Sie alle schwören auf Hendersons LSD-Botschaft. An dem Tage, als ich mich mit auf den Weg machte, liefen sie langsam die braune, graslose Anhöhe hinauf, die sich westlich vom Foothill College erhebt. Über gewundene Straßen ging es an gewaltigen Eukalyptusbäumen vorbei immer höher hinauf, bis wir schließlich oberhalb der Laboratorien der Stanford Universität einen Standort erreichten, von dem aus man ganz San Francisco überblikken konnte. Unterwegs forcierte Henderson ein- oder zweimal das Tempo, aber sonst ging es recht gemächlich bergauf. Wir trabten so gemütlich hinter ihm her wie alte Droschkengäule, und unsere Laufschuhe trommelten rhythmisch auf die trockene Erde der kalifornischen Hügel. Einmal rief jemand: »Wie wäre es mit einem schnelleren Tempo, Henderson?« Aber Henderson lächelte nur und trabte gleichmütig weiter. Jede Meile legten wir in 480 Sekunden zurück. Nach zwei Stunden kamen wir einen letzten graslosen Hügel herunter und standen am Foothill College, wo unsere Wagen geparkt waren. Niemand schien im geringsten ermüdet. Henderson hat seit Jahren nicht mehr anders trainiert und glaubt offensichtlich, so weitermachen zu können, bis er neunzig Jahre alt ist.

Ende 1977 hatte *Runner's World* eine Verbreitung von ungefähr fünfundsechzigtausend Exemplaren erreicht. Sie behandelt ihr Thema so gründlich, daß ein New Yorker Autor vor einigen Jahren aus einigen umgeschriebenen alten Artikeln ein »eigenes« Laufbuch erstellte. Auf die eine oder andere Weise sind die ersten Autoritäten mit der Zeitschrift verbunden: der Jogging-Arzt George Sheehan, der Physiologe David L. Costill und so kenntnisreiche Autoren wie Hal Higdon, der bei seinem ersten Zehntausend-Meter-Lauf in der Altersklasse der über Vierzigjährigen einen amerikanischen Rekord aufgestellt hat (32:37,8 Minuten), und Dr. Joan Ullyot, die über die wissenschaftlichen Aspekte des Laufens bei Frauen wohl mehr als sonst jemand weiß. Henderson selbst kann sehr eindrucksvoll schreiben. So kritisierte er zum Beispiel den Nationalismus bei den Olympischen Spielen 1976 mit folgenden Worten: »So wie Soldaten im Krieg haben die einzelnen Sportler ihre individuellen Züge verloren. Sie sind gesichtslos geworden. Im modernen Sport machen ähnlich wie im modernen Krieg die Führer der Nationen die Spielzüge, und die einzelnen sind nur noch Figuren. Die Nationen verlieren und siegen, aber bei den Sportlern gibt es keine Sieger und Verlierer mehr, sondern nur noch Opfer und solche, die überlebt haben.«

Runner's World ist nicht nur ein journalistisches Unternehmen, sondern auch das Schwarze Brett der Läufergemeinde. Hier werden Leserbriefe und unverlangte Artikel gedruckt (letztere werden stets einheitlich mit zwanzig Dollar honoriert), hier findet sich für die verschiedensten Theorien, Hypothesen und Überlegungen Platz. Die Leser treiben mitunter auch ganz gern ihren Spaß mit dem Blatt, wobei man immer wieder feststellen kann, daß man praktisch für jede Theorie bei irgend jemand Zustimmung findet. Die Verschiedenartigkeit der Beiträge macht einen großen Teil des Charmes aus. »Wenn man Ihnen im Oktober rät, immer hart zu trainieren«, sagt einer der Leser, »brauchen Sie nur einen Monat zu warten; dann finden Sie bestimmt einen Artikel, der ein gemütliches Training empfiehlt.«

Henderson leugnet nicht, daß es in *Runner's World* ein Sammelsurium der unterschiedlichsten Beiträge gibt, aber er findet nicht, daß er sich dafür entschuldigen müßte. »Ich glaube, unsere Beiträge haben vielen Leuten tüchtig geholfen«, sagt er.

Das haben sie in der Tat, und es ist nicht zuletzt Hendersons persönliche Engagiertheit, die sie so glaubwürdig macht. Er ist einer jener glücklichen Männer, die für ihren Job wie geschaffen sind. Er wuchs in einem Weiler namens Coin in Iowa auf; sein Vater war Farmer. In der Schule trainierte er Langstreckenlauf, und weil er sich dabei sehr rasch profilierte, beschloß er, Trainer zu werden. Er schrieb sich an der Drake Universität ein, und um sein Studium finanzieren zu können, putzte er im Sommer Fußböden und las Korrektur für die Sportzeitung *Track & Field News* in Los Altos, Kalifornien. Dieser kurze Ausflug in den Journalismus änderte Hendersons berufliche Pläne. Anstelle der Leibeserziehung nahm er als Hauptfach jetzt Journalismus, arbeitete für die Studentenzeitung und bekam schließlich einen Posten als Sportreporter. Er haßte den Job. »Ich wollte nicht über *Sport* schreiben, ich wollte über *Laufen* schreiben.«

Im Jahr 1967 kehrte Henderson zu den *Track & Field News* zurück. Es war kein toller Job, aber er machte ihm wenigstens Spaß. Dann erhielt er 1969 einen überraschenden Brief von einem zweiundzwanzigjährigen Verleger aus Kansas. Bob Anderson hatte seit vier Jahren im Alleingang eine kleine Zeitschrift für Langstreckler mit dem Titel *Distance Running News* herausgebracht. Jetzt wollte er expandieren und suchte einen Chefredakteur. Ob Henderson interessiert sei? »Sicher«, teilte ihm Henderson mit, »aber aus Kalifornien gehe ich nicht weg. Ich habe ein paar Freundinnen hier.«

»Fein«, meinte Anderson. »Vielleicht komme ich rüber. Ich wollte schon lange mal aus Kansas heraus.«

Also kam Anderson nach Kalifornien, sah sich ein bißchen um, und es gefiel ihm. Er fuhr wieder nach Hause, lud seine Besitztümer auf einen gemieteten Lastwagen und machte sich auf die lange Reise nach Westen. Er bezahlte Henderson 75 Dollar die Woche, und genausoviel nahm er selbst aus der Kasse. (»Was er zahlte, war völlig egal«, erklärt Henderson heute. »Ich hatte keinerlei Unkosten damals. Ich lebte oben in den Hügeln in einer Bruchbude und fuhr einen sieben Jahre alten VW.«)

Auch Anderson hatte bis dahin praktisch kaum Kosten gehabt, und deshalb auch nichts verdient. Aber jetzt, wo er einen Angestellten hatte, mußte etwas geschehen. Er wollte mehr Leser erreichen und außerdem Bücher verlegen. Anderson, der einen Schnauzbart, dunkelbraune Augen, einen festen Blick und ein sicheres Auftreten hat, zögerte nicht lange. Sein wichtigstes, bereits erprobtes Geschäftsprinzip bestand darin, das Nötige zu tun, ohne monatelang über mögliche Hindernisse nachzudenken. Nach dieser Methode hatte er auch die *Distance Running News* über die Rampe gebracht. In der Schule hatte er zum ersten Mal vom Marathonlaufen gehört. Als er in der örtlichen Bibliothek keine Hinweise fand, wie man für ein 40-Kilometer-Rennen trainiert, schrieb er an einige bekannte Marathonläufer und bat sie um Rat. »Praktisch alle haben geantwortet«, erzählte er mir. »Also sagte ich mir: Wenn ich schon so gute Beziehungen habe, warum mache ich dann keine Zeitschrift? Ich gab hundert Dollar aus, und damit konnte ich im Januar 1966 die erste Ausgabe bringen. Ich veröffentlichte 1966 zwei Hefte mit einer Auflage von je tausend Stück. Dafür erlöste ich insgesamt 513 Dollar. Bald waren es vier und dann sechs Ausgaben im Jahr. Als Henderson einstieg, hatten wir schon eine Auflage von zweitausend Exemplaren.«

Anderson wollte an der Kansas State Universität ein bißchen Betriebswirtschaft lernen, aber er hatte kaum Zeit dazu. »Ich hatte alle Hände voll mit der Zeitschrift und einer *richtigen* Firma zu tun und konnte mich mit dem ganzen theoretischen Kram nicht abgeben«, meint er. Er wollte vor allem *Runner's World* (der neue Name wurde 1970 eingeführt) zur besten Lauf-Zeitschrift machen, die es gab.

Genau das ist ihm gelungen, und der Grund dafür ist vermutlich darin zu suchen, daß er ein Verleger ist, der einen sicheren Instinkt für das Außergewöhnliche hat. Während sich normale Verleger vor allem um die finanzielle Seite ihres Geschäftes kümmern, hat sich Anderson von Anfang an auf die inhaltliche Seite konzentriert. Er verfolgt genau, was in seiner Zeitschrift geschieht. »Ich habe einen etwas anderen Standpunkt als die meisten Verleger«, meint er, »denn ich bin in erster Linie Läufer und erst in zweiter Verleger. Ich bin seit 1962 gelaufen und habe an acht Marathonläufen teilgenommen. *Runner's World*[1] habe ich angefangen, weil ich Informationen brauchte, die niemand anbot. In den ersten Jahren habe ich jede Zeile gelesen, die in der Zeitschrift gedruckt wurde, und bei umstrittenen Themen behalte ich mir auch jetzt noch das Entscheidungsrecht vor.« Viele der wichtigsten Autoren hat Anderson in die Mannschaft geholt, und auch die heutige Begeisterung der Frauen für den Laufsport hat er vorausgesehen. Lange bevor das Laufen bei den Frauen populär wurde, ließ er die ersten Artikel über Marathonläuferinnen einrücken.

Andersons auffälligste Häresie aber bleibt seine offen zur Schau getragene Verachtung für Geld. »Sicher«, sagte er mir, »hätte ich gern soviel Geld, daß ich tun und lassen kann, was ich will. Aber das Geld steht nicht an erster Stelle, sondern das Laufen. Ich glaube fest, daß das Geld von allein kommt, wenn ich gute Arbeit leiste.«

---

1 In Deutschland kann *Runner's World* bezogen werden über W. E. Saarbach Export-Import, 5000 Köln 1.

22 / Der Mann, der die Philosophie des Laufens erfand

George A. Sheehan ist anders als alle Ärzte,
die Sie schon kennen

Würde es einen Läufer auf eine einsame Insel verschlagen, wo ihm
nur ein einziger Begleiter erlaubt wäre, wen würde er wählen? Wahrscheinlich wäre ein Kardiologe namens George A. Sheehan aus dem
Landstädtchen Red Bank, New Jersey, der Spitzenkandidat. In Läu-
ferkreisen gibt es niemanden, der Dr. Sheehan das Wasser reichen
könnte; wenige haben soviele Kenntnisse über das Laufen wie er, und
niemand hat größeren Einfluß. Wenn er nicht gerade selbst läuft,
schreibt er darüber. Und wenn er nicht läuft oder schreibt, ist er anderweitig in Sachen Laufen unterwegs: Er hält Vorträge auf Versammlungen und Kongressen oder informiert die Fernsehzuschauer.
Außerdem hält er in den Umkleidekabinen der Laufclubs Sprech-
stunden ab und korrespondiert mit verletzten Läufern in aller Welt.
Schließlich hat er auch das Übungsprogramm entwickelt, das wir in
Kapitel fünfzehn dargestellt haben. Manche Leute finden, daß er sich
übernimmt und seine Selbstaufopferung fast schon peinliche Züge
hat, dennoch läßt sich nicht leugnen, daß er unendlich viel Gutes getan hat.
Sheehan mißt 1,80 Meter, wiegt knappe 62 Kilogramm und wird bald
Sechzig. Er spricht leise und zögernd, sein Gesicht wirkt faltig und
müde, sein Körper aber scheint dreißig Jahre jünger zu sein als er
selbst. Vor einigen Jahren stellte er einen Meilenrekord für über
Fünfzigjährige auf (4:47,6 Minuten), und mit 54 war er auch über
zwei Meilen der schnellste seines Jahrgangs (10:53 Minuten). Das
besondere an ihm ist aber seine Einstellung zur Medizin und zum
Laufen.
Sheehan gehört zu einem sehr konventionellen Berufsstand, doch er
selbst ist unkonventionell. Über Ärzte, die behaupten, das Laufen er-
schüttere das Rückgrat, lockere lebenswichtige Organe und bringe
das Gehirn durcheinander, ärgert er sich. »Diese Burschen sollten
sich einmal auf den Weg machen und selbst laufen. Dann würden sie
schon merken, was wirklich passiert, anstatt alle möglichen Theorien

aufzustellen«, sagt er. Auch wohlmeinende Ärzte, die es einfach nicht besser wissen, hält er für ein Ärgernis. (»Die praktischen Ärzte interessieren sich im allgemeinen überhaupt nicht für Sportmedizin. Sportschäden dadurch zu heilen, daß man den Leuten den Sport verbietet, ist sehr einfach. Und wenn die Patienten dann nicht gesund werden, schicken die Ärzte sie zum orthopädischen Chirurgen.«) Besonders wichtig ist Dr. Sheehan für die Läufer deshalb geworden, weil er beharrlich darauf besteht, daß Laufen nicht nur ein Sport ist, sondern eine Tätigkeit, die Ausblicke auf tiefe, ewige Werte eröffnet.

Sheehan ist nicht nur der Arzt der Läufer, sondern ihr herrschender Philosoph. Vor kurzem stellte er in seiner ständigen Kolumne in der sportmedizinischen Zeitschrift *The Physician and Sports Medicine* folgende für ihn typische Behauptungen auf: »Beim Sport kann man ein ganzes Leben in wenige Stunden hineinpressen. Man kann auf einer Sechs-Meilen-Strecke in einem Park in New York leiden und sterben und wieder auferstehen. Der Sport ist ein Theater, in dem Sünder zu Heiligen werden und gewöhnliche Menschen sich zu außergewöhnlichen Helden entwickeln, wo Vergangenheit und Zukunft mit der Gegenwart eins werden. Der Sport verschafft uns einzigartige Gelegenheiten, Erlebnishöhepunkte zu erreichen, bei denen wir uns völlig eins mit der Welt fühlen und alle Konflikte transzendieren, weil wir unsere Möglichkeiten voll ausleben.«

Läufer schätzen solches Denken, weil es einem anstrengenden Sport, bei dem man schwitzt und Staub schluckt, eine Bedeutung verleiht, die solchen Unbilden nicht ohne weiteres anhaftet. Wenn man Sheehan liest, erneuert das den Glauben daran, daß das Laufen wirklich so wichtig ist, wie es scheint.

Als Philosoph wäre Sheehan freilich längst nicht so glaubwürdig, wenn er nicht so ein hervorragender Arzt wäre. Läufer wundern sich oft, daß er seine medizinischen Informationen so freigebig preisgibt. Ein älterer Marathonläufer erzählte mir einmal, wie er Sheehan einen Brief schrieb: »Beim *Boston* und beim *Yonkers Marathon* hatten mir die Beine etwas wehgetan. Dann wurde es so schlimm, daß ich die Hüfte nicht mehr bewegen konnte. Auch eines meiner Knie schmerzte. Ich war fix und fertig, deshalb schrieb ich Sheehan. Sobald er den Brief erhalten hatte, rief er mich an. Er sagte mir, es höre sich so an, als ob zwischen meinen Beinen ein Ungleichgewicht bestünde und nannte mir einen Orthopäden. Den suchte ich auf, und er konnte mir auch bald helfen.« Ein anderer Läufer fragte Sheehan, was er gegen die Blähungen tun könnte, die ihn beim Laufen stets plagten. »Ich löste ganze Stürme mit meinen Blähungen aus«, erzählte er mir. »Sheehan sagte mir, ich solle weniger rohes Obst und Gemüse essen, und das Problem war am nächsten Tag verschwunden.«

An Laufwettbewerben nahm Sheehan schon zwischen 1936 und 1940 teil, als er noch die höhere Schule besuchte. Die Meile lief er in 4:17 Minuten und die 800 Meter in 1:55 Minuten, für damalige Verhältnisse sehr gute Zeiten. Dann gab er den Sport für einige Zeit auf. Er absolvierte sein Medizinstudium, heiratete, eröffnete eine Praxis, wurde Vater von zwölf Kindern und erlebte dabei, daß er immer mehr zunahm. Im Jahre 1962, als er 44 Jahre alt war und fast achtzig Kilogramm wog, brach er sich beim Tennis die Hand. Daraufhin beschloß er, wenn es irgend ging, wieder zu laufen. Er konnte es noch. Er setzte es sich in den Kopf, eine Meile in fünf Minuten zu laufen, und nahm zu diesem Zweck an einem Querfeldein-Rennen im Van Cortlandt Park in New York teil. »Damals hat es mich wieder gepackt«, erzählt er. »Bei diesem Rennen war ich genau am richtigen Platz. Man konnte sich anstrengen, wenn man wollte, aber niemand brüllte, man solle schneller laufen. Man trabte durch die Wälder und quälte sich so, wie man wollte.«

Im Jahre 1968 bat der Sportredakteur des Wochenblattes von Red Bank den Arzt, einen Artikel über die Olympischen Spiele in Mexico City zu schreiben. Sheehan, der bis dahin noch nicht viel veröffentlicht hatte, stellte fest, daß es ihm Spaß machte und daß Talent vorhanden war. Alsbald schrieb er eine regelmäßige Kolumne für das *Red Bank Register*, eine weitere für *The Physician and Sportsmedicine*, eine dritte für ein mittlerweile eingegangenes Fitness-Magazin und eine vierte für *World Tennis*, ganz abgesehen natürlich von seiner medizinischen Kolumne in *Runner's World* (deren gegenwärtiger medizinischer Redakteur Sheehan ist). Außerdem verfaßt er gelegentlich Artikel für die *New York Times* und natürlich seine Bücher für den Verlag World Publications (zum Beispiel *Encyclopedia of Athletic Medicine* oder das ungeheuer erfolgreiche Buch *Dr. Sheehan on Running*).

Joe Henderson und Sheehan begegneten sich zum ersten Mal bei den Olympischen Spielen in Mexiko, und sie verstanden sich sofort aufs beste. »Damals fand man selten jemanden, der über das Laufen so dachte wie ich«, berichtet Henderson. »Ich meine, jemanden der im Laufen nicht nur Wettkampf und Konkurrenz, sondern vor allem Freude und Spaß sah. Als ich zwei Jahre später bei *Runner's World* anfing, habe ich mich sofort an George gewandt. Lange schrieb er ohne jede Bezahlung für uns.«

Henderson weist darauf hin, daß Sheehan ein bedeutender Faktor für *Runner's World* ist. »Eine seiner wichtigsten Feststellungen ist die, daß jeder von uns eine Art Ein-Mann-Experiment ist. Was bei einem Menschen gut funktioniert, nutzt einem anderen vielleicht gar nichts. George hat auch sehr viel über vorbeugende Medizin geschrieben. Manche Ärzte lehnen das ab. Sie behaupten: ›Was er den Leuten sagt, ist nicht bewiesen.‹ Telefondiagnosen und Ratschläge per Post halten sie für unmoralisch.«

Es besteht kein Zweifel, daß Henderson die Reaktion vieler Mediziner auf Dr. Sheehans Aktivitäten völlig richtig einschätzt. Ein Arzt erklärte mir zum Beispiel: »Sheehan ist ein gräßlicher Typ. Er baut sich vor der Öffentlichkeit als großer Spezialist auf, der angeblich alles über das Laufen weiß. Er weiß aber nicht alles, niemand weiß alles.« Dennoch stammen viele Anfragen, die Sheehan erhält, von ratlosen Ärzten, die ihm die Probleme ihrer Patienten und ihre eigenen vorlegen, nachdem ihre Therapien versagt haben.

Die Anziehungskraft von Sheehans Schriften wird zum guten Teil dadurch bestimmt, daß er einen sehr ansprechenden Stil schreibt. Er formuliert einfach, aber was er schreibt, hat Gehalt und gibt dem Leser etwas. Im Gegensatz zu anderen Sportschriftstellern zitiert er gern Dichter, Philosophen und Wissenschaftler wie C. G. Jung, Teilhard de Chardin, Tolstoi, Cervantes, Bertrand Russell und seinen besonderen Liebling, den spanischen Kulturpessimisten Ortega y Gasset. Im Lauf der Jahre wurde sein Stil immer biegsamer und natürlicher, und heute gelingt ihm die schwierige Aufgabe, Sport und Philosophie zu verschmelzen, fast ohne Mühe. »Wenn man etwas um seiner selbst willen vollbringt«, schrieb er einmal in einem Artikel über den Begriff des Spiels, »dann ist man auf dem Weg der Erlösung. Und wenn man das, was man da tut, von einer Minute zur anderen aufgeben kann, ohne darüber nachzudenken, was daraus wird, dann ist man noch weiter. Gelangt man dabei aber gar in ein anderes Sein, braucht man sich über die Zukunft keine Sorgen zu machen.«

Wohl nicht zuletzt wegen der weitverbreiteten Anerkennung, die er und sein Werk im Lauf der Jahre gefunden haben, sind Sheehans Schriften immer persönlicher geworden. So notierte er zum Beispiel vor kurzem: »Ich bin ein nervöser, schüchterner Mensch, der Konflikte scheut und mit Leuten nicht umgehen kann. Hunger und Durst nach Gerechtigkeit verspüre ich nicht. Karneval macht mich nicht glücklich, ich verspüre keine Freude an der Gemeinschaft. Ich bin wie einer der Schriftsteller, die Brendan Gill in der Zeitschrift *The New Yorker* beschrieb. Sie berührten sich nur durch Zufall, verheimlichten sich gegenseitig alles und stellten einander nie ordentlich vor... Ideen sind mir wichtiger als Menschen. Meine Welt befindet sich innerhalb meines Kopfes.«

Läufer finden solche Überlegungen anziehend, weil sie fast alle glauben, daß sie grundlegend anders sind als andere Leute, und darauf ihren Stolz gründen. Sheehan nährt diese Haltung und versüßt damit die Einsamkeit und den Stachel, den sie in der Seele des Läufers zurückläßt. So schrieb er: »Daß man nicht für die Alltagswelt geschaffen ist, daß das innerste Wesen und das Gesetz des eigenen Daseins sich vom Gewöhnlichen und Üblichen unterscheiden, ist für jeden, auch für den Läufer, schwer zu verstehen. Hat er es aber einmal verstanden, kann sich der Läufer dem eigenen Gesetz und seinem Selbst überlassen.«

Sheehan ist ein Mann mit trockenem Witz. Sein leiser Humor ist in all seinen Schriften zu finden. »Der Intellekt verkalkt fast noch schneller als die Arterien«, meint er zum Beispiel. »Man sollte niemals Gedanken trauen, die einem im Sitzen kommen.« Bei einer anderen Gelegenheit erfand er folgende neue Diät: »Tun Sie einfach so, als ob Sie nach dem Essen die Rechnung begleichen müßten. Wenn ich abends nach Hause komme, müßte man mir eigentlich eine Speisekarte vorlegen, die recht gesalzene Preise enthält... Dann würde ich vermutlich alsbald zu errechnen versuchen, was mich die Kalorien kosten, und meine knauserige Natur würde mich hindern, zuviel zu verspeisen.«

Die Läufer spüren, daß Sheehan zu ihnen gehört; er weiß, daß die meisten nicht wegen der Fitness laufen, sondern weil es ihnen Spaß macht. Während die meisten Befürworter körperlicher Bewegung mit ihren Empfehlungen an unser Pflichtbewußtsein appellieren (»es ist so gesund«), rät uns Sheehan zum Laufen, weil es uns Freude bereitet. »Ich laufe, weil es das Richtige ist«, schrieb er vor kurzem. »Gleichzeitig nutzt es vielleicht auch meinen Arterien, meinem Herzen und meinem Kreislauf, aber darauf kommt es mir letztlich nicht an.« Sheehan würde vermutlich dem Zyniker zustimmen, der gesagt hat: »Das Streben nach körperlicher Fitness ist ein unvermeidliches Zwischenstadium, das wir durchmachen müssen, ehe wir lernen, richtig zu laufen.«

Nachdem ich angefangen hatte zu laufen, hörte ich sehr bald von Dr.

Sheehan und von dem hohen Ansehen, das er genießt. Gelegentlich sah ich ihn aus der Ferne, wenn ich an Wettkämpfen teilnahm, zum Beispiel im Central Park und im Van Cortlandt Park in New York, bei verschiedenen Rennen in New Jersey und Connecticut und zwei- oder dreimal in Boston. Er zeigte sich als fragiler Bohemien in beinahe abgerissener Laufkleidung. Ich kannte kaum jemanden, der so unprätentiös daherkam. Bei diesen Gelegenheiten nickten wir uns zu und sagen *Hallo*, aber wir kannten uns nicht. Erst als ich beschloß, dieses Buch zu schreiben, schien mir die Zeit gekommen, nach Red Bank zu pilgern und seine nähere Bekanntschaft zu machen.

Wir trafen uns in dem Hospital, in dem Dr. Sheehan Leiter der EKG-Abteilung ist. Er führte mich in die Kantine des Krankenhauses, und als er neben mir herging, blieb mein Blick unwillkürlich an den alten Laufschuhen hängen, die er im Krankenhaus trug. Das Fenster bot einen Ausblick auf den Navesink River mit seinen blauen Gewässern. Segelboote lagen an Bojen vor Anker und schaukelten sacht in den Wellen. »Wir haben hier einen Tidenhub von mehr als drei Metern«, sagte Sheehan. »Hier werden häufig Regatten gefahren, und auch sonst ist viel los. Ist es nicht schön?« Das war es tatsächlich.

Zu unserem Gespräch setzten wir uns dann in die Bibliothek. Von Zeit zu Zeit klingelte das Telefon, und Sheehan sprach mit einem Läufer. Ein Anruf kam irgendwo aus dem Mittelwesten. Nachdem er eine Weile zugehört hatte (die Verletzung hatte etwas mit den Oberschenkelmuskeln zu tun), sagte Sheehan: »Wie ist es beim Autofahren? Haben Sie dann auch Schmerzen? In welchen Schuhen laufen Sie? Sie brauchen ziemlich breite Fersen. Die SL-72s sind vielleicht richtig.«

Nach dem Gespräch schob Sheehan seinen Stuhl zurück und legte die Füße auf die Tischplatte. »Am Tag erhalte ich etwa drei bis vier solcher Anrufe«, erklärte er mir. »Leider gibt es nur wenige Leute, die wissen, wie man Läufer behandelt. An der Westküste geht es, und im Osten haben wir auch ein paar sehr gute Leute. Aber in der Mitte des Landes ist die Lage schlecht. Das größte Problem entsteht immer dann, wenn jemand Blut im Urin hat (Kapitel sechzehn). Wenn so was passiert, greifen die Leute meist schleunigst zum Telefon. Einer rief mich an, weil er einen Psychiater suchte, der lief. Die meisten Läufer mögen sich nach einiger Zeit gar nicht mehr mit Fachleuten abgeben, wenn die nicht auch laufen.«

Er habe früher gehofft, erzählte Dr. Sheehan, alle Ärzte dahin zu bringen, daß sie sich für Sportmedizin interessieren, aber diese Bemühungen habe er ziemlich eingeschränkt. »Jetzt versuche ich, meine Artikel dort zu veröffentlichen, wo Sportler sie lesen. Ich habe festgestellt, daß wir eine bessere medizinische Versorgung für Läufer nicht dadurch erreichen, daß wir die Ärzte aufklären, sondern dadurch, daß wir den Läufern demonstrieren, daß es Behandlungsmethoden gibt, die sie von ihren Ärzten verlangen können.« Als er zum ersten Mal die Probleme erwähnt habe, die sich ergeben können, wenn der große Zeh kürzer als die übrigen ist, seien die Läufer massenweise in die Sprechzimmer der orthopädischen Chirurgen gekommen und hätten um Behandlung gebeten. Ohne Zweifel hätten daraufhin Hunderte von Ärzten im ganzen Land halbe Nächte lang ihre medizinischen Handbücher gewälzt, um Dr. Mortons Zehen-Syndrom zu studieren.

Auch wenn viele Ärzte gegenüber solcher medizinischen Aufklärung skeptisch sein mögen, so findet sie doch bei den Läufern selbst große Anerkennung. »Bis zu dieser Sache mit Mortons Zeh«, erzählte Sheehan, »hatte ich ehrlich versucht, die Ärzte zu erziehen. Aber solange die Läufer nicht die richtige Behandlung verlangten, blieb die Wirkung gering. Der Durchbruch kam erst, nachdem ich sie informiert hatte. Jetzt schreibe ich überhaupt nicht mehr für die Ärzte, sondern für die Patienten – in der Hoffnung, daß sie ihre Ärzte erziehen. Die meisten Läufer wissen mehr über ihre Füße, über Physiologie und Biomechanik als ihre Ärzte. Wenn Sie Ken Coopers Buch über das *Bewegungstraining* gelesen haben, wissen Sie mehr über die Physiologie der Bewegung als der durchschnittliche praktische Arzt. Hinsichtlich der Mediziner habe ich ein bißchen resigniert.«

Ehe ich nach Red Bank gefahren war, hatte ich mit meiner Frau ein Abkommen getroffen. Obwohl ich mich völlig gesund fühlte, hatte sie mich seit längerer Zeit schon bedrängt, eine Vorsorge-Untersuchung machen zu lassen. Ich hatte ihr versprochen, daß ich Dr. Sheehan nicht nur um Rat fragen würde, sondern auch alles tun würde, was er empfahl. Daher fragte ich nun, was jemand tun solle, der täglich fünfzehn Kilometer läuft und dabei keinerlei beunruhigende Symptome aufweist.

»Jährliche Routineuntersuchungen sind Zeitverschwendung«, sagte Dr. Sheehan. »Sie sind sogar gefährlich für Läufer. Allzu leicht kann es Ihnen passieren, daß Sie einem Arzt in die Hände fallen, dem Ihr EKG nicht gefällt, und ehe Sie richtig wissen, wie Ihnen geschieht, sind Sie in der Mayo-Klinik und man prüft Ihre Herzkranzgefäße. Sie müssen statt dessen darauf hören, was Ihr Körper Ihnen mitteilen will. Für Sportler sind Belastungstests praktisch wertlos. Man macht diese Belastungstests bei einer Temperatur von genau zwanzig Grad Celsius und bei vierzig Prozent Luftfeuchtigkeit. Vorher hat man zwei Stunden lang nichts gegessen, und eine Menge netter Leute stehen einem zur Seite. Draußen, beim Laufen, sind die Dinge meistens ganz anders. Der Doktor hat Ihnen möglicherweise versichert, es sei völlig in Ordnung, Zehn-Minuten-Meilen zu laufen, aber Ihr Körper sagt: ›Nein, das ist heute zu schnell.‹ Das hätten Sie auch selbst herausfinden können. Dennoch, wenn Sie einen Arzt finden, der nicht einfach in der Herde mittrottet, ist es wohl doch ganz wertvoll, Testergebnisse zu haben, an denen man sich orientieren kann, falls etwas schiefgeht. Sonst allerdings findet man bei den jährlichen Routineuntersuchungen nur Dinge heraus, die man schon wußte, oder die einem gleichgültig sind.«

Ich fragte Sheehan, wie er es sich erklärt, daß seine Schriften soviel Erfolg haben. »Ich verstehe es auch nicht«, sagte er mir. »Da kommen immer diese reizenden alten Damen vom Reinigungsdienst und aus der Diätküche zu mir und sagen: ›Ich liebe Ihr Buch, Doktor.‹ Einmal hielt mich eine auf dem Flur im Krankenhaus an und fragte: ›Wie kommen Sie eigentlich mit der Hitze zurecht, Doktor Sheehan?‹«

Wenn man ihm Glauben schenken darf, dann ist das Schreiben so mühselig für ihn wie das Schleifen von Diamanten. »Ich brauche zehn bis zwölf Stunden, um sechs- oder achthundert Worte zu schreiben«, erklärte er mir, »und dabei ist die Zeit, die ich zum Erleben brauche, noch gar nicht gerechnet. Mitunter schreibe ich etwas und werde dann plötzlich unsicher, ob es wirklich so ist. Dann gehe ich nach draußen zum Laufen, um zu prüfen, ob ich die Dinge richtig dargestellt habe. Nur ganz selten funktioniert das Schreiben bei mir wie ein Münzautomat. Dann klappern die Worte zing, zing, zing aufs Papier, und die ganze Kolumne ist fertig, inklusive der Einleitung. Dann brauche ich nur noch von der Bühne zu treten.« Solche Abgänge beherrscht Dr. Sheehan. Oft schreibt er mit beneidenswerter Gewandtheit: »Wo sind nur die Helden geblieben? Sie sind gemeinsam mit der Einfachheit, der Pietät und den einfachen Antworten einer anderen Epoche verschwunden. Unser Mangel an Helden ist ein Zeichen dafür, wie ausgereift unsere Zeit ist. Man weiß jetzt, daß jedermann das Recht und die Fähigkeit hat, sein Leben erfolgreich zu machen. Aber man weiß auch, daß solcher Erfolg vom Mut, von der Ausdauer und vor allem vom Willen abhängt, der Mensch zu sein, der man ist, so merkwürdig das auch klingen mag. Erst wenn man diesen Mut hat, ist man in der Lage zu sagen: ›Ich habe meinen Helden gefunden, und dieser Held bin ich selbst.‹«

Obwohl sich Dr. Sheehan durchaus bewußt ist, daß seine Schriften für Läufer von besonderem Reiz sind, ruht er sich nicht auf seinen Lorbeeren aus. »Ich habe immer ein komisches Gefühl beim Schreiben«, sagt er. »Ich bin stets fest davon überzeugt, daß die eben abgeschlossene Kolumne mein letzter passabler Artikel sein wird. Ich strenge mich jedesmal unheimlich an. Zu Joe Henderson habe ich einmal gesagt, ich fühlte mich wie ein mittelprächtiger Baseballspieler, der nur darauf wartet, daß jemand kommt, der es richtig gut kann. Nur, daß bisher noch niemand gekommen ist.«

23 / *Sportler aus der Retorte?*

Wie Naturwissenschaftler die Geheimnisse des Laufens erforschen

In einem Laboratorium in Dallas reibt ein Wissenschaftler Frank Shorters schlanke, straffe Wade mit einem Desinfektionsmittel ab. Shorter verzieht das Gesicht, und im selben Moment injiziert ihm der Wissenschaftler auch schon ein Betäubungsmittel ins Bein. Er wartet einen Moment, bis die Wirkung eintritt, dann macht er mit einem Skalpell einen zentimeterlangen, energischen Einschnitt. Eine Assistentin reicht ihm eine etwa fünfzehn Zentimeter lange Hohlnadel aus rostfreiem Stahl, etwa halb so dick wie ein Bleistift. Dort, wo er den Schnitt gemacht hat, drückt der Wissenschaftler das abgerundete Ende der Nadel in die Fasern von Shorters Wadenmuskel hinein. Dann schiebt er durch die ausgehöhlte Nadel ein weiteres schlankes Gerät, dessen scharfes Ende an eine winzige runde Stechform erinnert. Als ob er ein bißchen Teig für ein Weihnachtsplätzchen ausstechen wollte, schneidet der Wissenschaftler ein Stückchen Muskelgewebe heraus, das etwa so groß wie ein Apfelsinenkern ist. Dann zieht er beide Nadeln zurück, der Schnitt wird mit einem Pflaster bedeckt, und die winzige Gewebeprobe, die tief aus dem Muskelfleisch stammt, wird in flüssigem Stickstoff gefroren.

Die Sport-Alchimisten sind wieder am Werk. Noch vor einigen Jahren mußten die meisten Läufer selbst herausfinden, wie man am besten trainiert. Selbst wenn einer von ihnen einen erfahrenen Trainer hatte, reichte der damalige Wissensstand doch nicht aus, um die eigentlichen Quellen von Geschwindigkeit und Ausdauer erklären zu können. Erfolgreiche Trainingsmethoden waren deshalb vom Zufall abhängig. Das hat sich mittlerweile gründlich geändert. Gerade in den letzten Jahren hat man so viele neue Erkenntnisse über die Physiologie des Laufens, über die Ernährung und sogar über den kompliziertesten Faktor, die Motivation, gewonnen, daß jeder Sportler sich allein durch das Lesen den Erfahrungsschatz eines ganzen Trainerlebens aneignen kann. Und das gilt nicht nur für Spitzensportler, sondern auch für Leute wie Sie und mich. Nehmen wir zum Beispiel ein typisches Ernährungsproblem. Noch vor kurzem waren viele Sportler und Trainer der Ansicht, daß man viel Eiweiß zu sich nehmen müsse, um Energie zu gewinnen. Dann entdeckten Wissenschaftler (was sie selbst überraschte), daß bei körperlicher Anstrengung nicht das Eiweiß, sondern die Kohlehydrate die wichtigste Energiequelle darstellen. Wenn auch heute noch bei manchen Fußballspielern vor dem Anpfiff eine Steakmahlzeit auf dem Programm steht, so liegt das vor allem daran, daß der Verstand im Kampf mit der Tradition nur allzu oft unterliegt.

Das Geheimnis der Kohlehydrate wurde gemeinsam mit vielen anderen in wissenschaftlichen Instituten entdeckt, die zu Beginn unseres Jahrhunderts entstanden. Die ersten dieser sportmedizinischen Laboratorien gab es in England und Deutschland. In den zwanziger Jahren begann man sich auch in Amerika für dieses Gebiet zu interessieren und in Cambridge, Massachusetts, besaß das Harvard Laboratorium, das Fragen der Ausdauer und Ermüdung untersuchte, neben verschiedenen anderen Geräten eines der ersten Laufbänder, das speziell für Menschen konstruiert worden war. Die eigentliche Wachstumsperiode aber kam erst in den sechziger Jahren, als der physiologische Wissensdurst einerseits und ausreichende Stipendien andererseits eine Fülle von Laboratorien im ganzen Lande hervorbrachten.

Da es mittlerweile so viele von ihnen gibt, haben sich die meisten von ihnen spezialisiert. So versucht Dr. Lawrence B. Oscai von der Universität von Illinois in Chicago Circle beispielsweise herauszufinden, wie sich körperliche Bewegung auf die Anzahl und Größe der Fettzellen auswirkt; seine Forschungsergebnisse könnten eines Tages zu einer Umwälzung bei der Bekämpfung von Übergewicht und Fettleibigkeit führen. Im Noll Laboratorium der Penn State Universität hat Elsworth Buskirk die Wirksamkeit tragbarer Defibrillatoren untersucht, die den Herzschlag wieder in Gang bringen sollen, wenn der Herzmuskel sich verkrampft und nur noch ein hilfloses Zucken erzeugt. An der Ball State Universität haben Wissenschaftler die Heilungschancen nach Knieoperationen und die bewegungstherapeutischen Möglichkeiten bei der Diabetes-Behandlung untersucht, was Zuckerkranken vielleicht dazu verhilft, ein sehr viel normaleres Leben zu führen. Dennoch kehren fast alle Laboratorien früher oder später zur ersten Liebe nahezu aller Physiologen zurück: zum Laufen. Das liegt daran, daß das Laufen den menschlichen Körper so stark belastet, daß physiologische Veränderungen sehr rasch und in meßbarem Umfang sichtbar werden. Natürlich verändert sich auch der Körper eines Menschen, der einmal in der Woche kegelt, im Laufe eines Jahres ein wenig, aber wer wüßte schon eine Methode, mit der man diese Veränderungen eindeutig nachweisen könnte? Im Körper eines Menschen, der täglich acht oder zehn Kilometer läuft, verändert sich hingegen soviel, daß man darüber einfach nicht hinwegsehen kann.

Die Forschungsergebnisse der Leistungsphysiologie haben einige eindrucksvolle, wenn auch begrenzte praktische Entwicklungen zur Folge gehabt. Nehmen wir als Beispiel den Laufheroen John Walker aus Neuseeland, den schnellsten Meilenläufer der Welt. Vermutlich wurde und wird er medizinisch weitaus intensiver betreut, als jeder andere Läufer in der Geschichte. Sein Arzt, Dr. Lloyd Drake, beobachtet ständig seine Pulsfrequenz, sein Blutbild und seine aerobe Kapazität. Sobald der Hämoglobinindex sinkt (und sich damit die Fähigkeit des Blutes, Sauerstoff zu transportieren, vermindert), gibt Drake seinem Schützling eine Vitamin-B_{12}-Spritze, die das Knochenmark zur verstärkten Hämoglobinproduktion anregen soll. Wenn Walker eine leichte Verletzung erleidet, kümmert sich Drake sofort darum, damit sie sich nicht zu einem ernsthaften Handicap auswächst. Er legt auch genau fest, wie schnell Walker beim Training laufen soll. Nirgendwo aber steht die Sportmedizin in höherem Ansehen als in der DDR, wo jeder Weltklassesportler von einem ganzen Spezialistenteam unterstützt wird – »ähnlich wie ein Astronaut, der in den Weltraum geschickt wird«, wie ein Arzt einmal sagte. Angesichts der spektakulären Erfolge von DDR-Sportlern wäre es erstaunlich, wenn nicht die sportmedizinischen Institute anderer Staaten versuchen würden, ähnliche Leistungssteigerungen bei ihren Athleten zu erzielen.

Diese Entwicklung wird keineswegs von allen begrüßt. Bei einem Symposion über Sport und Herzkrankheiten zum Beispiel stellte Roger Bannister die Behauptung auf, die Naturwissenschaften hätten den Sportlern schon deshalb nicht viel genutzt, weil jeder Sportler ein Individuum sei und sich von allen anderen unterscheide. »Er muß sowohl das schnelle als auch das langsame Laufen probieren, aus seinen eigenen Fehlern lernen und dann seine eigene magische Trainingsformel entdecken.« Die körperlichen Faktoren, meinte Bannister, machten für einen Läufer nur einen Teil des Erfolgs aus: »Ich glaube, daß der Antrieb und die Willenskraft letztlich entscheiden, wer der bessere Läufer ist. Das ist genauso wichtig wie irgendwelche körperlichen Eigenschaften.« Manche Kritiker befürchten, daß wir letztlich eine Rasse von bewußtlosen Superstars im Stil von *1984* heranzüchten könnten, deren sportlich vollkommene Körper von machiavellistischen Forscher- und Technikerteams manipuliert werden.

Diese Angst vor den olympischen Robotern ist wohl doch übertrieben. Zum einen sind, wie ja auch Bannister feststellt, die geistigen Qualitäten beim Laufen sehr wichtig. Zum anderen tragen soviele verschiedene Variablen zum sportlichen Erfolg bei, daß es nahezu unmöglich erscheint, sie alle gleichzeitig aktivieren zu können. Aber wer weiß? Die DDR-Sportler haben immerhin bewiesen, daß man sehr viel mehr olympische Medaillen gewinnen kann, wenn man sich intensiver mit sportmedizinischen Fragen beschäftigt.

Um genauer herauszufinden, was in den sportmedizinischen Laboratorien vorgeht, besuchte ich eines der bekanntesten: das Laboratorium für Leistungsforschung an der Ball State Universität in Muncie, Indiana, das von einem wortgewandten, klugen Physiologen namens David L. Costill geleitet wird.

Die Wissenschaftler arbeiten in einem unauffälligen Metallgebäude. Da es zu den kleinsten Instituten auf dem Campus von Ball State gehört, wirkt die Forschungsstätte von außen nicht sehr eindrucksvoll. Dennoch hat sie gegenwärtig Hochkonjunktur. Als sie Mitte der sechziger Jahre eingerichtet wurde, besaß sie lediglich ein stationäres Fahrrad, eine Schrittbank und eine Schublade voller Stethoskope; Aufmerksamkeit erregte das Institut erst, als 1966 Dr. Costill die Leitung übernahm. Costill ist ein schlanker Mann Anfang Vierzig, dessen Schläfen allmählich grau werden. Sport ist für ihn keineswegs nur eine theoretische Frage: Er läuft täglich fünf Meilen. Obwohl er sich seit seiner Kindheit für Sport interessierte, kam ihm der Gedanke, die Leistungsphysiologie zu seiner beruflichen Laufbahn zu machen, erst relativ spät. »Als ich vom College abging, leitete ich für einige Zeit den Schwimmunterricht und das Training an einer Schule«, erzählte er mir. »Aber ich merkte bald, daß ich nicht mein Leben lang Trainer bleiben wollte. Ich kam zwar mit den Kindern gut zurecht, aber meinen Ehrgeiz befriedigte das keineswegs. Ich wollte gern echte wissenschaftliche Forschung betreiben. In meiner Freizeit hatte ich Hunderte von Stunden in sportphysiologische Untersuchungen investiert – einfach aus Interesse an der Sache. Dann schrieb ich mich an der Ohio State Universität ein um zu promovieren. Aber was ich genau machen wollte, wußte ich auch damals noch nicht. Ich verbrachte allerdings immer mehr Zeit in den Forschungslaboratorien. Ich hielt mich dort den ganzen Tag auf und spielte herum. Auf diese Weise wurde mir klar, was ich eigentlich wollte. Nichts interessiert mich mehr als Sportphysiologie.« Costill promovierte mit dem Hauptfach Physiologie und sah sich nach einem Job um. Schließlich half ihm der Zufall: Irgend jemand schickte ihm eine Anzeige der Ball State Universität, die einen Laboratoriumsleiter suchte. Costill bewarb sich und erhielt den Posten.

Auf der Nordseite des Laboratoriums befinden sich fünf oder sechs gewöhnliche Büros, zu denen auch das von Dr. Costill gehört; der Rest des Gebäudes ist vollgestopft mit den modernsten wissenschaftlichen Geräten: mit einem Computer; einer Zentrifuge; Geräten, mit denen man den Sauerstoff- und Kohlendioxydgehalt des Atems messen kann, während der Sportler auf dem Laufband trainiert; einer dreimaldrei Meter großen Klimakammer, mit deren Hilfe man feststellen kann, wie die Sportler auf extreme Temperaturen reagieren. Auf einem Ehrenplatz in der Mitte steht das Laufband, auf dem einige der besten Läufer der Vereinigten Staaten im Dienste der Wissenschaft geschwitzt haben.

In diesem Gebäude wurden eine Reihe von Entdeckungen gemacht, die den Laufsport unwiderruflich verändert haben. Bei Untersuchungen, die er gemeinsam mit Bengt Saltin von der Universität Kopenhagen durchführte, stellte Costill zum Beispiel vor einigen Jahren fest, daß die Muskeln von Weltklasseläufern irgendwie anders waren als die der meisten Sportler. Bei ihrer Suche nach genaueren Hinweisen stießen die beiden Forscher schließlich auf die Struktur der Muskelfasern. Als sie die haarfeinen Gewebefäden genauer unter die Lupe nahmen, machten sie eine faszinierende Entdeckung. Wenn man das Gewebe einfärbte, konnte man zwei deutlich verschiedene Fasertypen erkennen. Bei den Spitzenläufern herrschte der eine Fasertyp eindeutig vor. Mit Hilfe komplizierter analytischer Methoden untersuchten sie die Muskelfasern auf ihre Enzymaktivität, ihre Fähigkeit sich zusammenzuziehen und ähnliche Faktoren. Aus diesen Analysen ergab sich eine bedeutende Feststellung: Eine Art von Muskelfasern, die sogenannten ST-Fasern, zogen sich langsam zusammen; andere, die FT-Fasern[1] zogen sich rascher zusammen. Wie die Wissenschaftler ermittelten, hatten fast alle Spitzenläufer mehr ST- als FT-Fasern. Bei einer Gruppe von vierzehn Weltklasse-Lang-

1 Bei der Untersuchung einer Zufallsgruppe wurde ermittelt, daß man bei der Durchschnittsbevölkerung lediglich 57 Prozent ST-Fasern findet.

streckenläufern stellte man fest, daß der Anteil der sich langsam kontrahierenden ST-Fasern bei ihnen durchschnittlich 79 Prozent ausmachte[2], während sich bei Mittelstreckenläufern (800 Meter bis zwei Meilen) lediglich 62 Prozent ST-Fasern fanden. Der Unterschied zwischen beiden Gruppen war offensichtlich. Aber war das der entscheidende Unterschied zwischen dem Achthundert-Meter-Läufer und dem Marathonläufer? Spätere Forschungen zeigten, daß dem wahrscheinlich so ist.

Natürlich könnte man daraus schließen, daß man zum Spitzenläufer geboren sein muß und Training nicht viel nutzt. Dr. Costill ist da anderer Ansicht. Er meint vielmehr, daß diese Erkenntnisse dazu beitragen können, daß sich Sportler beim Training nicht mehr so häufig in Sackgassen verrennen. Sie können sich besser auf die Disziplinen konzentrieren, die ihnen gute Entwicklungsmöglichkeiten bieten. Das heißt natürlich noch lange nicht, daß jeder beliebige Sportler ein Champion wird. Zumindest kann man auf diese Weise aber verhindern, daß er eine Sportart wählt, in der ihm die Mittelmäßigkeit schon vorherbestimmt ist. »Wir haben nachgewiesen, daß man kein Langstrecken-Champion werden kann, wenn man nicht genügend Muskelfasern vom ST-Typ besitzt«, meint Dr. Costill.

Costill hat auch einiges Interessante über das Verhalten der Körpersäfte bei starker Belastung, wie zum Beispiel Marathonläufen, ermittelt. Seine Ergebnisse haben wahrscheinlich schon vielen Menschen das Leben gerettet. Vor einigen Jahren beschäftigte er sich mit der Frage, ob das uralte Vorurteil gegen das Trinken beim Training überhaupt gerechtfertigt ist. Seine Untersuchungen zeigten ebenso wie die von anderen Forschern, daß das Trinkverbot völlig unsinnig ist und bei feuchtwarmem Wetter wegen der Gefahr eines Hitzschlags sogar lebensbedrohend sein kann. Experimente wiesen eindeutig nach, daß Flüssigkeitsaufnahme während des Trainings die Leistungsfähigkeit keineswegs mindert, sondern erhöht. Diese For-

---

2 Anmerkung des Übersetzers: ST steht für »slow-twitch«, FT steht für »fast-twitch«. Im Deutschen spricht man vom hellen phasischen Typ (FT), der ein hohes Membranpotential besitzt und sich sehr rasch verkürzen kann. Die Fasern sind fibrillenreich und plasmaarm, enthalten wenig Myoglobin und sind deswegen hell gefärbt. Die biochemische Aktivität ist gesteigert. Die Faser reagiert schnell, neigt aber zur raschen Ermüdung.
Die dunkle Muskelfaser (ST) enthält wenig Fibrillen und relativ viel Plasma, der Myoglobingehalt ist hoch. Die Faser zeigt eine langsame Kontraktionsgeschwindigkeit und ist für Haltefunktionen besonders geeignet. Dafür spricht auch, daß sie sehr viel Mitochondrien enthält und eine hohe Verbrennungsaktivität (das heißt eine gesteigerte Sauerstoffaufnahme) entwickelt. Die Faser reagiert langsamer, neigt aber weniger zur Ermüdung. Siehe: Hannes Schoberth, *Sportmedizin*, Frankfurt/M: Fischer Taschenbuch Verlag 1977, Seite 95.

schungsergebnisse führten dazu, daß sich das amerikanische Institut für Sportmedizin im Jahre 1975 zu einer bahnbrechenden öffentlichen Erklärung entschloß, die vor dem bisherigen Trinkverbot ausdrücklich warnte. Die Wirkung dieser Empfehlung kam einer Revolution gleich.

Auch bei der Bestimmung des Trainingspensums hat Costill neue Vorschläge. Üblicherweise berechnen die Läufer ihr Trainingspensum nach Wochen. Bei meinem Gespräch mit Bill Rodgers erklärte er mir zum Beispiel: »In den vergangenen drei Jahren bin ich jede Woche 140 Meilen gelaufen.« Diese Berechnungsmethode nach Wochen anstelle von Tagen hat sich deshalb durchgesetzt, weil der Läufer die unterschiedlichen Trainingsmöglichkeiten an verschiedenen Wochentagen damit ausgleichen kann. Costill ist jedoch der Ansicht, daß dies noch nicht weit genug geht. Die Daten, die er zu Unterstützung seiner Forderung vorlegen kann, stammen aus seiner eigenen Erfahrung, denn er hat sie im Selbstversuch ermittelt. Die Energie zum Laufen stammt aus einer zuckerähnlichen Substanz, dem Glykogen (Kapitel vierzehn). Das Glykogen wird im Muskelgewebe gespeichert, und bei körperlicher Arbeit wird der Vorrat allmählich verbraucht. Ist der Glykogenvorrat verbraucht, hilft auch Willenskraft nichts mehr, und man muß mit der Arbeit aufhören. Bei der Untersuchung seines eigenen Glykogenspiegels stellte Dr. Costill fest, daß er bis zu zwei Wochen brauchte, um seinen Glykogenvorrat zu normalisieren, nachdem er dreimal hintereinander zehn Meilen gelaufen war. Ganz offensichtlich konnte er nicht die ganze Woche hindurch ein ausgewachsenes Training absolvieren und dann an einem Wettkampf teilnehmen. Dazu hätten die Glykogenvorräte niemals gereicht. »Bei mir werden die Glykogenvorräte nur sehr langsam ergänzt«, erzählte er mir. »Wie schnell das geht, ist wahrscheinlich bei jedem Menschen verschieden. Es ist bisher nicht möglich, diesen Vorgang zu beschleunigen. Man kann nur soviel Kohlehydrate wie möglich zu sich nehmen.«

Dr. Costill empfiehlt den Läufern, ihr Trainingsprogramm nicht wochen- sondern monatsweise festzulegen, um ab und zu eine leichtere Woche einschieben zu können. Diese und viele andere Empfehlungen finden sich in einem bemerkenswerten, bisher unveröffentlichten Manuskript mit dem Arbeitstitel: *A Scientific Approach to Distance Running* (Eine wissenschaftliche Methode für den Langstreckenlauf). Über die Wochen- und Monatsfrage schreibt er zum Beispiel: »Der Sinn des Trainings besteht darin, die biologischen Systeme im

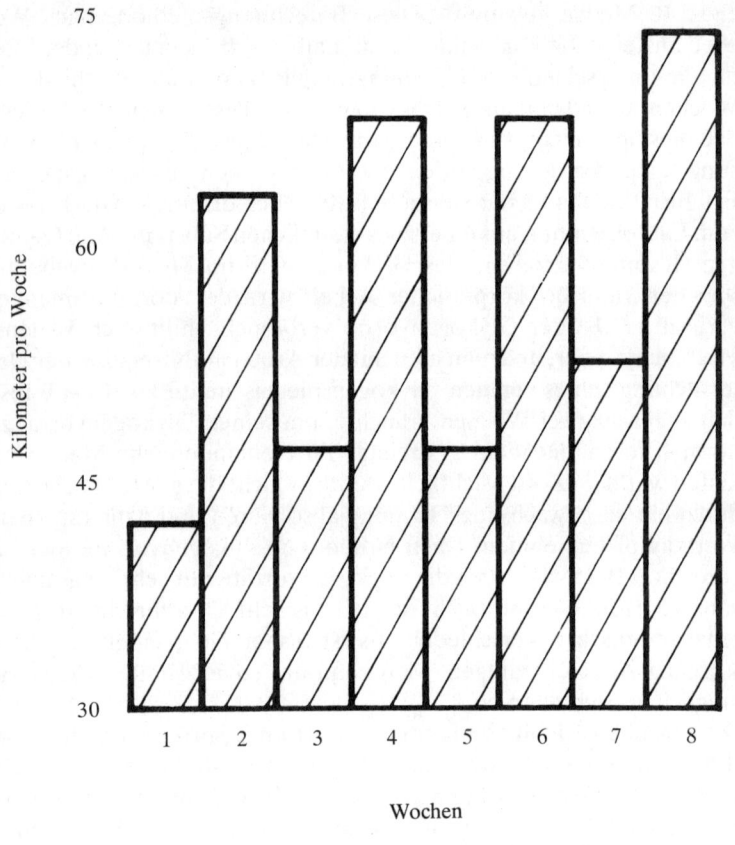

Von Sportwissenschaftlern erarbeiteter Trainingsplan
Ziel: Ausdehnung der gelaufenen Distanz = Steigerung der Ausdauer

Kilometer pro Woche

Wochen

Nach: *A Scientific Approach of Distance Running*

Körper des Läufers, die für eine Dauerproduktion hoher Energiemengen zuständig sind, zu prüfen, zu belasten und manchmal zu überanstrengen. Solches Training ist wertlos, wenn der Körper nicht genügend Gelegenheit erhält, die Trainingsbelastungen auszugleichen, den Energieverbrauch zu kompensieren und überzukompensieren... Die Erholungszeit ist also ein wichtiger Teil des Trainingsprogramms, ohne den das System mit Sicherheit versagt... Angesichts der Tatsache, daß die meisten physiologischen Systeme (zum Beispiel die Muskelenzyme) sich einem Trainingsreiz erst nach ungefähr drei bis vier Wochen angepaßt haben, erscheint es angemessen, die Trainingsbelastung eines Läufers auf der Grundlage einer Vier-Wochen-Periode zu bestimmen. Diese Methode bietet die Möglichkeit, das wöchentliche Laufpensum zu variieren, so daß längere Perioden mit relativ geringer Belastung die nötige Erholung gewährleisten.«

Costills Entdeckung, daß er ein träges Glykogen-System hat, führte ihn zu einer weiteren Schlußfolgerung: Er ist der Ansicht, daß auch das beste Trainingssystem nicht bei jedem Läufer zum Erfolg führen kann. »Jeder von uns ist anders«, sagt er. »Wenn man feststellen will, was man wirklich zu leisten vermag, muß man die verschiedensten Systeme ausprobieren, darunter auch solche, die sehr extrem und völlig unvernünftig erscheinen.«

Hier noch einige weitere von Dr. Costills Erkenntnissen:

1. Auch Langstreckenläufer brauchen ein Geschwindigkeitstraining. Einige Trainer bestreiten dies, aber die Forschungen von Dr. Costill bestätigen, daß nur beim schnellen Laufen alle Muskelfasern trainiert werden, die beim Wettkampf in Anspruch genommen werden. Schnelles Laufen steigert auch den biomechanischen Wirkungsgrad und verbessert die physiologische Ökonomie.

2. Schweres Training erschöpft den Glykogenvorrat für ungefähr drei Tage. Deshalb sollte vor einem Wettkampf mehr als nur ein Tag leichtes Training eingelegt werden. Costill empfiehlt drei Tage. Er hat aber auch festgestellt, daß man am Tag vor dem Rennen nicht völlig auf das Training verzichten muß, solange man sich nicht mehr als sechs bis zehn Kilometer vornimmt und ein langsames Tempo einhält.

In der Woche, als ich Costill besuchte, war in seinem Laboratorium viel Betrieb. Während wir uns unterhielten, ratterte vor dem Fenster ein riesiger Bagger, der die Fundamente für einen Erweiterungsbau des Laboratoriums aushob. Der Vertreter eines Geräteherstellers sprach vor, um neue wissenschaftliche Anlagen zu präsentieren. Im Laboratorium sortierten wissenschaftlich-technische Assistenten mit langen Nadeln einzelne Muskelfasern unter ihren Mikroskopen, um die chemische Gewebeanalyse vorzubereiten. Ehe ich abreiste, fragte ich Costill, in welchem Bereich der Leistungsphysiologie er den nächsten Durchbruch erwarte.

»In diesem Forschungsgebiet sind die Dinge in Bewegung geraten«, antwortete er. »Noch vor wenigen Jahren machten wir Experimente mit Ratten. Das Problem bestand darin, daß eine Ratte auch mit starken Schocks nicht zum schnellen Laufen gebracht werden kann. Sie bleibt einfach sitzen. Dann entwickelten wir eine Methode, mit der Muskelfasern lebender Menschen untersucht werden können. Das war ein Durchbruch. Heute ist die Biochemie das Entwicklungsgebiet. Wir müssen herausfinden, was im Muskelgewebe geschieht. Ich bin fest davon überzeugt, daß dort die entscheidenden Vorgänge ablaufen. Bisher haben wir allenfalls die Tür aufgestoßen und einen Blick in die dahinter liegenden Räume getan. Wir wissen, daß dort viel zu finden ist. Jetzt müssen wir feststellen, um was es im einzelnen geht.«

24 / *Darf's noch etwas mehr sein?*

Nur für den Fall, daß Ihnen 42,2 Kilometer nicht genug sind

Wie ist das, wenn man nicht nur vierzig, sondern gar achtzig Kilometer zurücklegt? Als ich ihn fragte, war Bob Glover gerade von einem solchen Supermarathonlauf zurückgekommen. Er war zweihundert Mal um die Vierhundert-Meter-Bahn getrabt, weil er zu jenen Läufern gehört, denen die gewöhnlichen Wettkämpfe noch nicht genügen. Jetzt saß er in seinem Büro und berichtete mir von diesem Erlebnis. Während wir uns unterhielten, schlitzte er mit einem Taschenmesser die Kappen seiner alten blauen Laufschuhe auf, um den Druck auf den Zehennägeln zu mindern, die ihn wegen einiger Blutblasen schmerzten.

Glover ist groß und schlank, hohlwangig und fit. Am Tage nach seinem Achtzig-Kilometer-Lauf lief er acht Kilometer. Jetzt, zwei Tage später, hatte er ein Dreißig-Kilometer-Pensum geplant. Müde sah er nicht aus.

»Wenn man von der Grundlage einer soliden kardiovaskulären Fitness ausgeht und gut trainierte starke Beinmuskeln hat«, sagte Glover, »bildet bei einem Achtzig-Kilometer-Lauf eigentlich nur das ein Problem, was im Kopf vorgeht. Ich mußte zwischen dem fünfzigsten und dem sechzigsten Kilometer unheimlich kämpfen. Auf den letzten fünfzehn Kilometern dagegen schien mich völlig neue Energie zu beflügeln. Da hatte ich ein emotionales Hochgefühl sondergleichen. Ich hatte mich vor dem Start dazu entschlossen, bis zum Ziel oder bis zum Zusammenbruch zu laufen, wenn ich die Sechzig-Kilometermarke geschafft hätte.«

Eine besondere Belastung stellte das Augustwetter dar. »Wir hatten mehr als dreißig Grad Celsius«, erzählte er mir. »Als ich merkte, wie heiß es war, konzentrierte ich mich völlig darauf, überhaupt durchzuhalten. Das Rennen war nicht mehr so wichtig. Wie soll ich Ihnen beschreiben, was ich nach den ersten fünfzig Kilometern empfand? Mein schlimmes Knie schmerzte wieder. Eigentlich dürfte ich damit überhaupt nicht laufen. Ich war so müde, daß ich mich am liebsten hingelegt und geschlafen hätte. Mein Rücken tat weh. Aber vor allem die psychische Strapaze beschäftigte mich. Das Körperliche war gar nicht so wichtig. Ich mußte mich jedoch mit Gedankenspielen ablenken, um weitermachen zu können.«

Beim Laufen kaute Glover Marshmallows. Er trank Tomatensaft und Wasser und versuchte Babynahrung zu essen – Karotten, Eiercreme und eine Rindfleisch-Gemüse-Mischung. »Ich dachte, das wäre eine gute Idee, weil es leicht verdaulich ist«, erklärte er mir. »Aber das Zeug hatte in der Sonne gestanden und war deshalb sehr heiß. Ich mußte ziemlich würgen, um es runterzukriegen. Ich hätte beinahe gekotzt.«

Glover erreichte in 7:45:30 Stunden den fünften Platz. Als er ins Ziel kam, war es 19.45 Uhr. »Als erstes trank ich ein Bier. Das schmeckte gut. Dann fuhr ich nach Hause, setzte mich eine halbe Stunde in die Badewanne und duschte lange. Ich streckte mich fünfzehn oder zwanzig Minuten lang und aß dann zu Abend. Später nahm ich ein weiteres Bad und machte weitere Lockerungsübungen. Dann setzte ich mich vor den Fernseher und legte die Füße hoch. Als ich einnickte, ging ich ins Bett.«

Was veranlaßt einen ordentlichen, fleißigen Bürger wie Glover, sich einer solchen Strapaze zu unterziehen? Es geht ihm nicht um die Fitness. Er ist schon unglaublich fit. Ich glaube, Glover ist die achtzig Kilometer gelaufen, einfach nur weil es dieses Achtzig-Kilometer-Rennen gab. Er war schon einige Marathons und ein Fünfzig-Kilometer-Rennen gelaufen, deshalb mußte ihm das Achtzig-Kilometer-Rennen als logische Fortsetzung erscheinen. Vielleicht waren ihm die gewöhnlichen Rennen langweilig geworden.

Auf jeden Fall gibt es beim Laufen immer etwas Neues, das man sich vornehmen kann. Wenn man mit seinen normalen Strecken und seinem normalen Tempo zufrieden ist, kann man es dabei belassen. Man kann in einem Park laufen oder an Fünf- bis Zehn-Meilen-Rennen teilnehmen und gelegentlich einen Marathonlauf versuchen, um sich selbst auf die Probe zu stellen. Aber wenn man Lust auf mehr hat, gibt es genügend Gelegenheit dazu, diese Lust zu befriedigen.

So gibt es zum Beispiel keinerlei Grund, in Achtzig-Kilometer-Rennen eine Begrenzung zu sehen. Ted Corbitt liebt die Hundert-Meilen-Rennen. »Hundert Meilen zu laufen war eine natürliche Fortsetzung all der Trainingsdistanzen und Rennen, die ich bisher absolviert habe«, erklärte er mir. »Der Antrieb ist derselbe, der einen dazu bringt, zum ersten Mal an einem Marathon teilzunehmen. Viele Marathonläufer beenden das Rennen und spüren, daß sie noch viel Kraft haben, deshalb versuchen sie herauszufinden, wieviel mehr sie noch zu leisten vermögen.«

Corbitt weiß vielleicht mehr über die Längststreckenrennen als irgend jemand sonst auf der Welt. Über die Feinheiten dieser Ultramarathons spricht er wie ein Rosenzüchter über die Schaustücke für die nächste Gartenbauausstellung. »Wenn man an den Hundert-Meilen-Rennen teilnimmt, gehört man zu einer ganz anderen Kategorie. Da gibt es Müdigkeitszonen. Die erste beginnt so etwa nach achtzehn Meilen. Da muß man durchlaufen, bis man auf der anderen Seite wieder herauskommt. Je weiter man läuft, desto besser lernt man diese Müdigkeitszonen kennen. Ehe man nicht an Fünfzig- oder Hundert-Meilen-Rennen teilnimmt, weiß man so gut wie gar nichts darüber. Es ist zum Beispiel sehr schwer, die 58-Meilen-Grenze zu überwinden. Man muß seine ganze Willenskraft zusammennehmen, sonst packt man es nicht. Es scheint eine Ewigkeit zu dauern, ehe man die Neunzig-Meilen-Marke erreicht. Der ganze Vorgang unterscheidet sich stark vom Marathonlauf, denn auf der Marathonstrecke erreicht man nur einmal den toten Punkt, aber beim Ultramarathonlauf verändert sich der Energiepegel mehrfach.«

Ich frage Corbitt, ob er jemals erlebt habe, daß ihn seine Willenskraft im Stich ließ. »Oh ja«, sagte er. »Plötzlich denkt man: ›Warum bin ich nicht zu Hause geblieben? Was mache ich eigentlich hier?‹«

Es ist eine magische Anziehungskraft, die Leute wie Corbitt und Glover dazu treibt, die Grenzen der Ausdauer immer weiter hinauszuschieben. Sie sind keineswegs die einzigen Menschen, die das Lauferlebnis immer extremer zu steigern versuchen.

Tony Rafferty aus Belfast zum Beispiel lief einmal fünfzig Stunden hintereinander, nur um zu beweisen, daß dies möglich ist.

Ein Läufer namens Park Barner lief im Jahre 1976 ein Fünfzig-Meilen-Rennen im Central Park und nahm gleich am nächsten Tag an einem Marathonlauf teil.

Um auf die Probleme der amerikanischen Neger hinzuweisen, lief der Schauspieler Dick Gregory von Los Angeles nach New York. Er brauchte zweieinhalb Monate und ernährte sich ausschließlich von Fruchtsaft, Sonnenblumenkernen und Reformkost.

Richard Innamorato, ein siebenundzwanzigjähriger Student, startete im Oktober 1976 zu einem 3900-Kilometer-Lauf von Fort Kent in Maine nach Key West in Florida. (Jeder, der so etwas macht, »ist ein exzentrischer Spinner oder hat seine Freude dabei«, erklärte er mit bestechender Logik.)

Der Personalberater Dick Traum nimmt regelmäßig an Wettkämpfen teil, darunter auch an Marathonläufen, obwohl er bei einem Autounfall sein rechtes Bein eingebüßt hat. (Er besitzt eine gute Prothese.)

Joe Pardo aus Flushing, New York, ist häufig bei Laufwettbewerben in New York und Connecticut zu sehen. Pardo ist ebenso blind wie Harry Cordellos aus San Francisco, dessen beste Marathonzeit 2:59 Stunden ist.

Im Death Valley – das bei Läufern erstaunlich beliebt ist – legten zwei Läufer namens Pax Beale und Ken Crutchlow in Begleitung eines Arztes, der sich für das Experiment interessierte, in zwei Tagen 235 Kilometer zurück. In der Wüste liefen sie zeitweilig bei Temperaturen von 57 Grad Celsius, und das Ziel ihres Rennens auf dem Mount Whitney lag 4418 Meter über dem Meeresspiegel. Beale verlor in den zwei Tagen 24,75 Kilogramm, ersetzte aber diesen Verlust bis auf fünf Kilogramm durch eine Spezialflüssigkeit.

In London versammeln sich jedes Jahr ungefähr einhundert Läufer im Schatten von Big Ben, um die 52,5 Meilen von London nach Brighton zu laufen. Rod MacNicholl, der kürzlich an diesem berühmten Straßenrennen teilnahm, schilderte vor seinen Klubkameraden im New York Road Runner's Club seine Erlebnisse: »Nach dem Rennen bluteten meine Brustwarzen, meine Füße, meine Leisten und einige andere Teile des Körpers. Meine Beine schmerzten sehr stark, besonders die Oberschenkel. Abgesehen davon fühlte ich mich großartig.« Mindestens zwei Frauen sind das berühmte Rennen bisher gelaufen.

Um sein Heimatland der Länge nach von Stirling Point im Süden bis zum Leuchtturm auf Cape Reinga zu durchqueren, legte der Neuseeländer Don Cameron täglich fast sechzig Meilen zurück. Er brauchte dreiundzwanzig Tage und feierte den Abschluß seines Unternehmens bei einem Glas Bier mit dem Wärter des Leuchtturms.

Eine Gruppe, die sich Fackel der Freiheit nennt, und eine Synthese zwischen Laufen und Religion sucht, legte kürzlich in allen fünfzig amerikanischen Bundesstaaten insgesamt vierzehntausend Kilometer zurück, um ihren »Glauben an Amerika« zu zeigen.

Jedes Jahr gibt es in New Hampshire ein Bergauf-Rennen. Es beginnt am Fuß des Mount Washington. Die Strecke führt dreizehn Kilometer bergauf und endet in 1916 Metern am Gipfel. Mein Freund Al

Neehan hat mehrfach daran teilgenommen und kam immer irgendwo im Hauptfeld an. »Es tut die ganze Zeit über weh«, erklärte er mir. »Ein Marathonlauf ist gar nichts dagegen. Die Leute denken immer, weil sie sich mit Bergsteigen und Bergwandern ein bißchen auskennen, würde ihnen das Rennen nichts ausmachen. Die wundern sich meistens ganz schön.«

Mit alledem hat das, was ich unter Spaß am Laufen verstehe, überhaupt nichts zu tun. Am glücklichsten bin ich, wenn im Herbst die Blätter leuchten und die Luft frisch und klar ist, und ich einen lockeren Zehn-Meilen-Lauf machen kann. Die Qual der völligen Verausgabung suche ich beinahe nie. Aber wer kann schon sagen, daß ich das Richtige tue und die Läufer, die in Grenzbereiche vorstoßen, sich im Unrecht befinden? Unendlich sind die Möglichkeiten, die Sie beim Laufen erwarten.

Anmerkung von Prof. Dr. Heinrich Hess: Der läuferisch und sportlich ambitionierte Normalverbraucher sollte sich an den Berichten über diese extremen Laufleistungen nicht allzusehr stoßen. Niemand zwingt uns, mehr zu laufen, als uns Spaß macht. Wenn es aber Menschen gibt, denen es Freude bereitet, hundert Meilen an einem Stück zu laufen, dann sollten wir ihnen die Freude lassen, so etwas zu tun. Ob wir sie bewundern oder belächeln wird ohnehin nichts an ihrer Einstellung ändern.

25 / Die Physiologie des Laufens

Wie der Körper auf Ausdauertraining reagiert

Das Laufen beginnt im Gehirn. Sobald Sie beschließen, sich in Bewegung zu setzen, schickt Ihre Großhirnrinde eine Reihe elektrochemischer Signale aus. Wie bei einem Telefonanruf hat jedes dieser flimmernden Signale nur einen einzigen Bestimmungsort. Nehmen wir einmal an, eines sei für den Wadenmuskel bestimmt. Es geht vom Gehirn aus, bewegt sich dann durch die Nervenstränge in der Wirbelsäule ins Bein hinunter, wobei es von Nervenzelle zu Nervenzelle springt, indem es das chemische Gleichgewicht zwischen Natrium und Kalium in den Zellen verändert. Auch wenn es die Verbindungsstellen, die Synapsen, passiert, löst es beim Überspringen eine Welle gleichgerichteter chemischer Veränderungen aus. Blitzschnell erreicht das Signal die sogenannte Endplatte, wo der Nerv die Muskelfaser trifft. Erneut treten chemische Veränderungen auf, sobald sich die Muskelfaser verkürzt und entspannt.

Die einzelne Muskelfaser ist sehr klein. Wenn sie im Laboratorium, wie zum Beispiel bei Dr. Costill, gefriergetrocknet wird, kann man sie beim achtlosen Atmen leicht davonblasen. Nichtsdestoweniger finden in diesem winzigen Gewebeteilchen einige der kompliziertesten biochemischen Vorgänge statt, die der Körper braucht, um am Leben zu bleiben und seine Funktionen zu erfüllen. Stark vereinfacht geht es um eine chemische Reaktion, bei der sich Glukose mit Sauerstoff verbindet und dabei Kohlendioxyd, Wasser und mechanische Energie freisetzt. Wenn der Sauerstoff knapp ist, wie das beim Laufen in gewissem Maße immer der Fall ist, erfolgt ein Teil der Reaktion anaerob (ohne Sauerstoff). Dann sammeln sich im Gewebe unvollständig verbrannte Verbindungen, wie zum Beispiel Milchsäure, und der Muskel muß eine Sauerstoffschuld eingehen. Um die Reaktion zu vollenden und die halb verbrannten Verbindungen beseitigen zu können, muß der Körper seine Sauerstoffschuld »einlösen«. Lungen, Herz, Blutgefäße und Blut haben die Aufgabe, den nötigen Sauerstoff aus der Luft zu beschaffen und den etwa sechshundert

Muskeln des Körpers zuzuführen, damit die Verbrennung stattfinden kann.

Muskeln sind natürlich keine einzelnen Fasern, sondern gewaltige Bündel von Fasern, die wie Kabelstränge zusammengepackt sind. Die Muskelstränge können sich zusammenziehen und spannen, weil sie aus fadenförmigen Proteinmolekülen bestehen, die Aktin und Myosin genannt werden. Das Myosin-Gerüst und die Aktin-Fäden stehen einander wie zwei Kämme gegenüber, deren Zacken miteinander verzahnt sind. Je weiter die Aktin-Fäden in das Myosin-Gerüst hineingezogen werden, desto mehr verkürzt und spannt sich der Muskel.

Man braucht wohl niemandem zu erzählen, wieviel Hitze körperliche Anstrengung und vor allem Laufen erzeugen. Sogar bei ruhendem Körper, berichtete Dr. Ethan R. Nadel von der medizinischen Fakultät der Universität Yale kürzlich, erzeugen die Heizkessel in den Körperzellen genügend Hitze, um die Körpertemperatur innerhalb von fünf Minuten um ein Grad zu steigern. Wenn wir laufen wird in den unendlich vielen Muskelzellen, die dazu gebraucht werden, ein solches Stoffwechselfeuer entfacht, daß wir sehr viel mehr Wärme erzeugen, als der Körper braucht. Damit wir nicht einfach verbrennen, müssen wir diese Hitze irgendwie loswerden. Wir besitzen deshalb einen besonderen Mechanismus, der die Körpertemperatur reguliert.

Der Thermostat des menschlichen Körpers ist sehr viel komplizierter als unsere technischen Thermostate. Er überwacht sowohl die Hauttemperatur als auch die Wärmeentwicklung im Innern des Körpers, wobei seine Hauptreglerfunktion der letzteren gilt. Sobald er eine Temperatursteigerung wahrnimmt, werden Signale ins Zwischenhirn zum Hypothalamus gesandt. Daraufhin sorgt der Hypothalamus dafür, daß sich die Blutgefäße unter der Hautoberfläche erweitern und Wärme an die Außenwelt abgeben. Wenn es notwendig ist, werden auch die Schweißdrüsen dazu veranlaßt, ihre Mischung aus Flüssigkeiten und Elektrolyten abzusondern, damit auf diese Weise Verdunstungskälte entsteht.

Wenn der Hypothalamus hingegen einen Temperaturabfall registriert, sorgt er dafür, daß weniger Blut an die Hautoberfläche geschickt wird und sich die Schweißdrüsen zeitweilig schließen. Kühlt der Körper dann immer noch aus, wird die Wärmeerzeugung gesteigert, indem die Skelettmuskeln angeregt werden zu zittern. Selbst im Winter besteht das Problem beim Laufen allerdings nicht in der übermäßigen Auskühlung, sondern in der Hitzeentwicklung.

Das bisher Gesagte bezieht sich auf das, was beim einmaligen Laufen geschieht. Aber was passiert, wenn man häufiger läuft? Ganz offensichtlich finden tiefgreifende Anpassungsvorgänge statt, wenn man trainiert. Wie sonst könnte man es sich erklären, daß man schon nach wenigen Metern außer Atem ist, wenn man zum ersten Mal läuft, aber schon nach einem Jahr Training auch dann noch frisch ist und mühelos atmet, wenn man den halben *Boston Marathon* hinter sich hat? Um diese Veränderungen zu erklären, wollen wir jeden Teil des physiologischen Vorgangs beim Laufen noch einmal gesondert betrachten. Bitte beachten Sie dabei, daß das, was wir Training nennen, nie eine eigensinnige, sondern eine Vielzahl untereinander verflochtener Wirkungen bildet.

Das Gehirn. Das Laufen beginnt, wie wir gehört haben, im Gehirn. Abgesehen von den automatisch gesteuerten Muskeln leistet der Körper nichts, wozu ihn das Gehirn nicht veranlaßt. Beim Training stählen wir daher unter anderem auch unsere Willenskraft. Wenn wir tagein tagaus bei gutem und schlechtem Wetter trainieren, lernen wir in hohem Maße Selbstdisziplin. Emil Zatopek schrieb: »Es regnete? Das war egal. Ich war müde? Auch das war egal… Ich trainierte, bis die Willenskraft kein Problem mehr darstellte.« Einem Außenstehenden mag solches Verhalten erschreckend zwanghaft vorkommen. Jeder ernsthafte Läufer aber weiß, daß die sicherste Methode zur Leistungssteigerung darin besteht, seinen Trainingsplan einzuhalten und die psychologische Befriedigung zu genießen, die sich daraus herleitet, daß man eine selbstgestellte Aufgabe löst.

Die Nerven. Auch das haarfeine Nervengespinst, das sich wie ein zartes Netz bis in den letzten Winkel unseres Körpers erstreckt, wird beim Laufen trainiert. Die elektrochemischen Impulse werden besser weitergeleitet und aktivieren mehr Muskelfasern, was die Muskelkraft steigert. Dadurch daß Bewegungsabläufe, die zunächst bewußt geübt werden mußten, nach einiger Zeit durch bedingte Reflexe gesteuert werden, kann der Körper ökonomischer arbeiten. Überflüssige Muskelanspannungen treten seltener auf, Muskeln, die gerade nicht gebraucht werden, entspannen sich besser und der Bewegungsablauf wird fließend. Der Leistungsphysiologe Dr. Lucien Brouha schreibt: »Der Energieaufwand für eine gegebene Leistung kann auf diese Weise um ein Viertel des gesamten Energieaufwandes gesenkt werden, der vor dem Training notwendig war.«

Die Muskeln. Beim Training nimmt die Muskelkraft zu. Warum das so ist, wußte bis vor kurzem allerdings niemand. Erst in letzter Zeit konnten durch komplizierte Untersuchungsmethoden das Geheimnis der Körperkraft und das verwandte Geheimnis der Geschwindigkeit etwas aufgehellt werden. Heute weiß man zum Beispiel, daß im Inneren unserer Muskelzellen Veränderungen stattfinden, wenn wir häufig trainieren. So erhöht sich die Zahl der mikroskopisch kleinen Mitochondrien, in denen das energiereiche Adenosintriphosphat (ATP) hergestellt wird. Mit anderen Worten: In jeder einzelnen Muskelzelle gibt es mehr Organe für die Zellatmung, in jeder einzelnen Muskelzelle erhöht sich die Zahl der Kraftwerke und die Energiebereitstellung. Außerdem werden mehr stoffwechselfördernde Enzyme gebildet. (Bei trainierten Läufern findet sich eines dieser Enzyme, die Succinat-Dehydrogenase, zum Beispiel in dreieinhalbmal größerer Menge als bei untrainierten Personen.)

Das sind aber nicht die einzigen Veränderungen, die das Training bewirkt. Vor kurzem machten Dr. Kenneth M. Baldwin von der Universität von California in Irvine und Dr. Will W. Winder von der medizinischen Fakultät der Washington Universität bei einer Versuchsserie mit trainierten Ratten die Feststellung, daß der Glykogenspiegel – Glykogen ist ein energiereiches Kohlenhydrat – nach einem zwölfwöchigen Trainingsprogramm sowohl in den Muskeln als auch in der Leber höher war als bei untrainierten Tieren. (Da bei Menschen vermutlich ähnliche Vorgänge stattfinden, ist dieses Ergebnis nicht ohne Bedeutung.) Im übrigen finden beim Training vermutlich in sämtlichen mikroskopisch kleinen Membranen und Plasmakanülen der Zellen wichtige Anpassungsvorgänge statt.

Die Muskelfasern verändern sich im selben Maße wie die Zellen. Nach dem Training kann die Verkürzung der Fasern sowohl rascher als auch stärker erfolgen, und weil die Fasern nicht mehr so schnell ermüden, wird die Ausdauer größer. Um die Leistungssteigerung des trainierten Muskels möglich zu machen, entwickeln die umliegenden Arterien neue Verästelungen, und das Kapillarnetz wird dichter. Die Anzahl der Kapillaren im Wadenmuskel zum Beispiel verdoppelt sich bei einem Lauftraining. Um das vergrößerte Sauerstoffangebot tatsächlich aufnehmen und verarbeiten zu können, wird auch die Myoglobinmenge im Muskel gesteigert und gelegentlich fast verdoppelt. (Das Myoglobin ist der rote Farbstoff der Muskulatur, der dem Hämoglobin ähnelt, aber nicht dem Sauerstofftransport, sondern der Sauerstoffspeicherung dient.) Dem Laien erscheinen all diese Anpassungsvorgänge einfach: Er nimmt lediglich wahr, daß der Muskel größer, härter und fester wird und die Ausdauer zunimmt. Tatsächlich aber ist der Prozeß viel komplizierter.

Das Blut. Der Sauerstoff, ohne den praktisch keine körperliche Arbeit möglich wäre, wird den Muskeln mit dem hellroten Blut zugeführt, das der Blutkreislauf heranbringt. Gebunden an das Hämoglobin wird der Sauerstoff in wenigen Sekunden vom Herzen dort hingepumpt, wo er gebraucht wird. Im selben Augenblick, wo eine schwere körperliche Belastung beginnt, verläßt eine große Flüssigkeitsmenge das Adernsystem und sickert wie eine Flutwelle in die Zwischenräume zwischen den einzelnen Muskelzellen. Damit werden zwei verschiedene Dinge erreicht: Erstens arbeiten die Muskeln leichter, wenn ein flüssiger Gleitfilm die einzelnen Fasern umgibt; zweitens erhöht sich die Hämoglobinkonzentration des Blutes, so daß jede gegebene Blutmenge relativ mehr Sauerstoff als sonst transportiert[1]. Bei wiederholtem Training vergrößert sich allmählich die Blutmenge. Der Körper, der immer erneut eine starke Verminderung der Blutmenge erlebt, stellt sich darauf ein und vergrößert den Vorrat. Wenn bei körperlicher Belastung größere Flüssigkeitsmengen aus dem Blutkreislauf austreten, steht dann noch eine Reserve bereit.

Auch in anderer Hinsicht verändert körperliche Bewegung die Zusammensetzung des Blutes. So steigert sich zum Beispiel die Fähigkeit zur Gerinnung – ein Mechanismus, der wohl darauf abzielt, das Verletzungsrisiko bei sehr aktiven Menschen zu mindern. Gleichzeitig tritt aber auch ein Enzym namens Fibrinolysin verstärkt auf, welches das bei der Blutgerinnung ausgefallene Fibrin angreift. (Man vermutet, daß das Fibrinolysin auch frühere Blutgerinnsel auflösen und auf diese Weise auch kleinere Pfropfen in den Herzkranzgefäßen beseitigen kann, die bei einer allmählichen Vergrößerung zum In-

---

1 Die leistungssteigernde Wirkung einer höheren Hämoglobinkonzentration ist auch die Grundlage für das umstrittene *Blut-Doping.* Da beim Langstreckenlauf die Leistungsgrenzen offenbar durch die limitierte Sauerstofftransportkapazität des Blutes bestimmt werden, behaupten einige Wissenschaftler, daß die Zufuhr von roten Blutkörperchen (sprich Hämoglobin) Leistungssteigerungen ermöglichen müßte. Beim *Blut Doping* werden deshalb vor dem Wettkampf entweder Vollblut oder rote Blutkörperchen in den Blutkreislauf injiziert. Ob diese Maßnahme tatsächlich irgendwelche Erfolge verspricht, wurde bislang nicht nachgewiesen. In jedem Falle wird das *Blut-Doping* von zahlreichen Kritikern als inhuman abgelehnt.

farkt führen könnten.) Andererseits verringert sich der Blutfett-spiegel, die Triglyzerid- und Cholesterinkonzentration fällt, was ebenfalls zur Minderung des Infarktrisikos beiträgt. Eine Untersu-chung der Stanford Universität, die von Dr. Peter D. Wood und ande-ren durchgeführt wurde, zeigte, daß der Blutfettspiegel bei älteren Männern und Frauen erheblich gesenkt werden konnte, wenn sie wöchentlich 25 km liefen.

»Bei solchen sehr aktiven älteren Menschen«, schrieb Dr. Wood, »ist das Infarktrisiko erstaunlich gering.«

Das Herz. Besser als alle anderen Wirkungen des Trainings sind die nachgewiesen, die am Herzen stattfinden. Die Wissenschaft hat mehrfach gezeigt, daß das Herz durch ein Ausdauertraining wie Lau-fen zu einem wesentlich leistungsfähigeren Organ wird, das bei gerin-gerer Anstrengung mehr Wirkung erzielt. Durch das Training werden bezeichnenderweise die Muskelfasern des Herzens auf ähnliche Weise gestreckt wie die Muskeln der Beine bei den Übungen zum Aufwärmen. Diese Verlängerung der Muskelfasern führt dazu, daß sich die Herzkammern, insbesondere die linke, die das Blut in die Aorta drückt, erheblich vergrößern und auf diese Weise bei jedem Pulsschlag mehr Blut pumpen können[2]. Gleichzeitig vergrößern sich die Arterien, die das Herz selbst versorgen. Ihr Umfang schwillt manchmal bis auf das Dreifache an. Im vierten Kapitel wurde der Ma-rathonläufer Clarence DeMar vorgestellt, der bis zu seinem 69. Lebensjahr an Wettkämpfen teilnahm. Dr. Paul Dudley White, der DeMars Autopsiebericht vorlegte, erklärte darin, daß die stark ver-größerten Herzkranzgefäße DeMars kein Symptom für irgendeine Schädigung darstellten, sondern lediglich eine natürliche Reaktion des Körpers auf das fünfzigjährige Training. Übergroße Arterien können mehr Blut befördern und dementsprechend das Herz mit be-sonders viel Sauerstoff versorgen. Wissenschaftler der Universität

---

2 Hier ist wohl auch der geeignete Ort, um die Ammenmärchen aus der Welt zu schaffen, die über die sogenannten »Sportlerherzen« kursieren. Die Herzen von Sportlern werden zugegebener-maßen größer als die von anderen Menschen, und eine Hypertrophie der linken Herzkammer ist besonders bei Langstreckenläufern häufig zu finden. Es ist aber wissenschaftlich erwiesen, daß eine solche Vergrößerung des Herzens nicht nur harmlos, sondern geradezu wünschenswert ist, da sie der Anpassung an höhere Leistungsforderungen entspricht. Dr. William V. Raskoff, Dr. Steven Goldman und Dr. Keith Cohn haben kürzlich dreißig Marathonläufer untersucht. Bei vierundzwanzig davon wurde eine Hypertrophie der linken Herzkammer festgestellt, aber kei-ner hatte irgendwelche Probleme. Selbst bei schwerer Belastung auf dem Laufband war keinerlei Störung erkennbar. Die drei Wissenschaftler kamen zu dem Ergebnis, daß »eine Vergrößerung der linken Herzkammer möglicherweise die gesamte Kreislaufleistung verbessert«.

von Minnesota stellten fest, daß der zum Herzen fließende Blutstrom bei Ausdauersportlern auf das Fünffache anwachsen kann, wenn die Sportler aus der Ruhehaltung aufbrechen und den Körper belasten. Andere Forscher glauben, daß die Steigerungsrate noch höher sein könnte.

Durch diese Veränderungen wird das Herz in die Lage versetzt, bei jedem Schlag mehr Blut in den Kreislauf zu pumpen – das Schlagvolumen des trainierten Herzens ist oft doppelt so groß wie das einer untrainierten Person. Das Herz eines untrainierten Mannes kann 17 bis 20 Liter Blut pro Minute durch den Körper pumpen; das Herz eines Ausdauersportlers aber 40 bis 45 Liter. Diese Steigerung ist darauf zurückzuführen, daß sich das Herz bei der Diastole, wenn das Blut in die Vorhöfe strömt, besser füllt. Dementsprechend wird dann bei der Systole auch mehr Blut nach außen in den Kreislauf gepumpt, und das Herz kann bei gleicher körperlicher Leistung ruhiger schlagen. Daher nimmt bei Sportlern der Ruhepuls nicht selten um etwa zehn bis zwanzig Schläge pro Minute ab. Gut trainierte Läufer haben manchmal einen Ruhepuls von unter fünfzig oder gar vierzig Schlägen in der Minute. (Mein eigener Ruhepuls liegt bei etwa fünfundvierzig Schlägen in der Minute.) Bei Ärzten, die nur selten mit Sportlern zu tun haben, löst dieser langsame Herzschlag, den man Bradykardie nennt, gelegentlich Beunruhigung aus.

Wie stark die Herzverlangsamung tatsächlich eintritt, ist nicht nur eine Frage des Trainings, sondern auch der Veranlagung. Vor kurzem untersuchte Dr. John Davis Cantwell von der medizinischen Fakultät der Emory Universität einen neununddreißigjährigen Marathonläufer, dessen Pulsfrequenz gelegentlich bis auf achtundzwanzig Schläge in der Minute absank. Andererseits hatte der Rekordläufer Jim Ryun (Spezialstrecke: eine Meile) auf dem Höhepunkt seiner Karriere eine Ruhepulsfrequenz von mehr als siebzig Schlägen in der Minute. Daraus ergibt sich der Schluß, daß sich auch bei Ihnen der Ruhepuls durch das Training verringert. Wenn er sich aber weniger (oder mehr) verringert als bei anderen Läufern, dann ist das kein Grund zur Beunruhigung[3].

Während das Laufen einerseits dazu führen kann, daß ein völlig ge-

---

3 Auch verschiedene andere Unregelmäßigkeiten, die bei Sportlern auftreten können, sollten keine Panik auslösen. Die medizinische Fachliteratur ist voll von Berichten über Spitzensportler, die auf Grund ihrer Elektrokardiogramme eigentlich in einem Krankenhausbett liegen müßten. Beim Anblick von Wilt Chamberlains EKG und seinen alarmierenden Besonderheiten würden vermutlich die meisten Herzspezialisten zunächst einmal auf einen akuten Herzmuskelschaden schließen.

sundes Herz irgendwelche Krankheitszustände vortäuscht, beseitigt es doch andererseits nicht selten Anomalien. Dr. Elsworth Buskirk und einige seiner Kollegen berichteten kürzlich in der medizinischen Fachzeitschrift *American Journal of Cardiology*, daß sie bei der Hälfte von 196 älteren Männern, die als potentielle Infarktopfer galten und deshalb einem Belastungstest unterzogen wurden, Verschleißerscheinungen an der Herzkammer festgestellt hätten. Nach einem achtzehnmonatigen Konditionstraining hatte sich das Symptom in vielen Fällen verringert. Dr. W. Channing Nicholas, der mit Buskirk zusammenarbeitete, formulierte es so:»Wenn die Leute in Form kommen, scheint sich die Häufigkeit von Anomalien am Herzen zu verringern.«

Das Training hat noch eine weitere Wirkung auf das Herz: Es verringert den diastolischen Blutdruck. Da hoher Blutdruck bekanntlich zu Herzanfällen beiträgt, ist diese Senkung des Blutdrucks ein willkommener Nebeneffekt. Als Dr. Fred Kasch sechzehn Männer über einen Zeitraum von zehn Jahren hinweg untersuchte, in denen sie regelmäßig trainierten, stellte er, wie im vierten Kapitel bereits erwähnt, fest, daß der Blutdruck bei ihnen niedriger blieb als bei anderen Männern dieses Alters. »Angesichts der Neigung zum Bluthochdruck bei älteren Menschen«, berichtete er, »kann eine solche Senkung des Blutdrucks als vorbeugender Schutz und physiologischer Vorteil gelten.«

Andere medizinische Fachleute sind weniger zurückhaltend. Der kalifornische Pathologe Dr. Bassler behauptet zum Beispiel, daß ein Marathontraining praktisch immun gegen Herzinfarkt macht. Marathonläufer, sagt er, sterben aus denselben Gründen wie Teenager: Infektionen, Unfälle usw.

Die größere Effizienz des trainierten Herzens zeigt sich nicht nur in der niedrigen Pulsfrequenz bei ruhendem Körper oder in der Leistungsfähigkeit bei körperlicher Belastung. Ein trainiertes Herz kehrt nach der Belastung auch rascher zur normalen Frequenz zurück. Da das trainierte Herz langsamer schlägt als das untrainierte, stehen ihm zwischen den einzelnen Kontraktionen auch längere Ruhepausen zur Verfügung – oft mehr als eine Stunde. Wenn ein untrainiertes Herz bereits Schwerarbeit leistet, schlägt das Herz eines Sportlers oft noch ganz ruhig.

Die Lungen. Die Lungen mit ihren dreihundert Millionen feuchten, schaumigen Gewebebläschen (Alveolen) gehören zu den unproble-

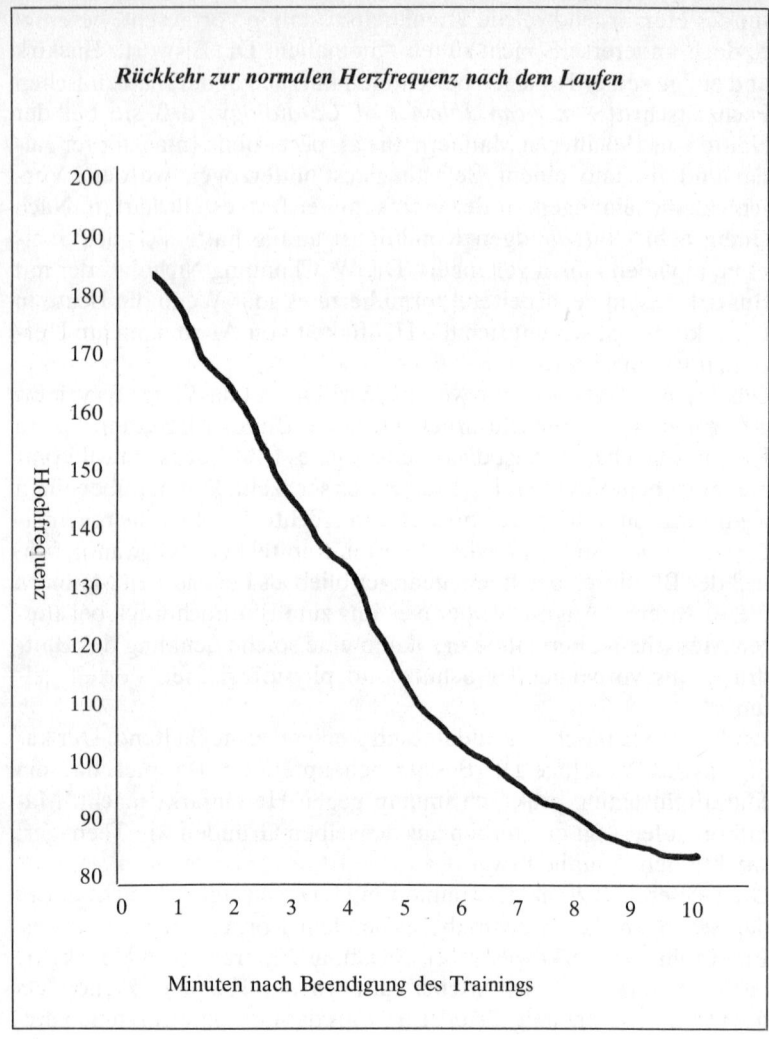

Rückkehr zur normalen Herzfrequenz nach dem Laufen

Hochfrequenz

Minuten nach Beendigung des Trainings

matischsten körperlichen Ausrüstungsstücken, mit denen der Läufer zu tun hat. Wenn man die verschiedenen Substanzen betrachtet, die der Körper beim Laufen braucht – vom Sauerstoff über das Hämoglobin bis zum Adenosintriphosphat –, dann kommt man zu dem Ergebnis, daß die Lungen dem vorbeiströmenden Blut fast immer genügend Sauerstoff anbieten. Sie sind auch erstaunlich flexibel und reagieren sowohl auf eine einzelne körperliche Belastung als auch auf ein ganzes Trainingsprogramm mit rascher Anpassung. Bei körperlicher Aktivität erweitern sich die Blutgefäße der Lunge, wodurch sich die Fläche vergrößert, auf der Sauerstoff in den Blutkreislauf eintreten (und Kohlendioxyd, das Endprodukt der aeroben Glukoseverbrennung, austreten) kann. Bei täglichem Training werden die zum Atmen benutzten Muskeln, die sich im Unterleib, am Zwerchfell und am Brustkasten befinden, gekräftigt. Ihr Wirkungsgrad verbessert sich, so daß für den Atemvorgang selbst weniger Energie verbraucht wird. Gleichzeitig vergrößert sich bei einem trainierten Läufer das Atemvolumen. Ein Untrainierter kann bei Belastung maximal etwa drei Liter Sauerstoff aufnehmen, ein trainierter Ausdauersportler dagegen fünf bis sieben Liter. Diese erhöhte Sauerstoffaufnahme ist für die Leistungsfähigkeit und das Allgemeinbefinden des Körpers natürlich von Vorteil.

Die Hormone. Neben Kreislauf und Atmung wird auch die Produktion der Hormone durch Ausdauertraining angeregt. Adrenalin und Noradrenalin (Stresshormone) werden von den Nebennieren verstärkt in die Blutbahn abgegeben. Sie regulieren die Stoffwechsel- und Kreislaufvorgänge im Körper. Ebenso wie die Produktion von Insulin und dem männlichen Geschlechtshormon Testosteron wird der Ausstoß zahlreicher anderer Hormone, welche die Funktion und Koordination der Organe optimieren, während des Trainings angekurbelt.

Wärmeregulierung. Weiter oben haben wir dargestellt, wie wirksam der Körper vor Unterkühlung und Überhitzung geschützt wird. Beim Training werden alle Regulicrmechanismen des Körpers verbessert. Dr. Carl V. Gisolfi vom Institut für Stressforschung der Universität von Iowa legte kürzlich einen Untersuchungsbericht vor, in dem College-Studenten, die ein achtwöchiges Trainingsprogramm mitgemacht hatten, mit Läufern verglichen wurden, die seit Jahren täglich ein bis zwei Stunden trainierten. Obwohl beide Gruppen gleich viel Sauerstoff aufnahmen und die gleiche Menge Schweiß absonderten, blieben die Körpertemperatur und die Herzfrequenz während des Belastungstests auf dem Laufband bei den Langstreckenläufern geringer. Dieser Unterschied, erklärte Gisolfi, beruhe ausschließlich auf dem längeren Trainingseffekt.

Training bei Hitze löst noch weitere Anpassungsvorgänge aus, so zum Beispiel die Fähigkeit, früher zu schwitzen und bei konstanter Verdunstungsmenge einen größeren Kühlungseffekt zu erreichen.

Es wäre ein Irrtum, wenn man annehmen würde, daß die oben beschriebenen Trainingswirkungen nur bei Spitzenläufern auftreten. Körperliche Anpassung an das Training findet bei jedem von uns statt, wenn wir zu laufen beginnen, unabhängig von Geschlecht oder Alter. Das Ausmaß der Anpassung ist allerdings von vielen Faktoren abhängig, unter anderem auch von unseren Erbanlagen, die wir nicht mehr zu ändern vermögen. Aber selbst wenn Sie (wie der bekannte Läufer Larry Lewis aus San Francisco) schon 106 Jahre alt sind, werden Sie leistungsfähiger, wenn Sie zu laufen beginnen. Dr. John Naughton, der Dekan der medizinischen Fakultät der State Universität von New York in Buffalo, schickte mir einen Bericht über ein Trainingsprogramm, bei dem achtzehn ältere Männer mit sitzender Lebensweise an einem sieben Monate dauernden Lauf- und Gymnastikkurs teilgenommen hatten. Am Ende dieses Zeitraums waren 1. ihre Fähigkeit zur Sauerstoffaufnahme gestiegen, 2. ihr Blutdruck gesunken, 3. ihre Herzfrequenz geringer geworden und 4. ihre Atemeffizienz erheblich verbessert.

Damit nicht irgendein Chauvinist die Behauptung aufstellt, diese Veränderungen wären nur deshalb aufgetreten, weil die Versuchspersonen Männer waren, haben Dr. Leroy Getchell und Dr. J. C. Moore vom Institut für Leistungsforschung der Wall State Universität in der Zeitschrift *Archives of Physical Medicine and Rehabilitation* über eine vergleichende Untersuchung berichtet, die klären sollte, ob in diesem Punkte irgendwelche Unterschiede zwischen Männern und Frauen bestehen. Zehn Wochen lang nahmen elf Frauen und zwölf Männer mittleren Alters an einem Trainingsprogramm teil, das aus Laufen und Gehen bestand. Am Ende der zehn Wochen wurden die Versuchspersonen getestet und untersucht. Wie die Wissenschaftler berichten, hatten sich die Körper der Frauen auf gleiche Weise verändert wie die der Männer.

26 / Laufen in Deutschland

(Holger Obermann)

Trimmy bringt eine Nation auf Trab

Auch in Deutschland wird gelaufen, getrabt und gerannt. Der Trend, sich zu bewegen, ist vor allem in jenen Staaten zu beobachten, die über eine hochentwickelte Technologie verfügen und deren Bürger in einer Wohlstandsgesellschaft leben. In diesen Ländern haben, unabhängig voneinander, eigene Entwicklungen stattgefunden, die dennoch starke Parallelen aufweisen, nämlich das Laufen als Massenphänomen. In Amerika wird vom *Jogging* gesprochen, in der Bundesrepublik Deutschland vom Dauerlauf, *Trimm-Trab* oder vom *Laufen ohne zu schnaufen*.

Der große tschechoslowakische Läufer und mehrfache Olympiasieger Emil Zatopek hat einmal auf einer Trimm-Konferenz des Deutschen Sportbundes (DSB) 1976 in Arolsen die schlichte und vielleicht deshalb so eindringliche Formel geprägt: »Fisch schwimmt – Vogel fliegt – Mensch läuft.«

Der Zivilisationsmensch ist schon seit langer Zeit nicht mehr gelaufen. Im Gegenteil, er war stolz darauf, sich nicht mehr anstrengen zu müssen. Der moderne Mensch einer Wohlstandsgesellschaft sitzt am Frühstückstisch, am Schreibtisch, im Auto, vor dem Fernsehgerät, im Kino, an der Theke, um sich dann vom Sitzen im Bett zu erholen.

Der Bewegungsmangel wurde auch in Deutschland bald spürbar. Das Bild von der übergewichtigen, kreislaufkranken Nation machte die Runde.

Die cleversten unter den Ärzten begannen, statt Medikamente mehr Bewegung zu verschreiben.

Die Breitensportabteilung des Deutschen Sportbundes unter der Leitung von Jürgen Palm griff das Thema in professioneller Manier auf und setzte in wenigen Jahren beachtliche Massen der Nation in Bewegung.

»Trimm Dich« – lautete das Motto des DSB. *Trimmy*, die Symbolfigur, ermunterte das Volk der Autofahrer und »Sitzengebliebenen«, wieder einmal zu schwimmen, radzufahren, Fußball zu spielen; und vor allem: zu laufen.

Das Laufprogramm erlebte einen durchschlagenden Erfolg. Dabei galt es erst einmal, psychologische Hindernisse zu nehmen. Nach den Vorstellungen der Altvorderen lief eine Dame nicht, auch ein Herr hatte sich einer solchen transpirierenden Gangart zu versagen. Mit Zylinder und Monokel schien das auch schwierig. Nun waren wohl Zylinder und Monokel, doch nicht alle Vorurteile gegen das Laufen verschwunden. Noch vor zehn Jahren galt es in weiten Kreisen der Bevölkerung als unschicklich, zu laufen. Das Herumtollen überließ man der Jugend, und das Laufen einigen wenigen im Wettkampf. Wer am Sonntag statt im guten Anzug in Trainingsbekleidung durch den Stadtpark lief, wurde im besten Fall als Exote betrachtet, meist jedoch als Außenseiter, als Spinner oder Gesundheitsapostel eingestuft, über den man nur den Kopf schütteln konnte.

Das hat sich innerhalb weniger Jahre auch in Deutschland geändert. Gesellschaftliche Entwicklungen haben geholfen, etwa die allgemein saloppere Haltung zu Kleidungsfragen, alte Tabus aufzubrechen. Vor diesem Hintergrund fand der DSB mit seinem *Trimmy* ein enormes Echo.

In den ersten Jahren gab es einige Fehlentwicklungen. Trimm-Pfade wurden entwickelt, über die auch der DSB nicht immer glücklich war, weil auf einigen Trimm-Stationen Kraft- und Geschicklichkeitsübungen angeboten wurden, die für Ungeübte nicht ganz ungefährlich sind.

Anfangs bot der Deutsche Leichtathletik-Verband mit seinen Vereinen den Volkslauf an. Volksläufe gehen meist über zehn bis zwanzig Kilometer. Bei allen DLV-Veranstaltungen wird die Zeit gestoppt, und ein Zeitlimit als Mindestzeit gesetzt. Wer diese Mindestzeit erreicht, erhält eine Medaille oder eine Urkunde. Viele Anfänger haben den Begriff Volkslauf falsch verstanden und sich bei diesen Veranstaltungen übernommen, weil sie für solche Distanzen nicht trainiert waren und weil bei jedem Volkslauf ein gewisser Wettkampfcharakter vorhanden ist.

Volksläufe sind Veranstaltungen für geübte Läufer, nicht für Anfänger.

Ehemalige Wettkampfteilnehmer oder gut trainierte Freizeitläufer eilen oft von Volkslauf zu Volkslauf, um Urkunden und Medaillen zu sammeln.

Die Probleme wurden noch rechtzeitig erkannt. Die Losung vom

Trimm-Trab, vom Laufen ohne zu schnaufen, wurde geboren. Der damalige Bundespräsident Walter Scheel setzte sich buchstäblich an die Spitze der neuen Bewegung. Er lief in Bonn bei der großen DSB-Pressekonferenz der Nation voran. Das blieb nicht ohne Wirkung. Zumal auch immer mehr prominente Zeitgenossen das Laufen entdeckten, Sänger wie Rudolf Schock und Udo Jürgens, Entertainer wie Frank Elstner.

Mit dem Trimm-Trab war endlich der Brückenschlag zum richtigen Laufen gefunden. Der Trimm-Trab führt die Ungeübten, die Zeitgenossen ohne Kondition, die Dicken und Alten, auch die Jüngeren, die seit Jahren keine sportliche Übung mehr unternommen haben, in das Laufen ein. Es ist das Los der Anfänger, langsam zu laufen, dazwischen zu gehen und dann wieder zu laufen. Auch hier haben sich nicht wenige übernommen. Vor allem Männer, die früher einmal Sport getrieben haben, dann zehn, zwanzig oder mehr Jahre ohne jedes sportliche Training waren, erleben eine doppelbödige Überraschung. Anfangs läuft es sich viel besser, als sie es sich vorgestellt haben. Ermutigt von ihrem vermeintlich guten Leistungsstand laufen sie meist noch flotter und länger als ursprünglich geplant. Am nächsten Tag krümmen sie sich dann vor Muskelkater, knarrt es in den Knochen und fluchend schwören die Ex-Sportler: »nie mehr«.

Viele glauben fälschlich, daß sie wohl doch zu alt fürs Laufen seien. Andere meinen, bevor sie sich so quälen müßten, wollten sie es doch lieber sein lassen.

Über den Trimm-Trab kommen sie alle zum Laufen, die Ehemaligen und die Neuen.

Der Deutsche Sportbund hat die Aktion mit einer gewaltigen publizistischen Unterstützung verbreiten können. Die Bundesregierung, die sich bei der föderalistischen Struktur nur für die Förderung des Hochleistungssports zuständig fühlt, hielt dagegen Distanz. Dafür sprangen unter anderem die Ortskrankenkasse und die Barmer Ersatzkasse ein, die sehr schnell erkannt hatten, daß das Laufen einen erheblichen gesundheitlichen Wert besitzt, eine Förderung daher in ihrem ureigensten Interesse liegt. Hilfestellung leisteten die deutschen Verlage, die für einige Millionen Mark Anzeigenraum in den Tageszeitungen und Zeitschriften kostenlos zur Verfügung stellten, sowie Rundfunk und Fernsehen, die unentgeltlich Sendezeiten für Trimm-Dich-Fernsehspots anboten.

Der DSB war clever genug, die große Werbekampagne den Profis, nämlich einer Werbeagentur, zu überlassen; der große Erfolg und internationale Anerkennung rechtfertigten diese Entscheidung.

Den Animateuren des Laufens war klar, daß es nicht genügt, Aufrufe zu erlassen und die Bürger zu ermahnen. Zwar machten Tausende Gebrauch von den Hinweisen. Läufer in den Parks und in den stadtnahen Wäldern waren keine Seltenheit mehr. Ehepaare und Familien begannen, gemeinsam zu laufen. Doch nicht jeder hat ein Familienmitglied oder Freunde, die mitlaufen. Und nicht wenige im Lande brauchen einen Anstoß, langweilen sich allein, suchen die Gemeinschaft, auch beim Laufen.

Deshalb wurden die Lauftreffs entwickelt, von denen es unterdessen bereits rund 1400 in der Bundesrepublik gibt. Außerdem sind eine ganze Reihe von Aktionen entwickelt worden, um das Laufen zu popularisieren. Firmen und Zeitungen organisieren volkstümliche Läufe mit starker Beteiligung.

Es gibt die Trimm-Spirale und das DLV-Laufabzeichen. Wer den Trimm-Trab hinter sich gelassen und das flotte Laufen erlernt hat, kann sich an Volksläufen beteiligen, die vom Deutschen Leichtathletik-Verband, aber auch von einem kommerziell ausgerichteten Sportverband angeboten werden, die für aufwendige Urkunden und mehr oder weniger schöne Medaillen sorgen.

Es gibt Trimm-Trab-Konferenzen und einen Verband der laufenden Ärzte. Die Idee vom Laufen hat gelegentlich auch die Vorstandsetagen der deutschen Wirtschaft erreicht. Firmenchefs, die vor der Arbeit laufen und Direktoren, die in der Mittagspause in den Trainingsanzug schlüpfen, haben keinen Seltenheitswert mehr.

Glücklicherweise hat das Laufen in Deutschland noch nicht diesen religiösen Anstrich, wie er gelegentlich in Amerika zu spüren ist.

In der Bundesrepublik geht es in erster Linie um Fitness und Entspannung, verbunden mit der existentiellen·Freude am Laufen.

Das Laufen als Freizeitangebot für alle. Interview mit Jürgen Palm, Geschäftsführer des Deutschen Sportbundes (DSB):

Frage Aus einer Untersuchung des Emnid-Instituts Bielefeld geht hervor, daß sich zur Zeit fast jeder zweite Bundesbürger in irgendeiner Weise sportlich betätigt und sich etwa jeder zehnte mindestens einmal wöchentlich trimmt. Welche Rolle spielt in diesem Zusammenhang das Laufen?

Antwort Die von der Trimm-Aktion als besonders für die Ausdauer-

Jürgen Palm

fähigkeit von Herz- und Kreislauf empfohlene Sportart Laufen hatte in den vergangenen zwölf Monaten einen Zustrom von rund achthunderttausend Menschen. Das ist eine erfreuliche Feststellung. Wir können davon ausgehen, daß zur Zeit rund 4,8 Millionen Menschen zumindest von Zeit zu Zeit laufen oder joggen.

Frage Ist das Laufen ohne zu schnaufen, also der Trimm-Trab, ohne Einschränkung empfehlenswert?

Antwort Leider nein! Wir müssen immer davon ausgehen, daß verschiedene Faktoren wie zum Beispiel Übergewicht oder Abnutzungserscheinungen am Bewegungsapparat dem Laufen entgegenstehen können. Manchmal ist deshalb die Einbeziehung von Sportarten wie Radfahren oder Schwimmen als Ausdauertraining empfehlenswert.

Frage Volksläufe haben schon lange einen festen Platz im Freizeitangebot. Dennoch gibt es immer wieder kritische Stimmen, die davor warnen, Volks- und Marathonläufe im Sinne einer Freizeit- und Bewegungstherapie zu betreiben.

Antwort Wenn die Volksläufe ein Teil des sportlichen Lebensstils sind und zur Überprüfung der Leistungsfähigkeit dienen, gibt es sicher nichts Negatives einzuwenden. Das gilt allerdings nur für Läufer, die mindestens eine dreimonatige Trainingszeit absolviert haben und gesund sind. Den Marathonlauf würde ich als einen außergewöhnlichen Ausdauertest ansehen, eine Form der Auseinandersetzung des Menschen mit seinem Körper. Auch hier gilt die Einschränkung, daß er kein *Sport für alle* sein kann und nur den dafür besonders interessierten leistungsfähigen und entsprechend trainierten Personen zu empfehlen ist.

Frage In den USA ist das Laufen zu einer Massenbewegung mit manchen unangenehmen Begleiterscheinungen geworden. Sehen Sie eine ähnliche Entwicklung auch in Deutschland?

Antwort Nein. Das Angebot an volkstümlichen Laufveranstaltungen ist bei uns um ein Vielfaches größer; denken Sie an die weit über eintausend Lauf-Treffs und die Vielzahl der Volksläufe. Allerdings muß ich zugeben, daß der Lauf-Boom in den USA auch positive Auswirkungen auf das Laufen in Deutschland hatte.

Frage Am Laufen ist auch Kritik geübt worden. Nicht alle Mediziner sind von den positiven Auswirkungen überzeugt, es gab sogar Stimmen, die das Gegenteil andeuteten.

Antwort Für mich steht fest, daß die Gefahren durch das Nichtlaufen viel größer sind als jene, die durch fehlerhaftes Laufen auftreten können. Voraussetzung muß allerdings sein, sich an simple Regeln, wie z. B. die regelmäßige Pulskontrolle, zu halten.

Dennoch kann auch eine überzogen angesetzte Kritik darauf aufmerksam machen, daß jede Sache ihre Negativseiten hat, wenn man sie falsch macht.

Frage Gibt es im Hinblick auf die weitere Entwicklung des Laufens konkrete Wünsche und Vorstellungen des Deutschen Sportbundes?

Antwort Es ist langfristig vielleicht möglich, rund ein Viertel der Bevölkerung zum Laufen zu animieren. Aber das ist ein weiter Weg. Der Wunsch geht dahin, noch mehr Raum, vor allem Parkanlagen und städtische Anlagen für das Laufen zu erschließen. Wir wünschen außerdem besser beschilderte Trimm-Trab-Anlagen, gelenkschonende Bahnen und nicht zuletzt überall dort, wo man laufen kann, eine Beleuchtungsanlage für den Trimm-Trab auch zur späten Abendstunde, so wie das ja in Skandinavien längst üblich ist.

Frage Es ist Chronistenpflicht, dem Schöpfer der deutschen Trimm-Idee abschließend die Frage nach eigenen sportlichen Aktivitäten zu stellen.

Antwort Vor allem laufe ich. Viermal in der Woche, jeweils 30 bis 40 Minuten. So ganz gemütlich im Trab. Und ohne zu schnaufen…

Der Trimm-Trab und die Lauf-Treffs. Das *Laufen ohne zu schnaufen* gibt es in der Bundesrepublik Deutschland seit 1974. Inzwischen wurden durch den langsamen Dauerlauf Millionen animiert, einem gesunden und ebenso fröhlichen Freizeitvergnügen nachzugehen.

Zu dieser Ausdauerkampagne gehören auch die Lauf-Treffs. Die *Aktion Lauf-Treff* wurde vom Deutschen Sportbund mit der fachlichen Zuständigkeit des Deutschen Leichtathletik-Verbandes aufgebaut. An gekennzeichneten Orten trifft man sich, um in Gruppen unterschiedlicher Belastungsfähigkeit und unter Anleitung im Trimm-Trab-Tempo zu laufen. Alle organisierten Lauf-Treffs sind in einer Broschüre zusammengefaßt, die in regelmäßigen Abständen vom DSB und DLV herausgegeben und kostenlos verteilt wird.

Unter Trimm-Trab verstehen wir einen langsamen Dauerlauf, bei dem ohne besondere Anstrengung – etwas schneller als Spaziergehen – eine angemessene Strecke zurückgelegt wird, ohne Rennfieber und Wettkampfehrgeiz, versteht sich.

Beim Trippeln, Trotteln, Traben und Zockeln soll lediglich eine beschleunigte Atmung aufkommen. Die These, beim Trimm-Trab nur so schnell zu laufen, daß man sich dabei ohne große Mühe unterhalten kann, wurde für viele zu einer Zauberformel.

Der Trimm-Trab in frischer Luft wird von den Medizinern als eine ideale Form der sportlichen Betätigung angesehen. Keine andere Bewegung wirkt in kurzer Zeit so intensiv auf den ganzen Körper ein, alle Zellen erhalten mehr Sauerstoff, Herz und Kreislauf lebensnotwendige Reize.

Darüber hinaus werden die Muskeln geübt, der Stoffwechsel angekurbelt und schädliche Stoffe durch das Schwitzen ausgeschieden.

Die dem Trimm-Trab wohlgesonnen gegenüberstehenden Mediziner sehen in dem langsamen Dauerlauf auch das beste Gegenmittel, beispielsweise Erkrankungen des Herz- und Kreislaufsystems, der Zuckerkrankheit, zu hohem Blutdruck oder Durchblutungsstörungen vorzubeugen, von positiven Einflüssen des Laufens auf das vegetative Nervensystem einmal ganz abgesehen.

Als Richtlinie für die Anzahl der zu absolvierenden Läufe gilt: mindestens einmal in der Woche; besser zweimal.

Und so beginnt der Anfänger:

Im gemütlichen Tempo ein bis zwei Minuten laufen, dann weitergehen, bis man sich erholt hat, dann wieder laufen. Diese Minutenläufe sollten über eine Viertelstunde verteilt sein. Mit wachsender Ausdauer fünf Minuten, dann zehn Minuten vor einer Gehpause laufen.

Nach einer gewissen Trainingszeit wird der Trimmer in der Lage sein, eine Viertelstunde lang im Trimm-Trab ohne Pause laufen zu können. Später fällt es auch nicht allzu schwer, eine halbe Stunde oder mehr im angenehmen Trimm-Trab-Tempo zurückzulegen.

Unmittelbar nach dem Lauf sollten die Teilnehmer an einem Trimm-Trab das durchschwitzte Hemd auszuziehen, sich stark und schnell abfrottieren und danach ein trockenes Hemd überziehen.

Darauf verzichten sollte nur, wer ein wärmeres Kleidungsstück zusätzlich überzieht und innerhalb weniger Minuten unter die Dusche kommt.

Die sofortige Körperreinigung am Ziel ist allerdings immer vorzuziehen. Das Dusch- bzw. das Badewasser sollte nach dem Laufen möglichst warm sein. Das stärkt ebenfalls den Organismus und verschafft ein Wohlgefühl.

Für den Trimm-Trab wird übrigens keine exklusive Kleidung benötigt. Im Gegenteil: ein paar alte Jeans, ein Pulli und einfache T-Shirts reichen in den Sommermonaten aus, an kühleren Tagen sind lange Hosen bzw. ein Trainingsanzug zu empfehlen. Ergänzt wird die Lauf-

Übungsplan für die Anfängergruppe

Diese schematische Darstellung soll nur einen Anhalt für das mögliche Programm der Anfänger-Gruppe geben.

1.– 5. Übungstag

6.–10. Übungstag

11.–15. Übungstag

16.–20. Übungstag

21.–25. Übungstag

26.–30. Übungstag

31. Übungstag = 1. Stufe DLV-Laufabzeichen

32.–35. Übungstag

Anm.: ▢ = 1 Minute Trimm-Trab

● = 1 Minute Gehpause

kleidung durch Wind- und Regenjacken, Handschuhe und Wollmütze (je nach Wetterlage).

Nicht gespart werden darf bei der Anschaffung von guten Laufschuhen. Sie sollten nicht nach modischen sondern orthopädischen Gesichtspunkten konstruiert sein und ein Höchstmaß an Verarbeitung aufweisen. Zur Zeit liegen die Preise für einen guten Laufschuh bei 60,– bis 100,– Mark (Stand: Herbst 1979).

Der richtigen Kleidung und der Auswahl des Schuhwerks hat James F. Fixx Kapitel zwölf gewidmet. Seine in den USA gemachten Erfahrungen sind auch für unsere Breiten gültig.

An einem Lauf-Treff kann grundsätzlich jeder teilnehmen – eine Vereinszugehörigkeit ist nicht erforderlich. Die Treffpunkte sind mit einem nicht zu übersehenen Schild gekennzeichnet. Bei der Auswahl der Trimm-Trab-Strecke werden Wald- und Wiesenwege bevorzugt, Strecken mit harten Bodenbelägen dagegen gemieden.

Gesamtlaufzeit, Streckenlänge und Lauftempo sollten den Wünschen und Möglichkeiten der Teilnehmer angepaßt sein. In der Regel werden die Lauf-Treff-Teilnehmer in vier Gruppen unterschiedlicher Leistungsfähigkeit eingeteilt. Jede Gruppe wird von einem Lauf-Treff-Leiter geführt.

Gruppe 1 Völlig Untrainierte, Beleibte, Rekonvaleszenten

Gruppe 2 Gesunde Untrainierte oder gering Trainierte, die eine Dauerbelastung im langsamen Tempo bis zu einer Viertelstunde leisten können

Gruppe 3 Läufer, die bei einem langsamen Tempo etwa eine halbe Stunde ohne Unterbrechung laufen können.

Gruppe 4 Läufer, die ein einstündiges Dauerlauftraining nach kurzer Vorbereitungszeit anpeilen und durch Volksläufe schon eine gewisse Erfahrung haben.

Diese Einteilung gilt für jedes Alter und Geschlecht. Das Trainingsziel für den Anfänger ist, früher oder später, einmal die Qualifikation der Gruppe 3 zu erreichen.

Aber nichts überstürzen!

Neulinge sollten in Zweifelsfällen den Arzt fragen, ob er grünes Licht gibt! Das betrifft vor allem jene Interessenten, die das vierzigste Lebensjahr erreicht haben und lange nicht (oder überhaupt nie) Sport getrieben haben. Auch bei oder nach Erkrankungen (Herz, Niere etc.) sollte der Rat des Arztes eingeholt werden.

Nähere Einzelheiten über Lauf-Treffs sind bei den Sportämtern der Städte oder den Gemeindeverwaltungen bzw. dem Sachbearbeiter Sport in kleineren Gemeindeverwaltungen einzuholen. Der Deutsche Leichtathletik-Verband informiert diese Stellen regelmäßig über die Einrichtung von neuen Lauf-Treffs. Auch der örtliche Leichtathletikverein hilft weiter. Das Verzeichnis aller Lauf-Treffs können Sie beim DLV anfordern. (Rückporto beilegen! Adresse im Anschriftenteil.)

Interessenten, die selbst einen Lauf-Treff begründen möchten, erhalten auf Anforderung den ausführlichen und vielfach erprobten Lauf-Treff-Aktionsplan einschließlich Check-List für Lauf-Treff-Organisatoren über den DLV. Dieses Papier läßt wirklich keine Frage offen: angefangen beim ersten Planungsgespräch über Behördenkontakte, Versicherungsfragen, Finanzierung, Programmplanung, Werbung bis hin zur Öffentlichkeitsarbeit.

Test: Wie fit sind Sie? Höchstwahrscheinlich sind Sie nicht so fit, wie Sie glauben. Ein erster Gradmesser ist die Ausdauer. Wenn es mit Ihrer Ausdauer nicht gut steht, sitzen Sie auf jeden Fall zu viel.

1. Körpergewicht
Übergewicht ist in Verbindung mit Fehlernährung einer der Verursacher des Herzinfarkts.
Ihr »Normgewicht« ist gleich Zentimeter Körpergröße über 100 gerechnet in Kilo (z. B. 1,76 m = 76 kg). Für jedes Kilo über dem Normgewicht ziehen Sie 5 Punkte von Ihrem Punktkonto ab. Für jedes Kilo unter Norm zählen Sie 5 Punkte hinzu.

_____ Minuspunkte
_____ Pluspunkte

2. Nikotingenuß
Rauchen ist einer der Risikofaktoren für Kreislauferkrankungen.
Nichtraucher: 30 Punkte
Raucher: je Zigarette (je Pfeife = 2 Punkte) am Tag 1 Punkt von Ihrem Punktkonto abziehen, z. B. 20 Zigaretten täglich = 20 Punkte Abzug.

_____ Pluspunkte
_____ Minuspunkte

3. Ausdauertraining
Betreiben Sie ein die Ausdauer gezielt förderndes Training, das jedesmal mindestens 12 Minuten ohne Pause dauert wie Dauerlauf, Schwimmen, Radfahren, Seilspringen, Heimfahrrad, Baligerät (Spazieren zählt nicht)?

ja, täglich	30 Punkte
4 x wöchentlich	25 Punkte
3 x wöchentlich	20 Punkte
2 x wöchentlich	10 Punkte
1 x wöchentlich	5 Punkte

4. Pulsgeschwindigkeit in Ruhe
Messen Sie im Sitzen die Zahl Ihrer Herzschläge in der Minute: Zeigefinger und Daumen an der Kehle. Messen Sie 15 Sekunden lang und nehmen Sie mit 4 mal. Für jeden Pulsschlag weniger als 90 in der Minute erhalten Sie einen Punkt (z. B. 72 = 18 Punkte).

_____ Punkte

5. Erholung des Pulses
Laufen Sie 2 Min. lang mit leichtem Knieheben auf der Stelle (Wolldecke unterlegen, Schuhe ausziehen). Ruhen Sie sich im Liegen anschließend 4 Min. lang aus. Messen Sie dann wieder den Puls. Vergleichen Sie mit dem Ruhepuls.

0–15 Schläge schneller als Ruhepuls	30 Punkte
16–20 Schläge schneller	20 Punkte
21–25 Schläge schneller	10 Punkte

Rechnen Sie Ihre Punkte zusammen:

Körpergewicht	_____
Nikotingenuß	_____
Ausdauertraining	_____
Puls in Ruhe	_____
Erholung des Pulses	_____
Minuspunkte abziehen	_____

1. Punktwertung

0 Punkte: *Gefährdet.* bei Ihnen bestehen Risiken für Herz und Kreislauf. Lassen Sie sich ärztlich untersuchen und ein leichtes Trimm-Trab-Training verschreiben.

1–20 Punkte: *Unterentwickelt.* Ihr Ausdauervermögen hat Mängel. Liegt es am Übergewicht, Rauchen, Bewegungsmangel? Dies zu ändern kann für Sie lebenswichtig sein. Lassen Sie sich ärztlich untersuchen, beginnen Sie mit Trimm-Trab.

21–50 Punkte: *Nicht ausreichend.* Bei Ihnen sind die Bedingungen für die optimale Gesundheit von Herz und Kreislauf noch nicht ganz ausreichend. Wo kommen die Minuspunkte her? Trimm-Trab macht Ihren Kreislauf wieder fit.

50–100 Punkte: *Befriedigend.* Die körperlichen Grundlagen für Ausdauer sind vorhanden. Durch Dauerläufe würden sich allerdings Ihre Leistungsfähigkeit und Ihr Wohlbefinden steigern und stabilisieren. Sie können ohne Bedenken das Trimm-Trab-Programm voll anwenden.

Über 100 Punkte: *Gut.* Wünschenswerte Bedingungen für Gesunderhaltung des Kreislaufs.

Trimm-Trab ins Grüne. Beim *Trimm-Trab ins Grüne*, einer Aktion von DSB, DLV und Ortskrankenkassen, mit dem jeweils am ersten Mai-Sonntag eines Jahres die neue Saison eröffnet wird, laufen alle Teilnehmer grundsätzlich in einer Gruppe, wobei sich das Lauftempo und der Umfang des Gesamtprogramms nach den Anfängern richtet.

Die Gruppe wird von einem oder mehreren erfahrenen Lauf-Treff-Leitern geführt und geleitet.

Die Gruppe sollte möglichst dicht beisammenbleiben und eine Strecke in Metern zurücklegen, die der jeweiligen Jahreszahl entspricht. 1979 waren es also 1979 Meter, die von den Teilnehmern der Aktion *Trimm-Trab ins Grüne* absolviert werden mußten. Einschließlich der Gehpause und Gymnastik soll die Gesamtdauer dieses Treffs mindestens 40 Minuten betragen. Geeignet für den *Trimm-Trab ins Grüne* sind alle Park- und Waldwege. Aber auch über Felder und Wiesen kann es gehen. Die Teilnehmer werden mit einem Trimm-Taler oder einer anderen Erinnerungsgabe für das Laufen ohne zu schnaufen belohnt.

Das DLV-Laufabzeichen. Laufen ohne Wettbewerbscharakter verbirgt sich hinter dem Erwerb des DLV-Laufabzeichens. Kein Wunder, daß im Zeitalter von Bewegungsmangel und damit zusammenhängender Zivilisationskrankheiten dieser »Anti-Stress-Wettbewerb« einen immer größer werdenden Kreis von Interessenten anspricht.

Die Bedingungen für den Erwerb der DLV-Laufabzeichen machen ein stufenweise aufbauendes Dauerlauftraining notwendig und können auch von Untrainierten nach regelmäßigem Üben unter Berücksichtigung der konditionellen Anpassung erfüllt werden.

Das Abzeichen wird in vier Grundstufen vergeben und soll zur Fortführung des Lauftrainings motivieren.
Die 4. Stufe (120 Minuten) und das Marathon-Laufabzeichen sollten jenen Läufern vorbehalten bleiben, die bereits über Jahre hinaus trainieren. Der Trimmer ist damit überfordert.
Die einzelnen Abzeichenstufen unterscheiden sich durch Farben und werden als Anstecknadel und als Stoffabzeichen ausgegeben.

Stufe 1 15 Minuten Laufen ohne Pause – Tempo beliebig: Silbernes »L« auf grünem Grund
Stufe 2 30 Minuten Laufen ohne Pause – Tempo beliebig: Silbernes »L« auf rotem Grund
Stufe 3 60 Minuten Laufen ohne Pause – Tempo beliebig: Goldenes »L« auf blauem Grund
Stufe 4 120 Minuten Laufen ohne Pause – Tempo beliebig: Silbernes »L«-Abzeichen.
Marathon-Abzeichen: 42 195 Meter mit Zeitlimit:
Goldenes Marathon-»M«-Abzeichen

Frauen erhalten in den einzelnen Altersklassen eine Zeitgutschrift von jeweils 30 Minuten.
Die Prüfungen für alle Abzeichenstufen können innerhalb eines Jahres abgelegt werden. Bei Nachweis der jeweils geforderten Leistung durch Eintragung in den Laufabzeichen-Ausweis kann in weiteren vier bzw. neun Jahren das Wiederholungsabzeichen mit einem silbernen bzw. goldenen Kranz ausgegeben werden. Abnahmeberechtigt sind:
a) Lauf-Treff-Leiter
b) Übungsleiter und Trainer
c) Sportabzeichenprüfer
d) Lehrer aller Schularten, die Sportunterricht erteilen

Nähere Auskünfte erteilt der Deutsche Leichtathletik-Verband, Alsfelder Straße 27, 64289 Darmstadt.

Der Orientierungslauf. »Rallye zu Fuß« sagen die einen – »Trimm-Trab mit Köpfchen« die anderen.
Der Orientierungslauf ist jenen Läufern auf den Leib geschrieben, die ständig an neuen Eindrücken und Abenteuern interessiert sind und sich zu einer Gruppe zusammengefunden haben.

Seinen Ursprung hat der Orientierungslauf in den skandinavischen Ländern. Dort ist das Zurechtfinden in den entlegenen Waldgebieten beinahe lebensnotwendig.

Inzwischen hat dieser Freizeitsport, dessen Schauplatz die Natur ist, in vielen Ländern Anklang gefunden.

Benötigt werden nur wenige Dinge: eine Landkarte und ein Kompaß – und die üblichen Laufutensilien.

Zunächst wird auf einer Karte die Strecke ausgesucht. An den Vorbereitungen sollte die ganze Familie oder Gruppe teilnehmen. Dann muß die ausgesuchte Strecke präpariert werden. Kontrollstellen – je nach Länge vier bis zwölf – müssen eingerichtet werden, und zwar durch denjenigen, der als Schiedsrichter fungiert.

Jeder Teilnehmer erhält nun Kompaß und Karte. In der Karte sind die Kontrollstellen eingezeichnet. Gestartet wird in mehr-minütigem Abstand, damit nicht einer dem anderen lediglich hinterherläuft. Kompromisse sind – schließlich ist alles nur ein Spiel – erlaubt.

So kann beispielsweise der Teilnehmer selbst entscheiden, ob er die Strecke im Uhrzeigersinn oder entgegengesetzt ablaufen will.

Als Kontrollen empfehlen sich kleine Abreißzettel, die an den jeweiligen Kontrollpunkten gut sichtbar anzubringen sind.

Der Orientierungslauf wird auch als Volkswettbewerb für jedermann angeboten.

Auskunft: Deutscher Turner-Bund, Otto-Fleck-Schneise 8, 60528 Frankfurt.

Die Volksläufe. Volkswettbewerbe haben ihren Ursprung im hohen Norden Europas. Mit dem berühmten Wasalauf in Schweden, der bis zu zehntausend Skiläufer aktivierte, oder den Staffelläufen und Ski-Kavalkaden in Finnland begann schon vor vielen Jahren eine Entwicklung, die in Deutschland erst in den sechziger Jahren Nachahmung fand.

Otto Hosse, heute Volkslaufwart im Deutschen Leichtathletik-Verband (DLV), ließ sich als erster von den populären Volksläufen der skandinavischen Nachbarn animieren. In Bobingen bei Augsburg rief er am 13. Oktober 1963 zum ersten Mal in Deutschland zu einem Volkswettbewerb, dem Laufen, auf. Genau 1652 Menschen aller Schichten und Altersklassen folgten seinem Ruf.

Der erste Volkslauf wurde zu einem vollen Erfolg. Obwohl es nicht an Kritikern fehlte, die im Volkslauf lediglich eine Massenbewegung überehrgeiziger Medaillensammler sahen, aktivierte der DLV mit der Volkslaufidee auch in den nächsten Jahren überall im Land viele bis dahin der Bewegungsarmut ausgelieferte Bundesbürger und erweckte gewissermaßen neue Lebensgeister.

Eine Wohlstandsgesellschaft hatte plötzlich eine Leidenschaft, die Bewegung als Therapie gegen viele Zivilisationskrankheiten entdeckt.

Die stärkere Einbeziehung des Dauerlaufs in die Bedingungen des Sportabzeichens und die 1971 vom Deutschen Sportbund ins Leben gerufenen Trimmspiele ließen die Zahl der Veranstaltungen und Teilnehmer rapide steigen. Inzwischen weist der Volkslaufkalender jährlich rund 800 Veranstaltungen auf. Die Teilnehmerzahlen liegen zur Zeit bei 700 000 pro Jahr.

Beim Volkslauf werden alle Alters- und Leistungsstufen erfaßt. Die Teilnehmer sind nicht verpflichtet, einem Verein anzugehören. Eine sehr differenzierte Klasseneinteilung ermöglicht jedem einen Start mit Gleichaltrigen.

Auch die zu absolvierenden Streckenlängen sind sehr unterschiedlich. Bei den Läufen für Schüler und Jugendliche liegt die Streckenlänge zwischen 1000 und 8000 Metern, für die Frauen zwischen drei und 42 Kilometern, für die Männer zwischen zehn und 50 Kilometern. Altersbeschränkungen in der Streckenlänge für Jugendliche fielen 1977 weg.

In den Erwachsenenklassen der Läufe werden Mindestzeiten festgesetzt, die in der Ausschreibung einer jeden Veranstaltung bekanntgegeben werden. Diese Zeiten dürfen von den Teilnehmern nicht überschritten werden, wenn sie eine Auszeichnung erhalten wollen.

Die Mindestzeiten orientieren sich an Alter und Geschlecht und den Schwierigkeiten des Geländes.

Die geforderten Mindestzeiten können von jedem gesunden und langlaufgeübten Menschen geschafft werden.

Wer die Distanz in der festgesetzten Zeiteinheit absolviert, erhält als Belohnung eine attraktive Auszeichnung, zumeist eine Medaille. Für die Besten gibt es außerdem noch Sondermedaillen.

Läufer, die innerhalb eines Kalenderjahres fünf Mal an einem Volkslauf teilgenommen haben, erhalten das Volkslauf-Abzeichen in Silber. Die zehnmalige Teilnahme wird mit einem Volkslauf-Abzeichen in Silber mit Goldkranz, die fünfzehnmalige Teilnahme mit einem Abzeichen in Gold belohnt.

Die Teilnahmegebühren an Volksläufen sind örtlich unterschiedlich gestaffelt, sie betragen zwischen drei und sieben Mark.

Im alljährlich erscheinenden Volkslaufkalender finden Interessenten alle Termine und Austragungsorte sowie Kontaktanschriften. Bezugsquelle (den mit 1,10 DM freigemachten Rückantwort-Umschlag bitte gleich beifügen):
Deutscher Leichtathletik-Verband
Alsfelder Straße 27
64289 Darmstadt

Wettkampfordnung für Volkslaufveranstaltungen. *Sinn, Zweck und Schutzbestimmung*
1. Die Durchführung von Volksläufen, Volksgehen und Volkswandern soll breiten Schichten der Bevölkerung Gelegenheit geben, sich aktiv sportlich zu betätigen. Der Deutsche Leichtathletik-Verband hat sie in sein Übungs- und Wettkampfprogramm aufgenommen, um auf diese Weise einen Beitrag zum Zweiten Weg des deutschen Sports zu leisten, die Volksgesundheit zu verbessern und Freude am einfachen sportlichen Tun zu wecken. Es dürfen nur reine Lauf-, Geh- und Marschwettbewerbe ohne zusätzliche Erschwernisse für die Teilnehmer (zum Beispiel Gepäck) sowie Wanderungen durchgeführt werden.
2. Um für alle Alters- und Könnensstufen die geeigneten Betätigungsmöglichkeiten zu schaffen, sollen die Ausschreibungen zu den Volksläufen und Volksgehen so gehalten sein, daß Familien gemeinsam in verschiedenen Klassen an den Start gehen können. Bei der Größe der Veranstaltungen und wegen der umfangreichen Vorbereitungen sind Verlegungen nicht möglich. Daher müssen alle Ausschreibungen den Zusatz enthalten: Der Wettbewerb findet bei jedem Wetter statt.
3. In den Erwachsenenklassen – Volkslauf und Volksgehen – (Männer-Hauptklasse und Senioren I bis VII, Frauen-Hauptklasse und -Seniorinnen I bis IV) werden bei Erreichen einer in der Ausschreibung bekanntgegebenen Mindestleistung (Sollzeit) Auszeichnungen ausgegeben. In den Laufwettbewerben der Jugend und beim Volkswandern werden keine Sollzeiten verlangt.
4. In den Monaten Juni, Juli und August müssen die Langstreckenläufe bereits um 8 Uhr beginnen und die Veranstaltungen müssen einschließlich des Gehens bis mittags beendet sein. Es ist auch zulässig, die Langstreckenläufe ab 18 Uhr durchzuführen.

Teilnahmeberechtigung. Volksläufe, Volksgehen und Volkswandern sind offen für alle; Mitgliedschaft in einem Verein ist nicht erforderlich. Meldungen zu den Wettbewerben und Einzahlungen des Startgeldes müssen bis zum Meldeschluß vorgenommen sein.

Klassen- und Streckeneinteilung
A. *Klasseneinteilung* (Nach DLO I. Teil, 2. Abschnitt)
Die Veranstalter können die Seniorenklassen I und II, III und IV, V und VI sowie ab VII jeweils zu einer Klasse zusammenfassen.
B. *Streckeneinteilung*
Alle Wettbewerbe sind mit Ausnahme von Start und Ziel außerhalb von Sportanlagen auf Wegen durchzuführen. Die Strecken der einzelnen Lauf- und Gehwettbewerbe sind entsprechend den örtlichen Gegebenheiten und der Schwierigkeit des Geländes zu bemessen. Aus Gründen der Übersicht sollen Rundstrecken nur einmal durchlaufen werden.
Folgende Richtmaße sind einzuhalten:
1. Läufe
Männer: Hauptklasse, Senioren I bis VII   ca. 10 – max. 50 km
Frauen: Hauptklasse, Seniorinnen I bis IV
Jugend und Schüler(innen)   ca. 3 – max. 42 km
Strecken bis zu den in der DLO I. Teil, 4. Abschnitt, D und E vorgesehenen Höchstleistungen für Waldläufe.
2. Gehen
Männer: Hauptklasse, Senioren I bis VII   ca. 10 – max. 50 km
Frauen: Hauptklasse, Seniorinnen I bis IV   ca. 10 – max. 50 km
Männliche Jugend: Strecken nach DLO. I. Teil, 4. Abschnitt, D
Weibliche Jugend: Klasse A   ca. 4–6 km
Die Durchführung von Gehwettbewerben ist nicht Pflicht.
3. Wandern
Alle Klassen   ca. 10 km–max. 50 km
Durchführung möglichst nicht am gleichen Tage, vor allem nicht auf gleicher Strecke mit einem Volkslauf bzw. Volksgehen.
C. *Kennzeichnung – Training*
Die Strecken sollen zwei Monate vor dem Wettkampf für das Training gekennzeichnet werden. Während dieser beiden Monate soll der Veranstalter allen Teilnehmern die Möglichkeit geben, mindestens einmal wöchentlich unter Aufsicht eines Übungsleiters zu trainieren. Die Trainingszeiten sind in der Ausschreibung bekanntzugeben.
Für den Wettkampf ist die Strecke zusätzlich durch farbige Markierungen, Fähnchen oder helle Streustoffe deutlich zu machen. Ferner

ist für den Wettkampf auf den Hauptstrecken jeder volle Kilometer –
vom Ziel an gerechnet – durch ein gut sichtbares Schild »noch…
KM« zu kennzeichnen, um Läufern bzw. Gehern die Möglichkeit zu
geben, die Sollzeit nach ihrer Uhr einzuteilen und so Überanstren-
gungen zu vermeiden.
Für alle Wettbewerbe müssen die Wege noch zwei Kilometer nach
dem Start mindestens fünf Meter breit sein, um auch bei starker Beteiligung eine Behinderung zu vermeiden.

Streckenüberwachung und Kontrolle. Der Veranstalter hat für eine
ausreichende Überwachung der Langlauf-, Geh- und Wanderstrecke
zu sorgen. Straßen und Wege, die in die Lauf-, Geh- und Wanderstrecke einmünden, sind in Verbindung mit der örtlichen Polizei gegen jeden Fahrzeugverkehr abzusperren. Fernsprech- oder Funkver-
bindung der Streckenkontrollen mit Start und Ziel ist empfehlenswert.
Wenigstens an zwei von Start und Ziel am weitesten entfernten Stellen der Strecke sind Kontrollpunkte einzurichten, um ein Abkürzen
durch Teilnehmer auszuschließen. Alle Teilnehmer erhalten durch
die Kontrollposten eine Farbmarkierung (Farbstift) auf ihre Startkarte.
Alle Gehwettbewerbe werden nach Regel 64 der Amtlichen Leichtathletik-Bestimmungen des Deutschen Leichtathletik-Verbandes
durchgeführt.

Sollzeiten. Als Mindestleistungen werden folgende Sollzeiten in den
Läufen der Erwachsenen und für alle Gehwettbewerbe festgesetzt:

1. Lauf

Männer:	Hauptklasse (bis 30 Jahre)	6:00,0 Min. pro km
	Senioren I und II (31–40 Jahre)	6:30,0 Min. pro km
	Senioren III und IV (41–50 Jahre)	7:00,0 Min. pro km
	Senioren V und VI (51–60 Jahre)	7:30,0 Min. pro km
	Senioren VII (61 Jahre und älter)	8:00,0 Min. pro km

Frauen:	Für jede angefangenen 100 m der Streckenlänge:	
	Hauptklasse (bis 30 Jahre)	30,0 Sek.
	Seniorinnen I und II (31–40 Jahre)	40,0 Sek.
	Seniorinnen III (41–50 Jahre)	45,0 Sek.
	Seniorinnen IV (51 Jahre und älter)	50,0 Sek.

2. Gehen

Männer:	Hauptklasse	8:00,0 Min. pro km
	Senioren I und II	9:00,0 Min. pro km
	Senioren III und IV	9:30,0 Min. pro km
	Senioren V und VI	10:00,0 Min. pro km
	Senioren VII und älter	10:30,0 Min. pro km
Frauen:	Hauptklasse	10:00,0 Min. pro km
	Seniorinnen I und II	11:00,0 Min. pro km
	Seniorinnen III	11:30,0 Min. pro km
	Seniorinnen IV und älter	12:00,0 Min. pro km

3. Marsch

Uniformierte Verbände (Arbeitskleidung und Marschschuhe)

9:00,0 Min. pro km

Ausschlaggebend für die Jahresklasse ist das Geburtsjahr und nicht der Geburtstag.

Alle vorgenannten Sollzeiten – mit Ausnahme des Laufes der Frauen – sind nach Umrechnung auf die Gesamtstrecke auf volle fünf Minuten aufzurunden, damit die Zeitnahme erleichtert wird. Für Strecken mit weniger als 50 % ebenen Wegen oder mit größeren Höhenunterschieden als 100 Meter auf zehn Kilometer können die Sollzeiten um 25 % verlängert werden; ebenso kann bei Läufen über 20 Kilometer Länge verfahren werden.

Start, Ziel und Zeitmessung. Am Start ist eine allen Teilnehmern sichtbare Startuhr mit voll umlaufendem Sekundenzeiger aufzustellen. Der Starter zählt – abweichend vom in der Leichtathletik üblichen Kommando – die letzten zehn Sekunden laut mit und gibt den Startschuß beim Sekundenstand null. Damit auch bei großen Teilnehmerfeldern eine reibungslose Zeitnahme gewährleistet ist, sind am Ziel sechs trichterförmige Einlaufkanäle aus Seilen oder Bändern auf eine Länge von mindestens 30 Metern und in einer Breite von ca. 60 Zentimetern festzulegen. Der Abstand zwischen den Einlaufkanälen ist so zu bemessen, daß in den Zwischenräumen die Zielrichter mit der Zeitnahme-Anlage sowie die Medaillen- und Verpflegungsgutschein-Ausgabestellen Platz finden. Für das Volkswandern ist gegebenenfalls ein zusätzlicher Zielkanal ohne Zeitnahme einzurichten.

Jeder Teilnehmer erhält – auch bei Ausgabe von Startnummern – eine perforierte Startkarte mit Name, Wohnort, Wettkampfklasse und

Startnummer; sie ist während des Wettbewerbs links angesteckt zu tragen und am Ziel abzugeben. Die Karte wird vom Zielrichter in einer automatischen Uhr abgestempelt und in der Reihenfolge des Einlaufs abgelegt. Von allen Wettbewerben werden Ergebnislisten erstellt, die an alle Teilnehmer zu einem angemessenen Preis abgegeben werden können. Die Startkarten sind auch nach Erstellung der Ergebnislisten mindestens einen Monat lang nach der Veranstaltung zur eventuellen Überprüfung der Zeitnahme aufzubewahren.

Den Verleih von Sekunden-Stempeluhren regelt die DLV-Geschäftsstelle.

Startgeld, Versicherung und Kostendeckung. Für die Organisation der Veranstaltung sowie für die Auszeichnung und die Verpflegung ist ein Startgeld zu zahlen. Das Startgeld beinhaltet den Wert der Medaille sowie den Tee und Traubenzucker, die an die Teilnehmer abgegeben werden (z. B. in der Form von Dextro-Energen).

Teilnehmer, die mit der Meldung den Verzicht auf eine Medaille erklären, zahlen einheitlich nur 2,– Mark Startgeld und erhalten eine durch Abschneiden einer Ecke gekennzeichnete Startkarte.

Das Startgeld darf den Wert der Medaille, der Verpflegung und der sonstigen Kosten pro Teilnehmer um nicht mehr als 20 % übersteigen. Der DLV und seine LV sind berechtigt, das Verhältnis von Kosten und Startgeld zu überprüfen und das Startgeld erforderlichenfalls zu ändern.

Der Veranstalter hat die Möglichkeit, über das Versicherungsbüro bei der vom zuständigen Landesverband beauftragten Versicherung eine Unfall- und Haftpflichtversicherung zu Gunsten der Teilnehmer zum verbilligten Satz von 0,20 DM pro Teilnehmer abzuschließen. Hierbei sind Teilnehmer mitzuzählen, die bereits über einen Sportverein versichert sind, dies geschieht aus technischen Gründen und ist bei der Festsetzung der genannten Prämie berücksichtigt.

Jeder Veranstalter ist verpflichtet, pro Teilnehmer seiner Veranstaltung jährlich 0,05 DM an den »Härtefonds deutscher Volkslauf-Veranstalter« abzuführen. Dieser Fonds ist für organische Unglücksfälle von Teilnehmern bestimmt, da diese nicht als Sportunfälle gelten und nicht versichert werden können. Über die Verwendung der Mittel entscheidet die DLV-Volkslaufkommission (Satzung des Härtefonds siehe Seite 202 der Amtlichen Leichtathletik-Bestimmungen).

Auszeichnungen. Jeder Teilnehmer erhält entsprechend den nachstehend genannten Bedingungen eine Medaille. Die Medaille soll in Form und Gestaltung einen angemessenen Gegenwert zur Leistung und zum Startgeld darstellen und somit einen weiteren Anreiz zur Teilnahme bilden. Die Gestaltung der Medaille bleibt dem Veranstalter überlassen.

Die Auszeichnung wird in drei Klassen vergeben: Goldmedaille, Silbermedaille mit Goldrand und Silbermedaille.

Dafür gelten folgende Bedingungen:

a) Volkslauf und Volksgehen:
   Klassensieger – Goldmedaille
   Rest der Teilnehmer – Silbermedaille mit Goldrand.

Bei Strecken ab 20 Kilometer wird die Streckenlänge auf dem Band der Medaille oder auf der Spange gekennzeichnet.

b) Volkswandern
   Alle Teilnehmer erhalten eine einheitliche Silbermedaille, bei Strecken ab 20 Kilometer eine Silbermedaille mit Goldrand. Die Ausgabe von Goldmedaillen bleibt hier ausgeschlossen.

Mit Genehmigung des Landes-Volkslaufwartes können statt der Medaillen auch andere Auszeichnungen in entsprechenden Abstufungen gegeben werden.

Sanitätsdienst, Sportarzt. Bei jeder Volkslauf-Veranstaltung ist entsprechend der Teilnehmerzahl am Ziel und an den Strecken ausreichend Sanitätspersonal einzusetzen. Die Sanitätsposten an den Langstrecken sollen durch Telefon- oder Funksprech-Geräte Verbindung mit dem Hauptposten am Ziel unterhalten. Beim Hauptposten am Ziel muß mindestens ein Sportarzt und ein Sanitätskraftwagen stationiert sein.

Volkslaufabzeichen

1. Das Volkslaufabzeichen wird für mehrfache erfolgreiche Teilnahme an Volkslaufveranstaltungen des Deutschen Leichtathletik-Verbandes ausgegeben.
2. Es ist das einzige Abzeichen dieser Art in echt Silber (800 gestempelt) und wird in drei Stufen ausgegeben:
   a) für fünfmalige Teilnahme: Silber
   b) für zehnmalige Teilnahme: Silber mit Goldkranz
   c) für fünfzehnmalige Teilnahme: Gold

Gewertet werden nur die Teilnahmen im Kalenderjahr der Ausweisabgabe. Jedes Jahr erscheint das Abzeichen mit einer anderen Symbolfigur, so daß sich im Laufe der Jahre ein Sammelsatz ergibt.

3. Die Teilnahme wird durch einen vom DLV ausgegebenen Ausweis mit numerierten Volkslaufstempeln des DLV festgestellt. Anhand der Ergebnisliste oder des kleinen Startkartenabrisses wird von einem Beauftragten des Veranstalters jeweils eines der Felder des Ausweises gestempelt. Dabei kann eine Veranstaltung auch bei mehrfacher Teilnahme (z. B. Lauf, Gehen und Wandern) nur einmal gewertet werden.

4. Der Erwerb je eines DLV-Volkslaufabzeichens über den Zeitraum von fünf Jahren seit 1970 berechtigt gegen Vorlage der fünf Ausweise zum Erwerb der silbernen DLV-Volkslaufnadel mit der Zahl 5.

5. Nach Erfüllung der Bedingungen für das Volkslaufabzeichen oder die Volkslaufnadel (Sonderauszeichnung) sendet der Bewerber den Ausweis mit den erforderlichen Einstempelungen oder die fünf Jahresausweise zusammen mit dem Einzahlungsbeleg (Postabschnitt) an die DLV-Geschäftsstelle ein.

Anmeldung und Genehmigung

1. Volkslaufveranstaltungen müssen rechtzeitig – in der Regel bis zum Ablauf des Vorjahres – beim Landes-Volkslaufwart mit Formblatt angemeldet werden. Die Terminabstimmung erfolgt auf der für den Landesverband zuständigen Volkslauftagung.

2. Das Veranstaltungsprogramm sollte entsprechend Abschnitt 1, 2 und 3 Wettbewerbe aller Altersklassen (Männer, Frauen und Jugend) umfassen.

3. Erst nach Erteilung der Genehmigung durch DLV darf die Ausschreibung einen entsprechenden Vermerk tragen bzw. die Genehmigungsmater dafür benutzt werden. Die schriftliche DLV-Genehmigung ist auch die Voraussetzung für die Bereitstellung und Verwendung des Volkslaufstempels.

Gültigkeit der DLV-Vorschriften. Soweit sich aus dieser Wettkampfordnung keine Abweichungen ergeben, gelten auch für Volksläufe und Volksgehen die Vorschriften der Wettkampfordnung und der Deutschen Leichtathletik-Ordnung (DLO).

Der Cooper-Test. Das *Bewegungstraining* von Kenneth H. Cooper basiert auf Erfahrungen, die der Autor in über tausend Testversu-

Den Cooper-Test sollten Sie auf einer Kunststoff- oder Aschenbahn absolvieren, da er auf der Vierhundert-Meter-Distanz aufbaut. Das Training auf der Aschenbahn ist allerdings nicht jedermanns Sache, da die gleichförmige Umgebung auf die Dauer langweilt.

chen mit Personen aller Altersgruppen und beider Geschlechter gewonnen hat.

Seinem *Übungsprogramm Laufen* stellt Cooper zunächst einen Test voran, der Aufschluß über den allgemeinen Konditionsstand gibt.

Auf einer gut meßbaren Strecke (z. B. Aschenbahn oder Rundstrecke) soll in einer Zeit von zwölf Minuten eine möglichst weite Strecke zurückgelegt werden.

Nach der absolvierten Leistung kann auf der von Cooper errechneten Tabelle dann die Gruppen-Einstufung abgelesen werden.

Cooper empfiehlt diesen Test allen Personen, die 35 Jahre alt oder jünger sind und nicht unter einer Krankheit leiden, außerdem Personen, die über 35 Jahre alt sind und regelmäßig (das heißt wenigstens dreimal wöchentlich, sechs Wochen lang) Sport getrieben haben.

Personen über 35 Jahre, die bisher nicht Sport getrieben haben, sollten den Lauftest nicht durchführen. Bei ihnen erfolgt automatisch die Einstufung in die Gruppe I.

Welche Strecke können Sie in zwölf Minuten zurücklegen, zu welcher Leistungsgruppe gehören Sie?

weniger als 1,6 km	sehr schlecht	Gruppe I
1,6 bis 2,0 km	schlecht	Gruppe II
2,0 bis 2,4 km	mäßig	Gruppe III
2,4 bis 2,8 km	gut	Gruppe IV
über 2,8 km	sehr gut	Gruppe V

Die Übungsprogramme für die einzelnen Leistungsgruppen finden Sie auf den folgenden Seiten.

Übungsprogramm – Gruppe I

Laufen

Woche	Entfernung (km)	Gehen/Laufen	Zeitziel (Minuten)	Übungstage pro Woche	Punkte pro Woche
1.	1,6	Gehen	13:30	5	10
2.	1,6	Gehen	13:00	5	10
3.	1,6	Gehen	12:45	5	10
4.	1,6	Gehen/Laufen	11:45	5	15
5.	1,6	Gehen/Laufen	11:00	5	15
6.	1,6	Gehen/Laufen	10:30	5	15
7.	1,6	Laufen	9:45	5	20
8.	1,6	Laufen	9:30	5	20
9.	1,6	Laufen	9:15	5	20
10.	1,6	Laufen	9:00	3	21
	und				
	2,4	Laufen	16:00	2	
11.	1,6	Laufen	8:45	3	
	und				21
	2,4	Laufen	15:00	2	
12.	1,6	Laufen	8:30	3	
	und				24
	2,4	Laufen	14:00	2	
13.	1,6	Laufen	8:15	3	
	und				24
	2,4	Laufen	13:30	2	
14.	1,6	Laufen	7:55	3	
	und				27
	2,4	Laufen	13:00	2	
15.	1,6	Laufen	7:45	2	
	und				
	2,4	Laufen	12:30	2	30
	und				
	3,2	Laufen	18:00	1	
16.	2,4	Laufen	11:55	2	
	und				31
	3,2	Laufen	17:00	2	

Nach Beendigung dieser 16 Wochen beanspruchenden Aufbauübungen kann zur Aufrechterhaltung der gewonnenen Fitness das Training nach einem Programm für die Gruppen IV/V fortgesetzt werden.

Übungsprogramm – Gruppe II

Laufen

Woche	Entfernung (km)	Gehen/Laufen	Zeitziel (Minuten)	Übungstage pro Woche	Punkte pro Woche
1.	1,6	Gehen	13:30	5	10
2.	1,6	Gehen	12:45	5	10
3.	1,6	Gehen/Laufen	11:45	5	15
4.	1,6	Gehen/Laufen	11:00	5	15
5.	1,6	Gehen/Laufen	10:30	5	15
6.	1,6	Laufen	9:45	5	20
7.	1,6	Laufen	9:15	5	20
8.	1,6	Laufen	9:00	3	
	und				21
	2,4	Laufen	16:00	2	
9.	1,6	Laufen	8:45	3	
	und				21
	2,4	Laufen	15:00	2	
10.	1,6	Laufen	8:15	3	
	und				24
	2,4	Laufen	13:30	2	
11.	1,6	Laufen	7:55	3	
	und				27
	2,4	Laufen	13:00	2	
12.	1,6	Laufen	7:45	2	
	und				
	2,4	Laufen	12:30	2	30
	und				
	3,2	Laufen	18:00	1	
13.	2,4	Laufen	11:55	2	
	und				31
	3,2	Laufen	17:00	2	

Nach Beendigung dieser 13 Wochen beanspruchenden Aufbauübungen kann zur Aufrechterhaltung der gewonnenen Fitness das Training nach einem Programm für die Gruppen IV/V fortgesetzt werden.

Übungsprogramm – Gruppe III

Laufen

Woche	Entfernung (km)	Gehen/Laufen	Zeitziel (Minuten)	Übungstage pro Woche	Punkte pro Woche
1.	1,6	Gehen	12:45	5	10
2.	1,6	Gehen/Laufen	11:00	5	15
3.	1,6	Gehen/Laufen	10:30	5	15
4.	1,6	Laufen	9:30	5	20
5.	1,6	Laufen	9:15	5	20
6.	1,6	Laufen	8:45	3	
	und				21
	2,4	Laufen	15:00	2	
7.	1,6	Laufen	8:30	3	
	und				24
	2,4	Laufen	14:00	2	
8.	1,6	Laufen	7:55	3	
	und				27
	2,4	Laufen	13:00	2	
9.	1,6	Laufen	7:45	2	
	und				
	2,4	Laufen	12:30	2	30
	und				
	3,2	Laufen	18:00	1	
10.	2,4	Laufen	11:55	2	
	und				31
	3,2	Laufen	17:00	2	

Nach Beendigung dieser 10 Wochen beanspruchenden Aufbauübungen kann zur Aufrechterhaltung der gewonnenen Fitness das Training nach einem Programm für die Gruppen IV/V fortgesetzt werden.

Übungsprogramm – Gruppe IV und V

Zugehörigkeit zu den Gruppen IV und V bedeutet: befriedigendes Konditionsniveau. Zu seiner Aufrechterhaltung können die folgenden Übungsprogramme dienen.

Entfernung (km)	Zeitziel (Minuten)	Übungshäufigkeit pro Woche	Punkte pro Woche
1,6	unter 8,00	6	30
oder			
1,6	unter 6,30	5	30
oder			
2,4	unter 12,00	4	30
oder			
3,2	unter 16,00	3	30

Dr. Kenneth H. Cooper ist ohne Zweifel einer der Wegbereiter des Laufens. Seine Trainingsmethoden sind dennoch nicht überall mit Zustimmung aufgenommen worden.

Beim Zwölf-Minuten-Lauf verweisen die Kritiker auf die zu leistungsbezogenen Kriterien und darauf, daß diese Anforderung für die Organstärkung zu kurz sei.

Sie vermissen darüber hinaus jegliche Naturverbundenheit. In der Regel läßt Dr. Cooper seine Anhänger über eine Aschen- oder Kunststoffbahn jagen. Für Gelenke, Bänder, Sehnen, Muskeln sind diese Belastungen sicher nicht die wahre Wonne, von der Eintönigkeit des Rundenablaufens und den damit verbundenen Negativ-Auswirkungen auf die Psyche einmal ganz abgesehen.

Die Ausführungen von Dr. Kenneth H. Cooper sind in Deutschland zwar mit großem Interesse gelesen worden, eine »Cooper-Welle« auf den bundesdeutschen Sportplätzen sowie Aschenbahnen hat es indessen nicht gegeben. Coopers Anregungen wurden ganz offensichtlich von vielen Menschen auf die phantasievollere Trimm-Trab-Bewegung übertragen.

Der Marathonlauf. Der Marathonlauf ist der Klassiker unter den Langstreckenläufen. Die längste olympische Laufprüfung führt über 42,195 Kilometer. Erstmals wurde der Marathonlauf bei den Olympischen Spielen 1896 in Athen ausgetragen. Der Sieger hieß Spiridon Louis. Vor zehn Jahren noch fast ausschließlich den Leistungssportlern vorbehalten, erfreut sich der Marathonlauf inzwischen auch bei weniger olympiaverdächtigen Läufern großer Beliebtheit. Er stellt für alle gesunden und trainierten Menschen gewissermaßen eine Herausforderung an das eigene Leistungsvermögen dar. Die berühmtesten Marathonläufe außerhalb des olympischen Programms werden in den Vereinigten Staaten veranstaltet. Neben dem Marathonlauf von Boston, den Autor James F. Fixx in diesem Buch ausführlich beschreibt, ist vor allem der New Yorker Marathonlauf zu erwähnen. Mit elftausend Teilnehmern im Jahr 1978 hält er auch den absoluten Teilnehmerrekord. Bescheidener nehmen sich dagegen die Zahlen bei den Marathonläufen in Europa aus, obwohl auch hier die Tendenz steigend ist. In der Bundesrepublik Deutschland gibt es jährlich rund fünfzig Marathonläufe. Die größte Anziehungskraft hat seit Jahren der *Schwarzwald-Marathon* mit rund 2200 Teilnehmern. Die Zahl der deutschen Marathonläufer wird auf zehntausend geschätzt.

Auskünfte über Termine und Teilnahmebedingungen erhalten Sie beim DLV, Alsfelder Straße 27, 64289 Darmstadt.

Die Trimm-Spirale. Einhundert Übungseinheiten bilden die Grundlage zu einem Fitness-Test, der in einem beliebigen Zeitraum durchgeführt werden kann. Die Art der sportlichen Betätigung kann vom Teilnehmer gewählt werden. In der Übungsform »Laufen« werden die jeweiligen Felder innerhalb der Trimm-Spirale mit einem »L« versehen. Nach fünf Minuten Trimm-Trab kann ein Kästchen gutgeschrieben werden. Bei einem Trimm-Trab von 25 Minuten (reine Laufzeit) können also fünf Felder mit einem »L« abgehakt werden. Teilnehmerkarten für die Trimm-Spirale verschickt auf Anfrage der

Deutsche Sportbund
Otto-Fleck-Schneise 12
60528 Frankfurt

Nach erfolgreichem Abschluß erhält der Trimmer gegen eine Gebühr von 2,– Mark Brosche oder Nadel sowie eine Urkunde.

Das Sportabzeichen. Für den Erwerb des Deutschen Sportabzeichens ist ein Leistungstest in fünf verschiedenen Gruppen erforderlich, die das Schwimmen, die Schnelligkeit, die Kraft, die Sprungkraft und schließlich die Ausdauer beinhalten. Bei der nach Alter und Geschlecht festgelegten Leistungsnorm wurde das Laufen über eine längere Distanz neben Gehen und Radfahren der Gruppe 5 zugeordnet. Männer können je nach Alter zwischen einer Strecke von 3000 m und 5000 m wählen. Für Frauen steht der 2000-Meter-Lauf zur Auswahl.

Männliche Jugend:	1000 m; 2000 m; 3000 m
Weibliche Jugend:	1000 m; 1500 m
Schüler:	800 m (in beliebiger Zeit)
Schülerinnen:	600 m (in beliebiger Zeit)

Details: »Trimm-Erlebnis Sportabzeichen«, anzufordern vom Deutschen Sportbund, Otto-Fleck-Schneise 12, 60528 Frankfurt (Abgabe kostenlos).

Lauf-Seminare. Sie orientieren sich in erster Linie an den Interessen der leistungsbezogenen Langstreckenläufer, jedoch sind Anfänger willkommen.

Referate von bekannten Trainern und Sportmedizinern sowie praktische Anleitungen prägen das Programm eines Lauf-Seminars. Mit Hilfe der Video-Technik werden Vorgänge des Laufens studiert und analysiert.

Die jeweils an einem verlängerten Wochenende stattfindenden Seminare können über den Spiridon-Club, Dorfstraße 18a, 40699 Erkraten gebucht werden.

Der Preis für das Seminar einschließlich Verpflegung und Unterbringung im Hotel liegt zur Zeit bei rund 200 Mark.

Lauf-Urlaub. Angeboten werden Urlaubsreisen, bei denen Training und Wettkämpfe für Langstreckenläufe im Vordergrund stehen.

Der Lauf-Urlaub sieht sich als Kontrastprogramm zum konventionellen Urlaub. Aktivität ist erwünscht – Passivität verpönt.

Angeboten werden »Urlaubs-Treffs« von verschiedenen Organisationen.

Lauf-Shop. In den Vereinigten Staaten ist der *Jogging-Shop* schon längst zu einem guten Geschäft geworden.

In Deutschland gibt es erst vereinzelt *Lauf-Shops.*

Die Vielzahl der Sportfachgeschäfte mit fachlich gut ausgebildetem Verkaufspersonal können in der Regel die Wünsche der Läufer decken. Wer mit der individuell ausgerichteten Beratung liebäugelt und bereit ist, dafür ein paar Mark mehr zu bezahlen, wird allerdings in den Lauf-Shops am besten auf seine Kosten kommen.

Lauf-Zeitschriften. Die in den USA erscheinende Fachzeitschrift für den Langstreckenläufer, *Runner's World,* kann mit Stolz auf dreihunderttausend Leser verweisen. Demgegenüber nehmen sich die sechstausend Abonnenten, die Deutschlands führendes Laufmagazin *Spiridon* aufweist, bescheiden aus. Dennoch muß gerade *Spiridon* bescheinigt werden, daß es sich hier um eine fachlich wie journalistisch erstklassige Zeitschrift handelt, die – zumal nicht abhängig von kommerziellen Interessen – den am Langstreckenlauf Interessierten eine Fülle von Tips und Informationen bietet.

Herausgeber ist Manfred Steffny, einer der erfolgreichsten deutschen Marathonläufer und Autor der Erfolgsbücher *Marathonlauf, Lauf mit* und *Lebens-Lauf.* Ihm zur Seite steht mit Dr. Ernst van Aaken einer der bekanntesten Sportmediziner der vergangenen zwanzig Jahre. Dr. Ernst van Aaken gilt als Vater der Laufbewegung.

Spiridon ist schon deshalb ein zu empfehlendes Laufmagazin, weil es von einem Journalisten und Praktiker (Manfred Steffny) einerseits, und einem weit über die Landesgrenzen hinaus bekannten Sportmediziner (Dr. Ernst van Aaken) andererseits in verständlicher Sprache und mit viel Akribie zusammengestellt wird.

Erwähnenswert, daß sich *Spiridon* mit viel Engagement dem Frauen- und Kinderlauf widmet. Auch hier fehlt es nicht an wissenschaftlicher Aufbereitung.

Das Magazin erscheint acht Mal im Jahr (ab 1980 monatlich) und kostet 4,– Mark pro Ausgabe (Spiridon Louis war übrigens der Sieger des Marathonlaufes der ersten Olympischen Spiele der Neuzeit …) Die Anschrift: Dorfstr. 18a, 40699 Erkraten.

Herausgeber der Zeitschrift für Ausdauersport, *Condition,* ist die *Interessengemeinschaft Älterer Langstreckenläufer e. V.* Auch hier handelt es sich um ein Magazin, das in erster Linie dem am Leistungssport interessierten Läufer gewidmet ist. *Condition* erscheint sechs Mal im Jahr und beschäftigt sich über die aktuelle Berichterstattung hinaus ebenfalls mit Background-Themen.

Zu beziehen ist *Condition* über die *Interessengemeinschaft Älterer Langstreckenläufer,* Schmachtenbergweg 23, 42113 Wuppertal.

Anschriften

Deutscher Sportbund (DSB)
Otto-Fleck-Schneise 12, 60528 Frankfurt

Deutscher Leichtathletik-Verband (DLV)
Alsfelder Straße 27, 64289 Darmstadt

Deutscher Turner-Bund
Otto-Fleck-Schneise 8, 60528 Frankfurt

Deutscher Verband langlaufender Ärzte
Prinzregentenstraße 1, 86150 Augsburg

Interessengemeinschaft Älterer Langstreckenläufer
Schmachtenbergweg 23, 42113 Wuppertal

Spiridon-Laufmagazin
Dorfstraße 18a, 40699 Erkraten

Condition – Int. Zeitschrift für Ausdauersport
Schmachtenbergweg 23, 42113 Wuppertal

Kontaktanschrift in der Schweiz:
Schweizerischer Landesverband für Sport
Laubeggstraße 70, CH-3006 Bern

Kontaktanschrift in Österreich:
Österreichische Bundessportorganisation
Prinz-Eugen-Straße 12, A-1040 Wien

Nachwort / Das Wunder des Laufens

Die Frage, warum das Laufen eine so außerordentlich befriedigende Betätigung ist, zieht sich wie ein roter Faden durch dieses Buch. Einige Monate, nachdem Sie mit dem Laufen begonnen haben, werden Sie unweigerlich eine bemerkenswerte psychologische Veränderung an sich wahrnehmen, ein Gefühl der Ruhe und Kraft und das Bewußtsein, das eigene Leben ganz zu beherrschen. Manche Läufer sprechen auch von ihrer »Sucht« (ein ganzes Buch wurde darüber geschrieben), und in gewissem Sinne trifft diese Bezeichnung wohl auch zu. Selten trifft man einen Läufer, der, auch wenn er noch so beschäftigt ist, dieses Hobby aufgeben will. Viel häufiger ist das Gegenteil der Fall: Jemand, der vielleicht fünf oder sechs Kilometer am Tag läuft – was als Fitnesstraining völlig ausreichend ist – wird sein tägliches Pensum irgendwann unerklärlicherweise verdoppeln oder gar verdreifachen.

Das Streben nach Gesundheit erklärt das Phänomen also nicht ganz. Fitness kann man auch ohne größere Störung des Alltagslebens erlangen; zwanzig oder dreißig Minuten an vier Tagen der Woche würden genügen. Weshalb also laufen so viele Leute acht, zehn oder noch mehr Meilen am Tag, in Sommerhitze und Winterstürmen, obwohl die meisten doch wissen müssen, daß sie niemals in die Spitzenklasse aufsteigen werden?

Es gibt viele Theorien darüber. Roger Bannister hat das Laufen mit Musik verglichen, weil beide unser Nervensystem auf angenehme Weise anregen. Wenn man eine Stunde läuft, werden unsere Nerven auf ähnliche Weise mit unendlich vielen unendlich kleinen elektrischen Impulsen gereizt wie beim Anhören von Händels *Messias*.

Ähnlich klingt die Hypothese, die der Psychiater Thaddeus Kostrubala kürzlich bei einer Konferenz von Wissenschaftlern und Medizinern vortrug. Kostrubala stellte die Frage, ob sich bei Läufern vielleicht nach etwa vierzig Minuten die rechte (logische) Seite der

Großhirnrinde »ausschaltet« und die (künstlerisch intuitive) linke Seite zeitweilig vorherrschend wird.

In seinem scharfsinnigen Buch *Gods and Games* bietet David L. Miller noch eine dritte Theorie an. Als Kinder, schreibt er, spielen wir mit unschuldiger Reinheit. Es geht uns um die Freude am Spiel und nicht ums Gewinnen. In frühester Kindheit ist uns nicht einmal der Unterschied bewußt. Ein Kind stößt ein Spielzeug fort, sucht dann lachend danach, jubelt beim Wiederfinden – und beginnt dann fröhlich alles wieder von vorn. Sport und Spiel der Erwachsenen, glaubt Miller, sind ein Versuch, diese Unschuld zurückzugewinnen. Wir wollen keinen Sport treiben, sondern Spiele spielen. Weil das Konkurrenzdenken beim Laufen so leicht auf das Spielerische beschränkt werden kann, hat die Suche nach dem Spiel bei dieser Sportart mit am meisten Erfolg.

Wahrscheinlich enthalten alle diese Theorien einen richtigen Kern. Dennoch habe ich selbst eine andere. Ich glaube, die meisten Leute, die sich zu diesem Thema äußern, haben sich die falschen Fragen gestellt. Sie haben sich gefragt, warum das Laufen so bemerkenswerte Wirkungen hervorruft. Wenn man die Frage so stellt, impliziert man damit schon eine ganz bestimmte Antwort, die ich für falsch halte. Ich glaube, daß die Wirkungen des Laufens keineswegs außergewöhnlich sind, sondern völlig normal. Alle *anderen* Gefühle und Zustände aber sind nicht normal, weil sie unsere natürlichen Bedürfnisse und Gefühle verleugnen. Als Läufer sind wir meiner Meinung nach direkt mit dem Ursprung unserer Geschichte verbunden. Wir spüren, was wir erlebt hätten, wenn wir vor zehntausend Jahren gelebt, Früchte, Nüsse und Gemüse gegessen und unsere Herzen, Lungen und Muskeln durch dauernde Bewegung trainiert hätten. Beim Laufen stellen wir fest, was der moderne Mensch vergessen hat: unsere Verwandtschaft mit den wilden Tieren und den Urmenschen. In dieser Rückkehr zum Ursprung des Menschen liegt, so glaube ich, das besondere Geheimnis, an dem wir jedesmal teilhaben, wenn wir laufen.

Literatur

Die folgende Literaturliste führt nur Titel auf, die in deutscher Sprache vorliegen. Die im Buch zitierte englischsprachige Literatur ist im laufenden Text durchweg mit Originaltiteln angegeben; größtenteils sind diese Bücher jedoch in Deutschland nicht erreichbar, so daß wir darauf verzichtet haben, sie hier nochmals aufzuführen.

Aaken, E. van: Dauerbewegung als Voraussetzung der Gesundheit; Lebenskunde, Düsseldorf 1974.

Aaken, E. v.: Programmiert für 100 Lebensjahre; Pohl, Düsseldorf 1981.

Aaken, E. v./Steffny, M.: Laufen; Hallwag, Stuttgart 1981.

Beissner, C.: Laufen; Limpert, Bad Homburg 1979.

Blödorn/Schmidt: Trablaufen; Rowohlt, Reinbek 1977.

Cooper, K. H.: Bewegungstraining, Fischer, Frankfurt [16]1982.

Cooper, K. H. und M.: Bewegungstraining für die Frau, Fischer, Frankfurt [8]1981.

Deutscher Leichtathletik-Verband (Hrsg.): DLV-Breitensportfibel; DLV, Darmstadt 1979.

Deutscher Leichtathletik-Verband (Hrsg.): Wettkampfordnung für Volkslaufveranstaltungen; DLV, Darmstadt 1979.

DSB – Deutscher Sportbund (Hrsg.): Arbeitsmappe Lauf-Treff; DSB, Frankfurt 1979.

DSB (Hrsg.): Ausdauersport als Freizeitsport; DSB, Frankfurt 1979.

DSB (Hrsg.): Komm mit uns auf Trab; DSB, Frankfurt 1979.

DSB (Hrsg.): Trimm Dich durch Sport – Schriftenreihe; DSB, Frankfurt o. J.

DSB (Hrsg.): Trimm-Erlebnis Sportabzeichen; DSB, Frankfurt 1979.

Fenn, A.: Lauf dich fit; Humboldt, München 1980.

Glover/Shepherd: Jogging; Heyne, München 1979.

Kater, Kolja: Jogging – Gesund und fit durch Laufen; Krüger, Frankfurt 1979.

Mallow/Papst: Alles übers Laufen; Moderne Industrie, München 1979.

Sonntag, W.: Spaß am Laufen; Falken, Wiesbaden 1982.

Steffny, M.: Lebens-Lauf; Kiepenheuer & Witsch, Köln 1982.

Steffny, M.: Lauf mit; Krach, Mainz 1974.

Steffny, M.: Marathon-Training; Krach, Mainz 1982.

Steffny/Breuer: Das Frauen-Laufbuch; Spiridon, Hilden 1982.

Wöllzenmüller, F.: Richtig jogging – dauerlaufen; BLV, München 1979.

Zebroff, K.: Yoga für Jeden; Fischer, Frankfurt [10]1982.

Zebroff, K. und P.: Yoga für die Familie; Fischer, Frankfurt 1976.

Register

Halbfette Zahlen verweisen auf ganze Kapitel

Bildquellenverzeichnis

Dr. med. Kenneth H. Cooper

Bewegungstraining

Praktische Anleitung
zur Steigerung der Leistungsfähigkeit

Band 1104

Dieses Buch handelt von den physiologischen und medizinischen Voraussetzungen und den optimalen Trainingsmethoden zur Erhöhung und Erhaltung unserer Leistungsfähigkeit. Der Autor begnügt sich nicht mit allgemeinen Hinweisen, sondern legt im einzelnen dar, wie man zu einer guten körperlichen Gesamtverfassung kommen kann. Es wird nichts verlangt, was übermäßige Willenskraft erfordert. Und vor allem: aus einem ganzen Katalog von Sportarten kann man sich eine beliebige aussuchen oder auch mehrere kombinieren – Wandern, Laufen, Radfahren, Schwimmen, Handball usw. Dr. Cooper entwickelte ein neuartiges Punktesystem, mit dessen Hilfe man selbst seine körperliche Leistungsfähigkeit ständig unter Kontrolle halten kann. Diese Tabellen ermöglichen es auch, den Leistungsstand zu Beginn des Trainings und jeweiligen Fortschritt zuverlässig zu ermitteln. Tests wurden mit Tausenden von Personen vorgenommen – mit Männern und Frauen, Gesunden und Kranken, Nervösen und Süchtigen. Die Ergebnisse wurden in Laboratorien gemessen und ausgewertet. So kam man mit recht komplizierten Methoden zu den in ihrer Anwendung so einfachen Prinzipien des dosierbaren »Bewegungstrainings«.

Fischer Taschenbuch Verlag

fi 1096 / 4